영산강유역 마한 형성과정 연구

영산강유역 마한 형성과정 연구

2021년 4월 26일 초판 1쇄 발행

글쓴이	김진영
펴낸이	권혁재
편 집	조혜진
표 지	이정아

제 작	성광인쇄
펴낸곳	학연문화사
등 록	1988년 2월 26일 제2-501호
주 소	서울시 금천구 가산디지털1로 168 우림라이온스밸리 B동 712호

전 화	02-2026-0541
팩 스	02-2026-0547
E-mail	hak7891@chol.com

책값은 뒷표지에 있습니다.
잘못된 책은 바꾸어 드립니다.

ISBN 978-89-5508-435-1 93910

영산강유역 마한 형성과정 연구

김진영 지음

학연문화사

들어가는 글

첫 구절을 어떻게 시작해야 하나 고민할 즈음, 문득, 고교시절 국사(역사) 선생님이 떠올랐다. 내게 고교시절 국사 시간은 흥미로운 시간이었다. 국사 선생님은 고고학에 관심이 있었고, 직접 찾아낸 지석묘에 대한 이야기를 종종 들려주셨는데, 지금 생각해보니 아마도 향토사학자였던 것 같다. 그 영향인지 나도 모르게 고고학이라는 학문에 관심을 갖게 되었고, 고고학자가 되고 싶었다.

필자는 1학년 고고학실습 시간에 부푼 기대감과 함께 장성 대도리 백자가마 발굴조사 현장에 들어갔다. 이때의 기억은 아무리 생각해도 호미에 긁힌 땅바닥과 우리만 바라보는 것 같은 선배의 진지한 눈빛뿐이었다. 하지만 장성 대도리 백자가마 조사는 발굴조사현장을 처음 접해 보는 우리들에게는 여러 면에서 힘에 부쳤고, 나 역시도 마찬가지였다. 2학년을 마무리하며, 고고학과의 만남에 대한 또 한 번 고민에 마침표를 찍고, 호남고속도로 구간인 순천 요곡리유적 발굴조사 현장을 찾아갔다. 이후 학부기간 동안 여러 조사현장들을 체험하면서 다양한 발굴현장을 경험하게 되었다.

마한 형성기와 연결되는 철기시대에 대한 관심은 학부 졸업논문인 영산강유역 철기시대 주거지를 정리하면서였던 것 같다. 이후 논문을 교수님의 권유로 박물관 연보에 수록하게 되었다. 졸업 후 목포대학교박물관 학예연구원의 생활을 하다가 호남문화재연구원에 재직하면서 다양한 조사에 참여하면서 역량을 키울 수 있었고, 같은 세대의 여러 선생님들과 추억을 쌓을 수 있었다. 석사논문은 지석묘를 정리하였는데, 지석묘문화의 독자적인 양상이 마한과 연결되는 것에서 도움을 받았다.

이 책은 박사학위 논문인 「영산강유역 철기시대 문화 연구」를 수정·보완하여 만든 것이다. 이 책을 출간하는데 지금까지 많은 분들의 도움을 받았다. 논문을 작성하는 과정에서 지도교수인 영남대학교 이청규 교수님의 조언과 격려는 화수분과 같았고, 늦은 시간까지 불이 밝혀진 교수님의 연구실은 고고학에 대한 열정과 학문에 임하는 자세를 가르쳐주셨다. 열정어린 그 가르침에 다시 한 번 지면을 통해서 존경과 고마움의 마음을 전한다. 또한 자신의 견해를 주장할 수 있는 연구자의 자세를 알려주신 정인성 교수님과 故 마틴 베일 교수님, 영남대학교 문화인류학과 교수님들께도 고마움의 마음을 전한다. 목포대학교 최성락 교수님과 이영문 교수님은 학부시절 고고학을 어떻게 공부해야 해야 하는지, 고고학을 대하는 자세와 열정을 실천적으로 가르쳐 주셨다. 두 분의 가르침과 애정이 뒷받침되었기에 공부할 수 있었으며, 존경과 고마움의 마음을 전한다. 선배라기보다는 선생님과 같고, 등대 같은 동신대학교 이정호 교수님께도 고마움을 표한다. 호남문화재연구원 시절에 독려해 주신 김건수 교수님께도 고마움을 전한다.

발굴조사 현장이나 보고서와 같은 실습은 선배들로부터 가르침을 받았다. 조근우, 박철원, 이영철, 김승근, 한옥민, 정 일, 강진표, 조미순, 윤효남, 김영훈, 김미연 등 선후배들과 함께 한 박물관 생활과 발굴조사현장에서 동고동락의 추억은 어느 덧 지난 날의 아련함 속에 남게 되었지만, 지금 생각해보면 참으로 그립고, 정겨웠던 시절이다. 이들과 함께 하여 고단함의 무게를 나눌 수 있었음에 고맙다.

이 글은 논지의 전개과정에서 미흡함과 비약된 측면이 많아 막상 한권의 책으로 엮으려고 하니 심히 부끄러운 부분이 있다. 글을 정리하는 과정에서 기초자료에 충실하려고 노력하였으나, 되짚어 볼수록 누락된 자료들이 많다. 이것들을 보완하고자 하니 시간은 가는데, 내용적인 부분이 충실해지는 것도 아니기에, 고고학을 공부하고자하는 연구자들에게 조금이나마 도움이 되고, 앞으로의 연구 활성화를 기대하는 소박한 바람으로 부끄러움을 뒤로 미루고 출간을 결심하였다.

무안 양장리 발굴조사현장을 방문하신 후에, 고고학이라는 학문이 맏딸의 게으름으로는 어렵고 힘든 길이기에 반대하셨지만, 지원을 아끼지 않으신 부모님(김성욱·박경숙)과 시부모님(이후근·박귀남)께 양가 부모님 덕분에 양육에서 걱정을 떨칠 수 있었음을 머리 숙여 고마움을 표한다. 항상 묵묵히 응원해 준 두 동생(진희·정우)에게도 고맙다.

  어느덧, 머리에는 백발의 꽃봉오리가 터져 피어나는 꽃 중년이 된 동반자(이범기)에게 사랑과 고마움을 전하며, 앞으로도 즐겁게 동행하길 바란다. 무엇보다도 유년시절 엄마의 손길이 부족함에도 사랑스럽고 믿음직하게 자라준 우리 아들(용원·용준)에게 진한 사랑과 고마움을 전하며, 자신의 꿈을 향해 도전하며 즐기는 삶을 향유하길 바라는 엄마표 사랑 양념을 곁들인다.

  고고학과의 여정에서 짝사랑을 마감하고, 만남의 약속을 잡은 듯 한 설레는 마음이다. 하고 싶고, 해야 할 것들이 많음에 고맙고, 모든 이들과의 인연에 새삼 고마움이 밀려온다. 여러분, 오늘도 행복한 날 되세요.

  마지막으로 출판에 응해주신 학연문화사 권혁재 사장님과 다듬어지지 않은 글의 편집과 교정을 맡아주신 편집부 조혜진 선생님의 노고에 고마움을 전한다.

2021년 3월
봄 기운 가득한 밤실골에서
김진영

목 차

제 I 장. 서 론 ··· 9
1. 연구사 ·· 12
2. 연구목적 및 방법 ··· 27

제 II 장. 유적의 분포와 공간 설정 ······························ 35
1. 서해도서권 ·· 39
2. 해남반도권 ·· 41
3. 영산강하류권 ·· 42
4. 영산강중류권 ·· 43
5. 영산강상류권 ·· 44
6. 고막원천권 ·· 47
7. 지석천권 ·· 48

제 III 장. 유구의 분류 및 검토 ····································· 51
1. 생활유구 ·· 53
2. 무덤 ··· 77

제 IV 장. 유물의 분류 및 검토 ··································· 105
1. 토기 ·· 107
2. 청동기 ·· 130
3. 철기 ·· 147

제Ⅴ장. 시기구분과 전개과정 ································ 159

1. 제Ⅰ기 ··· 164
2. 제Ⅱ기 ··· 169
3. 제Ⅲ기 ··· 180
4. 제Ⅳ기 ··· 197
5. 제Ⅴ기 ··· 206

제Ⅵ장. 철기문화의 전개양상 ································ 217

1. 무문토기문화의 전승 ······································· 219
2. 신기술의 도입 ··· 237
3. 유통과 교류 ·· 244

제Ⅶ장. 마한사회의 형성과 변천 ···························· 265

1. 마한사회의 형성 배경 ······································ 267
2. 수장의 출현과 전문인의 등장 ··························· 273
3. 정치체의 출현과정과 소국의 형성 ······················ 281
4. 마한사회의 변천 ··· 295

제Ⅷ장. 결 론 ·· 323

참고문헌 ··· 331

제 I 장 서 론

영산강유역에서는 일찍부터 독자적인 문화를 형성하여 왔다. 지리학적으로는 전남 서부지역에 해당하며, 북고동저의 지세로 넓은 평야지대와 저평한 구릉지대로 구성된다. 서쪽과 남쪽으로는 서해와 남해 바다로 이어져 고대부터 중국-한반도-일본으로 연결되는 해로의 루트가 되었다. 북쪽과 동쪽으로는 호남정맥으로 구분되고, 물줄기를 통해 만경강유역과 섬진강유역과 탐진강유역, 남해안지역등과도 인접하는 지정학적 특징을 갖는다. 이 같은 자연환경의 조건은 문화의 형성과정에서도 큰 영향을 주어 선사에서 고대에 이르기까지 많은 고고학 자료를 남겼고, 오늘날까지도 독자적지역 문화권을 형성하여 왔다.

　영산강유역에서 유적에 대한 발굴조사는 괄목할만한 성과를 보이고 있으나, 청동기시대와 삼국시대에 집중되고, 마한 형성과 관련되는 유적은 최근 자료들이 증가하고 있지만 상대적으로 빈약하다. 광주 신창동유적이나 해남 군곡리패총과 같은 단일유적의 부재와 간헐적으로만 조사되는 자료의 한계 등으로 인해 당대의 문화상을 이해하는데 많은 어려움이 있다. 이러한 현상은 시대적 특성으로써 청동기시대와 삼국시대 사이의 전환기적 시대가 남긴 물질자료의 현상으로 이해할 수 있다. 그렇기 때문에 청동기시대의 지석묘, 송국리형주거지, 무문토기 등 토착문화에 새로운 물질문화인 적석목관묘, 옹관묘, 토광묘, 점토대토기, 청동기, 철기 등이 등장하면서 서로 공존하고, 변화되는 과정에 대한 이해가 필요하다.

이처럼 변화되는 과정은 복잡다기한 모습으로 확인되며, 고고학의 분석방법 중 하나인 형식분류에서는 불분명한 속성으로 나타날 수 밖에 없다. 토착적 요소와 새로운 요소들이 융합되어가는 과정에서 나타나는 고고학적 양상이며, 새로운 지역문화로 발달하는 과정으로 이해된다. 따라서 마한사회가 성립되어 가는 시기의 고고학적 속성은 불분명한 양상을 갖는다. 이로 인하여 유구나 유물이 확인되지 않은 것으로 이해되고 있으며, 여러 지역에서 일정 기간 공백기가 있는 것으로도 받아들여졌다. 하지만 최근 새로운 자료들이 확인되면서 빈약한 자료의 한계를 극복할 수 있는 토대가 마련되었고, 이를 통하여 영산강유역에서는 청동기시대 후기부터 토착문화가 지속적으로 변동되어 '영산강유역의 마한문화'가 성립되었음을 설명할 수 있게 되었다. 이 글에서는 지금까지 확인된 고고학 자료를 통시적 관점에서 분석하고, 동시대 역사적 사건과 연관하여 해석을 함으로써 역사적 실체인 '마한'의 단면을 파악하고자 하였다.

1. 연구사

마한 성립기는 한국고고학의 시대구분에서는 초기철기시대~원삼국시대나 철기시대에 해당하며, 연구자간 견해차가 다양한 시대이기도 하다[1]. 따라서 이와 관련한 연구양상, 영산강유역의 철기문화, 그리고 철기시대의 대외교류 등에 대한 연구사가 본 연구와 상통하므로, 이를 종합적으로 정리해 살펴보고자 한다.

1) 연구양상

연구양상은 취락과 분묘에 대한 연구, 토기와 청동기, 철기 등에 대한 연구

---

[1] 인용문의 경우는 원저자의 견해를 따랐다.

로 구분할 수 있다. 그리고 최근에는 철기문화의 유입과정에 관련하여 중국 동북지방과 서북한지역의 양상을 통해 역사적 배경과 역사적 실체 대한 연구 등이 진행되면서 점차 다양한 접근이 이루어지고 있다. 그 중에서 핵심요소인 점토대토기, 청동기, 철기 등에 대한 연구현황을 살펴보고자 한다.

점토대토기에 대한 연구는 日人학자에 의해 1970년대에 시작되었으며, 점토대의 단면형태에 따라 원형점토대토기와 삼각형점토대토기로 나누어져 등장배경과 전개과정에 대한 연구를 중심으로 진행되었다. 최근에는 관련자료가 증가하면서 점토대토기단계의 취락과 점토대토기가 출토되는 분묘에 대한 연구가 진행되고 있다. 점토대토기는 원형점토대토기에서 삼각형점토대토기로 변해가며, 초기 연구에서 발생지가 한강유역에서 성립한 자체발생설이 주장되기도 하였다. 그러나 최근에는 조형을 중국동북지방에서 찾고 있으며, 평양 남경 3호 주거지 출토 토기를 이중구연으로 보느냐 점토대토기로 보느냐에 따라 서북한지역 경유설에 대한 이견이 있다. 그러나 대체로 한반도 중서부지역에서 크게 발전하여 남부지역으로 전파된 것으로 이해되고 있다.

삼각형점토대토기는 중국동북지역의 원형점토대토기가 고조선과 燕의 무력충돌 과정에서 대동강유역 및 한강유역의 남한지역으로 파급되어 대동강유역의 고조선지역에서 원형점토대토기가 삼각형점토대토기로 변모했고, 이후 명사리식토기와 함께 서해안루트를 따라 한반도 남부지역으로 전파된 것으로 보는 견해가 있다. 이것은 삼각형점토대토기의 출현과 함께 합구식옹관이 명사리식토기와 밀접한 관련을 지니며, 명사리식토기를 고조선의 토기로 본다는 것이다[2]. 자체발생설은 방지리의 직치식옹관을 통해 한반도 남부지역에서

---

2) 신경철 1980, 「웅천문화기 기원전상한설 재고」, 『부대사학』, 부산대학교사학회.
한상인 1981, 『점토대토기문화성격의 일고찰』, 서울대학교대학원 석사학위논문.
박순발 1993, 「우리나라 초기철기문화의 전개과정에 대한 약간의 고찰」, 『고고미술사론』3, 충북대학교 고고미술사학과.

자체 발생하였고, 이후 일상용기인 명사리식토기가 유입되어 옹관으로 사용된 것으로 보는 견해이다[3].

자료의 증가에 따라 지역별로 점토대토기문화에 대한 연구가 진행되면서 전파경로와 지역의 편년이 이루어지고 있으며, 취락과 분묘에서의 양상이 파악되고 있다[4]. 점토대토기의 등장시기와 관련해서는 기원전 3세기경설, 기원전 5세기경설, 기원전 7세기설로 나누어진다. 기원전 3세기경설은 燕나라 장수 진개의 동방경략으로 인해 한반도에 점토대토기문화가 등장한 것으로 새로운 물질문화의 유입으로 보았다. 기원전 5세기설은 燕문화의 요서지방 진출과 동진과정에 등장한 것으로 보는 견해로 많은 연구자들이 동의하고 있다. 기원전 7세기경설은 절대연대자료인 AMS의 연대를 이용해 점토대토기의 상한을 제시하고 있다.

청동기에 대한 연구는 한국식동검과 공반유물에 대한 연구들이 해당된다. 세형동검을 중심으로 한 형식분류와 편년이 제시되었으며, 동검문화의 출현

최종규 1995, 『삼한고고학연구』, 서경문화사.
박진일 2001, 「원형점토대토기 문화 연구」, 『호남고고학보』12, 호남고고학회.
이재현 2003, 『변·진한사회의 고고학적 연구』, 부산대학교대학원 박사학위논문.
박진일 2006, 「서울·경기지방 점토대토기문화 시론」, 『고고학』5-1호, 서울·경기고고학회.
3) 박진일 2013, 『한반도 점토대토기문화 연구』, 부산대학교대학원 박사학위논문.
4) 이숙임 2003, 『강원지역 점토대토기문화 연구』, 한림대학교대학원 석사학위논문.
이화종 2004, 『중부지방 점토대토기문화 연구』, 한양대학교대학원 석사학위논문.
이성재 2007, 『중국동북지역 점토대토기문화의 전개과정 연구』, 숭실대학교대학원 석사학위논문.
임설희 2009, 『한국 점토대토기의 변천과정 연구』, 전남대학교대학원 석사학위논문.
최정아 2011, 『서울 및 경기도지역 삼각형점토대토기에 대하여』, 서울대학교대학원 석사학위논문.
하진영 2015, 『호남지역 경질무문토기의 편년과 성격』, 전북대학교대학원 석사학위논문.
전일용 2006, 『충남지역의 원형점토띠토기 출토 생활유적 연구』, 한남대학교대학원 석사학위논문.
김나영 2007, 『영남지역 삼한시대 주거지의 변천과 지역성』, 부산대학교대학원 석사학위논문.
황외식 2008, 『점토대토기시기의 취락유형 연구』, 경남대학교대학원 석사학위논문.
이정은 2011, 『영남 도해안지역 점토대토기문화의 변천』, 경북대학교대학원 석사학위논문.

배경에 대한 연구가 진행되었다[5]. 한국식동검과 공반하는 청동의기를 통한 청동기문화에 대한 종합적인 연구를 진행하여 한국식동검문화로 명명하고, 성립기, 발전기, 쇠퇴기로 분기하였다. 이를 통해 당시의 사회상, 신앙 뿐만 아니라 청동기의 제작기술까지 검토하여 청동기연구의 기반을 이루었다[6]. 중국 동북지역의 대능하-심양지구 비파형동검문화에서 분지된 청동기문화가 한반도 중서부지역으로 유입되어 세형동검문화로 발전된 것으로 보고, 전개과정을 지역권별로 살펴본 연구도 있다[7]. 또 다뉴경에 대한 연구에서는 의기 혹은 종교적인 상징물로 이해하고, 다뉴경이 출토된 분묘의 주인공을 제의를 주관하는 제사장 혹은 수장급의 분묘로 보고 국의 출현과 관련하여 해석하였다. 또한 세형동검문화의 주체를 고조선으로 보고 燕나라의 동침으로 인한 고조선의 이동과 관련하여 설명하기도 하였다[8].

철기에 대한 연구는 중국 동북지방 초기철기의 성격을 검토한 후, 북한지

---

[5] 김원룡 1961, 「십이대영자의 청동단검묘-한국청동기문화의 기원문제-」, 『역사학보』16, 역사학회.
정찬영 1962, 「좁은 놋단검(세형동검)의 형태와 그 변천」, 『문화유산』62-3, 과학원출판사.
한병삼 1968, 「개천 용흥리출토 청동검과 공반유물-세형동검의 기원과 관련된 일고찰」, 『고고학』1.
윤무병 1974, 「한국 청동단검의 형식분류」, 『진단학보』, 29·30합집, 진단학회.
이청규 1982, 「세형동검의 형식분류 및 그 변천에 대하여」, 『한국고고학보』13, 한국고고학회.
이청규 1993, 「청동기를 통해 본 고조선」, 『국사관논총』42, 국사편찬위원회.
이청규 2000, 「요령 본계현 상보촌 출토 동검과 토기에 대하여」, 『역사고고학지』16, 동아대학교 박물관.
[6] 이건무 1992, 「한국 청동의기의 연구 -이형동기를 중심으로-」, 『한국고고학보』28, 한국고고학회.
이건무 2003, 『한국식동검문화의 연구』, 고려대학교대학원 박사학위논문.
[7] 조진선 2005, 『세형동검문화의 연구』, 학연문화사.
[8] 이청규 2000, 「'국'의 형성과 다뉴경부장묘」, 『선사와 고대』14, 한국고대학회.
이청규 2000, 「요령 본계현 상보촌 출토 동검과 토기에 대하여」, 『고고역사학지』16, 동아대학교 박물관.
이청규 2010, 「다뉴경 형식의 변천과 분포」, 『한국상고사학보』67, 한국상고사학회.

역의 초기철기 성격을 청천강 이북지역과 청천강 이남의 서북한지역으로 구분하여 살펴보았다. 청천강 이북지역은 중국 동북지역과 마찬가지로 전국 만기 및 교체기의 혼란기에 주조철기를 중심으로 하는 전국계 철기문화가 부분적으로 유입된 것으로, 두만강하류 지역은 한대의 철기가 주류를 이룬 것으로 보았다. 주조철부와 소수의 청동기가 공반되는 점에서 공통된 문화유형을 형성하나, 금강유역권에서 발달된 청동기, 철착이 확인되는 점 등을 근거로 자체 생산되었을 가능성을 제시하여 철기문화의 유입과 전개과정에 있어 지역별로 차이가 있음을 지적하였다[9].

연나라 수도인 연하도유적의 검토를 통해 한반도 서남부지역의 철기문화 유입시기를 기원전 3세기대로 비정하고, 한반도 남부지역 철기문화의 전개는 기존의 청동기제작기술과 漢의 발달된 철기생산기술의 복합적 영향으로 점진적으로 재지화된 것으로 보았다[10]. 이청규는 철기문화의 유입과 관련한 연구에서 철기의 갖춤새의 전개과정을 정리하여 위만조선과 관련하여 설명하고자 하였다. 한반도에서 확인된 유물양상을 청동기유물군은 3군으로, 철기유물군을 2군으로 나누어 조합을 따져 2군 청동기단계에 1군의 철기가 수용된 것으로 보았다[11]. 대체로 한반도 남부지역에 철기의 보급을 낙랑군의 설치와 관련하여

---

9) 이남규 2002, 「한반도 초기철기문화의 유입 양상-낙랑 설치이전을 중심으로」, 『한국상고사학보』36, 한국상고사학회.
10) 김상민 2013, 「한반도 남부지역 철기문화의 유입과 전개과정-연계·한식철기의 유입연대를 중심으로」, 『고고학지』19, 국립중앙박물관.
11) 이청규 2015, 「요동·서북한의 초기철기문화와 위만조선」, 『고조선과 위만조선의 연구쟁점과 대외교류』, 학연문화사.
    이청규 2013, 「남한의 초기 철기문화에 대한 몇 가지 논의」, 『동아시아의 철기문화와 고조선』, 학연문화사.
    이청규 2016, 「남한 청동기집단의 철기의 수용」, 『원사시대 사회변동의 본질』, 제44회 한국상고사학회 학술발표대회, 한국상고사학회.

설명하였다. 그러나 최근 조사성과를 중심으로 그 이전 위만 조선을 포함하는 후기 고조선과 관련된 것으로 보았다. 이러한 견해는 주조철기 중 철부의 제작 기법을 통해 연계 철기와의 차이를 확인하고, 燕의 영향을 받았지만 고조선의 주도하에 자체적으로 제작되어 확산된 것으로 설명하고 있다[12].

다음으로 전북지방 초기철기시대 분묘에 대한 연구가 있다. 초기철기시대 분묘에는 토광묘, 옹관묘, 적석목관묘 등이 있는데 토광묘가 가장 보편적으로 사용되었으며, 토광묘와 옹관묘는 동일한 분포권역에서 시기적 차이를 두고 조성되는 양상이 확인되었다. 전북지방 초기철기문화의 전개양상은 4분기로 설정하여 구분하고 있다. Ⅰ기는 초기철기시대문화가 유입되는 시기로 기원전 3세기 전반에서 후엽으로 편년된다. Ⅱ기는 발전기로 만경강 중상류와 김제 일대에 토광묘군이 본격적으로 조성되고, 시기는 기원전 3세기 후엽에서 기원전 2세기 전반경으로 편년된다. Ⅲ기는 융성기로 목관의 사용율이 높아지고 철기와 유리가 등장하고, 토기류의 기종이 증가하며, 완주 일대의 세문경이 전국으로 확산된다. 시기는 기원전 2세기 전엽에서 기원전 2세기 말엽으로 편년된다. Ⅳ기는 쇠퇴기로 단조철기류가 등장하고, 청동제품은 거의 생산되지 않고, 동검이 세신화되며, 삼각형점토대토기가 사용되는 시기로 기원전 2세기 말에서 기원전 1세기 전반으로 편년된다. 역사적 배경인 마한의 형성은 준왕의 남천과 밀접히 연관되나 준왕의 남천에 따른 영향이 크지 않은 것으로 보고 있다[13].

---

12) 정인성 2013, 「위만조선의 철기문화」, 『백산학보』제96호, 백산학회.
  정인성 2016, 「연계 철기문화의 확산과 그 배경」, 『영남고고학보』74호, 영남고고학회.
13) 한수영 2015, 『전북지방 초기철기시대 묘제의 연구』, 전북대학교대학원 박사학위논문.

2) 영산강유역의 철기문화

영산강유역에서 고고학적 관심은 1917년 일제강점기 日人학자에 의해 시작된 이후에 괄목할만한 성과를 이루었다. 1980년대 후반 광주 신창동유적을 비롯한 해남 군곡리패총 등 몇몇 유적이 조사되면서 청동기시대와 삼국시대 사이의 자료공백을 메울 수 있게 되었다. 1990년대 들어서는 서해안고속도로 구간에서 영광 군동과 수동 등에서 주거지와 주구토광묘, 토광묘, 옹관묘 등이 확인되었다. 2000년대에는 광주 수문유적, 지석묘 등 청동기시대 유구에서 점토대토기나 경질무문토기[14]가 출토되어 이들 유구의 하한에 대한 의구심을 유발시켰다. 그 후 간헐적으로 유구들이 조사되었고, 나주 구기촌 토광묘에서 철기와 청동기 등의 조합과 광주 복룡동 토광묘에서 비단 끈에 묶인 화천꾸러미 등이 출토되면서 다시 한 번 이목이 집중되었다.

현재까지 호남지방이라는 공간 범위에 포함되어 연구되었기 때문에 영산강유역만을 대상으로 한 연구는 전무하다. 1995년에 호남고고학회에서『군산지역의 패총』을 시작으로, 2000년『호남지역의 철기문화』에서 집중적으로 다루었다. 2002년에는『호남지역의 주구묘』와 2004년에는『밖에서 본 호남고고학의 성과와 쟁점』, 2013년에는『호남고고학회 20년, 그 회고와 전망』에서도 일부 다루어졌다. 2015년에는 호남문화재연구원의 지원을 받아 2차례의 워크숍을 진행하기도 하였다. 2016년에는 목포대학교박물관 주관으로『해남 군곡리 패총의 재조명』을 통해 유적의 발굴성과와 의의에 대해 심도 있게 접근하고자 하였다. 2017년에는 전라남도문화재단 전남문화재연구소 주관으로『영산강유역 마한제국과 낙랑·대방·왜』를 통해 철기문화의 유입과 전개, 낙랑과 왜와의 교류 등에 대해 접근하고자 하였다. 2020년에 호남고고학회에서는『마한성립기의 호남』이라는 주제로 분야별 연구를 정리하였다. 살펴본 바와 같이 영산

---

14) 필자는 군곡리식토기로 칭하고자 하며, 이에 대해서는 Ⅳ장에서 정리하였다.

강유역에서 연구는 1990년대 이후 답보상태였다고 할 수 있다. 최근 외래계유물을 토대로 대외교류의 양상을 살펴 당시의 사회상에 대한 연구가 이루어지고 있는데, 개별연구를 살펴보면 다음과 같다.

최성락은 해남 군곡리패총의 발굴조사 성과를 토대로 전남의 원삼국문화(철기문화)가 해로를 통해 유입된 것으로 보았으며, 전남지역 청동기문화까지 포괄하여 철기시대를 전기·중기·후기로 구분하였다[15]. 또한 그는 호남지역의 철기시대 유구와 유물을 정리하여 4시기로 구분하였다. 초기는 청동기사회에 철기가 유입되는 단계로 기원전 2세기경이다. 묘제는 적석토광묘가 해당되며, 석관묘계열로 철기시대 토광묘로 이행되는 과도기적인 형태로 추정하였다. 주구토광묘와 주구가 없는 토광묘가 등장하였고 영광 군동 라-A지구 18호 주구토광묘와 군동 라-B지구 3호 토광묘 등을 대표적인 유적으로 보았다. 전기는 철기문화의 시작단계로 기원전 2세기 말 혹은 1세기 초~1세기 초까지이다. 묘제는 합구식옹관이 등장하고 토기는 군곡리식토기가 주로 사용되는 시기이며, 광주 신창동 유적과 해남 군곡리 패총 Ⅱ·Ⅲ기층을 대표적인 유적으로 보았다. 중기는 철기문화가 성장하는 단계로 1세기 중엽~2세기 중엽까지이며, 묘제는 주구토광묘가 중심이며, 주변에 옹관묘가 일부 나타난다. 토기는 경질찰문토기와 함께 연질타날문토기가 사용되고, 대표적인 유적은 해남 군곡리 패총 Ⅳ기층과 영광 군동 라유적 등이다. 후기는 철기문화가 발전되는 단계로 2세기 후반~3세기 후반까지로 구분하였다. 묘제는 주구토광묘가 많아지고 주구의 형태가 다양해지며, 옹관도 점차 커지면서 단독묘로 발전되어 옹관고분으로 발전되기 직전의 단계까지이다[16].

최성락과 김건수는 철기시대에 남해안일대에 패총이 급격이 증가하는 원인

---

15) 최성락 1993, 『한국 원삼국문화의 연구』, 학연문화사.
16) 최성락 2000, 「호남지역의 철기시대 -연구현황과 과제-」, 『호남고고학보』 11집, 호남고고학회.

을 철기시대의 자연환경, 패총의 입지와 연대, 주거지의 폐기 원인, 철기문화의 유입경로 등을 검토하였다. 그 결과 철기문화의 시작과 더불어 해상활동과 관련된 해로의 발달 등이 가장 중요한 요소로 보았다[17].

신경숙은 호남지방의 점토대토기문화 연구에서 점토대토기와 공반유물 검토를 통해 3시기로 구분하고, 원형점토대토기 단계는 인정되나 대부분 삼각형점토대토기가 성행한 것으로 보았다. 영산강유역에서는 점토대토기를 옹관으로 전용하여 사용되었고 이를 송국리문화와 점토대토기문화와의 결합으로 보았다. Ⅰ기는 점토대토기가 처음으로 등장하는 시기로 기원전 3세기말~기원전 1세기 전반까지이다. 이 시기 금강유역의 발달한 원형점토대토기문화가 남하하여 주로 분묘유적에 청동기와 철기가 공반되는 것으로 보았다. Ⅱ기는 원형점토대토기의 영향으로 신창동식토기가 등장하는 시기로 기원전 1세기 전반~1세기 후반까지이다. 시루, 뚜껑 등 새로운 기종이 등장하고 점토대토기가 합구식옹관으로 사용된다. Ⅲ기는 삼각형점토대토기와 홑구연의 점토대토기가 성행하고 대각의 길이가 짧은 소형고배가 나타나며, 흑색마연장경호가 소멸하는 단계로 1세기 후반~2세기 후반까지이다. 묘제는 주구토광묘가 주류를 이룬다[18].

조진선은 세형동검문화를 대상으로 표지유물인 세형동검과 공반유물을 중심으로 하여 크게 4기로 구분하여 전개양상을 살펴보았다. Ⅰ기는 성립기로 세형동검문화가 유입되고 정형을 갖추는 시기이다. 연대는 기원전 3세기 초~기원전 3세기 전반으로 설정하였다. Ⅱ기는 발전Ⅰ기로 새로운 문화요소가 유입되어 최절정에 달한 시기이다. 연대는 기원전 3세기 후반~기원전 2세기 초로 설정하였다. Ⅲ기는 발전Ⅱ기로 세형동검문화에 전국계 철기문화가 들어오

---

17) 최성락·김건수 2002, 「철기시대 패총의 형성배경」, 『호남고고학보』15집, 호남고고학회.
18) 신경숙 2002, 『호남지역 점토대토기 연구』, 목포대학교대학원 석사학위논문.

는 시기이다. 연대는 기원전 2세기 초~기원전 2세기 말까지이다. Ⅳ기는 쇠퇴기로 낙랑계 漢 문물이 들어오며, 한경을 모방한 방제경이 만들어진다. 연대는 기원전 1세기 초 ~2세기 전반까지이다. 이 시기까지도 영산강유역에서는 적극적으로 철기를 수용한 흔적이 확인되지 않으며, 기원 이후에도 세형동검문화가 지속된다고 하였다[19].

이동희는 호남지방 점토대토기문화를 4단계로 구분하였다. 1단계는 기원전 4세기~3세기(전반)로, 전주 여의동 1호 석개토광묘, 익산 다송리 적석석곽묘, 원형점토대토기 관련 유물이 출토되는 지석묘, 영광 군동 4호 토광묘 등이 해당되는 것으로 보았다. 2단계는 기원전 3세기~기원전 2세기 초·전반경으로 화순 대곡리와 함평 초포리 적석목관묘 등이 축조된다. 3단계는 기원전 2세기 초를 제외한 2세기 전반~기원전 2세기 중엽까지로 토광묘가 확산되는 단계이다. 4단계는 기원전 2세기 중·후엽~기원전후한 시기로 삼각점토대토기문화가 주를 이루는 단계이다[20].

박순발은 호남지역의 원삼국시대를 한강유역과 중서부지역 원삼국시대 편년과 비교하여 기종들에 나타나는 변화를 통해 5기로 구분하였다. 전체적인 변화는 최성락의 편년에 공감하며 삼각점토대토기단순기를 설정하였다[21].

김장석은 호서와 서부호남지역의 세형동검 등장부터 타날문토기의 등장까지 원형점토대토기 단일 생활유적과 경질무문토기 단순기의 생활유적이 희소한 것이 편년안의 문제에서 기인한 것으로 보고 편년안을 조정함으로써 300여 년의 시간적 공백을 메우고자 하였다. 즉 송국리유형의 하한을 조정하자는 견

---

19) 조진선 2005, 『세형동검문화의 연구』, 학연문화사.
20) 이동희 2003, 「호남지방 점토대토기문화기의 묘제와 지역성」, 『고문화』제60집, 한국대학교 박물관협회.
21) 박순발 2005, 「토기상으로 본 호남지역 원삼국시대 토기 편년」, 『호남고고학보 21집, 호남고고학회.

해로 호서와 서부호남지역의 송국리유형과 원형점토대단계의 세형동검 중심지가 일치하고 원형점토대토기 단일유적이 확인되지 않은 것은 늦은 단계의 송국리유형이 분포지역을 달리하여 원형점토대토기와 공존한 것으로 보았다. 또 이 지역의 원형점토대토기가 흑도장경호와 더불어 일상용기보다는 부장용 토기로 특화된 반면, 경기와 강원지역의 원형점토대토기는 실생활용기로 보았다. 신창동식토기와 경질무문토기 단순기의 부재를 분구묘에서 타날문토기의 출현과 청동기가 소멸하는 시점을 감안하여 타날문토기의 상한을 기원전 2세기 중후엽까지 올려야 한다고 주장하였다. 이후 방사성탄소연대를 분석하여 지역차를 고려하지 않은 현재의 편년 틀은 재고될 필요가 있으며, 이것이 여러 정치체의 성장 과정을 제대로 이해할 수 있는 첫걸음이라고 보았다[22].

그러나 이에 대한 반론이 제기되었다. 즉 이동희는 송국리문화의 하한을 내림으로서 공백을 메우려 한데는 공감하였으나, 세형동검의 현저한 감소나 철기가 타날문토기의 출현을 의미하지 않으며, 남한지역의 타날문토기가 전국계 제도기술에 기초할 뿐, 낙랑군 설치 이전에 제도기술이 유입된 것이 아니다라는 견해를 제시하였다. 호서 · 호남지방은 삼한의 중심적 위치를 차지하던 지역으로 낙랑군의 견제를 받았고, 기원후 1세기대까지 교섭하지 않는 단계가 있어 타날문토기의 상한은 기원전까지 올라가지 못한다는 것이다[23]. 또한 C14연대를 통해 송국리형주거지와 지석묘의 연대를 기원전후까지 낮추는 견해를 제

---

22) 김장석 2009, 「호서와 서부호남지역 초기철기 원삼국시대 편년에 대하여」, 『호남고고학보』33집, 호남고고학회.
김장석 · 김준규 2016, 「방사성탄소연대로 본 원삼국시대-삼국시대 토기편년」, 『한국고고학보』100집, 한국고고학회.
김장석 2020, 「호남지역 원삼국시대 편년과 지역성」, 『호남고고학보』66집, 호남고고학회.
23) 이동희 2010, 「"호서와 서부호남지역 초기철기-원삼국시대 편년"에 대한 반론」, 『호남고고학보』35집, 호남고고학회.

시하기도 하였다[24]. 최성락은 방사성탄소연대에 의한 편년은 문화를 합리적으로 해석할 수 없으며, 경질무문토기 단순기를 부정하면서 타날문토기의 연대를 올려야한다는 주장은 결코 받아들일 수 없다고 주장하였다[25].

최성락은 초기철기시대와 원삼국시대의 연구성과를 정리하고 당시의 문화상과 철기문화의 유입과정과 대외교류를 살펴보고 편년 문제, 두 시대 사이의 단절문제를 검토하였다[26].

김진영은 철기시대 대표적 유적인 해남 군곡리패총의 14개 층의 출토 유물과 외래유물을 검토하고, 야요이계토기를 처음으로 밝혀내고, 화천 등을 이용한 교차연대를 통해 편년을 제시하였다. 또한 토기의 변화를 검토하여 호남지역에서 논쟁이 되고 있는 기원전후한 시기의 공백기 문제에 대한 해결의 실마리를 찾고자 하였다[27]. 이와 함께 영산강유역에서 출토된 점토대토기문화요소인 흑도장경호의 전체적인 형태와 구경부의 길이에 따라 형식분류하여 공반유물과의 검토를 통해 변천과정을 검토하였다[28].

김훈희는 호남지역에서 점토대토기시기의 분묘를 유형별로 분류하고 유물의 양상을 검토하여 4기로 구분하였다. Ⅰ기는 점토대토기문화 출현기로 기원전 4세기~3세기 중엽으로 설정하였다. Ⅱ기는 만경강유역을 중심으로 목관묘가 출현하며, 청동기의 부장이 급격히 늘어나며, 기원전 3세기 중엽~2세기 초엽으로 설정하였다. Ⅲ기는 확산되는 시기로, 목관묘가 주를 이루고 옹관묘가

---

24) 이동희 2016, 「호남지방 초기철기시대-원삼국시대 공백기 시론」, 『문화사학』, 문화사학회.
25) 최성락·강귀형 2020, 「'방사성탄소연대로 본 원삼국시대-삼국시대 토기편년'에 대한 반론」, 『호남고고학보』61집, 호남고고학회.
26) 최성락 2013, 「호남지역 초기철기시대와 원삼국시대 연구현황과 전망」, 『호남고고학보』 45, 호남고고학회.
27) 김진영 2015, 「해남 군곡리패총 편년 검토」, 『전남문화재』, 전남문화예술재단 전남문화재연구소.
28) 김진영 2015, 「영산강유역 출토 흑도장경호에 대한 시론적 검토」, 『호남문화재연구』제 19호, 호남문화재연구원.

확인되며, 철기와 유리가 등장하고 석기의 부장이 줄어든다. 시기는 기원전 2세기 초엽~2세기 말까지로 설정하였다. Ⅳ기는 소멸되는 시기로 신창동식토기가 본격적으로 나타나며, 기원전 1세기~1세기로 설정하였다. 지역적으로 상이하게 나타나고 있는 것은 재지사회와 외부세력의 갈등으로 보았다[29].

최성락은 호남지역 철기문화의 형성과 변천을 세 시기로 구분하여 살펴보았다. 전기(Ⅰ기)의 유적은 익산-전주지역을 중심으로 하는 만경강유역에 주로 분포하고 있는데 연대가 기원전 2세기대로 추정하였다. 중기(Ⅱ기)는 주로 서남해안과 영산강유역에 분포하고 있는데 연대가 기원전 1세기~1세기경으로 설정된다. 후기(Ⅲ기)는 호남지역에 넓게 확산되고 연대가 2~3세기경으로 전기의 철기문화는 만경강유역을 중심으로 한 일차적 마한으로 보았다. 전기에서 중기로의 변화를 위만조선의 붕괴에 따른 주민의 이동으로 해석하였으며, 이때 형성된 철기문화를 이차적인 마한으로 해석하였다[30].

김진영은 영산강유역 철기문화는 수용 주체와 역사적 배경에 대해서 살펴보았는데, 연화보-세죽리유형의 영향을 받아 형성된 것으로 보았다. 철기의 제작기법에 따라 2개의 군으로 구분하여 2단계로 편년하였다. 1단계는 토착계 집단이 외부적 자극에 따른 사회의 협업체계를 위한 내부적 필요성에 의해서 수용하였고, 기원전 2세기경으로 설정된다. 2단계는 외래계 집단에 의한 외부적 요인에 의한 것으로 다양한 새로운 무덤의 등장과 삼각형점토대토기문화의 확산 등으로 기원전 1세기경에는 토착사회 저변에 본격적인 철기문화가 확산된 것으로 보았다[31].

---

29) 김훈희 2016, 『호남지역 점토대토기시기 분묘 연구』, 목포대학교대학원 석사학위논문.
30) 최성락 2017, 「호남지역 철기문화의 형성과 변천」, 『도서문화』제49집, 목포대학교 도서문화연구원.
31) 김진영 2018, 「영산강유역 철기 수용과 배경」, 『호남고고학보』제59집, 호남고고학회.

3) 대외교류

 영산강유역의 마한성립기 연구가 미진한데다 대부분 점토대토기를 대상으로 한 편년 위주의 연구가 이루어져 왔기 때문에 교류나 사회상과 관련된 연구는 얼마 되지 않는다. 최성락은 해남 군곡리패총의 출토유물을 통해 철기문화의 유입과정을 살피고 화천, 복골 등이 중국을 통해 유입된 것으로 보고, 당시의 중요한 통로가 해로였음을 지적하였다. 중국에서 확인되는 기록들이 바로 이 시기에 형성된 해로를 통해 이루어졌을 것으로 보았다. 해남 군곡리가 중국-한반도-일본열도와의 해상항로상에서 기항지 역할을 한 것으로 보았다. 전남의 원삼국문화(철기문화)가 해로를 통해 유입된 새로운 문화와 기존의 토착문화가 융합되어 새롭게 생성된 것으로 보고, 역사적 배경은 마한으로 파악하였다. 기록에 부합되는 문화적 요소를 고고자료에서 찾고자 하였으며, 전남지역 청동기문화까지 포괄하여 철기시대를 전기·중기·후기로 구분하였고, 편년을 4기로 설정하였다[32].

 이범기는 당시 지배층의 권위를 상징하는 위세품이 대외교류를 통해 유입되었고, 서남해안의 군곡리패총은 늑도패총과 더불어 고대 한·일간의 대·내외 교류에 있어 중심적인 위치를 차지하는 것으로 보았다. 또한 한군현의 상인세력에 의해 주도되면서 선진문물이 유입된 것으로 설명하고 있다[33].

 김경칠은 원삼국시대 호남지방 출토 외래유물을 대상으로 서북한지역에 설치된 중국 군현의 변화의 큰 틀 속에서 고고학적으로 대외교류의 양상과 특징

---

32) 최성락 1993, 『한국 원삼국문화의 연구 -전남지방을 중심으로-』, 학연문화사.
 최성락 2004, 「고고학에서 본 고대 동아세아의 해상교류」, 『해양사를 통해서 본 동북아세아의 갈등과 화해』, 국립목포대학교 도서문화연구소.
 최성락 2009, 「호남지방 마한의 성장과 대외교류」, 『마한, 숨쉬는 기록』, 국립전주박물관.
33) 이범기 2006, 「고고학자료를 통해 본 고대 남해안지방 대외교류」, 『지방사와 지방문화』 9권 2호, 역사문화학회.

을 4시기로 구분하여 정리하였다. Ⅰ기는 중국문물의 유입기로 중국 남부지역과 고조선을 통해 중국식동검, 반리문경, 전국계철기류, 환형유리 등이 유입된 것으로 보았다. Ⅱ기는 중국 군현 설치기로 철경부동촉, 낙랑계토기, 복골, 이체자명대경, 반량전, 오수전, 화천 등은 낙랑과 야요이계토기, 토제곡옥 등은 왜와의 교류를 통해 유입된 것으로 보았다. 낙랑군과는 조공무역을 통해 유입한 것으로 파악하였다. Ⅲ기는 한과 예의 성장기로 낙랑군현의 교섭상대로 인정받아 가는 시기로 보았다. Ⅳ기는 중국 군현이 쇠퇴하고 가야지역과의 교류가 확산되는 시기로 보았다. 시기별 교류품에 따라 주변 정치체들과의 관계를 검토하였다[34].

김규정은 호남지역의 마한 성립기의 대외교류를 3단계로 구분하여 연나라의 동방침략, 위만조선의 멸망, 한군현의 설치에 따른 양상과 특징을 정리하였다. 1단계는 송국리문화가 중심을 이루고 있으나 고조선 유민에 의해 중국 동북지역의 유물이 유입된 것으로 보았다. 2단계는 준왕의 남래와 관련하여 삼각형점토대토기와 연나라 철기가 유입된 것으로 보고 만경강일대의 대규모 토광묘 군집을 준왕 집단의 이주로 보았다. 3단계는 중국 군현의 설치로 중국 문물이 본격적으로 유입되고, 왜와 활발하게 독자적 교류를 진행한 것으로 보았다[35].

김진영은 해남반도를 중심으로 한 서남해안지역의 철기문화의 유입배경과 교류양상을 통해서 정치체의 출현과정을 5단계로 정리하였다. 해남 군곡리패총이 해상교류의 항로상에서 중간기항지의 역할을 하면서 국제포구로 급부상하고, 이를 통해 전남 서부지역의 대외교류의 관문지 기능을 한다. 해남반도 해상세력의 등장과 더불어 당시 내적 성장의 기반을 마련하고자 한 재지사회는 대·내외적으로 긴밀한 상호작용을 이루면서 정치체를 형성하고, 교류를

---

34) 김경칠 2008, 『호남지방 원삼국시대 대외교류에 대한 연구』, 학연문화사.
35) 김규정 2017, 「호남지역 마한성립기 대외교류」, 『야외고고학』제29호, 한국매장문화재협회.

통해서 내재적 발전과정을 이루어 '소국'을 출현한 것으로 보았다[36]. 영산강유역에서 정치체의 등장은 지석묘 단계부터이고, 청동기부장묘는 군장의 출현을 의미하는데 청동기로 대표되는 '국'의 출현으로 지석묘로 대표되는 토착 정치체를 자극하였고, 이는 규모와 체제가 다른 '국'이 함께 공존하였으며, 그 수준은 초기 단계의 '국'정도로 이해하였다[37].

2. 연구목적 및 방법

영산강유역 마한 성립기 연구에서 큰 문제점은 자료의 부족으로 이해되고 있다. 이것은 영산강유역에서 당대의 상황을 보여주며, 광주 신창동이나 해남 군곡리유적 등과 같은 획기적인 유적이나 유물이 확인되지 않는 이상 극복하기 어렵다. 필자는 자료의 정리과정에서 해당시기의 물질자료가 상당수 축적되었고, 이 자료들이 청동기시대 주거지나 무덤의 하한과 관련된 연구에서 주로 다루어졌음을 알게 되었다. 하지만 전환기적 시대의 물질자료를 어떻게 바라보아야 할 것인가, 형식분류에서 속성은 반드시 뚜렷하게 구분되어야만 하는가에 대한 의문에 마주하게 되었다. 결국 현재 확인된 고고학적 현황을 관찰하고 직시해야 한다는 결론을 얻게 되었다.

이제까지는 마한성립기의 문화양상을 설명하기 위해서 유구, 유물의 구체적인 조합관계와 변천과정을 충분히 검토하고, 지역별 전개과정에 대한 논의가 제대로 제시되지 못했다. 이는 호남지방이라는 범광역적 범위 내에서 하나의 지역

---

36) 김진영 2018, 「서남해안 철기문화 유입과 마한 정치체의 출현과정」, 『전남지역 고대문화의 양상과 교류』, 학연문화사.
37) 김진영 2020, 「영산강유역 마한사회의 형성과 성립」, 『영산강유역 마한사회의 여명과 성장』, 학연문화사.

권으로 연구되었기 때문이며, 거시적으로 연구되면서 영산강유역만의 문화상을 설명할 수 없었다. 따라서 필자는 영산강유역을 대상으로 하여 최근 조사 자료와 연구성과를 바탕으로 기존에 확인된 자료를 재해석하고, 새로운 자료를 검토하여 형식분류와 편년을 제시하였다. 이러한 바탕 위에서 다른 지역 자료와 비교 검토하여 객관성을 확보하면서 영산강유역을 통시적 관점에서 시기구분하며, 그 변천과정을 체계적으로 정리하고, 역사성을 재구성하고자 하였다.

본격적인 논지의 전개과정에 있어 다루고자 하는 시간적인 범위는 기원전 4·3세기~기원후 2세기 동안이다. 이 시대는 한국고고학의 시대구분에서 가장 논란이 되고 있는 시대개념으로 크게 세 가지 견해로 정리된다. 첫째는 김원룡이 제시한 초기철기시대와 원삼국시대로 구분하자는 견해이다[38]. 둘째는 초기철기시대와 원삼국시대를 합쳐 삼한시대로 하자는 견해이다[39]. 셋째는 초기철기시대와 원삼국시대를 합쳐 철기시대로 하자는 견해이다[40].

필자는 지금까지 연구성과를 종합하여 고고학적 시대구분으로는 철기시대라는 용어가 적합하다고 본다. 철기시대란 개념은 고고학적인 관점에서 당대의 역사와 문화를 설명할 때 효율적인 시대 개념이라고 생각되기 때문이다. 동

---

38) 김원룡 1986, 『한국고고학개설』, 일지사.
이희준 2004, 「초기철기시대·원삼국시대 재론」, 『한국고고학보』52, 한국고고학회.
39) 정징원 1989, 「초기철기시대와 원삼국시대」, 『한국 상고사』(한국상고사학회편), 민음사.
최종규 1991, 「무덤으로 본 삼한사회의 구조 및 특징」, 『한국고대사논총』2, 한국고대사연구소.
안재호 1994, 「삼한시대 후기 와질토기의 편년」, 『영남고고학』14, 영남고고학회.
신경철 1995, 「삼한·삼국시대의 동래」, 『동래군지』, 동래군지 편찬위원회.
40) 최몽룡 1992, 「한국 철기시대의 시대구분」, 『국사관논총』50.
최성락 1995, 「한국고고학에 있어서 시대구분론」, 『아세아고문화 -석계 황용훈교수 정년기념 논총』, 학연문화사.
이성주 1998, 『동아시아의 철기문화』, 국립문화재연구소.
이청규 2007, 「선사에서 역사로의 전환-원삼국시대 개념의 문제-」, 『한국고대사연구』46, 한국고대사학회.
이청규 2013, 「남한의 초기 철기문화에 대한 몇 가지 논의」, 『사학지』46.

일한 문화양상을 갖는데 초기철기시대와 원삼국시대로 구분하였을 경우에는 다음과 같은 몇 가지 문제점을 찾아볼 수 있기 때문이다. 첫째는 서로 다른 시대로 인식하여 자칫 문화가 단절적으로 해석될 가능성이 있다. 둘째는 이 시기는 사회체제와 문화의 본질적 변화가 발생하여 완성되어가는 모습을 보이고 있기 때문에 당대의 문화 변화를 효율적이고 연속적으로 설명할 수 없다.

본고에서 언급하는 토착문화는 일차적으로 청동기시대 송국리문화를 의미하며, 송국리문화를 기반으로 하여 외부로부터 유입된 새로운 문화요소인 점토대토기, 청동기, 철기 등을 수용하면서 형성된 철기문화로 이해하였다. 철기문화는 새로운 토착문화인 영산강유역의 마한문화를 형성·성립하고, 영산강유역 고대사회의 기반을 이루게 하였다.

영산강유역에서는 철기문화를 대표할 수 있는 철기유물의 출토는 적고, 동일 문화권의 토기를 통해서 본격적인 철기문화는 기원전 1세기를 전후하여 유입된 것으로 이해되고 있다. 하지만 현재까지는 한반도에 철기문화가 유입된 시기를 기원전 300~100년으로 설정하는 것이 일반적이다. 이 시기는 청천강을 기준으로 북쪽에서는 철기가 생산되고, 남쪽에는 농공구류에 해당하는 한정된 종류의 철기만 보급될 뿐 생산단계에는 이르지 못하는 것이 일반적이나, 최근에는 기원전 2세기설이 주장되고 있다. 지역별로 철기 출토에 있어서 대소의 차이가 확인될지라도 관련하는 토기 등이 출토되고 있어서 동일선상에서 바라볼 수 있다. 이것은 당대 중심지를 중심으로 확산되는 문화의 보편성과 주변지역 문화의 특수성이 지닌 문화의 다양성으로 접근해야 한다. 그래야만 동시기 공간적으로 물질자료의 차이성을 납득할 수 있다.

본 연구의 시간적 범위는 원형점토대토기문화와 세형동검문화가 유입되어 토착문화인 송국리문화와 접촉하는 시기를 상한으로 한다. 하한은 새로운 물질문화의 유입으로 종전의 토착의 송국리문화와 새로운 문화가 접변하여 변화되고 발달되면서 새로운 토착문화가 완성되는 2세기까지이다. 역사적 실체인 한(韓)

과 삼한이 존재한 시기이며 기간은 고대국가체제가 형성되기 전이다. 본 연구의 하한은 고고학적 시대구분에서 철기시대 또는 원삼국시대의 시간적 범위를 300년까지로 설정하는데 있어 단언컨데 이견이 있는 것은 아니다. 영산강유역에서는 3세기에 접어들면서 연질타날문토기의 일반화, 철기 소비의 증가, 주거패턴의 정형화와 취락의 대형화, 고분의 등장 등 본격적인 國의 모습을 갖추는 양상을 뚜렷하게 확인할 수 있다. 특히 취락이나 분묘 등이 3세기 대에 조성되는 사례들이 급격하게 증가하고 동일성을 보이는 양상에서 새로운 패턴, 체제 등이 완성되었음을 고고학적으로 나타낸 것으로 볼 수 있기 때문이다. 본 연구결과에서도 확인되듯이 2세기경에는 이전 시기까지의 전환기적 양상들이 공통적으로 보편화되어가는 모습을 확인할 수 있기 때문에 하한을 2세기까지로 설정하였다. 이 같은 시간적 범위를 설정할 때 문화의 본질적 변화가 발생하고 정립되어가는 모습을 효율적이고 연속적으로 설명할 수 있다. 또한 당시 사회가 내포하는 문화적 성격과 변천과정을 살피는데 타당하고 합리적이라고 판단하였다.

다음으로 공간적인 범위를 살펴보고자 한다. 영산강유역은 전남의 서부지역에 해당하며, 담양군 용소에서 발원하여 남서쪽으로 흐르다가 서남해로 연결된다. 하천을 중심으로는 평야지대를 형성한다. 수계 외곽으로는 해발고도 500~800m 이상의 호남정맥의 지맥들이 뻗어가면서 서-북-동쪽을 둘러싸며 분지를 이루며, 전북지역(만경강유역)과 섬진강유역과 자연적인 경계를 형성한다. 영산강하류를 통해서는 서해와 남해바다로도 이어진다. 따라서 한반도 내에서 영산강을 중심으로 하나의 큰 지역권을 이룬다. 영산강은 삶의 터전을 제공해 주면서 내륙과 해양을 이어주는 수로교통로 상에서 중요한 역할을 하였다. 자연적 경계인 수계와 산맥을 경계로 서해도서권와 해남반도권, 영산강하류권, 영산강중류권, 영산강상류권, 고막원천권, 지석천권으로 7개 권역[41]으로

---

41) 영산강유역권에 고창지역을 포함하는 견해가 있으며, 본고에서는 제외하였다.

구분하여 유적의 분포와 양상을 살펴보고자 한다(그림 1).

다음으로 연구대상인 유구를 성격별로 정리하여 생활유구와 무덤으로 나누었다. 생활유구는 주거지, 패총, 수혈 등으로 구분하였다. 주거지는 평면형태와 내부시설에 따라 10개의 형식으로 분류하여 변화를 파악하고자 하였다. 패총은 해남 군곡리패총의 층서적 서열관계를 통해서 당시 토기의 불분명한 형식학적 변화를 파악하는데 활용하고자 하였다. 수혈은 여러 용도 중 시루 등이 출토되는 경우는 주거의 기능으로 보고, 주거지의 일정 형식과 동일한 것으로 판단하여 주거지의 변화과정을 보여주는 보조자료로 언급하였다.

무덤은 기존 연구성과를 따라 지석묘 및 석곽(묘), 석관묘, 적석목관묘, 토광묘, 옹관묘, 주구토광묘 등으로 나누어 검토하였다. 지석묘의 경우는 외래적 요소가 결합된 양상에 따라 구분하였으며, 적석목관묘는 굴광형태와 적석방법에 따라 분류하였다. 토광묘는 묘광의 규모와 부장유물을 통해 나타나는 변화를 파악하고자 하였다. 옹관묘는 사용된 토기의 변화에 따라 형식을 나누고 결합양상에 따라 변화과정을 파악하고자 하였다. 주구토광묘는 주구묘, 분구묘 등으로도 불리면서 명칭에 대한 논란이 많지만, 토광묘와 함께 새롭게 등장하는 무덤이자 고분으로 발달해 가는데 핵심적인 유형이다.

유물은 토기와 청동기, 철기 등에 대한 분석을 시도하였다. 먼저 토기는 점토대토기, 흑도장경호, 두형토기 등을 대상으로 각각 형식학적 속성을 통해서 영산강유역 자체 변화과정을 살펴보고자 하였다. 점토대토기는 점토대의 단면형태에 따라 원형점토대토기와 삼각형점토대토기로 구분하였으며, 원형점토대토기는 구연부의 내면형태와 동체부의 형태에 따라 크게 2형식으로 구분하였다. 삼각형점토대토기는 원형점토대토기와의 관계 속에서 등장하는 새로운 요소의 토기로 지역화되는 토기로 이해하였다. 그래서 삼각형점토대가 부착된 토기는 신창동식토기로 명명하였고, 외반 홑구연화되어 현지화된 토기는 군곡리식토기로 명명하였다. 신창동식토기는 점토대의 단면형태에 따라 4형식으로 구분하여 변화를 파악하고자 하였다. 흑도장경호는 구경부 높이와 기고의 비율에 따라 2형식으로 대별하고, 구경부 형태, 동체부 형태에 따라 세분하였다. 두형토기는 대각의 높이를 기준으로 대각의 내부형태에 따라 세부형식을 분류하였다.

청동기는 동검, 동모, 동과, 동부, 동착, 동사, 동경, 이형동기 등이 출토되었고, 그동안 많은 연구성과가 축적되었기 때문에 성과를 반영하여 재정리하였다. 철기는 최근 들어 나주 구기촌유적과 함평 신흥동유적의 토광묘 등에서 출토되어 이를 중심으로 종류별로 정리한 후 형식분류를 시도하였고, 변화를 파악하고자 하였다. 또한 무문토기문화에서의 계승성을 밝히기 위해서 외반구연호를 대상으로 검토하였다. 이를 통하여 새로운 물질문화가 유입되면서 토착문화가 소멸되는 것이 아니라, 토착요소와 새로운 요소가 결합되어 변화하고, 새로운 토착문화를 형성한다는 것을 밝혀보고자 하였다. 이것은 삼각형점토대토기문화가 재지화되는 과정이라고도 할 수 있다. 이를 검증하기 위해서 주거지의 경우는 송국리형주거지에서 점토대토기문화 요소가 확인되는 사례와 이들 주거지와 중복관계를 갖는 주거지를 분석하여 송국리형주거지의 특징인 타원형구덩이와 양단주공이 소멸해가는 과정을 파악하였고, 토착계 주거지인 송국리형주거지에서 새로운 방형계주거지로 변화해 가는 과정을 밝혀보고자 하였다. 전 영암 용범은 영산강유역에서 청동기 제작과 유통의 일면을 확인할 수 있게 한다. 영산강유역 내에서 철기 제작가능성을 배제할 수 없지만 외부에서 완제품이나 소재가 유입되었을 것으로 보았다. 또한 영산강유역에서 출토되는 외래유물을 통해서 다른 지역과의 교류양상을 살펴보았다.

그리고 역사적 배경을 통해 새로운 물질문화의 등장과 역사적 사건과의 시간적 병행관계를 살펴보고자 하였다. 역사적으로 한반도 서북한지역의 주요한 정세변동은 우리 역사에서 첫 국가인 고조선의 변동과 연동되며, 준왕 남천과 위만 조선 멸망과 한군현 설치가 영산강유역 지역사회 발전에 미치는 여파를 새로운 물질문화의 등장과 연관하여 해석하였다. 영산강유역에서는 다른 지역에 비해서 이전 토착사회의 전통을 강하게 유지하며, 이것은 고고학 자료를 매우 복잡다기하게 만드는 요인이다. 이것은 새로운 이데올로기와 패러다임, 메커니즘 등이 전통적 이데올로기와 패러다임, 메커니즘과의 대립하는 과정을 고고학적으로 표출한 것이다. 전환기적 현상들은 기원후 2세기 어느 시점부터 사라져가고, 정체성과 독자성을 확립하고, 새로운 지역성으로 재편된다.

필자는 영산강유역 마한사회의 형성과 변천과정의 일면을 밝혀보고자 하였다. 고고학적으로 불확실성을 보이는 전환기적 양상들은 당대의 외적 요인에 따른 토착민들의 내적요인에 의해서 나타나는 '내재적 발전과정'이라는 견해를 갖고 본고를 정리하였다. 이 과정을 통하여 새로운 지역문화인 영산강유역 마한문화를 형성하였고, 초기(소국) 단계의 여러 정치체들이 공존하며, 사회를 형성한 것으로 보았다.

사진 1. 영산강 물길

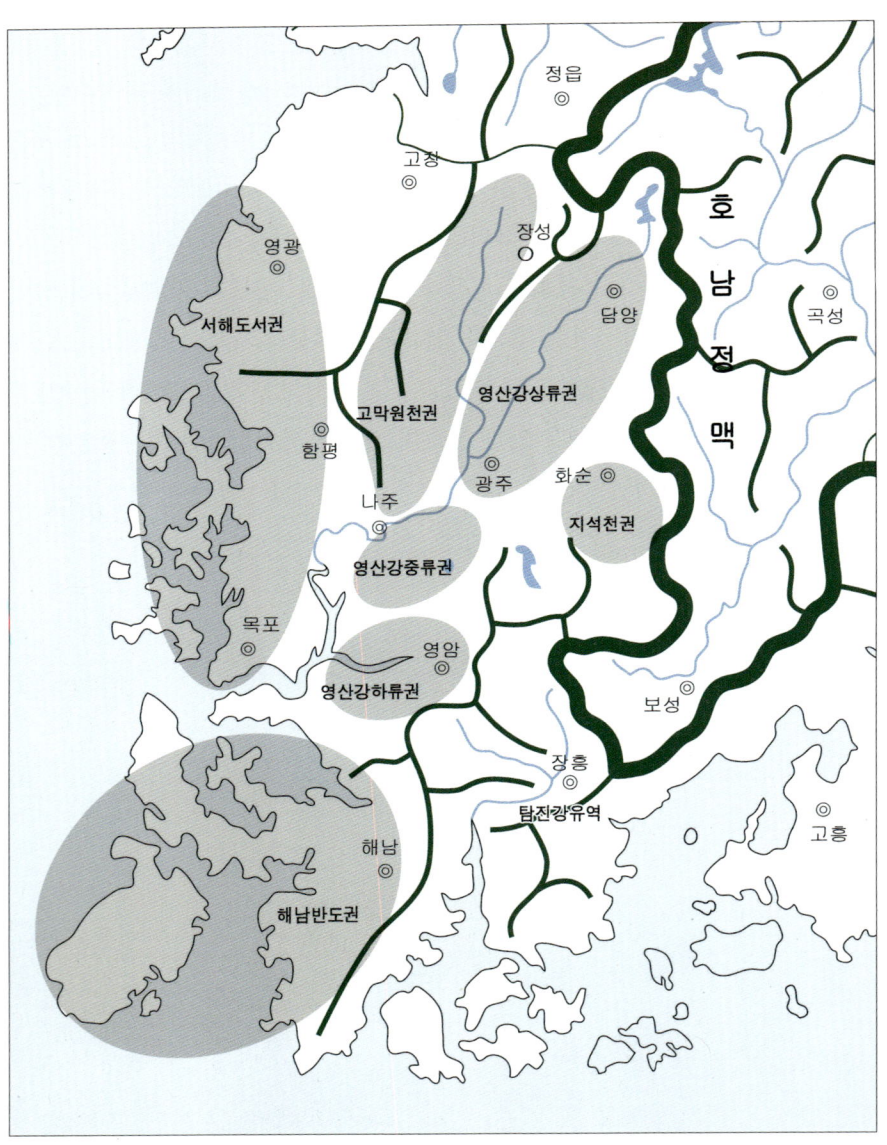

〈그림 1〉 영산강유역 공간 설정과 자연지형

제Ⅱ장 유적의 분포와 공간 설정

영산강은 4대강 중 하나로 지리적으로 한반도 서남부에 위치하며, 동쪽으로는 북에서 남쪽으로 뻗어 내린 호남정맥이, 서남쪽으로는 서해가 위치한다. 호남정맥에서 뻗어 나온 지맥들에 의해 자연경계를 이루며, 북쪽으로는 전라북도 고창·순창과 연결되어 있다. 영산강은 전남 담양군 용면 용연리 용추봉에서 발원하여 황룡강, 지석천, 고막원천 등 지류를 합쳐 장장 3백리 호남벌을 관류하며, 하구언을 통해 서해로 흐른다. 유로가 136km로 한강(482km), 낙동강(522km), 금강(396km)에 견주어 유로가 짧은 편이나, 감조하천으로 과거에는 교통로서의 비중이 컸다. 영산강은 예로부터 수운이 발달해 목포에서 광주 서창까지 선박이 왕래했고, 1970년대 후반 나주댐, 담양댐, 장성댐이 만들어지고 영산강하구둑이 건설되면서 수운기능이 중단되었다. 영산강 중·하류역에 조수의 영향을 받았던 범위는 개략토양도[42]를 분석한 결과, 6,000년 전 얼마간은 해발 10m 정도까지 미쳤고, 이후는 10m이하로 점점 내려가다가 고대사회로 들어오면서 5m 정도에 이르며, 이를 통해 간석지[43]의 범위는 대략 해발 5~10m 정도로 추정하였다.

---

42) 1971년 농촌진흥청 식물환경연구소가 발행한 1:5만 지도이다.
43) 개펄로도 칭해진다. 하천에 의해서 하구에 운반된 점토와 모래 같은 미립물질이 해수의 운반적 용으로 하구나 그 인접해안에 퇴적된 지형이다
　(출처 daum.net/encyclopedia/view/14XXE0000532).

이러한 사실은 토양조사와 땅이름 조사를 통해서도 확인된다. 지명은 명명된 시대의 지역경관을 잃고 있어도 원래의 위치에 존속하고 있으면 잃어버린 유형의 경관을 어떤 의미로는 머물게 하고 있고, 그것이 복원의 실마리도 된다[44]. 상류지역만 보더라도 담양 봉산면 와우리 부근에 조수(潮水)고개가 있고, 해발고도가 40m쯤 된다. 풍영정천 주변인 광주 하남 안창동에 소금나들이는 해발고도 30m 정도이다. 황룡강 주변인 광주 광산구 송산교 부근에는 연해평(소금바다들)을 비롯하여 평림천 주변인 장성 삼계면 덕산리의 해평(海平)과 상선들, 개천가의 장성 서삼면 송현리 바다들과 북일면 성산리 구해(舊海) 등이 있다. 화순읍 다지리에는 잠바댓들이 있다[45]. 또한 무안 '구언안들'과 '새언안'과 함께 광활한 내해와 감조하천의 하폭을 상징하는 호수의 이름(沙湖(사호), 금호(錦湖), 서호(西湖), 당호(唐湖), 청호(淸湖), 용호(龍湖), 이호(梨湖), 산호(山湖), 월호(月湖), 양호(羊湖), 동호(東湖), 삼호(三湖), 맥호(麥湖) 등)이 여러 곳에 남아 있어 영산강 하류의 특징을 보여주고 있다.

　　영산강유역의 공간범위는 호남정맥의 서쪽에 해당되는 전남서부지역에 속한다. 유적 분포를 통해 서해도서권, 해남반도권, 영산강하류권, 영산강중류권, 영산강상류권, 고막원천권, 지석천권 등 7개 권역으로 설정하였다. 이 같은 구분은 연구자간 세부적 차이는 있지만, 3~6세기 고고학 연구에서의 권역구분과 상통한다. 영산강이 제공해 주는 자연환경은 동일 문화권을 형성하는데 주요한 통로가 되었다.

　　영산강은 중·하류권의 하천 너비가 현재에도 400~2,000m 달하며, 근대에 목포항을 통해 서양 선교사들이 배를 타고 광주 서창포구까지 입국하였다

---

44) 鏡味明克, 1992,「地名のなりたちから地域性をさぐる」,『景觀から地域像をよる』, 愛知大學綜合鄕土硏究所.
45) 영산강유역환경청〉지역마당〉유역현황〉영산강. www.me.go.kr/ysg/

46). 하류는 일명 '남해만'과 '덕진만'이라 칭해졌던 넓은 만(灣)이 내해(內海)를 형성하고 있어 '영산내해'로 명명하기도 하였다[47]. 강을 도강하는데 이동수단은 선박과 도보로 수심이 얕은 상류까지 가서 건너는 방법이다. 따라서 교통이 발달하기 이전까지 영산강 중·하류권역은 동쪽과 서쪽지역으로 구분하여 살펴볼 필요가 있겠으나 아직까지는 자료가 충분하지 못하다. 전체적인 유적분포는 해안이나 강의 하류보다 내륙으로 갈수록 밀집도가 높아지는데, 해상루트가 완성되기 전까지 내륙을 통한 루트가 활발했음을 시사해 주고 있다. 해안이나 강 주변에 유적 밀집도가 낮은 것은 해상루트상에서 해양유적이 한정되었다고 볼 수 있을 것이다.

1. 서해도서권

서해도서권은 지리적으로 서해안을 따라 분포하며 와탄천 남쪽 영광과 함평 일부, 무안 일부, 목포 등이 해당된다. 해안과 가까운 곳은 낮은 구릉지와 저평한 평야지대가 위치하고, 노령산맥의 지맥이 방장산(해발 743m) - 태청산(해발 593m)에서 남북방향으로 뻗어내려 모악산(해발 348m) - 지적산(해발 187m)을 형성한 산맥의 서편은 서해와 인접한 곳을 포함한다. 서해안은 굴곡이 심한 리아스식 해안으로 연안의 수심이 얕고 조석간만의 차가 커서 간석지가 발달해 있다. 현재에는 남단의 목포항을 제외하면 항만의 발달이 거의 없으나, 영광의 법성포는 불교 도래지로 추정되는 곳으로 서해로 나가는 교통로를 이루는 점

---

46) 박광순 1998,「영산강 뱃길 복원의 의의와 기본구조」,『영산강 뱃길 복원과 개발 방향』, 나주시·목포해양대학교 해양산업연구소.
47) 김경수 2001,『영산강 유역의 경관변화 연구』, 전남대학교대학원 박사학위논문.

등을 고려할 때 섬은 주요한 역할을 하였을 것이다.

생활유구는 주거지와 수혈이 확인되었으며, 주거지는 영광 마전에서 방형계와 영광 군동에서 원형계, 함평 소명동에서 송국리형주거지가, 함평 마산리 표산에서는 방형계 주거지 등이 확인되었다. 함평 창서유적에서는 삼국시대 주거지에서 원형점토대토기편이 출토되기도 하였다. 수혈은 함평 고양촌유적에서 다수 확인되었다.

무덤은 석곽묘, 토광묘, 주구토광묘, 옹관묘 등이 확인되고 있다. 석곽묘는 함평 마산리 표산유적 Ⅳ지구에서 조사된 3호 석관묘에서 점토대토기가 출토되었다. 토광묘는 영광 수동에서 1기, 영광 군동 B지구에서 2기, 함평 마산리

〈표 1〉 서해도서권 분포 유적

번호	유적명	입지	생활유구			무덤유구						기타	비고
			주거지	수혈	유물포함층	지석묘 및 석곽	석관묘	적석토광묘	토광묘	주구토광묘	옹관묘		
1	영광 마전	구릉	◎	×	×	×	×	×	×	×	×		조선대학교박물관 2003
2	영광 군동	구릉	◎	×	×	×	×	×	×	◎	◎		조선대학교박물관 2003
3	영광 수동	구릉	×	×	×	×	×	×	◎	×	×		조선대학교박물관 2003
4	함평 장년리 당하산	구릉	×	×	×	×	×	◎	×	×	◎	매납유구	목포대학교박물관 2001
5	함평 마산리 표산	구릉	◎	×	×	×	◎	×	◎	◎	×	환호, 환구 등	영해문화유산연구원 2018
6	함평 성남	구릉	×	×	×	×	×	×	×	×	×	구상유구	목포대학교박물관 2001
7	함평 고양촌	구릉	×	◎	×	×	×	×	×	×	×		호남문화재연구원 2005
8	함평 송산	구릉	×	×	×	×	×	×	×	×	◎		호남문화재연구원 2007
9	함평 자풍리	구릉	×	◎	×	×	×	◎	주구	◎		구상유구, 토기가마	동서종합문화재연구원 2016
48	함평 소명동	구릉	◎	×	×	×	×	×	×	×	×		전남대학교박물관 2003

표산에서 1기 등이 확인되었다. 주구토광묘는 영광 군동 A지구 18호 주구토광묘에서는 장방형의 폐쇄형 주구를 가진 주구토광묘로 흑도장경호가 출토되었고, 영산강유역에서 가장 이른 시기 주구토광묘로 이해되고 있다. 옹관묘는 무안 인평, 함평 장년리, 함평 신흥동, 함평 송산유적 등에서 1~10기 미만으로 확인되었으며, 대부분 군곡리식토기의 호나 옹을 횡치합구식으로 사용하고, 부장유물은 거의 확인되지 않는다. 함평 신흥동 1·3호 옹관묘는 군곡리식토기와 전용옹관을 합구하였는데, 신창리식옹관에서 전용옹관으로의 전환기 현태로 볼 수 있다.

2. 해남반도권

해남반도권은 서해와 남해, 제주도를 연결하는 권역이다. 한반도의 서남단으로 서해안 가장자리에 위치하며, 남해와 어어지는 길목에 해당된다. 서북쪽으로 화원반도, 산이반도가 서해 쪽으로 뻗어있고, 동쪽에는 소백산맥의 지맥이 대둔산(해발 672m)과 두륜산(703m)으로 연결되어 황남해안으로 침강하기 전까지 뻗어 내린다. 해안선의 굴곡이 심하고 해안선을 따라 간척지를 조성한 곳이 많다. 많은 유적이 분포한 백포만 일대는 바다를 조망하기 좋은 구릉이 많고, 옥녀봉토성 등이 분포하고 있다. 생활유구는 해남 군곡리유적에서 원형계주거지 2기, 패총 등이 조사되었고, 황산리 분토유적에서 주거지 1기, 흑천리 마등유적에서 주거지 2가 조사되었다. 무덤은 황산리 분토유적에서 석관묘 1기와 토광묘 1기가 조사되었고, 흑천리 마등유적에서 토광묘 1기와 옹관묘 1기가 조사되었다.

〈표 2〉 해남반도권 분포 유적

번호	유적명	입지	생활유구			무덤유구					기타	비고
			주거지	수혈	유물포함층	지석묘 및 석곽	석관묘	적석토광묘	토광묘	주구토광묘	옹관묘		
15	군곡리	구릉	◎	×	×	◎	×	×	×	×	×	패총 토기가마등	목포대학교박물관 1987~1989·2019·2021
16	황산리 분토	구릉	◎	×	×	×	◎	×	◎	×	×		전남문화재연구원 2007
55	흑천리 마등	구릉	◎	×	×	×	×	◎	×	◎			대한문화재연구원 2019

3. 영산강하류권

영산강하류권은 서해와 바로 연결되며, 영암과 무안 일부를 포함한다. 하류는 일명 '남해만'과 '덕진만'이라 칭해졌던 넓은 만(灣)이 내해(內海)를 형성하고 있어 '영산내해'로 명명하기도 하였다[48]. 수계를 기준으로 동쪽(영암 일원)과 서쪽(무안 일로 일원)으로 구분할 수 있을 것이다. 현재 확인된 유적들은 영산강의 동쪽인 영암에 주로 분포하고 있다. 동쪽으로는 소백산맥에서 분기한 노령산맥이 서해안으로 침강하기 전에 월출산(해발 809m)을 최고봉으로 하여 남서방향으로 뻗어 내리고, 서쪽으로는 평야지대를 이루고 있다. 평야는 하천퇴적과 바닥퇴적으로 이루어졌고, 해안선은 굴곡이 많아 복잡하였으나, 현재는 영산강하구언 공사로 나불도 등이 육지화되어 해안선의 굴곡이 완만해졌다.

생활유적은 현재까지 확인되지 않았으며, 무덤은 영암 장천리 지석묘군에서 세형동검과 검파두식 등이 출토되었다. 또한 청동용범이 일괄로 영암 독천에서 수습되어 청동기 제작과 유통의 거점 역할을 했던 것으로 보이며, 영암 신연

---

48) 김경수 2001, 『영산강 유역의 경관변화 연구』, 전남대학교대학원 박사학위논문.

리 일대에서 수습된 청동유물들은 영암 용범과 관련된 것으로 추정된다.

〈표 3〉 영산강하류권 분포 유적

번호	유적명	입지	생활유구			무덤유구					기타	비고
			주거지	수혈	유물포함층	지석묘 및 석곽	석관묘	적석토광묘	토광묘	주구토광묘	옹관묘		
17	영암 장천리	충적대지	×	×	×	◎	×	×	×	×	×		목포대학교박물관 1984
18	영암 용범	수습품	×	×	×	×	×	×	×	×	×		임병태 1987
19	영암 엄길리	구릉	×	×	×	◎	×	×	×	×	×		동북아지석묘연구소 2013

4. 영산강중류권

영산강중류권은 나주일대를 중심으로 한다. 북서부와 동남부에 산지가 위치하고 그 사이에 영산강을 중심으로 넓은 범람원 평야가 전개된다. 노령산맥 지맥에 의해 주변은 산으로 둘러싸여 있어 서쪽으로는 서해도서권과 동쪽으로는 전남 동부지역과 자연적인 경계를 이룬다. 조석간만의 차와 홍수 등의 영향으로 하천 범람이 자주 발생하였으나 하구둑이 설치된 이후 줄어들었다.

유적은 영산강의 동쪽에 집중되어 확인되며, 해발 30~50m 정도의 나지막한 구릉에 입지한다. 생활유구는 주거지, 수혈과 패총 등이 확인되었다. 나주 운곡동유적에서 주거지와 수혈이 확인되었고, 저습지, 석곽 등에서도 원형점토대토기 등이 출토되었다. 나주 복암리유적에서는 도랑 14기와 수혈 23기, 기둥구멍 등이 조사되었으며, 삼각형점토대토기 단계에 다중 환호취락의 존재 가능성을 확인하였다. 패총은 나주 수문패총이 조사되었으며, 강변에 위치하고 폐기장, 접안시설로 추정되는 목재흔 등이 확인되었다.

무덤은 지석묘, 석곽묘, 석관묘, 적석목관묘, 토광묘 등이 확인되었다. 나주 구기촌유적에서는 토광묘 10기가 집단묘로 확인되었고, 청동기와 철기 등이 공반되어 출토되었다. 나주 월양리유적에서는 묘표석 기능을 한 지석묘 1기를 중심으로 매장시설이 23기 조사되었는데, 구조가 다양하다. 나주 운곡동유적 지석묘에서는 세형동검편과 철착이 출토되었고, 석곽에서는 원형점토대토기 한 개체분이 벽석에 박힌 채로 출토되기도 하였다. 인접한 채석장과 지석묘의 상석에는 암각화를 시문하는 등 다양한 문화상을 보여주고 있다.

〈표 4〉 영산강중류권 분포 유적

번호	유적명	입지	생활유구			무덤유구					기타	비 고
			주거지	수혈	유물포함층	지석묘 및 석곽	석관묘	적석토광묘	토광묘	주구토광묘	옹관묘		
20	나주 구기촌	구릉	×	×	×	×	×	×	◎	×	×		전남문화재연구원 2016
21	나주 운곡동	구릉	◎	◎	×	◎	×	×	×	×	×		마한문화연구원 2008
22	나주 도민동	구릉	×	×	×	×	×	×	◎	×	×		전남문화재연구원 2012
23	나주 장동리 수문	충적대지	×	×	×	×	×	×	×	×	×	패총	국립광주박물관 2010
24	나주 월양리	구릉	×	×	×	◎	◎	◎	×	×	×		마한문화연구원 2014
53	나주 산제리	구릉	◎	×	×	×	×	×	×	×	×		호남문화재연구원 2017
54	나주 복암리 랑동	구릉	◎	×	×	×	×	×	×	×	×		전남문화재연구원 2004
56	나주 청동	구릉	×	×	×	×	×	×	×	×	×	수습	전남대학교박물관 2002
57	나주 복암리	충적대지	×	◎	×	×	×	×	×	×	×	도랑	국립나주문화재연구소 2018

5. 영산강상류권

영산강상류권은 영산강 발원지인 담양과 광주·장성 일부를 포함된다. 본류와 지류 주변으로 평야지대와 저평한 구릉이 곳곳에 발달하였다. 노령산맥에서 갈라져 나온 지맥에 의해 형성된 해발 500m 이상의 산들이 에워싸고 있어 고막원천권과 섬진강유역과 자연적인 경계를 이룬다. 바다에서 항해한 선박이 광주 서창까지 출입하였다는 기록이 있고[49], 1980년대까지도 강을 건너는데 나룻배가 이용되기도 하였다. 유적은 영산강 본류와 지류 주변구릉과 충적대지에 분포한다. 영산강 본류에 자리하는 유적들은 대부분 강 서쪽 충적대지나 그 일대 구릉 상에 입지하는데, 이는 영산강 동쪽이 구도심지대를 형성하고 있기 때문으로 보인다. 유적 밀집도가 가장 높은 권역이며, 생활유구는 주거지, 수혈, 유물포함층, 저습지이 조사되었고, 무덤은 지석묘, 토광묘, 옹관묘 등이 조사되었다.

주거지는 담양 태목리, 광주 수문·하남동·평동·오룡동·신창동·뚝뫼·용강·용곡유적, 장성 장산리 유적 등에서 확인되었다. 광주를 중심으로 원형계와 방형계 주거지가 다수 조사되었다. 최근 이 권역에서는 송국리형주거지에서 원형점토대토기나 군곡리식토기 출토가 증가하고 있는 추세이다. 수혈은 광주 평동·금호동·수문·신촌·월전동 하선유적 등에서 확인되었고, 신창동식토기나 군곡리식토기가 다량 출토되었다.

무덤은 지석묘, 토광묘, 옹관묘 등이 확인되었다. 지석묘는 광주 매월동 지석묘에서 원형점토대토기와 두형토기가 출토되었다. 토광묘는 장성 환교, 장성 월정리, 광주 수문·관동·성덕·복룡동·월전동 등에서 조사되었으며, 대부분 1~3기 미만으로 확인되었다. 옹관묘는 광주 신창동유적에서 54기, 광주 평동에서 9기, 광주 운남동유적 등에서 4기가 집단묘로 확인되었다.

---

49) 광주시립박물관 2002, 『광주의 길과 풍물』.

<표 5> 영산강상류권 분포 유적

번호	유적명	입지	생활유구			무덤유구						기타	비고
			주거지	수혈	유물포함층	지석묘 및 석곽	석관묘	적석토광묘	토광묘	주구토광묘	옹관묘		
25	광주 신창동	구릉	◎	×	×	×	×	×	×	×	◎	토기가마, 저습지, 도랑	국립광주박물관 1993
26	담양 태목리	충적대지	◎	×	×	×	×	×	×	×	×		호남문화재연구원 2010
28	광주 오룡동	구릉	◎	×	×	×	×	×	×	×	×	구상유구	목포대학교박물관 1995
29	광주 수문	구릉	◎	◎	×	×	×	×	◎	×	×		호남문화재연구원 2008
30	광주 복룡동	충적대지	◎	×	×	×	×	◎	×	×	×		동북아지석묘연구소 2016
31	광주 운남동	구릉	×	×	◎	×	×	×	×	×	◎		국립광주박물관 1996
32	광주 성덕	구릉	×	×	×	×	×	◎	×	×	×		호남문화재연구원 2008
33	장성 월정리Ⅱ	구릉	×	×	×	×	×	◎	×	×	×		호남문화재연구원 2016
34	광주 장자	구릉	×	×	×	×	×	×	×	×	◎		호남문화재연구원 2008
35	광주 월전동	충적대지	×	◎	×	×	×	×	×	×	×	구2	전남대학교박물관 1996
36	광주 하남동	구릉	◎	×	×	×	×	×	×	×	×		호남문화재연구원 2008
37	광주 치평동	구릉	×	×	◎	×	×	×	×	×	×		전남대학교박물관 1997
38	광주 금호동	구릉	×	×	×	×	×	×	×	×	×	두형토기, 석부,지석	전남대학교박물관 1999
39	광주 매월동	구릉	×	×	◎	×	×	×	×	×	×		전남대학교박물관 2002
40	광주 평동	충적대지	◎	×	×	×	×	◎	×	◎	×	구	호남문화재연구원 2012
41	광주 관동	구릉	×	×	×	×	×	◎	×	×	×		호남문화재연구원 2008
42	광주 동림동	충적대지	×	×	×	×	×	×	×	×	×	구상유구	호남문화재연구원 2007
43	광주 신촌	충적대지	×	◎	×	×	×	×	×	×	×	환호	호남문화재연구원 2011
44	광주 화전	충적대지	×	×	×	×	×	×	×	×	×	폐기장	호남문화재연구원 2011
50	광주 뚝뫼	구릉	◎	×	×	×	×	×	×	×	×		조선대학교박물관 1995
51	광주 용강	구릉	◎	×	×	×	×	×	×	×	×		호남문화재연구원 2009
52	광주 용곡	구릉	◎	×	×	×	×	×	×	×	×		호남문화재연구원 2009
58	장성 장산리Ⅰ	구릉	◎	×	×	×	×	×	×	×	×		호남문화재연구원 2013
59	월전동 하선	구릉	×	◎	×	×	×	◎	×	×	×	구상유구	동북아지석묘연구소 2016

6. 고막원천권

고막원천권은 영산강 지류에 속하는 곳으로 함평 일부와 장성 일부, 무안 일부가 해당된다. 노령산맥 지맥이 형성한 해발 300~500m 높이의 산들이 고막원천을 에워싸며 길다란 분지를 이루는 형상이다. 영산강중류에서 본류와 합류하여 흐른다. 생활유적은 함평 소명동유적에서 송국리형주거지 내에서 군곡리식토기가 출토되었고, 함평 창서유적에서는 삼국시대 주거지에서 원형점토대토기편이 출토되었으나, 주거지와는 직접 관련이 없는 유물로 확인되었다.

무덤은 적석목관묘, 석관묘, 토광묘, 옹관묘 등이 확인되었다. 함평 초포리 유적에서는 적석목관묘 1기가 조사되었고, 유구는 일부 유실되었으나 중원식 동검 등을 비롯한 최상급에 해당되는 다종의 청동유물이 출토되었다. 영산강 유역에서 외래계 무덤이 다양하게 확인되는 권역이다.

〈표 6〉 고막원천권 분포 유적

번호	유적명	입지	생활유구			무덤유구						기타	비고
			주거지	수혈	유물포함층	지석묘 및 석곽	석관묘	적석목관묘	토광묘	주구토광묘	옹관묘		
10	함평 초포리	구릉	×	×	×	×	×	◎	×	×	×		국립광주박물관 1988
11	함평 월야리 순촌	구릉	×	×	×	×	×	×	◎	×	×		목포대학교박물관 2001
12	함평 해보리	구릉	×	×	×	×	◎	×	×	×	×		목포대학교박물관 2000
13	함평 상곡리	구릉	×	×	×	×	◎	◎	×	×	×		한국문화재재단 2016
14	함평 신흥동	구릉	×	×	×	×	◎	◎	◎	×	◎		대한문화재연구원 2010·2013·2014·2016
27	장성 환교	구릉	◎	×	×	×	×	×	◎	×	×		호남문화재연구원 2010

7. 지석천권

　지석천권은 영산강의 지류로 화순일대에 해당되며, 영산강중류권인 나주에서 본류와 합수되어 흐른다. 호남정맥이 인접해 있는 산악지대로 산지들이 곳곳에 흩어져 있어 전반적으로 동쪽은 고산지형이고 서쪽은 구릉성 산지를 이루며, 지석천변 일대는 충적대지를 형성하고 있다. 생활유구는 화순 백암리 적석목관묘가 입지한 동일 구릉에서 송국리형주거지 2기가 확인되었는데, 상층 송국리형주거지에서 무문토기와 신창동식토기편 등이 확인되었다. 화순 대곡리유적에서 600m 정도 동쪽으로 떨어진 내대곡유물산포지에서는 무문토기와 원형점토대토기편 등이 수습되었다. 화순 하삼유적에서는 군곡리식토기 등이 출토되었고, 화순 삼천리 황새봉유적에서는 주거지 내에서 군곡리식토기 등이 출토되었다. 무덤은 지석묘와 적석목관묘, 토광묘 등이 조사되었으며, 화순 대곡리와 화순 백암리에서는 다종의 청동기를 부장한 적석목관묘가 확인되었다. 화순 내평리에서는 원형점토대토기 등을 부장한 토광묘가 확인되었다.

〈표 7〉 지석천권 분포 유적

번호	유적명	입지	생활유구			무덤유구						기타	비고
			주거지	수혈	유물포함층	지석묘 및 석곽	석관묘	적석목관묘	토광묘	주구토광묘	옹관묘		
45	화순 절산리	구릉	×	×	×	◎	×	×	×	×	×		최몽룡 1975
46	화순 대곡리	구릉	×	×	×	×	×	◎	×	×	×		국립광주박물관 2013
47	화순 백암리	구릉	◎	×	×	×	×	◎	×	×	×		조현종 외 2005
58	화순 내평리		×	×	×	×	×	×	◎	×	×		동북아지석묘연구소 2013
60	화순 하삼	구릉	◎	×	×	×	×	×	×	×	×		고대문화재연구원 2019
61	화순 삼천리 황새봉	구릉	◎	◎	×	×	×	×	×	×	×		대한문화재연구원 2020

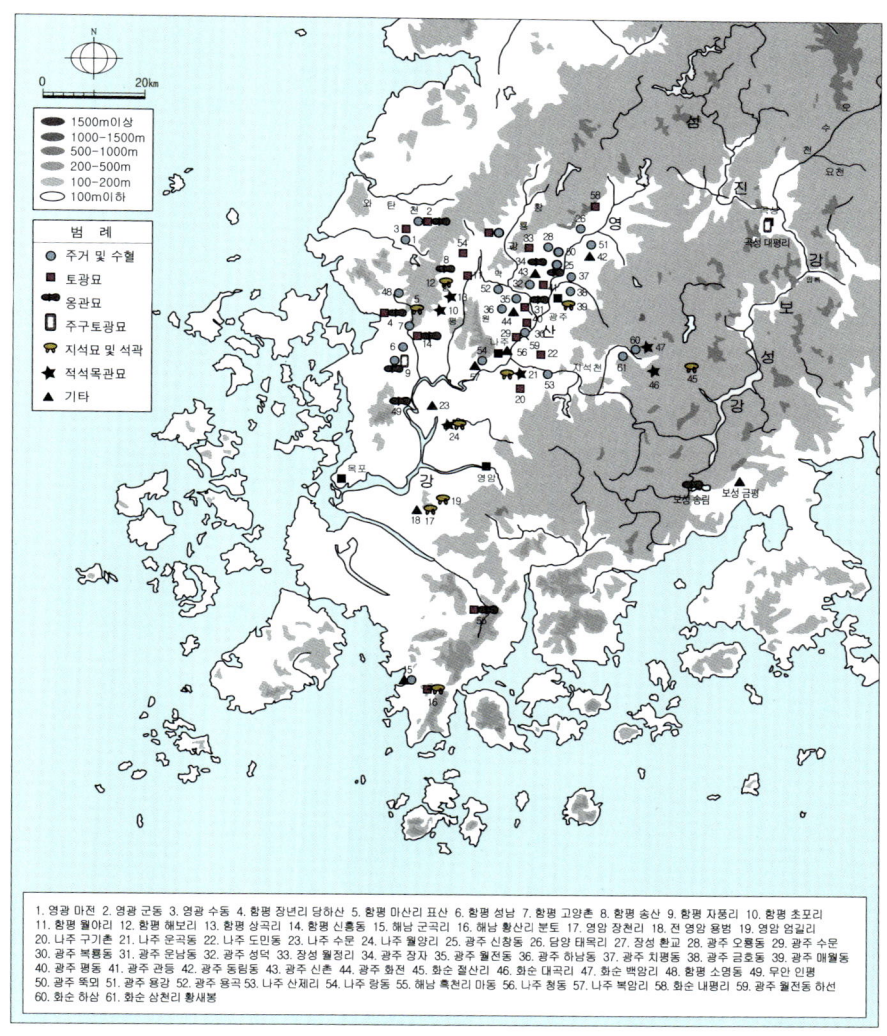

〈그림 2〉 영산강유역 유적 분포도

제Ⅱ장. 유적의 분포와 공간 설정 49

제Ⅲ장 유구의 분류 및 검토

지금까지 영산강유역에서 확인된 마한 성립기 유적은 60여 개소가 넘게 확인되며, 생활유구와 무덤으로 대별하였다. 생활유구는 주거지, 패총, 수혈 등으로 구분하였고, 무덤은 지석묘 및 석곽(묘), 석관묘, 적석목관묘, 토광묘(목관묘), 옹관묘, 주구토광묘 등으로 구분하였다[50]. 이외에도 구상유구 등이 있다.

1. 생활유구

1) 주거지

영산강유역에서 주거지는 해남 군곡리와 광주 신창동 유적에서 조사된 이후 간헐적으로 1~2기 정도가 조사되는 편이다. 청동기시대와 삼국시대 주거지와 비교하면 수적으로 매우 적고, 정형적인 주거구조가 집단적으로 분포하는 현상을 찾기 어렵다. 1990년대 이후 구제발굴을 통해서 많은 취락유적들이 조사된 가운데, 마한 성립기 주거지만 드물게 확인되는 이유는 무엇인지에 대한 의문을 갖게 되었다. 필자가 나름의 해답을 찾아보면, 당시 취락 규모가 작았거

---

50) 보고서가 발간된 유적을 중심으로 다루었다.

나, 조사범위를 벗어난 지역에 위치해 있어서 현재까지 조사되지 않았을 가능성이다. 다른 하나는 전·후시대인 청동기시대나 삼국시대 주거지처럼 공통적으로 보편화된 주거구조를 갖추지 않았기 때문일지도 모른다. 이를 검증하기 위하여 주거지에서 점토대토기, 청동기와 철기 등과 같은 새로운 요소가 출토되는 유적을 정리하였다. 해당유적은 25개소 180여기 정도이다.

〈표 8〉 영산강유역 주거지 현황표 (◎:원형점토대토기, ▲ : 신창동식토기)

구 분	입지	평면형태	내부시설	출토유물					비 고
				점토대	군곡리식	연질타날문	경질	기타	
영광 마전 9호	구릉	BⅡa	-	-	-	○	-	-	
영광 군동		AⅡa	-	-	-	○	-	-	
영광군동라A-3호		BⅡa	-	-	-	-	-	무문토기, 숫돌	
함평 창서 3호		BⅡa	4주공	○	-	○	-	지석	퇴적토
함평 소명3호	구릉	AⅠa	타원형구덩이(內), 벽주공,돌출부	-	○	-	-	석촉, 지석	
함평 소명 7호		방형?	벽구	-	-	-	-	-	
함평 소명 34호		BⅠc	4주공,타원형수혈	-	-	○	○	-	
함평 소명 34-2호		BⅡb	4주공주공,	-	-	-	-	-	
함평 표산Ⅰ38호		(BⅡa)	벽구,돌출부	-	-	-	-	-	
함평 표산Ⅰ83호		BⅡb	벽구	-	-	-	-	-	저부 부뚜막확인
함평 표산Ⅱ22호		BⅡb	4주공	-	-	-	-	-	
함평 표산Ⅱ25호		BⅡb	벽구	-	-	-	-	-	
함평 표산Ⅱ34호		BⅡb	4주공	-	-	-	-	-	
함평 표산Ⅱ170호	구릉	BⅡa	4주공	-	-	-	-	검초연결금구	
함평 표산Ⅳ1호		BⅡa	4주공	-	-	-	-	-	반원형상외곽구
함평 표산Ⅴ10호		BⅡa	노지, 벽구, 주공, 수혈	-	-	-	-	동과편	
함평 표산Ⅴ16호		BⅡb	타원형수혈, 벽구	-	○	-	-	-	
함평 표산Ⅴ16호		BⅡb	벽구,벽주공	-	○	-	-	-	
함평 표산Ⅴ38호		BⅡa	타원형수혈	-	-	-	-	-	
해남 군곡리 1호	구릉	AⅡa	불다짐, 외곽주공6개	▲	○	-	-	두형토기,시루 파수부토기	
해남 군곡리 2호		AⅡb	-	-	-	○	○	철도자, 석기	
해남 황산리 분토 50호	구릉	BⅡb	부뚜막, 벽구, 주공	-	○	○	○	석기	

구 분	입지	평면형태	내부시설	출토유물					비 고
				점토대	군곡리식	연질타날문	경질	기타	
담양 태목리Ⅲ-청-11호	평지	ΑⅠa	-	-	○	-	-	석도,석촉	
담양 태목리Ⅲ-청-12호		ΑⅠa	타원형구덩이+주공(內)	-	○	-	-	-	
담양 태목리Ⅲ-청-13호		ΑⅡa	타원형구덩이	-	○	-	-	-	
담양 태목리Ⅲ-청-17호		ΑⅠa	타원형구덩이+주공(內)	-	○	-	석도	-	
담양 태목리 Ⅲ-27호		타원형?	-	-	○	-	-	-	
담양 태목리Ⅲ-33호		ΑⅡa	부뚜막	-	○	○	-	-	
담양 태목리Ⅲ-34호		ΑⅡb	-	-	○	○	-	-	
담양 태목리Ⅲ-35호		ΒⅡb	부뚜막	-	-	○	-	-	35호→34호
담양 태목리Ⅲ-36호		ΑⅡb	-	-	-	○	-	석기	
담양 태목리Ⅲ-37호		ΒⅡb	부뚜막,타원형수혈,주공	-	○	○	-	-	
담양 태목리Ⅲ-40호		ΑⅡa	부뚜막,주공	-	-	○	-	-	40호→41호
담양 태목리Ⅲ-41호		ΒⅡb	부뚜막	-	○	-	-	-	
담양 태목리Ⅲ-47호		ΑⅡb	부뚜막,돌출부	-	○	○	-	-	
담양 태목리Ⅲ-49호		C(부정형)	-	-	○	○	-	-	
담양 태목리 Ⅲ-58호		ΒⅡa	주공	-	-	○	○	-	
담양 태목리 Ⅲ-68호		ΑⅡb	부뚜막	-	○	○	-	-	
담양 태목리 Ⅲ-82호		ΒⅡb	부뚜막	-	-	○	○	-	
담양 태목리 Ⅲ-101호		C(제형)	부뚜막	-	-	-	-	-	
담양 태목리 Ⅲ-111호		ΒⅡb	부뚜막	-	-	○	-	-	
담양 태목리 Ⅲ-182호		ΒⅡb	부뚜막,벽주공	-	-	○	-	-	
담양 태목리Ⅲ-192호		ΒⅠc	타원형구덩이	-	○	-	-	-	
담양 태목리Ⅲ-224호		ΒⅡb	부뚜막,보조주공	-	-	○	-	-	
담양 태목리Ⅳ-97호		ΒⅡb	부뚜막,타원형수혈	-	○	○	-	-	
담양 태목리Ⅳ-110호		C식	벽주공	-	○	○	-	-	
담양 태목리Ⅳ-140호		ΒⅡb	부뚜막,점토다짐	-	○	○	-	-	
담양 천변리 2호		ΑⅡb	소토,벽주공	-	○	-	-	-	
담양 천변리 5호		ΑⅡa	주공	-	○	-	-	-	
담양 천변리 9호		ΑⅡa	노지,주공	-	○	-	-	소옥	
담양 천변리 16호		ΑⅡb	노지	-	○	-	-	-	
담양 천변리 27호		ΒⅡa	-	-	○	○	-	-	
담양 천변리 36호		ΑⅡa	-	-	-	○	-	-	

구 분	입지	평면형태	내부시설	출토유물					비 고
				점토대	군곡리식	연질타날문	경질	기타	
담양 천변리 39호		AⅡb	-	-	○	○	-	우각형파수	
담양 천변리 43호		BⅡa	수혈	-	○	-	-		
담양 천변리 46호		AⅡb	수혈	▲	○	○	-	방추차	
장성 환교A-12호	구릉	BⅡb	부뚜막,타원형수혈,보조주공	-	-	○	-	세형동검편	
광주 평동A-9호		BⅡa	-	▲	○	○	-	-	
광주 평동A-10호		BⅡb	부뚜막	▲	○	○	-	소형토기	
광주 평동A-14호		BⅡa	-	-	-	-	-	석촉2	→232호수혈
광주 평동A-19호		BⅡa	-	-	○	-	-	-	
광주 평동A-26호		AⅠb	-	-	-	-	-	무문,개	
광주 평동A-27호		BⅡa	-	-	○	-	-	말각+각	
광주 평동A-31호		BⅡa	-	▲	○	-	-	우각형파수,방추차,석기	
광주 평동A-32호		AⅡa	-	-	○	-	-	우각형파수	32→31호 중첩
광주 평동A-33호		BⅡa	-	▲	○	-	-	우각형파수	
광주 평동A-34호		C(제형)	-	-	○	-	-	우각형파수	34→32호 중첩
광주 평동A-35호		?	-	-	○	-	-	-	36→35호 중첩
광주 평동A-36호		BⅡa	-	▲	○	-	-	-	37→36호 중첩
광주 평동A-37호		BⅡa	-	-	○	-	-	-	38→37호 중첩
광주 평동A-38호	평지	BⅡa	-	▲	-	-	-	-	
광주 평동A-40호		BⅡa	수혈,주공	▲	○	-	-	두형토기,석촉	
광주 평동A-41호		BⅡb	주공, 수혈, 노지	-	○	-	-	석착	
광주 평동A-42호		AⅡa	-	-	-	-	-	-	
광주 평동A-43호		BⅡa	-	-	-	-	-	-	43→44호 중첩
광주 평동A-44호		BⅡb	부뚜막	▲	○	○	○	-	
광주 평동A-46호		BⅡa	-	▲	○	○	-	-	
광주 평동A-47호		AⅡb	벽주공,주공	-	-	-	-	-	
광주 평동A-48호		BⅡa	수혈,돌출부	-	○	-	-	-	
광주 평동A-49호		AⅠc	노지	-	-	-	-	-	→9호 옹관묘중첩
광주 평동A-50호		AⅠc	4주공	-	-	-	-	-	
광주 평동A-51호		AⅠc	타원형구덩이,4주공주공,주공	-	○	-	-	석촉	
광주 평동A-52호		AⅠc	타원형구덩이	-	-	-	-	-	52→51호 중첩
광주 평동A-53호		BⅡa	-	-	○	○	-	-	
광주 평동A-55호		C(오각형)	-	-	○	-	-	편인석부	

구 분	입지	평면형태	내부시설	출토유물					비 고
				점토대	군곡리식	연질타날문	경질	기타	
광주 평동A-57호	평지	AIc	타원형구덩이, 벽주공,벽	-	○	-	-	석촉	
광주 평동A-58호		C(원형+방형)	타원형구덩이+ 주공(內),	-	○	-	-	갈판, 연석	
광주 평동A-59호		AIb	타원형구덩이+ 주공(外)	-	○	-	-	두형토기,석창, 석착	
광주 평동A-60 호		C(삼각형)	타원형구덩이, 주공	-	○	-	-	석검2,삼각형석도2 유구석부,석착	
광주 평동A-61호		BIIa	주공	-	-	-	-	-	화재
광주 평동A-62호		BIIb	노지,주공	-	○찰문	○	-	-	
광주평동 A-64호		BIb	타원형구덩이+ 주공(外1)	-	○	○	-	-	
광주평동 A-65호		AIa	-	-	-	-	-	석촉	
광주평동 A-67호		AIc	-	-	-	-	-	-	
광주평동 A-68호		AIa	-	-	-	-	-	-	
광주평동 A-69호		AIa	타원형구덩이+ 주공(內)	-	○	-	-	석촉	
광주평동 A-70호		AIb	타원형구덩이, 벽구,4주공주공, 보조주공	-	○	-	-	석촉3	
광주평동A-71호		AIb	타원형구덩이,벽구, 돌출부	-	-	-	-	-	
광주평동 A-72호		AIb	타원형구덩이, 돌출부	-	-	-	-	-	
광주 평동A-73호		AIb	타원형구덩이	-	-	-	-	-	
광주 평동A-74호		C(제형)	타원형구덩이	-	-	-	-	-	
광주 평동A-75호		AIa	타원형구덩이+ 주공(內)	-	○	-	-	-	
광주 평동A-76호		BIb	-	-	-	-	-	석착	76→77호 중첩
광주 평동 -77호		AIIa	4주공주공, 주공	-	○	-	-	-	
광주 평동 78호		BIa	타원형구덩이+ 주공(內)	-	○	-	-	-	
광주 평동A-80호		BIIa	-	-	○	-	-	-	
광주 평동A-81호		BIb	-	-	-	-	-	연석	
광주 평동A-82호		AIIa	-	-	○	-	-	-	
광주 평동A-84호		BIa	타원형구덩이+ 주공(內)	-	○	-	-	-	무문토기,
광주 평동A-85호		AIIa	-	-	○	-	-	석부	
광주 평동A-86호		AIc	-	-	-	-	-	-	
광주 평동A-87호		AIc	-	-	-	-	○	석착	
광주 평동A-88호		AIa	-	-	-	-	-	-	

구 분	입지	평면형태	내부시설	출토유물					비 고
				점토대	군곡리식	연질타날문	경질	기타	
광주 평동A-89호	평지	AⅠc	주공	-	-	-	-	-	
광주 평동A-90호		AⅠa	타원형구덩이+주공(內)	-	○	-	-	-	
광주 평동A-91호		AⅠc	타원형구덩이,벽구,주공	-	○	-	-	-	석촉5,방추차,석부,갈돌
광주 평동A-92호		BⅠa	타원형구덩이,벽주공	-	○	-	-	-	
광주 평동A-93호		BⅠa	타원형구덩이,4주공	-	○	-	-	-	
광주 평동A-96호		BⅠb	-	-	-	-	-	-	석촉
광주 평동A-97호		AⅠa	-	-	-	-	-	-	-
광주 평동 B-3호		BⅡa	벽구,주공	-	-	-	-	-	
광주 평동 B-호		AⅠa	-	-	-	-	-	-	
광주 평동 B-5호		AⅠa	-	-	-	-	-	-	
광주 평동 B-6호		AⅠa	타원형구덩이+주공(內),보조주	-	○	-	-	석기편	
광주 평동 B-7호		AⅠa(돌출부)	타원형구덩이+주공(內),벽조공	-	○	-	-	-	
광주 하남동 1호	구릉	AⅠb	타원형구덩이+주공(中),4주공	-	○	-	-	두형토기,뚜껑2,방추아,어망추,무문토기	
광주 수문 5호	구릉	BⅠa	타원형구덩이+주공(內),주공	▲	-	-	-	무문토기	
광주 동림동 86	평지	C(부정형)	주공	▲	○	○	-	-	
광주 뚝뫼	구릉	(원형계)	벽구,벽주공	-	○	-	-	조합식파수두형토기, 발,	
광주 용강 5호	구릉	BⅡa	4주공	-	-	●	○	-	
광주 용곡A-1호		BⅡa	벽구	-	-	-	-	-	
광주 용곡A-2호		BⅡa	주공	-	-	-	-	-	
광주 용곡A-3호		AⅠc	벽구,타원형수혈	-	-	-	-	-	
광주 용곡A-4호		BⅡa	벽구,타원형수혈	-	-	○	-	-	
광주 용곡A-5호		BⅡa	벽구	-	-	-	-	-	
광주 용곡A-6호		AⅡb	벽구	-	-	-	-	-	6호→7호→5호
광주 용곡A-7호		BⅡa	주공,타원형수혈	-	-	○	-	-	
광주 용곡A-8호		AⅡa	주공,타원형수혈	-	-	-	-	-	8호→9호
광주 용곡A-9호		BⅡa	주공,보조주공,벽구	-	-	-	-	-	
광주 용곡A-10호		?	?	-	-	-	-	-	10호→11호
광주 용곡A-11호		BⅡa	벽구	-	-	-	-	-	
광주 용곡A-12호		AⅡa	벽구,보조주공	-	-	-	-	지석	12호→11호
광주 용곡A-13호		(타원형)	벽구	-	-	-	-	-	

구 분	입지	평면형태	내부시설	출토유물					비 고
				점토대	군곡리식	연질타날문	경질	기타	
광주 용곡A-14호		BIIa	벽구,주공,타원형수혈	-	○찰문	-	-	-	
광주 용곡A-15호		AIIa	주공,타원형수혈	-	-	-	-	-	
광주 용곡A-16호		AIIa	벽구	-	-	-	-	-	
광주 신창동 I 지점		AIIa	주공	-	○	-	-	소형토기	주거지→구상유구
광주 신창동 IV-2호		BIIb	-	-	○	○	-	방추차	
광주 신창동 IV 3호	구릉(2007년)	C	주공	-	-	○	-	-	3호→4호
광주 신창동 IV 4호		BIIb	타원형수혈,주공	-	○	○	-	석재	3호→4호
광주 신창동 IV 5호		?	주공	-	○	○	-	방추차	4호→5호
광주 신창동 IV 6호		BIIb	주공(3주)타원형수혈	-	○	-	-	-	
광주 신창동 1호		BIIa	주공(3주)	▲	○	-	-	-	
광주 신창동 2호		BIIa	4주공	-	○	-	-	토제품	
광주 신창동 3호	구릉(2011년)	BIIb	수혈	▲	-	-	-	-	
광주 신창동 4호		BIIb	-	▲	○	-	-	-	
광주 신창동 7호		BIIa	주공	▲	-	○	-	-	
광주 신창동 8호		BIIa	-	▲	-	○	-	-	
광주 신창동 9호		BIIa	주공	▲	○	○	-	-	
광주오룡동 5호		BIIa	벽구,벽주공	-	-	○	-	-	
광주오룡동 9-2호		?	벽구	-	-	-	-	-	
광주오룡동 11호		BIIb	벽구,부뚜막,보조주공	-	-	○	-	-	
광주오룡동 12호		BIIa	벽구,벽주공,타원형수혈	-	-	-	-	-	12-2호→12호
광주오룡동12-2호	구릉	BIIb	벽구	-	-	○	-	-	
광주오룡동12-3호		BIIb	벽구,벽주공,타원형수혈	-	-	-	-	-	12-3호→12-2호
광주오룡동 15호		BIIb	벽구,타원형수혈,벽주공,부뚜막	-	-	-	-	-	
광주오룡동 16호		AII?	점토다짐	-	-	-	-	무문토기,편평촉, 연석	16호→17호
광주오룡동 17호		?	벽구,보조주공,점토다짐	-	-	-	-	-	가마유물 유입됨
나주 랑동 4호		B?	벽구,내부구,주공	-	-	-	-	석기	
나주 랑동 19호	구릉	BIIa	4주공,벽구	-	-	-	-	판상형철기	
나주 랑동 20호		BIIa	-	-	-	-	-	-	
나주 운곡동 I-청-18호	구릉	BIb	타원형구덩이+주공(內)	-	-	-	-	무문토기,석촉	
나주 운곡동 II-33호		AIa	타원형구덩이+주공(內)	◎	-	-	-	무문토기, 석촉, 연석,지석	

구 분	입지	평면형태	내부시설	출토유물 점토대	출토유물 군곡리식	출토유물 연질타날문	출토유물 경질	출토유물 기타	비 고
나주 산제리1-1호	구릉	AⅡa	-	-	○	-	-		
나주 산제리1-2호	구릉	AⅡb	주공,외곽구	-	○	-	-	시루	
화순 백암리 상층	구릉	AⅠb	-	▲	-	-	-	무문토기, 옥, 석기	
화순 하삼 나Ⅰ-청2호	평지	BⅡa	-	-	-	-	-	무문토기, 석촉	
화순 황새봉 원~삼국 1호	평지	BⅡa	수혈,4주공,주공	-	○	-	-	소형토기, 토기받침	
화순 황새봉 원~삼국 2호	평지	BⅡa	주공	-	○	-	-	토기받침	
화순 황새봉 원~삼국 3호	평지	A?	수혈	-	○	-	-		
화순 황새봉 원~삼국 4호	평지	BⅡa	-	-	-	-	-		
화순 황새봉 원~삼국 5호	평지	AⅡa	-	▲	○	-	-		
화순 황새봉 원~삼국 6호	평지	AⅡb	노지, 벽구, 수혈	▲	○	-	-		
화순 황새봉 원~삼국 7호	평지	C	노지, 4주공(?), 타원형수혈	▲	○	-	-	토기받침	
화순 황새봉 원~삼국 8호	평지	AⅡb	노지	-	○	-	-	토기받침	
화순 황새봉 원~삼국 9호	평지	C?	-	-	○	-	-		
화순 황새봉 원~삼국 10호	평지	BⅡa	주공,수혈	-	○	○	-		
화순 황새봉 원~삼국 12호	평지	C	노지,주공	-	○	-	-		

주거지에서 새로운 요소가 확인되는 양상은 세 가지로 구분된다. 단독으로 확인되는 경우와 청동기시대 토착문화인 송국리형주거지나 지석묘 등에서 출토되는 경우, 마한계주거지에서 출토되는 경우로 구분된다. 단독으로 확인되는 경우가 많지 않은데, 이 같은 현상들은 주거지에서만 나타나는 것은 아니고, 무덤 등에서도 동일하게 확인되고 있다.

입지를 보면, 하천을 끼고 있는 강안 충적대지나 구릉지대에서 확인되며, 주거지의 입지는 시대를 불문하고 큰 차이를 보이지 않는다. 해안과 인접한 서해도서권과 해남반도권에서는 구릉지대에서 확인되고, 내륙에서는 구릉, 충적대지 등에서 확인된다. 송국리취락이나 3~4세기대의 마한계취락과 동일한 유적 내에서 대부분 확인되고, 단일 취락을 형성한 경우는 광주 용곡 A유적 등이 있다.

송국리형주거지에서 점토대토기가 출토되는 사례는 광주 평동, 광주 수문, 광주 하남동, 담양 태목리유적, 나주 운곡동, 화순 백암리, 화순 하삼 등이 있으며, 영산강상류권에 집중된다. 광주 평동유적에서는 송국리형주거지 뿐만 아니라 마한계주거지에서도 신창동식토기나 군곡리식토기가 출토되는 주거지들이 다수 조사되었고, 원형과 방형이 혼합된 형태, 말각삼각형, 말각오각형, 부정형 등 이색적인 평면형태가 확인되었다. 단일 취락을 이룬 광주 용곡 A유적에서는 원형주거지와 방형주거지가 동일 구역 내에서 중첩관계로 확인되었고, 원형주거지보다 방형주거지가 후행한 것을 알 수 있다. 화순 황새봉유적에서도 유사한 양상이 확인되었으나, 세부적인 검토가 필요하다.

주거지 조성방법은 벽은 수직에 가깝게 굴착하고, 대부분은 굴착면을 그대로 사용하였고, 일부 원형계주거지에서 바닥에 점토다짐이나 불다짐을 하였다. 주거지 골격을 형성하고 상부구조를 지탱해 주는 주기둥 주공은 4주공도 확인되기도 하나, 광주 평동이나 광주 용강, 함평 소명동, 함평 마산리 표산 등에서 소수 확인되었다. 일부에서는 벽기둥이나 보조기둥 주공이 확인되거나 벽체시설이 확인되고, 일정하게 간격을 이룬 사례는 드물다. 광주 오룡동에서는 기둥보강돌이 확인되었고, 부뚜막은 원형계주거지에서도 확인되지만 대부분 방형계주거지에서 확인되고, 광주 평동유적에서는 신창동식토기를 솥받침으로 이용한 사례가 확인되기도 하였다.

주거지 평면형태는 1980~90년대 조사된 광주 신창동, 해남 군곡리, 광주 오룡동 등에서 확인된 주거지를 통해서 원형계로 인식되는 경향이 있다. 이러한 자료의 부재와 많은 주거지가 조사된 전남 동부지역 사례는 원형계주거지로만 인식시키는데 일조하였다. 이에 대해서는 출토유물의 면밀한 분석을 통한 재고의 여지가 있다. 주거지에서 출토유물이 갖는 시간성은 송국리형주거지 → 원형계주거지 → 마한계주거지로 변화되는 큰 흐름과는 대체로 일치한다. 주거구조의 변화는 각각의 시대성을 대표하는 주거구조로 설명할 수 있겠지만, 어느 순간 동시에 주거구조가 변화되었다고는 볼 수는 없다. 새로운 주거구조로의 변화과정이 어떻게 이루어졌는지에 대해서는 확인할 수 없지만, 송국리주거지의 소멸시기인 기원전 4·3세기부터 마한계주거지로 보편화되는 시기까지 공통적인 주거구조를 갖추지 않았고, 여러 구조가 공존한 것은 확실하다.

여기서는 그 과정에 대한 의문을 풀어보고자 영산강유역에서 새로운 요소의 토기가 출토된 주거지와 이들 주거지와 중첩관계를 이루는 주거지를 정리하고, 주거구조를 분류한 후, 출토유물과의 상관관계를 검토하였다. 그리하여 송국리형주거지에서 마한계주거지로의 변화과정의 일면을 파악해 보고자 한다. 평면형태에 따라 원형계(A식), 방형계(B식), 이형계(C식)로 나누고, 내부시설에 따라 세분하여 11개의 형식으로 분류하였다.

A식은 평면형태가 원형계로 타원형구덩이의 유무와 중심주공의 위치에 따라 5개 형식으로 분류하였다. AⅠ식은 타원형구덩이가 있는 것으로 타원형구덩이가 주거지 내부 중앙에 위치하는 경우는 드물고, 한쪽으로 치우쳐 확인되는 형태가 대부분이다. AⅡ식은 타원형구덩이가 없는 것으로 원형주거지이나 타원형주거지라 할 수 있다.

AⅠa식은 평면형태가 원형인 전형적인 송국리형주거지로 타원형구덩이 내측에 중심주공이 있는 내주공식이다. 평면형태가 타원형을 띠는 경우도 확인되고, 중심주공이 타원형구덩이 경계에서 확인되는 경우도 있다. 다른 내부시설로는 4주식 주공, 벽주공, 출입시설로 추정되는 돌출부가 확인되는 주거지도 있다. 담양 태목리, 광주 평동, 나주 운곡동, 함평 소명동유적 등에서 확인되었고, 출토유물은 무문토기, 원형점토대토기, 군곡리식토기, 석촉 등의 석기류가 출토되었다.

〈표 9〉 영산강유역 주거지의 형식분류

평면형태	내부시설		형식	비고
원형계 (A)	타원형구덩이 有(Ⅰ)	양단 내측에 중심주공(a)	AⅠa	
		양단 외측에 중심주공(b)	AⅠb	
		타원형구덩이만 있음(c)	AⅠc	
	타원형구덩이 無(Ⅱ)	평면형태가 원형(a)	AⅡa	
		평명형태가 타원형(b)	AⅡb	
방형계 (B)	타원형구덩이 有(Ⅰ)	양단 내측에 중심주공(a)	BⅠa	
		양단 외측에 중심주공(b)	BⅠb	
		타원형구덩이만 있음(c)	BⅠc	
	타원형구덩이 無(Ⅱ)	내부시설이 없는 것(a)	BⅡa	
		부뚜막 있는 것(b)	BⅡb	
이형계 (C)	삼각형, 오각형 등 이형인 것 평면형태가 불분명한 것		C	

제Ⅲ장. 유구의 분류 및 검토

AⅠb식은 평면형태가 원형인 송국리형주거지로 타원형구덩이 외부에 중심주공이 있는 외주공식이다. 중심주공이 1개만 확인되는 것도 있고, 타원형구덩이를 중심으로 4주식 주공이 확인되기도 한다. 광주 하남동, 광주 평동유적, 화순 백암리 등에서 확인되었다. 출토유물은 무문토기, 신창동식토기, 군곡리식토기, 석착 등 석기류와 옥 등이 출토되었다.

　　AⅠc식은 평면형태는 원형이고, 타원형구덩이만 있고 중심주공은 없는 형태이다. 타원형구덩이 이외의 내부시설로는 벽주공, 벽구, 4주식 주공, 외부 돌출부 등이 확인되는 주거지도 있다. 타원형구덩이 내부에서 소토가 확인되는 사례가 광주 평동유적, 광주 용곡 등에서 확인되었다. 유물은 출토되지 않은 주거지가 많고, 일부 주거지에서 군곡리식토기와 석검, 석도, 석부, 석착 등의 석기류가 출토되었다.

　　AⅡa식은 평면형태가 원형으로 주거지 내부에서 시설이 확인되지 않은 구조로 원형계주거지로 불리운다. 일부 벽주공이나 보조주공이 확인되기도 하며, 바닥면을 점토 다짐한 경우도 있다. 광주 뚝뫼, 광주 신창동, 광주 오룡동, 광주 평동, 광주 용곡A, 담양 태목리, 담양 천변리, 영광 군동, 해남 군곡리유적, 나주 산제리, 화순 황새봉 등에서 확인되었다. 출토유물은 무문토기, 신창동식토기, 군곡리식토기, 석촉, 우각형파수 등이 출토되었다. 사천 늑도유적 등에서 온돌시설이 확인되었기 때문에 영산강유역에서도 관련시설이 확인될 가능성이 높다.

　　AⅡb식은 평면형태는 타원형으로 원형계주거지로 불리우는 것 중 타원형을 띠는 것이다. 내부시설은 일부 벽주공, 보조주공, 소토 등이 확인되며, 나주 산제리에서는 외곽구가 확인되었다. 담양 태목리, 담양 천변리, 광주 평동, 해남 군곡리유적, 나주 산제리, 화순 황새봉유적 등에서 확인되었다. 출토유물은 신창동식토기, 군곡리식토기, 연질타날문토기, 군곡리식토기와 연질타날문토기의 요소가 혼합된 토기, 철도자 등이 출토되었다. 섬진강유역인 곡성 대평리

유적과 보성 도안리 석평유적 등에서 부뚜막시설이 확인된 바 있고, 담양 천변리에서 소토부가 확인되었고, 화순 황새봉에서는 노지가 확인되어서 부뚜막과 관련될 가능성이 있다.

　B식은 평면형태가 방형계인 주거지이다. 타원형구덩이 유무와 중심주공의 위치에 따라 5개의 형식으로 분류하였다. BⅠ식은 AⅠ식과 동일한 기준으로 분류하였고, 방형계 송국리형주거지에 해당한다. BⅡ식은 타원형구덩이가 없는 구조로 내부시설의 유무에 따라 세분하였다[51].

　BⅠa식은 평면형태는 방형이고, 방형의 송국리형주거지나 휴암리형주거지로도 불린다. 타원형구덩이 내부 양단에 중심주공이 있는 내주공식이며, 일부 보조주공이 확인되는 경우도 있다. 광주 수문유적과 광주 평동유적 등에서 확인되었고, 유물은 무문토기, 신창동식토기, 군곡리식토기 등이 출토되었다.

　BⅠb식은 평면형태가 방형으로 타원형구덩이 외부에 중심주공이 있는 외주공식으로 중심주공이 1개만 확인되는 경우도 있다. 광주 평동유적, 나주 운곡동 등에서 확인되었고 무문토기, 신창동식토기, 군곡리식토기, 연질타날문토기 등이 출토되었다.

　BⅠc식은 평면형태가 방형으로 중심주공 없이 타원형구덩이만 확인된다. 벽주공과 4주식주공이 확인되기도 한다. 광주 평동유적, 함평 소명동, 담양 태목리 등에서 확인되었고, 군곡리식토기와 연질타날문토기 등이 출토되었다.

　BⅡa식은 평면형태가 방형계로 방형이나 장방형으로 방형인 경우가 대부분이다. 내부시설로는 벽구, 벽주공, 4주식 주공, 노지, 수혈, 바닥에 점토다짐을 한 경우도 있다. 담양 태목리유적, 나주 랑동유적, 광주 평동유적, 광주 용

---

51) BⅡ식은 모서리 형태가 곡선적인 말각으로 처리된 것과 각 지게 처리된 것으로 구분된다. 하지만, 해당시기의 주거지가 대부분 말각으로 처리되었기 때문에 별도의 속성으로 분류하지 않았다.

곡A와 용강유적, 광주 신창동, 화순 하삼 나유적, 화순 황새봉유적, 함평 마산리 표산, 함평 창서, 영광 마전과 군동 등에서 확인되었다. 유물은 무문토기, 신창동식토기, 군곡리식토기, 연질타날문토기, 토기받침, 석촉, 석착 등이 출토되었다.

BⅡb식은 평면형태는 방형이나 장방형을 띠고, 내부에 부뚜막시설이 확인된다. 부뚜막시설은 한쪽 벽면에 치우쳐 확인되며, 점토를 이용해 만들었다. 내부시설로는 벽구, 벽주공, 타원형수혈 등이 확인되기도 한다. 광주 평동유적, 광주 오룡동유적, 광주 신창동, 담양 태목리유적, 장성 환교·장산리유적, 함평 마산리 표산유적, 함평 소명동, 해남 황산리 분토 등에서 확인되었고, 유물은 신창동식토기, 군곡리식토기, 연질타날문토기, 경질타날문토기, 소형토기, 군곡리식토기와 연질타날문토기의 요소가 혼합된 토기 등이 출토되었다.

C식은 평면형태가 삼각형, 오각형, 제형 등 이형적인 형태와 부정형이고, 마주보는 벽면(장벽)의 형태가 대칭되지 않은 형태를 구분하였다. 내부시설은 노지, 수혈, 송국리형주거지의 요소인 타원형구덩이가 확인되는 사례가 많고, 타원형구덩이는 대부분 한쪽으로 치우쳐 확인되고 있다. 광주 평동유적, 광주 신창동, 광주 동림동, 담양 태목리유적, 화순 황새봉유적 등에서 확인되었고, 출토유물은 우각형파수, 석도, 석검, 석부 등이다. 평면구조 특성상 일반 주거지와는 다른 용도로 추정되기도 하지만, 원형주거지 곡선형 벽과 방형주거지 직선형 벽이 확인되는 화순 황새봉 7호 등으로 보았을때 출토유물이나 송국리형 주거지 요소를 보이는 점에서 구요소와 신요소가 접목된 전환기적 주거구조로 볼 수 있다.

이상에서 살펴본 주거지 형식분류를 토대로 유적별 주거지 형식과 출토 토기를 정리하면 〈표 10〉과 같다.

〈표 10〉 유적별 주거지 형식 및 출토유물 (○:1기, ◎:2~4기, ●:5기 이상)

구분		무문토기	원형점토대토기	삼각형점토대토기		연질타날문토기	비고
				신창동식토기	군곡리식토기		
AⅠa	나주 운곡동	○	○	-	-	-	
	담양 태목리	-	-	-	○	-	
	광주 평동	-	-	-	●	-	돌출부
	함평 소명동	-	-	-	○	-	벽주공, 돌출부
AⅠb	광주 평동	○	-	-	○	-	
	광주 하남동	-	-	-	○	-	4주공
	화순 백암리	○	-	○	-	-	석기, 옥
AⅠc	광주 평동	-	-	-	●	○	4주공, 벽구, 돌출부, 벽주공
AⅡa	광주 오룡동	○	-	-	-	-	점토다짐
	광주 뚝뫼	-	-	-	○	-	벽구, 벽주공
	광주 신창동	-	-	-	○	-	
	광주 평동	-	-	-	◎	-	수혈 다수 확인
	나주 산제리	-	-	-	◎	○	주공, 외곽구
	해남 군곡리	-	-	○	○	-	주공
	영광 군동	-	-	-	-	○	
	화순 황새봉	-	-	○	○	-	
AⅡb	담양 태목리	-	-	-	○	-	
	담양 천변리	-	-	-	○	-	소토
	광주평동	-	-	-	●	-	벽주공, 주공
	해남 군곡리	-	-	-	○	-	
	화순 황새봉	-	-	○	○	-	
BⅠa	나주 운곡동	○	-	-	-	-	
	광주 수문	○	-	-	○	-	주공
	광주 평동	-	-	-	◎	-	
BⅠb	광주 평동	-	-	-	◎	○	
BⅠc	광주 평동	-	-	-	○	-	
BⅡa	광주 평동	-	-	●	●	◎	
	담양 태목리	-	-	-	-	○	주공
	광주 오룡동	-	-	-	-	◎	벽구, 벽주공, 타원형수혈
	광주 신창동	-	-	◎	◎	-	4주공
	영광 마전	-	-	-	-	○	
	나주 랑동	-	-	-	-	◎	
	화순 하산	○	-	-	-	-	
	화순 황새봉	-	-	◎	○	-	수혈, 4주공, 주공
	함평 마산리 표산	-	-	-	◎	◎	벽구, 벽주공, 돌출부, 4주공, 타원형수혈

BIIb	광주 평동	-	-	◎	◎	◎	노지, 주공, 수혈
	함평 소명동	-	-	-	○	-	
	함평 마산리 표산	-	-	-	●	●	노지, 벽구, 4주공, 타원형수혈, 수혈
	장성 환교	-	-	-	-	○	부뚜막, 주공, 수혈
	광주 신창동	-	-	◎	◎	●	벽구, 벽주공, 타원형수혈, 주공, 수혈
	광주 오룡동	-	-	-	-	◎	벽구, 점토다짐, 주공,
	담양 태목리	-	-	-	-	○	부뚜막
	화순 황새봉	-	-	○	◎	-	노지, 벽구, 수혈
	해남 황산리 분토	-	-	○	○	○	
C	광주 평동	-	-	◎	-	-	
	광주 동림동	-	-	○	○	○	
	광주 신창동	-	-	-	-	○	주공
	담양 태목리	-	-	-	○	○	벽주공
	화순 황새봉	-	-	○	◎	-	노지, 주공, 타원형수혈

 영산강상류권에서는 가장 다양한 주거지 형식들이 확인되며, 신창동식토기가 출토되는 주거지가 가장 많고, 토기도 가장 다양하게 확인되고 송국리형주거지에서 마한계주거지에 이르기까지 모두 출토된다. 주거지구조가 다양하게 공존하였음을 보여주며, 송국리형주거지에서 출토되는 점토대토기나 군곡리식토기, 타날문연질토기의 출토는 송국리형주거지 구조변화와도 연동되는 것으로 보인다. 영산강 중류권에서는 토착의 송국리형주거지(AⅠa식)에서 원형 점토대토기가 가장 먼저 등장한다.
 송국리형주거지 형식은 청동기시대에도 지역별로 차이를 나타낸다. 이종철은 영산강유역에서 조사된 송국리형주거지는 평면형태가 원형의 내주공식인 A형(필자분류 AⅠa식)과 방형의 내주공식 B형(필자분류 BⅠa식)의 비율을 보면, 1.4:1로 나타난다. 상대적으로 원형의 주거가 크게 감소하였거나 방형의 주거가 대폭 증가한 것으로 보았고, 금강유역에서 영산강유역권으로 갈수록 원형의 주거가 감소하고, 방형의 주거의 상대적으로 증가하는 것을 특징으로 보았다. 금강유역에서 멀어질수록 방형 주거의 축조가 증가하는 것으로 보았다. 동시대의 서로 인접한 장흥 갈두유적과 신풍유적 송국리형주거지의 평면형태는 취락 혹인 그 구성원이나 지역

적 환경에 따라 선호될 수 있음을 보여주는 중요한 사례라고 지적하였다[52].

영산강유역 방형계송국리형주거지에서는 점토대토기나 군곡리식토기의 출토가 많아지는데, 방형계송국리형주거지의 존속시기가 길었던 것으로 추정된다. 삼각형점토대토기문화가 유입된 이후, 영산강상류권을 중심으로 방형계(BⅡa식)의 선호도가 높았으며, 이에 따라 토착의 송국리형주거지에서도 구조변화가 시작한 것으로 추정된다. 그 대표적인 곳이 광주 평동유적이다.

주거지의 형식변화를 파악하기 위해서 출토토기와 주거지 형식을 대비하면, 가장 이른 시기의 유물인 원형점토대토기는 AⅠa식(원형 내주공식)에서 출토되고, 신창동식토기는 BⅠa식(방형 내주공식), BⅡa식, BⅡb식, C식 등에서 출토되었다. 군곡리식토기는 AⅠa식, AⅠb식, AⅠc식, AⅡa식, AⅡb식, BⅠa식, BⅡa식, BⅡb식, C식에서 출토되며, BⅡa식, BⅡb식에서 주로 출토되었다. 연질타날문토기는 AⅠc식, AⅡa식, AⅡb식, BⅠb식, BⅡa식, BⅡb식, C식 등에서 출토되었다. 이에 따른 상관관계를 정리하면 〈표 11〉과 같다.

〈표 11〉 주거지 형식과 토기의 상관관계

구분	A식(원형계)					구분	B식(방형계)				
	무문	원형점토대	신창동식토기	군곡리식토기	연질타날문		무문	원형점토대	신창동식토기	군곡리식토기	연질타날문
AⅠa	●	●	-	●	-	BⅠa	●	-	●	●	-
AⅠb	●	-	●	●	-	BⅠb	●	-	-	●	●
AⅠc	-	-	-	●	●	BⅠc	-	-	-	●	-
AⅡa	●	-	●	●	●	BⅡa	●	-	●	●	●
AⅡb	-	-	●	●	●	BⅡb	-	-	●	●	●
C식	-	-	-	●	-						

주거지 형식과 토기의 상관관계에서는 변화의 흐름이 감지된다. 토기양상에 따

---

52) 이종철 2015, 『송국리형문화의 취락체제와 발전』, 전북대학교대학원 박사학위논문.

르면 송국리형주거지 계통인 AⅠa식, AⅠb식, AⅠc, BⅠa식, BⅠb식은 연질타날문토기가 등장하는 시기까지 지속되고, AⅡa식 AⅡb식, BⅡa식, BⅡb식은 삼각형점토대토기문화단계부터 확인된다. C식도 삼각형점토대토기문화단계부터 확인되고, 무문토기는 연질타날문토기가 등장하는 시기까지 지속되고 있다. 주거지 형식과 토기 양상을 모든 권역과 유적에 동일하게 적용할 수 없겠으나, 신창동식토기와 연질타날문토기가 등장하는 시기에 새로운 주거구조가 등장하는 것으로 보인다. 이에 따라 무문토기나 원형점토대토기가 출토되는 경우, 삼각형점토대토기문화(신창동식토기나 군곡리식토기)가 출토되는 경우, 연질타날문토기와 신창동식토기와 군곡리식토기가 출토되는 경우 등 3가지 형태로 구분해 볼 수 있다.

먼저, 원형점토대토기가 출토되는 경우로 AⅠa식 등에서 확인된다. 영산강 중류지구인 나주 운곡동 Ⅱ-33호 주거지로 원형점토대토기(Ab식), 무문토기, 석기류 등이 출토되었다. 동일범위 내 수로와 저습지, 석곽, Ⅱ지구 7호 수혈에서도 원형점토대토기, 흑도장경호, 발형토기, 장경호 등 원형점토대토기문화와 관련된 토기류가 다수 출토되었다. 영산강유역에서 송국리형주거지는 AⅠa식(원형 내주공식)과 BⅠa식(방형 내주공식)의 구조가 가장 우세하고, 수적으로 두 형식 간 큰 차이를 보이지 않는다. 하지만 서해도서권에서는 원형이, 내륙인 영산강상류권에서는 방형이 우세하게 확인된다. 송국리형주거지는 금강유역에서 원형계가 압도적으로 많은데, 영산강유역에서는 서해도서권이 금강유역의 영향을 바로 받은 것으로 보이며, 영산강상류권은 동부내륙지역의 영향을 받았을 것으로 해석할 수 있다. 영산강유역에서는 원형점토대토기가 등장할 당시 송국리형주거지가 성행하고 있었다.

다음은 삼각형점토대토기문화가 확인되는 경우로 모든 형식의 주거지에서 확인되나, 대체로 BⅡa식에서 출토되고, 영산강상류권과 지석천권에서 주로 확인된다. 화순 백암리 상층주거지는 AⅠb식으로 무문토기, 석기, 옥 등이 출토되었고, 화순 하삼 Ⅰ지구 청2호 주거지는 BⅡa식에 속하며, 무문토기, 군곡리식토기, 석촉 등이 출토되었다. 화순 황새봉유적에서는 AⅡa식과 AⅡb식, C식에서 흩구연화된 신창동식토기와 군곡리식토기가 함께 출토되었다. 광주 수문유적에서는 BⅠb식에 속하며 무문토기와 함께 출토되었으며, 광주 평동유적에서는 다수의 BⅡa식에서 신창동식토기와 군곡리식토기가 출토되었다. 군곡리식토기는 담양 태목리유적에서는 AⅠa식과 AⅡb식에서, 함평 소명동유적에서는 AⅠa식에서, 해남 군곡리에서는 AⅡa식에서, 광주 뚝뫼유적에서는 AⅠb식에서, 광주 오룡동유적에서는 AⅡa식에서, 광주 신창동유적에서는 AⅡa식에서, 광주 평동유적에서는 AⅠc식과 C식 등에서 출토되었다. 신창동식토기와 군곡리식토기가 출토되는 주거지는 유적마다 차이를 보이고, 일부 주거지에서는 4주식 주공이나 외부 돌출부, 보조주공 등의 내부시설이 확인되기도 한다.

타원형구덩이가 있는 경우는 중앙부를 벗어나 한쪽 치우쳐 위치하거나 주거지의 방향과 일치하지 않게 확인되는 경우가 많고, 타원형구덩이 내에서 소토부가 확인되기도 하는데, 타원형구덩이의 용도 변화 또는 온돌문화의 영향을 추정해 볼 수 있다. 타원형구덩이가 노지로 사용되는 경우는 AⅠc식이나 BⅠc식에서 확인되는데, 광주 평동 A-49호와 순천 연향동 대석 2호에서 확인된 바 있다. 광주 평동 A-49호에서는 유물은 출토되지 않았으나, 후대 군곡리식토기호가 합구된 옹관묘가 조성되어 조성시기를 짐작할 수 있다. 순천 연향동 대석 2호 주거지에서는 신창동식토기와 무문토기가 공반되어 기원전 2세기 중반에서 기원전 1세기 초로 편년되었다[53]. 이 두 사례를 통해 기원전 1세기 이전에 타원형구덩이의 노지화가 이루어졌을 것으로 추정된다. 이 시기는 한반도의 기후는 한랭화되는 시기로 타원형구덩이의 노지화는 당시의 기후 변화와 관련하여 주거 내부의 난방을 위한 시설로 변경되었을 가능성이 있다. 광주 신창동유적과 동시기성을 갖는 사천 늑도유적에서는 기원전 2세기경 온돌시설이 확인되고, 인접한 섬진강유역의 곡성

---

53) 순천대학교박물관 1999, 『순천 연향동 대석유적』.

대평리유적 1호 주거지에서 부뚜막시설이 확인되었는데[54], 이 주거지는 타원형(AⅡb식)으로 노지가 위치한 북동쪽이 살짝 돌출된 형태를 띠고, 원형점토대토기, 조합식우각형파수 등이 출토되었다. 영산강유역에서는 현재까지 기원전에 해당하는 주거지에서 부뚜막시설을 만든 사례는 확인되지 않았으나, 광주 신창동옹관묘군에서 노지가 확인되었다. 신창동 노지에 대해서 보고자는 주거지라는 적극적 증거는 없으나 옹관 매장시에 존재하던 건조물자리로 추정하였고[55], 이 노지 주변에서 철편이 1점 출토되기도 하였다. 따라서 삼각형점토대토기문화가 등장하면서 주거지의 형식변화 즉 주거구조가 다양해지고 있는 점은 확실하다.

마지막으로 연질타날문토기가 출토되는 경우는 AⅠc식, AⅡa식, AⅡb식, BⅠb식, BⅡa식, BⅡb식, C식 등이 해당되며, 대부분 BⅡa식과 BⅡb식에서 신창동식토기, 군곡리식토기와 함께 출토되고, 석기류 출토가 줄어든다. 타원형 구덩이의 기능을 계승한 것으로 보이는 타원형수혈이 많은 주거지에서 확인되며, 내부시설은 벽주공이나 보조주공, 벽구, 타원형수혈, 부뚜막, 4주공 등이 확인된다. 광주 평동유적의 10호 주거지 부뚜막에서 솥받침으로 신창동식토기가 사용되었는데, 이 주거지는 8호와 9호 주거지와 중첩을 이루고, 10호 → 9호 → 8호의 순서로 축조된 것이 확인되었다. 이들 주거지의 형식은 BⅡb식 → BⅡa식 → BⅡa식으로 부뚜막이 설치된 10호가 가장 선행한다. 출토유물은 8호에서는 확인되지 않았고, 9호와 10호 주거지에서 신창동식토기를 포함한 군곡리식토기가 다수 출토되었고, 9호에서는 연질타날문토기가 출토되기 때문에

---

54) 보고서의 본문내용을 보면 1호 주거지만 노지와 관련된 내용이 서술되어 있고, 2호 주거지는 노지에 대한 설명이 없고 L자형수혈의 상부에 목탄과 소토가 퇴적되어 있었다고 기록되어 있다. 하지만 이 두 주거지를 다루는 고찰부분에서는 '노지는 2기 모두 주거지의 한쪽 벽면을 오목하게 하여 벽면에 밀착시켜 설치하였으며, 이는 주거지의 내부 공간의 활용도를 높일 수 있게 하기 위한 배치방식으로 볼 수 있다. 노지시설은 단면상에 나타난 형태로 볼 때 부뚜막식으로 판단된다'고 설명하였다.

55) 김원룡 1964, 『신창리옹관묘지』, 서울대학교출판부.

10호는 그 전에 축조된 것으로 볼 수 있다. 연질타날문토기가 출토되는 주거지는 신창동식토기나 군곡리식토기를 출토하는 주거지보다 형식이 단순해지는데, 이는 마한계주거지로 정착되는 변화과정으로 볼 수 있을 것이다.

영산강유역에서는 원형점토대토기가 등장하는 시기에는 송국리형주거지가 성행하고 있었고, 삼각형점토대토기문화가 등장한 이후부터 주거지의 구조에서 변이성이 강하게 확인되며, 연질타날문토기가 등장하면서부터 주거지 구조에서 변이성이 사라져간다고 설명할 수 있다.

2) 패총

패총은 자연유물과 인공유물이 패각과 함께 조사되기 때문에 당시의 생활상을 복원할 수 있는 중요한 유적이다. 패총은 해안가나 인접한 내륙지역에 분포하며 영산강유역에서 확인된 패총은 약 40여 개소 정도이다. 이중에서 발굴조사가 이루어진 곳은 해남 군곡리패총과 나주 장동리 수문패총, 무안 대죽도 패총 등이 있다.

〈표 12〉 영산강유역 패총 현황표

유적명	입지	층위	출토유물	비고
해남 군곡리	구릉	5	원형점토대토기,신창동식토기, 화천, 복골, 토옥,군곡리식토기,연질타날문토기, 경질토기 등	목포대학교박물관 1987~1989 · 2019
나주 장동리수문	평지	2	신창동식토기, 군곡리식토기, 연질타날문토기, 경질토기, 토옥, 유리질슬래그, 복골 등	국립광주박물관 2010
무안 대죽도	섬	3	군곡리식토기, 타날문토기	전남문화재연구원 2010

해남 군곡리 패총은 서해와 남해를 연결해 주는 길목에 위치한다. 층위가 일정한 시간성을 두고 퇴적되는 현상을 보이고 있기 때문에 층위 설정이 용이할 뿐 아니라, 유물의 시간성도 퇴적현상과 일치한다. 또한 절대연대와 대외교류를 보여주는 유물이 다수 출토되었으며, 고고학적으로 문헌에 기록된 해상루트를 검증하여 동북아시아 해상교류의 중요 유적으로 인식되고 있다. 군곡리

패총의 편년에 대해서는 여러 연구자들에 의해 검토되었고, 대체로 편년의 큰 범위 내에서는 동의되고 있지만, 세부적으로 문제점을 지적하면서 편년을 제시하고 있다.56). 필자는 기층의 14층별 유물과 외래계유물을 분석하여 5기로 구분하여 연대을 제시한 바 있다. 1기는 기원전 3세기말에서 2세기 중반까지로, 2기는 기원전 2세기 후반~기원전 1세기중반까지로 설정하였고, 3기는 기원전 1세기 후반~기원후 1세기 후반으로, 4기는 기원후 2세기 전반~2세기 중반으로 설정하고, 5기는 기원후 2세기 후반~3세기로 설정하였다57). 최근 발굴조사결과를 통해서 5세기 이후 주거지들이 조사되었다.

나주 장동리 수문패총은 해양과 내륙을 연결하는 지점에 위치하며, 영산강 수로를 통해서 내륙으로 들어가는 관문지역에 자리한다. 폐기장, 조개더미, 수혈, 소토부 등이 조사되어 기원전 1세기~기원후 3세기까지 문화적 연속성이 확인되었다. 의례행위와 관련된 폐기장에서 신창동식토기편 등 토기편이 깨진 상태로 확인되어 제사와 관련된 유구로 추정되고 있다. 조개더미에서는 군곡리식토기, 타날문토기편, 복골, 토제구슬, 유리구슬, 유리질의 슬래그, 철기류 등 당시 생활상을 복원할 수 있는 유물들이 다수 출토되었다. 특히 조개더미 아래에서 목재기둥이 확인되어 접안시설의 존재가능성을 보여준다.

무안 대죽도 패총은 영산내해에 위치하는 섬으로 패각의 규모는 소규모이고 집석유구 1기 등이 확인되었다.

군곡리패총과 수문패총은 동시간성과 유사한 유물조합상을 지닌 해양유적으로 지정학적 위치상에서 서해와 남해의 해로가 교차하는 지점에 위치한다. 서해를 통해서는 중국으로 이어지고 남해를 통해서는 제주도 · 동남부지역 · 일본열도와 이어지는 해로 상에서 중간지이다.

---

56) 김진영 2017, 「서남해안 철기문화 유입과 마한정치체의 출현과정」, 『전남지역 고대문화의 양상과 교류』, 전라남도문화관광재단 전남문화재연구소.
57) 김진영 2015, 「해남 군곡리패총 편년 검토」, 『전남문화재』15집, 전남문화예술재단 전남문화재연구소.

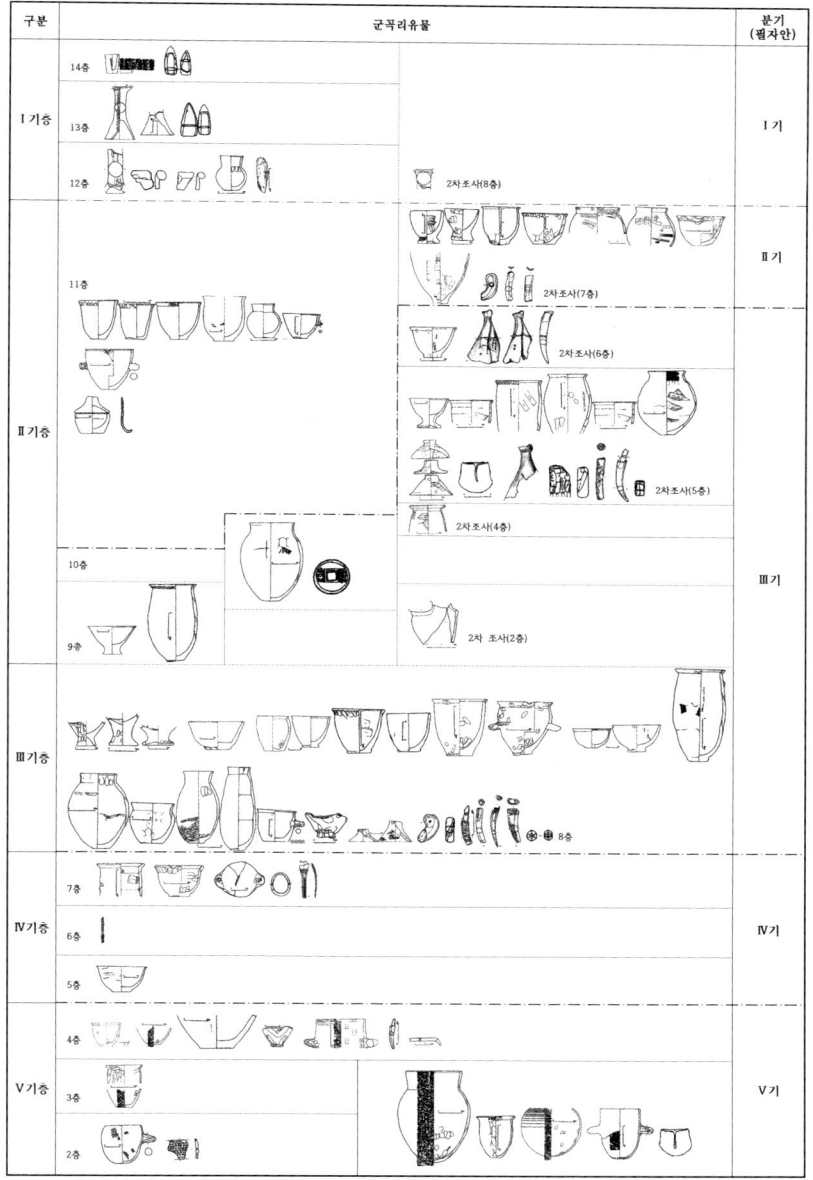

〈그림 3〉 해남 군곡리패총 편년(김진영 2015 수정)

3) 수혈

수혈은 대부분 조사당시 유구의 성격을 파악하기 어려운 경우 명명되고 있다. 수혈의 용도는 저장시설, 주거시설, 폐기시설, 의례행위 관련시설, 함정시설 등으로 논의된다. 영산강유역에서는 나주 운곡동, 함평 고양촌, 광주 신촌과 평동유적 등에서 확인되었다. 이들 수혈의 평면형태는 타원형, 원형, 장방형, 방형, 부정형 등으로 나타나며, 규모도 다양하다. 광주 평동유적에서는 719기의 수혈이 확인되었고, 이중에서 해당되는 수혈은 262기 정도이다. 광주 평동 A-310호 수혈 내부에서는 볏짚으로 만든 돗자리와 함께 군곡리식토기가 출토되어 주거용으로 사용된 것으로 보인다. 또 390호와 415호 수혈에서는 외래계토기가 출토되었다. 함평 고양촌 수혈에서는 시루 등 조리용기가 출토되기도 하였다. 수혈에서 출토되는 유물은 대부분 토기류로 주거지에서 확인되는 것과 큰 차이점을 찾을 수 없어 많은 수혈들이 주거지였을 가능성이 충분하며, 나주 운곡동 Ⅱ-7호와 같이 의례행위와 관련된 폐기장 등 특별한 용도로 사용된 경우도 부분적으로 있을 것으로 추정된다.

<표 13> 영산강유역 수혈 현황표

유적	조사 수	출토유물	비고
나주 운곡동	7	흑도장경호, 장경호, 발, 원형, 신창동식토기, 우각형파수 군곡리식토기	마한문화연구원 2008
함평 고양촌	24	신창동식토기, 두형토기, 무문토기, 소형토기 등	호남문화재연구원 2005
함평 자풍리	11	두형토기, 장경호, 조합식파수, 우각형파수, 개, 석촉 등	동서종합문화재연구원 2016
광주 신촌	22	흑도, 무문토기, 신창동식토기, 파수	호남문화재연구원 2011
광주 평동	262	원형점토대토기, 신창동식토기, 흑도, 군곡리식토기, 소형토기 등	호남문화재연구원 2012
광주 금호동	1	무문토기, 두형토기, 석부	전남대학교박물관 1999
광주 복룡동	3	무문토기, 노기 등	동북아지석묘연구소 2018
광주 월전동 하선	26	신창동식토기, 군곡리식토기, 철기 등	동북아지석묘연구소 2018
광주 신촌	21	무문토기, 흑도, 군곡리식토기, 대각, 석기 등	호남문화재연구원 2011
화순 삼천리 황새봉	2	군곡리식토기 등	대한문화재연구원 2020

수혈에 대한 면밀한 검토는 진행하지 못하였지만, 광주 평동유적이나 함평 고

양촌유적 등의 사례로 보아서 삼각형점토대토기문화를 지닌 집단의 주거지일 가능성이 높다. 또한 주거용도가 아니더라도 이와 관련된 유구로 추정할 수 있다.

2. 무덤

1) 지석묘 및 석곽(묘)

지석묘는 전남지방에 가장 높은 밀집도를 보이는 청동기시대 대표적 토착 무덤의 유형으로 외형은 지역에 따라 차이를 보인다. 지석묘의 가장 큰 특징은 상석을 통한 상징성이며, 상석이나 부장품을 통해 지석묘 사회의 계층성을 논하기도 하지만, 지석묘군 내의 모든 매장시설이 상석을 갖는 것은 아니다. 매장시설의 위치에 따라 지하식, 반지하식, 지상식으로 구분되며, 늦은 시기로 갈수록 지상화되고, 점토대토기, 세형동검 등은 지석묘 하한과 관련된다[58]. 매장주체부는 석곽형, 혼축형, 석관형, 위석형, 토광형으로 구분되고, 만약 지석묘군 내에서 상석이 확인되지 않았다면, 석곽(묘), 석관묘 등으로 칭해졌을 것은 분명하다.

석곽(묘)은 나주 운곡동과 함평 장산리, 함평 마산리 표산 등에서 확인되었다. 나주 운곡동 석곽에서는 원형점토대토기 1점이 벽석에 박혀 출토되었고, 함평 장년리 석곽은 훼손이 심하다. 함평 마산리 표산 석곽은 석관묘로 보고되었으나 할석들을 쌓아 축조하였기에 석곽으로 분류하였으며, 유물은 출토되지 않았다. 하지만 13호 석곽은 35호 주거지(군곡리식토기, 연질타날문토기)와의 중복관계를 통해서 35호 주거지보다 먼저 축조되었고, 21호는 2호 환호와의 중복

---

[58] 이영문 2002, 『한국 지석묘 사회의 연구』, 학연문화사.
조진선 2004, 「전남지역 지석묘의 연구현황과 형식변천 시론」, 『한국상고사학보』43호, 한국상고사학회.
김진영 2014, 「여수반도 지석묘의 성격」, 『전남문화재』제14집, 전남문화예술재단 전남문화재연구소.

관계를 통해서 후행하였음을 알 수 있다.

〈표 14〉 영산강유역 지석묘 및 석곽(묘) 현황표

구 분	입지	매장주체부	출토유물	비 고
장천리 1호	평지	석곽형?	세형동검, 검파두식, 석기	
엄길리 5호	평지	?	신창동식토기, 흑도장경호	
매월동 동산가-5호석곽	구릉	석곽형	원형점토대토기편, 무문토기편	
매월동 동산 나-5호		토광형	두형토기편	
매월동 동산 나-1호석곽		석곽형	원형점토대토기편, 무문토기편, 석재	
금호동	구릉	무	청동편, 저부편, 이형석기, 지석	
운곡동 지석묘 다군-1호	구릉	?	세형동검편, 석촉, 철착	
월양리 4호	구릉	?	신창동식토기편 등	
운곡동 초기철기석곽묘	구릉	석곽(묘)	원형점토대토기	
장년리	구릉	석곽(묘)	-	
마산리 표산V-13호	구릉	석곽(묘)	-	
마산리 표산V-21호	구릉	석곽(묘)	-	
고현리 지석묘 2호	구릉	지석묘	무문토기, 우각형파수, 소형토기 등	
군곡리 군안 3호	구릉	지석묘	신창동식토기, 군곡리식토기	

 영산강유역 지석묘에서 점토대토기나 세형동검 등이 출토되는 사례를 정리하여 분포양상과 유물의 종류에 따라 2개 형식으로 구분하였다.

 1형식은 분포양상이 지석묘군 내에서 상석이 있는 지석묘에서 청동기나 철기 등의 금속기가 출토되는 경우이다. 유물은 매장시설 내에 부장되고, 영암 장천리 1호, 나주 운곡동 다군 지석묘 1호 등이 해당된다. 이 경우는 대형의 상석을 갖고 무덤군 내에서 중심적인 위치에 축조되었거나, 매장주체부의 위치는 반지하식으로 지상화되는 모습을 보이고, 석곽형과 석관형에서 확인된다. 세형동검은 나주 운곡동 출토품의 경우는 잔존상태가 좋지 않다. 영암 장천리 출토품은 하단부의 형태가 화순 대곡리나 함평 초포리 출토품보다 후행하는 형태로 추정된다. 운곡동의 공반유물로 보아서 1형식은 기원전 2세기경에 축조되었을 것으로 보여진다.

2형식은 분포양상이 지석묘군 내 상석이 있는 매장시설이나 상석이 없는 매장시설에서 점토대토기나 흑도장경호, 두형토기 등의 토기류가 출토되는 경우이다. 매장주체부가 석곽형, 석관형, 위석형, 토광형이 확인되며, 1형식보다 다양하다. 광주 매월동 지석묘 가-5호 석곽·나-5호 지석묘·1호 석곽, 영암 엄길리 5호 지석묘, 나주 월양리 4호, 해남 군곡리 군안 등이 해당된다. 광주 매월

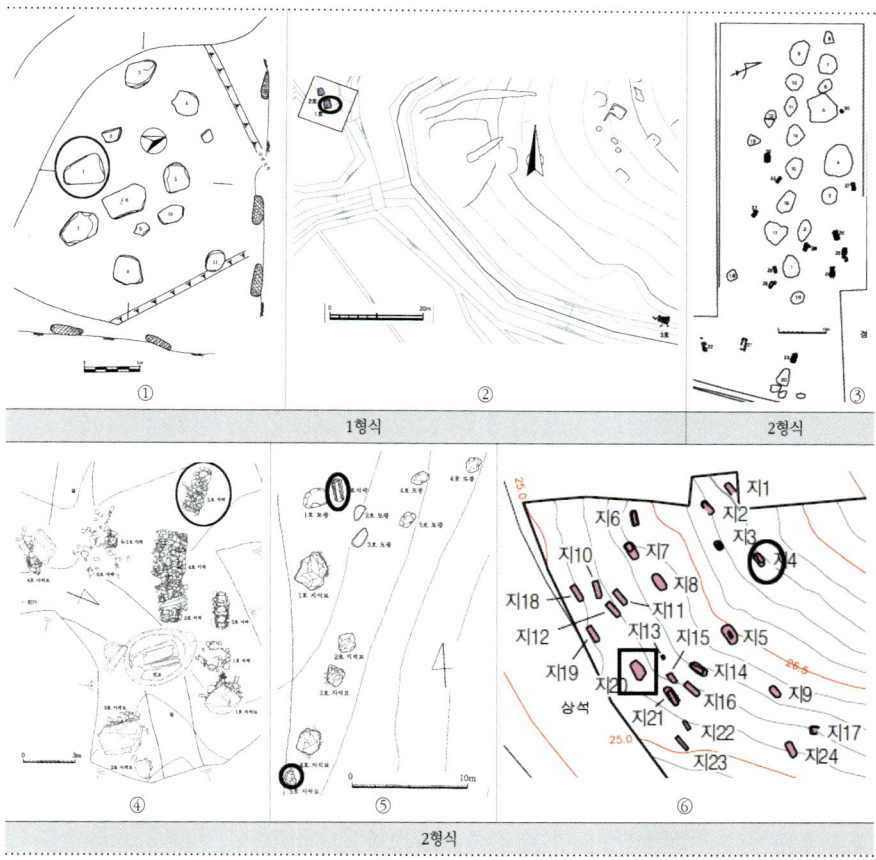

〈그림 4〉 영산강유역 지석묘의 형식분류
① 영암 장천리 ② 나주 운곡동 다군 ③ 영암 엄길리 ④ 광주 매월동 동산 가군 ⑤ 광주 매월동 동산 나군 ⑥ 나주 월양리

동 지석묘 가군 5호 석곽에서 원형점토대토기편이 출토되었고, 나군 5호 지석묘에서 실심형의 두형토기편이 출토되었고, 나군 1호 석곽에서 원형점토대토기편이 출토되었다. 나주 월양리의 사례는 묘표석의 역할을 하는 상징적인 상석 한기만 단독으로 존재하고, 주변으로 다수의 매장시설이 확인되는데, 4호 바닥에 신창동식토기 등을 파쇄하여 깔았다. 영암 엄길리 5호 지석묘는 묘역 내에서 가장 큰 상석을 갖고 매장시설 주변에 흑도장경호와 신창동식토기를 매납하였다.

2) 석관묘

석관묘는 함평 상곡리, 함평 마산리 표산, 나주 월양리, 해남 황산리 분토유적 등에서 확인되었다. 지석묘와 함께 확인되는 경우가 많고, 지석묘군 내에서 이른 시기부터 매장시설의 한 형식으로 채용되어 사용되었다.

〈표 15〉 영산강유역 석관묘 현황

유적명	입지	장축방향	묘광	규모	바닥	개석	출토유물
함평 상곡리 1호	구릉	직교	일단	150×33×38	할석	판석수매 3중	경형동기4
함평 상곡리 2호	구릉	직교	일단	97×22×16	판석	판석수매 2중	-
함평 상곡리 3호	구릉	직교	일단	74×25×16	맨바닥	판석	-
함평 상곡리 4호	구릉	직교	일단	170×37×22	할석	판석	-
함평 상곡리 5호	구릉	직교	일단	163×39×29	맨바닥	판석 수매 2중	-
함평 상곡리 6호	구릉	직교	일단	155×36×28	맨바닥	판석 수매 2중	-
함평 마산리 표산IV 2호	구릉	직교	이단	263×84×47	맨바닥	판석	-
함평 마산리 표산IV 3호	구릉	직교	이단	263×84×37	맨바닥 (점토+목탄)	판석수매	원형점토대토기편
함평 마산리 표산V 2호	구릉	평행	일단	?	맨바닥	?	-
함평 마산리 표산V 16호	구릉	평행	일단	69×24×25	맨바닥	판석	-
함평 마산리 표산V 27호	구릉	평행	일단	76×(39)×29	판석	?	-
나주 월양리	구릉	직교	일단	170×32×24	판석+할석	판석 수매 이중	석검
해남 황산리 분토	구릉	직교	이단	180×28×120	할석	판석 수매 3중	석검

함평 상곡리 석관묘는 해발 50m 내외의 구릉 사면부에서 6기가 조사되었고, 1호에서만 유물이 출토되었다. 1호 석관묘에서는 경형동기(鏡形銅器) 4점이 시상 중앙부 북쪽에서 출토되었다. 장축방향은 등고선과 직교하며, 묘광은 일단으로 굴광하였고, 개석은 판석을 여러 매를 이용하여 2~3중으로 덮었으며, 묘광과 석관 사이는 황갈색사질점토와 작은 역석을 이용하여 충전하였다.

함평 마산리 표산유적에서는 보고된 석관묘 28기 중 판석을 이용하여 축조한 사례만을 대상으로 하였다. Ⅳ지구 3호에서는 원형점토대토기가 출토되었고, 묘광을 이단으로 굴광하였는데, 2호의 경우도 동일한 구조이다.

나주 월양리에서는 지석묘군 내에서 확인된 23호는 해발 25m의 구릉에 입지하며 등고선과 나란하며, 재지화된 모습이다. 개석은 여러 매의 판석을 이용하여 이중으로 덮었고, 장벽은 2매와 3매의 판석을 사용하였고, 단벽은 각 1매씩 사용하였다. 바닥은 판석과 할석을 혼용하여 깔았으며, 판석을 깐 북쪽이 두향으로 추정되고, 내부에서 석검 1점이 출토되었다.

해남 황산리 분토 석관묘는 해발 30m 내외의 구릉 사면부에 입지하며 등고선과 직교하며, 주변에 지석묘가 등고선방향으로 분포하고 있다. 묘광은 이단으로 굴광하였으며, 개석은 여러 매의 판석을 이용하여 3중으로 덮었다. 벽석의 경우는 장벽은 2매와 3매의 판석을 사용하였고, 단벽은 각 1매씩 사용하였으며, 바닥은 작은 할석을 전면에 깔았고, 내부에서 석검 1점이 출토되었다. 월양리와 분토유적에서 출토된 석검은 동일한 형식으로 석창으로 분류되기도 하며, 유사한 형태가 광주 신창동 Ⅲ기층에서 출토된 바 있다.

이외에도 함평 용산리에서 석관묘 군집이 석개토광묘와 함께 확인되었고, 석촉, 관옥 등이 출토되었으며, 함평 마산리 표산 Ⅳ지구 석관묘에서 원형점토대토기편과 관옥이 출토되었다.

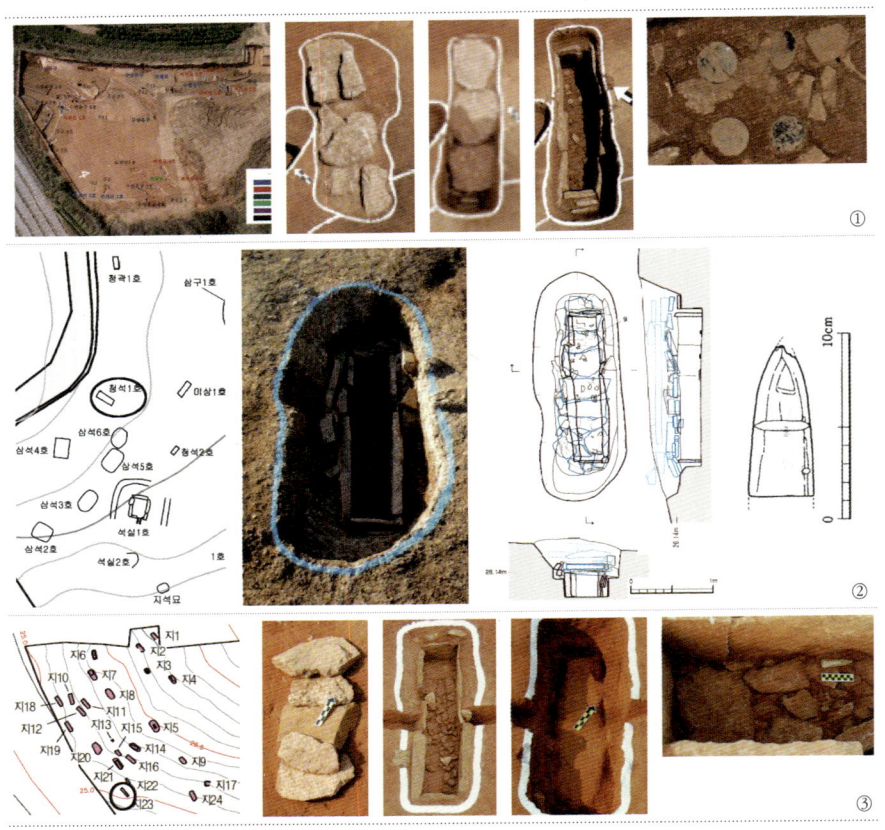

〈그림 5〉 영산강유역 석관묘
① 함평 상곡리 ② 해남 황산리 분토 ③ 나주 월양리

3) 적석목관묘

목관묘에 대한 인식은 대전 괴정동 출토 일괄유물이 알려지면서 부터이다. 영산강유역에서는 화순 대곡리에서 처음 확인되었고, 이후 함평 초포리, 화순 백암리, 함평 상곡리 등에서 조사된 것으로 알려져 있다.

〈표 16〉 영산강유역 적석목관묘 현황

구 분	입지	장축방향	적석	개석	묘광	토광평면형태	바닥	규모	묘광과 목관사이	출토유물	비고
화순 대곡리	구릉	직교	유	무	이단	말각제형	무	233×98×70	무	세형동검5, 팔두령2, 쌍두령1, 동부, 세문경2, 동사	
함평 초포리	구릉	직교	유	?	이단 추정	말각장방형	무	260×90×100	벽석구조	세형동검5, 중원식동검, 동과3, 동모2, 유견동부, 동사, 동착, 간두령, 쌍두령, 병부동령, 지석, 검파두식, 세문경, 곡옥	
화순 백암리	구릉	?	?	?	이단	?	?	?	?	세형동검3, 동과, 세문경, 석촉, 관옥, 흑도편	
함평 상곡리	구릉	직교	×	×	일단	말각장방	무	묘광230×79×12 목관195×55×12	점토+할석	-	

함평 초포리는 구릉의 사면부에 등고선과 직교하게 조성되었고, 할석을 쌓아 벽석을 만들었으며 할석들은 정연하지 못하고, 묘광 안쪽으로 쏠린 형태로 목관과 묘광 사이를 채운 충전석의 역할을 한 것으로 보인다. 규모는 길이 260㎝, 너비 90㎝, 깊이는 100㎝ 이상으로 추정되고, 상부의 적석상태는 조사에서 확인되지 않았지만, 전언[59]에 따라 적석된 것으로 파악되고 있다.

화순 대곡리는 구릉 서사면 말단부쪽에 입지하고 단독으로 축조되었으며, 장축방향은 등고선과 직교하며 묘광의 평면형태는 말각장방형을 이루고 있다. 묘광은 이단으로 수직굴착 하였고, 바닥면은 중앙부를 오목하게 파서 10㎝ 정도의 높이 차이를 두었다. 내부에는 통나무관을 안치하였으며, U자형 통나무관의 움직임을 고정하기 위해 채움석을 사용하였다. 부장유물은 토기류는 확인되지 않았고, 다종의 청동기류가 집중적으로 확인되었다.

화순 백암리유적은 조망권이 좋은 구릉 서사면부에 단독으로 입지한다. 대부분 훼손되었으나 대곡리와 유사한 구조를 가진 것으로 추정되며, 세형동검, 동과, 세문경, 석촉, 흑도장경호편, 관옥 3점 등이 출토되었다. 동일구릉 정상부에는 송국리형주거지의 개축양상이 확인되었는데, 상층주거지에서 무문토

---

59) 조사시에 100개정도의 할석들이 있었다고 함.

기, 신창동식토기, 석촉, 석기, 소옥 등이 출토되어 하층주거지가 적석목관묘와 공존하였을 것으로 보인다.

함평 상곡리유적에서는 적석목관묘 1기가 조사되었다. 구릉 사면부에 등고선과 직교하게 조성되었고, 묘광과 목관 사이는 황갈색사질점토와 10~15㎝ 정도의 할석으로 충전하였다. 유물은 출토되지 않았지만, 경형동기가 출토된 1호 석관묘와 관련된 것으로 추정된다. 유적에서 남쪽으로 2.4㎞ 정도 떨어져 함평 초포리유적이 분포하고, 남서쪽으로 400m 떨어져 함평 용산리유적이 분포하고 있어 시기적으로 큰 차이는 없는 것으로 보인다.

화순 대곡리나 함평 초포리는 묘광과 목관 사이에 할석으로 채웠는데 화순 대곡리는 정연하고, 함평 초포리는 대곡리에 묘에 비해서 조잡하다. 이렇게 묘광과 목관 사이를 할석으로 충전한 구조는 지석묘에서 석곽형으로 분류되는 벽석 구조와 매우 유사하다. 지석묘의 석곽형은 견고하게 축조한 경우와 벽석들이 쉽게 무너지는 경우가 있는데, 후자의 경우가 적석목관묘에서 묘광과 목관 사이를 충전한 구조와 동일하다고 볼 수 있다. 두 무덤은 돌무덤계통으로 소멸시기가 일치하고, 지석묘에서 상석이 없다면 적석목관묘와 매우 유사하다. 이러한 점으로 볼 때 나주 운곡동 석곽과 나주 월양리지석묘 등에서 적석목관묘의 요소를 확인할 수 있다.

나주 운곡동 석곽은 단독으로 조성되었고, 장축방향은 등고선과 직교한다. 동장벽 벽석 사이에서 원형점토대토기 1점이 출토되었다. 유사한 구조가 나주 월양리에서 확인되는데, 묘표석 기능의 20호를 중심으로 23기의 매장시설만 확인되었으며, 매장시설의 구조가 다양하고, 일부 석곽형으로 분류된 것들 중에서 적석목관묘의 요소를 확인할 수 있다. 14호의 경우 묘광 내에서 매우 조잡하게 쌓여 있는 할석들이 토광 내부로 무너진 형태로 확인되었는데, 목관이 함몰하면서 묘광과 목관 사이의 충전석들이 내부로 쏠린 것으로 보인다. 묘광 주변으로는 상부를 적석한 할석들이 확인되기도 하였다. 18호는 묘광을 굴착하고, 바닥은 작은 할석으로 깔고, 내부 함몰흔은 확인되지 않았다. 묘광의 깊이가 20㎝ 내외로 목관의 사용여부는 알 수 없으나, 할석이 함몰한 흔적을 찾아볼 수 없고, 상부를 적석하였다. 유물이 출토되지 않아 축조시기를 추정하기 어렵지만, 신창동식토기가 출토된 4호보다 먼저 조성되었을 것이다. 그 이유는 4호는 묘표석의 20호에서 떨어져 1~4호까지 별도의 군집을 이루고, 이 군집 주변에는 상부를 적석한 할석들이 확인되지 않았기 때문이다. 나주 운곡동과 나주 월양리에서 확인되는 적석목관묘의 요소를 정리하면 〈표 17〉과 같다.

〈표 17〉 나주 운곡동 및 나주 월양리유적의 적석목관묘 요소

구 분	지석묘 요소	적석목관묘 요소	비고
나주 운곡동 석곽	석곽형 구조로 정연하게 축조 유물부장위치 박장 일단토광	단독	
나주 월양리	상석을 이용한 묘표석 집단묘 등고선과 평행한 열상 배치 박장 일단토광	상부 적석 묘광과 목관사이 할석으로 충전 토광묘	

이와 같이 지석묘에서 매장시설 상부를 적석한 것, 묘광과 목관 사이를 할석으로 충전하여 마치 벽석처럼 확인되는 것 등은 적석목관묘의 요소로 적석목관묘의 영향에 의한 것으로 보인다. 이러한 사례를 통해서 영산강유역 적석목관묘를 축조방법에 따라 3형식으로 구분하였다.

1형식은 묘광을 이단으로 굴착하여 만들고, 묘광과 목관 사이 충전석이 없이 목관을 안치한 후, 그 상부를 할석으로 적석한 형태이다. 화순 대곡리유적 등이 해당되며, 인근 남해안지역의 보성 동촌리지석묘도 유사한 구조로 볼 수 있다. 2형식은 묘광을 이단으로 굴착하여 만들고, 묘광과 목관 사이를 할석으로 충전한 형태이다. 함평 초포리유적 등이 해당된다. 3형식은 묘광을 일단으로 굴착하여 만들고, 적석목관묘의 요소를 부분적으로 채용한 것으로 묘광 상부를 적석하거나 묘광과 목관사이를 충전하는 형태이다. 나주 운곡동이나 나주

월양리유적, 함평 상곡리 등이 해당되며, 토착계 무덤과 접변하여 나타나는 새로운 양상으로 볼 수 있다.

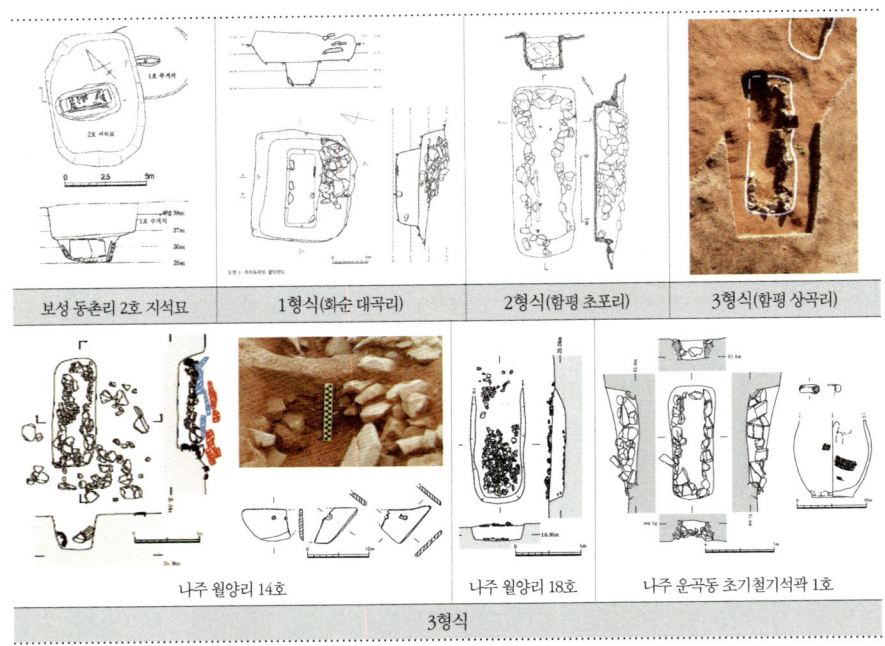

〈그림 6〉 영산강유역 적석목관묘의 분류

지석묘에서 적석목관묘의 요소가 나타나는 것은 새로운 문화가 수용됨에 따라 토착사회가 변화되어가는 것을 보수성이 강한 무덤을 통해서 표출되는 것으로 볼 수 있다. 새로운 문화와 상층문화에 대한 욕구가 당시 사회전반에 깔렸고, 이는 위세품과 같이 획득하기 어려운 것보다는 직접 보고 쉽게 모방할 수 있는 요소들을 현지 상황에 맞춰서 취사선택함으로써 토착문화에 접변시킨 것으로 볼 수 있다.

이외에도 석관묘에서도 적석목관묘의 요소가 확인된다. 유물이 출토되지 않아 시기를 논하기 어렵지만, 함평 신흥동 1차-2호·3호 석관묘와 광주 신창동 3호 석관묘, 함평 마산리 표산 등에서 확인되며, 적석석관묘로 볼 수 있을 것이다. 함평 신흥동 2호에서는 군곡리식토기 저부편과 장경소호가 출토되었다.

함평 신흥동 1차- 2호 석관묘　　　　　광주 신창동 3호 석관묘

〈그림 7〉 영산강유역 적석석관묘

4) 토광묘(목관묘)

토광묘는 목관이 남아있는 예는 거의 없고, 부식흔이 일부 확인되는 경우는 있으나 대부분 확인되기 어렵고, 충전토의 양상으로 목관의 사용을 추정하기도 한다. 토광묘는 묘광 내에 목관 없이 시신을 안치하는 직장토광묘와 묘광 내에 목관을 사용하는 목관묘 등으로 분류되지만, 이를 구분하기는 힘들다. 상부에 석재를 이용해 덮는 석개토광묘도 확인되고 있다. 청동기시대에도 토광묘는 확인되나 점차 많아져 기원후 3세기에 이르면 토광묘를 주매장시설로 한 주구토광묘가 확산되며, 매장시설이 지상화된다.

토광묘 입지는 구릉과 평지에 분포한다. 분포단위를 보면 1기만 단독으로 조성된 경우와 10기 내외가 군집을 이루는 경우로 나누어지며, 대부분 전자가 선행한다. 후자 경우는 동시기 옹관묘와 같이 확인되기도 하며, 함평 당하산과 함평 신흥동유적 등에서 확인된 사례가 있다.

〈표 18〉 영산강유역 토광묘 현황표 (* 잔존규격)

구 분	장축방향	길이	너비	깊이	장단축비	출토유물	비 고
영광 군동 라 A-1호	직교	259	76	17	3.41:1	선형철부	
영광 군동 라 B-2호	평행	192	118	19	1.68:1	군곡리식토기	
영광 군동 라 B-3호	직교	271	94	48	2.88:1	오리문양토기,신창동식토기, 군곡리식토기, 철검	
영광 군동 라 B-4호	직교	20.4*	13.6*	-	-	원형점토대토기, 뚜껑,저부,석착	
영광 수동	직교	243	75	35	3.24:1	새무늬청동기,방제경2,철도자, 군곡리식토기 호, 유리구슬357	바구니, 직물, 실
함평 마산리 표산IV 7호	직교	259	96	39	2.69	흑도장경호저부, 저부, 세형동검편	
함평 장년리 당하산 1호	직교	125	69	33	1.81:1	군곡리식토기 호	
함평 장년리 당하산 2호	평행	102*	55*	9	-	군곡리식토기로 바닥을 깜	
함평 자풍리 1호	직교	178	54	26	3.3:1	신창동식토기	
함평 용산리 2호	평행	70*	55	15	-	-	
함평 용산리 4호	직교	120	35	20	3.42:1	군곡리식토기(찰문)	석개
함평 용산리 7호	직교	150	45	30	3.33:1	-	석개
함평 용산리 8호	직교	125	25	25	5.0:1	-	석개
함평 용산리 9호	직교	190	50	30	3.8:1	-	석개
함평신흥동3차-초 1호	직교	259	149	39	0.57:1	흑도장경호	목관흔
함평신흥동4차-1호	직교	231	81	36	2.85:1	군곡리식소호	
함평신흥동4차-2호	직교	225	78	34	2.88:1	철검	
함평신흥동4차-3호	직교	242	81	38	2.99:1	-	
함평신흥동4차-4호	직교	248	76	42	3.26:1	신창동식토기, 흑도컵, 군곡리식옹·호, 미상청동기, 동경, 집게, 유리구슬, 관옥	
함평신흥동4차-5호	직교	254	78	47	3.26:1	철검, 철모, 판상철부, 철부,철겸, 철사, 유리구슬	
함평순촌A-2호	평행	130	48	10	2.71:1	적색마연토기	
광주 관등 1호	직교	118	44	16	2.68:1	원형점토대토기 2	
광주 성덕 1호	평행	250	120	33	2.08:1	신창동식토기, 저부	
광주 성덕 2호	사선	222	100	20	2.22:1	-	
광주 성덕 3호	사선	243	120	20	2.03:1	-	
광주 성덕 4호	직교	247	95	18	2.60:1	무문토기호2	
광주 성덕 5호	평행	238	88	30	2.70:1	무문토기호	
광주 성덕 6호	사선	178	98	44	1.82:1	무문토기옹	
광주 성덕 7호	평행	245	116	42	2.11:1	무문토기호, 저부2,석기	
광주 수문 1호	평행	260	150	30	1.73:1	신창동식토기2, 뚜껑. 방추차, 흑도장경호, 장경호2	
광주 수문 2호	직교	225	160	30	1.40:1	무문토기저부4, 방추차	장벽이단
광주 평동 A-1호	단독	230	80	40	2.87:1	군곡리식토기, 석기	

유구	방향	길이	너비	깊이	비율	유물	비고
광주 복룡동 1호	직교	210	82	10	2.56:1	화천, 유리구슬, 군곡리식토기호	
광주 복룡동 2호	직교	204	87	22	2.34:1	군곡리식토기옹, 신창동식토기대부완 철검	
광주 복룡동 3호	직교	213	84	23	2.54:1	신창동식대부완, 평저호저부	
광주 월전동 하선	직교	214	74	6	2.89:1	연질호저부	
장성 월정리Ⅱ-1호	직교	228	74	50	3.08:1	석검, 편평촉2, 흑도편	
장성 월정리Ⅱ-2호	직교	254	90	63	2.82:1	신창동식토기, 흑도장경호, 장경호	
장성 월정리Ⅱ-3호	직교	194	74	28	2.62:1	장경호	
장성 환교A-청-1호	직교	200	116	33	1.72:1	무문토기편	
장성 환교 A-삼-1호	직교	210	80	24	2.63:1	장경호(흑도장경호퇴화기형), 유리구슬311(관옥, 아면옥,조 옥, 환옥)	
장성 환교 A-삼-2호	직교	243	91	51	2.67:1	유리구슬57, 철모	
나주 도민동Ⅱ	직교	130	53	15	2.45:1	원형점토대토기	
나주 월양리 4호	평행	(144)	74	7	-	신창동식토기	
나주 구기촌 1호	평행	244	117	43	2.09:1	신창동식토기, 군곡리식토기, 철서	
나주 구기촌 2호	평행	250	114	40	2.19:1	군곡리식토기, 철부, 철모, 철검, 철사, 판상철부, 부합석기	
나주 구기촌 3호	평행	241	81	19	2.98:1	-	
나주 구기촌 4호	평행	267	98	13	2.72:1	-	
나주 구기촌 5호	평행	245	102	17	2.40:1	철모, 군곡리식토기편	
나주 구기촌 6호	평행	302	122	11	2.48:1	-	
나주 구기촌 7호	평행	238	96	11	2.48:1	군곡리식토기	
나주 구기촌 8호	평행	237	88	5	2.69:1	신창동식토기	
나주 구기촌 9호	평행	247	102	65	2.42:1	군곡리식토기, 철모, 철부, 철검, 검파두식, 삼각형동기, 검초부속품, 칠기테두리금구, 검파두식, 우각형동기	
나주 구기촌 10호	직교	270	84	49	3.21:1	신창동식토기, 흑도장경호3, 철검	이단
화순 내평리 Ⅰ구역	직교	227	89	42	2.55:1	흑도장경호, 원형점토대토기, 흑색마연토기편, 저부편	
해남 황산리 분토 3호	직교	255	89	89	2.87:1	군곡리식토기 호, 철검, 철모, 방추차, 석촉,	
해남 흑천리 마등 4호	평행	176	77	25	2.29:1	화천꾸러미, 유리구슬, 연질토기	

    1기가 단독으로 조성되는 경우에는 평면형태나 규모 등에서 정연성을 찾아볼 수 없고, 장축방향은 대부분 등고선과 직교하며, 원형점토대토기를 부장한다. 2기 이상이 조성된 경우는 대부분 신창동식토기나 군곡리식토기를 부장하는 경우이다. 구기촌 경우는 직교(1기)와 평행(9기)이 같이 나타나고, 군집 내에서 분포를 달리하는데. 늦게 조성될수록 등고선과 평행한 장축방향을 보이며,

분포형태는 열상으로 정연성을 나타낸다. 평면형태는 묘광 모서리에 각이 없는 말각이나 호상을 이루는 것이 많고 장방형에 철기가 부장되면서 모서리 각이 뚜렷해져 간다. 묘광 굴광은 사선으로 굴착하고 이단굴광도 확인되는데, 광주 수문에서는 장벽 쪽만 이단으로 굴착하고 단벽 쪽은 일단으로 굴착하였다. 이것은 영광 군동 18호 주구토광묘 단벽 쪽만 이단굴광한 것과 유사하다. 나주 구기촌과 함평 신흥동에서는 목관흔이 확인되었다. 나주 구기촌은 토층상에서 구유형 목관을 사용한 것이 확인되었고, 화순 대곡리에서 통나무관을 사용한 것과 유사하며, 구유형 목관은 창원 다호리 등에서 통나무를 반으로 절개하여 속을 파내 사용하였다. 함평 신흥동에서는 'ㅍ'자형 목관을 안치한 것으로 확인되었다.

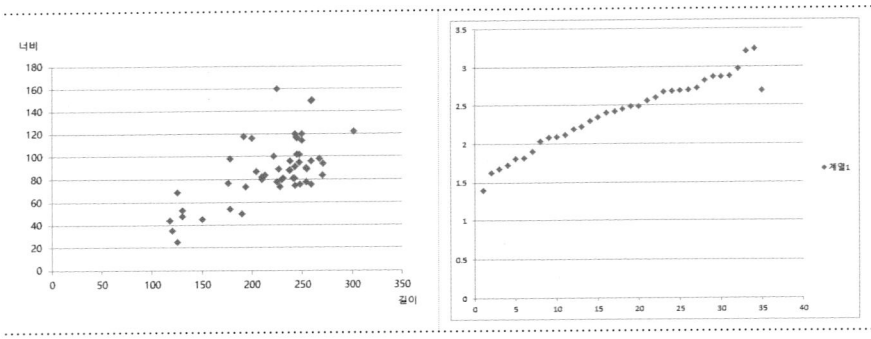

〈그림 8〉 묘광 규모 및 묘광 장·단축비

묘광 규모는 나주 도민동 토광묘의 묘광 길이가 130㎝로 가장 작고, 나주 구기촌 6호 묘가 301㎝로 가장 크다. 묘광길이를 기준으로 150㎝ 이하를 소형, 150~260㎝ 이하를 중형, 260㎝ 이상은 대형으로 구분되며, 중형이 가장 높은 비율을 보이고 있다. 묘광 너비를 기준으로 80㎝ 이하, 80~150㎝, 150㎝ 이상을 기준으로 구분되며, 80~150㎝ 내외가 많고, 구유형 목관이 확인된 구기촌 유적은 100㎝ 내외에 해당된다. 원형점토대토기가 출토된 경우는 대부분 묘광

규모가 소형에 속한다.

　묘광 장·단축비를 보면, 무문토기가 출토된 경우 평균은 1.9:1 미만의 장방형이고, 점토대토기가 부장되고 목관이 사용된 유적의 평균은 2.46:1 내외이다. 화순 대곡리 묘는 장·단축비가 2.38:1, 함평 초포리 묘는 장·단축비가 2.89:1로 나타난다. 무문토기가 부장되는 시기보다 점토대토기가 부장되는 시기에 세장화되며, 목관 사용, 유물 부장이 증가하고, 기원후가 되면 장·단축비도 2.8:1 정도로 정형화되어가고 모서리의 각도 말각이 사라지고 점차 뚜렷해져 간다.

　묘광 깊이는 5~89㎝ 사이로 반지하식과 지하식으로 구분되며, 무문토기나 원형점토대토기가 출토되는 경우는 묘광 깊이가 20㎝ 미만으로, 신창동식토기를 포함한 군곡리식토기가 출토된 경우는 30㎝ 이상 굴착하였으며, 광주 성덕 유적은 20㎝ 미만으로 확인된다. 동일 분묘군 내에서도 혼재되어 확인되며, 선호도 차이로 이해된다.

　토광묘는 유물 부장이 많지 않고, 출토되는 토기가 적어 편년을 설정하는데 어려운 실정이다. 그러나 광주 복룡동 토광묘와 해남 흑천리 마등토광묘에서 군곡리식토기 소호와 화천이 부장되어 연대를 알 수 있으며, 이를 통해서 교차연대를 통한 편년설정이 가능하다.

　원형점토대토기가 출토된 경우는 영광 군동 B-2호, 광주 관등, 나주 도민동, 화순 내평리 Ⅰ구역 토광묘 등으로 A2식이 확인되었으며, 영광 군동묘 경우는 재지계 석기류와 공반한다. 나주 월양리 4호에서는 여러 점의 토기가 바닥에 깔려 확인되었는데, 점토대토기편이다. 이 토기는 원형점토대토기편으로 보고되었으나 점토대가 기면에 맞닿는 부분이 반듯하게 처리되어 있어 신창동식토기편으로 기벽이 얇고 태토도 원형점토대토기단계와는 차이를 보이며, 시간적으로는 후행할 것으로 보았다[60].

　광주 복룡동 1호 토광묘에서 출토된 화천와 공반된 군곡리식토기소호는 평저에 낮은 굽의 저부에 동체부는 중위정도에 최대경이 위치하고 구연은 살짝 외반된 형태이다. 이 호와 유사한 기형이 해남 황산리 분토 3호 토광묘, 영광 수동 토광묘 등에서 출토되어 동일한 시기로 보여진다. 또한 광주 복룡동 2호 토광묘에서는 세장한 군곡리식토기호(옹)와 신창리식토기대부완이 출토되었는데 해남 군곡리Ⅲ기층에서 출토품과 동일한 기형이다. 광주 복룡동 2호 토광묘의 신창동식토기대부완은 광주 수문 1호 토광묘에서 유사기형이 출토되었고, 저부 쪽이 유실되어 전체형태는 알 수 없지만 동시기로 추정된다. 나주 구기촌 9호 토광묘에서는 다양한 청동기와 철기, 토기류가 공반되었는데 청동기와 철기로 보아 창원 다호리와 대구 팔달동 유물 등과 유사하다. 나주 구기촌 9호의 군곡리식토기호는 동최대경이 하위에 위치한 세장한 형태로 함평 당하산 1호 토광묘에서 출토된 호와 유사하여 동시기로 추정된다. 영광 수동 토광묘에서는 군곡리식토기소호, 방제경 2점, 유리구슬 등이 출토되었다.

　영산강유역 토광묘는 기원전 2세기를 전후하여 증가하는 편이며, 등고선과 직교에서 평행으로의 장축방향 변화, 장방형으로 묘광형태가 정형화되어가고, 유물 부장량이 지석묘나 옹관묘보다 증가하고, 부장위치가 정형화되는 등 변화가 확인되는데, 철기문화의 본격적인 유입과 관련된 것으로 보인다.

5) 옹관묘

　옹관묘란 시체를 토제 옹(甕)속에 넣어 매장하는 묘제로서 우리나라 옹관묘는 화장(華北)에서 시작된 신석기시대 이래 옹관이 요동을 거쳐서 들어온 것으

---

[60] 김진영 2018, 「영산강유역 지석묘 사회의 변동요인」, 『전남문화재』17집, 전라남도문화관광재단 전남문화재연구소.

로 여겨지고 있다[61]. 청동기시대 옹관묘는 금강유역을 중심으로 중심분포권을 형성하고 있어 송국리형묘제로 인식되어 왔다. 최근 증가된 발굴자료를 통해 직립구연 호형토기가 대부분 전기의 장방형주거지에서 출토되는 기형임을 착안하여 전기의 특징적인 토기로 보고, 직립구연 호형토기를 사용한 옹관을 통해 청동기시대 전기부터 옹관묘가 본격적으로 축조된 것으로 보았다[62].

청동기시대 옹관묘는 주로 직치형태의 단옹으로 확인되고 있는데, 기원전 2세기 후반경이 되면서 두 개 옹을 합치하는 횡치 형태로 매장방법의 변화가 나타난다. 직치식 옹관묘는 영산강유역에서는 아직까지 확인되지 않았으며, 섬진강수계인 곡성 연화리 지석묘군 내에서 확인된 바 있다(B-17호). 익산 어량리유적에서 직치식(가-6호)과 사치식(가-5호 · 7호 · 8호), 횡치식(가-1호9호)이 확인되었다. 같은 구역 내에서 송국리형주거지, 석관묘, 토광묘, 석개토광묘가 확인되어 직치에서 횡치로의 변화가 현지에서 발생하였을 가능성이 있다. 영산강유역 옹관묘에 대한 연구는 전용옹관묘에 연구를 집중되었고 선황리식에서 전용옹관까지 변화양상을 통하여 옹관고분이라는 토착묘제로 발전하였으며, 이에 대한 사회적 의미를 규명하였다[63]. 하지만 영산강유역에서 옹관고분의 시원이라 할 수 있는 신창리식옹관에 대한 연구는 아직까지도 미진한 편이다.

---

61) 김원룡, 1996, 『한국고고학개설』, 일지사.
62) 김규정 2007, 「무문토기 옹관묘 검토」, 『선사와 고대』25, 한국고대사.
63) 성낙준 1983, 「영산강유역의 옹관묘 연구」, 『백제문화』제15집. 공주사범대학 백제문화연구소.
　　이정호 1997, 「전남지역의 옹관묘-대형옹관고분 변천과 그 의미에 대한 시론-」, 『호남고고학보』6.
　　서현주 2006, 『영산강유역 삼국시대 토기 연구』, 학연문화사.
　　김낙중 2007, 「영산강유역 옹관고분의 발생과 그 배경」, 『제1회 고대옹관연구 학술대회-영산강유역 대형옹관 연구성과와 과제』, 국립나주문화재연구소.
　　오동선 2003, 「호남지역옹관묘의 변천」, 『호남고고학보』30, 호남고고학회.

〈표 19〉 영산강유역 옹관묘 현황표

구분	방향	형식			옹관		부장유물	비고
		합구식	단옹	삼옹	주옹	부옹		
광주 신창동 2호		○			신창동식	신창동식	주변:철편, 지석	
광주 신창동 10호		○			무문토기	무문토기		
광주 신창동 14호		○			무문토기	무문토기	소호	
광주 신창동 15호			○		파수부호			
광주 신창동 21호				○	무문토기	신창동식, 파수부호		
광주 신창동 22호		○			신창동식	신창동식	소호	
광주 신창동 24호		○			신창동식	파수부호		
광주 신창동 25호			○		파수부호			
광주 신창동 28호		○			신창동식	신창동식		
광주 신창동 30호		○			신창동식	파수부호		
광주 신창동 31호		○			무문토기	무문토기		
광주 신창동 34호		○			신창동식	파수부호		
광주 신창동 39호		○			파수부호	신창동식		
광주 신창동 40호		○			신창동식	파수부호	석촉, 석부	40→41호
광주 신창동 42호		○			신창동식	신창동식		
광주 신창동 45호		○			무문토기	신창동식		
광주 신창동 46호		○			무문토기	신창동식		
광주 신창동 47호		○			무문토기	무문토기		
광주 신창동 53호		?	?	?	?	?	철편(주변)	
광주 신창동(2004)		○			신창동식옹	신창동식발		
광주 운남동 1호	직교	○			무문토기호	무문토기호	무문소호	
광주 운남동 2호	직교	○			신창동식 옹	파수부호		
광주 운남동 3호	직교	○			파수호	파수호		
광주 운남동 4호	직교	○			무문토기호	신창동식발		
광주 평동 A-9호		○			군곡리식	군곡리식		
광주 평동 A-10호		○			군곡리식	군곡리식		
광주 평동 A-11호		○			군곡리식	군곡리식		
광주 평동 A-12호		○			군곡리식	군곡리식		
광주 평동 A-13호		○			군곡리식	군곡리식		
광주 평동 A-14호		○			군곡리식	군곡리식		
광주 평동 A-15호		○			군곡리식	군곡리식		
광주 평동 A-16호		○			군곡리식	군곡리식		
광주 평동 A-17호		○			군곡리식	군곡리식		
광주 장자 1호	직교	○			신창동식	군곡리식		
광주 장자 2호	직교	○			신창동식	군곡리식		

유적	묘광				대옹	소옹	부장품	비고
광주 장자 3호	사선	○			신창동식	무문호	발	
무안 인평 1호	직교	○			신창동식	무문토기파수부옹		
영광 군동B-2호	직교	○			호형토기	호형토기		대옹저부바닥물레축흔
함평 당하산 1호	직교	○			파수부호	파수부호	장경호	보강석
함평 당하산 2호	직교	○			파수부호	대호편		
함평 당하산 3호	직교	○			무문직립호	무문저부		
함평 신흥동Ⅱ-1호	직교	○			선황리식	경질무문 호	연질타날문저부, 철도자	
함평 신흥동Ⅱ-2호	평행	○			군곡리식	군곡리식		저부고정혼
함평 신흥동Ⅱ-3호	직교	○			선황리식	군곡리식		
함평 송산 6호	평행	○			군곡리식	군곡리식		
함평 송산 7호	직교	○			신창동식	신창동식		
함평 송산 8호	평행			○	군곡리식	군곡리식		
함평 송산 9호	평행	○			군곡리식	군곡리식		
함평 송산 10호	평행		○		군곡리식	군곡리식		
함평 송산 11호	평행		○		군곡리식	군곡리식		
함평 송산 12호	평행			○	군곡리식	군곡리식		
장성 환교A-1호	직교	○			군곡리식	군곡리식		
해남 흑천리 마등		○			군곡리식	군곡리식		

영산강유역에서는 광주 신창동유적에서 53기 옹관묘가 집단[64]으로 확인된 후, 광주 장자 등 영산강상류권과 함평 당하산, 함평 신흥동, 영광 군동 등 서해 도서권에서 주로 확인되었다. 이들 유적은 영산강 서편 지역에서 해당하며, 이른 시기 옹관묘가 영산강 서편에서 확인되는 분포적 특징을 보인다고도 할 수 있다. 대부분 구릉에 입지하며, 동시기 주거지에서 근거리에 분포하고, 광주 평동, 함평 당하산, 영광 군동유적, 함평 신흥동 등에서는 토광묘와 동일구역 내에서 확인되기도 하였다.

옹관 결합방식에 따라 단옹식, 합구식, 삼옹식 등으로 구분되고, 이와 비슷한

---

[64] 53기 옹관묘 중 옹관 현황을 파악할 수 있는 것은 20여기 정도에 해당되며, 보고서에서는 관 형식을 甕(옹)과 坩(감)으로 구분하고, 옹은 다시 무경과 유경으로 나누고, 유경식은 직경과 곡경의 두 아식으로 나누었다. 해당도면이 17호와 40호만 있어 내용을 토대로 무경식옹은 신창동식토기로, 유경식옹은 무문토기로 이해하였다.

시기의 사천 늑도유적은 옹관 인골을 통해서 유아묘로 사용된 분묘임이 알려져 있으며, 계층성이 확인되고 있다. 영산강유역 옹관묘에서는 토기류와 철기가 출토된 몇 사례를 제외하고는 유물 부장이 거의 없어 유물을 통한 계층성은 확인하기 어렵다. 사용된 토기는 무문토기, 신창동식토기, 군곡리식토기, 파수부호, 연질타날문토기 등 일상용기들이 주로 사용된다.

옹관 굴착방법은 대부분 묘광 크기를 옹관크기와 같게 하여 옹관 상면이 지하에 묻히지 않는 반지하식으로 굴착하여 상부에 봉토를 만들었던 것으로 보인다. 함평 당하산 2호 경우는 묘광을 이중으로 굴착한 드문 사례로 석재로 묘광과 옹관 사이를 충전한 것으로 적석목관묘 충전하는 방식과 유사하다. 유물부장은 희소한 편으로 옹관 외부에 부장한 경우(광주 신창동 14호 · 15 · 45호, 광주 운남동 1호)와 옹관 내부에 부장한 경우(광주 신창동 22호 · 32호, 광주 장자 3호)로 나눌 수 있으며, 옹관 외부에 부장한 경우는 대옹 쪽에, 내부에 부장한 경우는 소옹 쪽에 부장하였다. 옹관묘에 사용된 토기는 일상용기로 사용되던 것을 관으로 대용했기 때문에 어떤 토기를 사용했는지에 따라 옹관묘 변화를 파악할 수 있다. 영산강유역 옹관묘 형식은 사용된 토기 결합관계에 따라 5형식으로 구분하였다.

〈표 20〉 옹관묘의 형식분류

구분	토기 결합형태	비고
1형식	무문토기+무문토기	
2형식	무문토기+신창동식토기 무문토기+봉상파수	
3형식	신창동식토기+봉상파수호 신창동식토기+신창동식토기 봉상파수호+봉상파수호	
4형식	군곡리식토기+군곡리식토기	
5형식	군곡리식토기+연질타날문토기	

1형식은 무문토기와 무문토기가 결합된 형태로 광주 신창동(95년) 1호 등이 있다. 신창동(95년) 1호는 소호를 옹 외부에 부장하였고, 토기구성에서 가장 이른 형식인 송국리형토기를 사용하였다.

2형식은 무문토기와 신창동식토기, 무문토기와 봉상파수가 결합된 형태로 무안 인평, 광주 신창동 40호, 광주 신창동(95년) 4호, 광주 장자 3호 등이 있다. 토착계 송국리식토기와 새로운 토기문화가 결합된 형태로 삼각형점토대토기문화와 명사리식토기가 일상용기로 자리잡았음을 보여준다.

3형식은 신창동식토기와 봉상파수호, 신창동식토기와 신창동식토기, 봉상파수호와 봉상파수호가 결합된 형태이다. 광주 신창동에서는 17호가 대표적이며, 광주 운남동 2호·3호, 광주 장자 1호·2호, 함평 당하산 1호·2호, 함평 송산 7호 등이 해당된다. 삼각형점토대토기문화와 명사리식토기가 일상용기로 주류를 이루었음을 알 수 있다.

4형식은 군곡리식토기와 군곡리식토기가 결합된 형태이다. 광주 평동, 함평 신흥동 2호, 함평 송산 등에서 확인된다.

5형식은 군곡리식토기와 연질타날문토기, 연질타날문토기와 연질타날문토기가 결합된 형태이다. 함평 신흥동유적, 장성 환교유적 등에서 확인되었다. 연질타날문토기끼리 결합은 장성 환교유적에서 확인되었으며, 함평 신흥동에서는 일상용 군곡리식토기호와 옹관 전용으로 제작된 선황리식 옹관이 결합되었고, 이 경우 경부 쪽에 구멍이 뚫려 있는데 송국리옹관에서 확인되는 투공과 동일한 용도로 추정된다. 각 유적별 확인되는 형식을 정리하면 다음과 같다.

〈표 21〉 유적별 옹관묘의 출토형식

구분	1형식	2형식	3형식	4형식	5형식
광주 신창동	●	●	●		
광주 운남동	●	●	●		
영광 군동	●				
함평 당하산	●	●	●		
광주 장자		●			
무안 인평		●			
함평 송산			●	●	
광주 평동				●	
해남 흑천리				●	
함평 신흥동				●	●

옹관에 사용된 토기 결합관계에 따라 5가지 형식으로 구분하였으나, 횡치단옹식옹관도 확인되었다. 광주 신창동 15호와 25호는 횡치단옹식옹관으로 파수부호를 사용하였지만, 이전 시기의 직치단옹식인 송국리형옹관 전통에서 이해한다면 단옹 전통을 계승하고 있다고 할 수 있다.

익산 어량리유적에서는 무문토기를 이용한 사치단옹식옹관과 합구식옹관이 확인되었고[65], 전주 동산동유적에서 무문토기를 이용한 합구식옹관이 확인되어 청동기시대 중기부터 합구식옹관이 등장한 것으로 보았다[66]. 늑도유적에서도 동체부에 구멍을 뚫어 사용한 횡치단옹식이 조사되기도 하였다. 송국리식토기만을 사용한 1형식에서 횡치합구식옹관 매장방식이 명사리식옹관이 유입되기 전 영산강유역에서 횡치합구식옹관이 먼저 등장했을 가능성을 제시해 줄 수도 있으나, 무문토기가 삼각형점토대토기문화 출현 이후에도 사용되고 있기 때문에 청동기시대 중기까지 소급하기는 어렵다. 또한 횡치합구식옹관이 토착계문화요소로 명사리식옹관 등장과 무관하다는 견해가 제시되었는데, 명사리식토기가 유입되기 이전 익산 어양리유적에서 송국리토기끼리 결합, 보령 관창리 F42호 원형점토대토기끼리 결합 사례와 다수의 옹관묘가 확인된 사천 늑도유적에서 삼각형점토대토기의 형식이 명사리식토기보다 빠른 형식인 점 등을 근거로 서북한지역에서 발생한 일상용 명사리식토기가 남해안지역으로 전파된 후에 재지 옹관묘 전통과 결합하여 성립한 것으로 보았다[67]. 당시의 일상용기인 무문토기를 결합한 1형식은 당시 토착무덤이 지석묘인 점에서 볼 때 영산강유역에서는 외부에서 유입된 무덤이라 여겨진다.

2형식은 무안 인평에 사용된 신창동식토기 옹이나 파수부옹 기형이 송국리형토기와 매우 흡사하여 토착의 무문토기요소를 결합하여 제작하였다. 송국리

---

65) 호남문화재연구원 2012, 『익산 장선리·어량리유적』.
66) 한수영 2015, 『전북지역 초기철기시대 분묘 연구』, 전북대학교대학원 박사학위논문.
67) 박진일 2013, 『한반도 점토대토기문화 연구』, 부산대학교대학원 박사학위논문.

형토기와 파수부토기 결합은 광주 신창동 17호 옹관묘가 대표적이다. 신창동 저습지 Ⅱ기층에서도 송국리형토기구연에 점토대가 부착되었고, 광주 장자에 사용된 신창동식토기나 호형토기에 목판긁기 등 재지적 기법을 사용하였고, 1호 무문토기호는 부드럽게 외반된 구연부를 가진 송국리형토기 속성을 가지고 있기도 한다. 삼각형점토대토기문화는 기원전 1세기경에는 일상용기화가 진행되면서 토착화되는 현상이 나타난다.

일상용기화된 삼각형점토대토기문화와 봉상파수부호가 주로 옹관으로 사용된 시기로 이해되며 3형식과 4형식이 해당된다. 군곡리식토기는 기면에 회전흔이 확인되는 것들이 많고, 영광 군동 B-2호 대옹과 함평 신흥동 2호 소옹 저부에는 물레축흔으로 추정되는 방형흔이 있어 물레를 사용해 제작된 것으로 보인다. 함평 신흥동 옹관과 같이 외반구연에 구연부가 나팔형으로 사선외반되는 것들이 확인되는데 옹관으로 사용하기 위해 구연부를 더욱 외반시켜 합구에 용이하도록 별도로 제작하였을 가능성이 있다. 이같이 구연부를 나팔형으로 외반시킨 옹관이 변천되고 타날문토기 기법이 가미되면서 선황리식옹관으로 발전한 것으로 추정된다.

일상용기인 군곡리식토기호나 옹관으로 사용하기 위해 별도로 제작한 관을 사용한 것이 5형식에 해당되며, 옹관묘에 대한 매장의식이 변화를 엿볼 수 있다. 여전히 일상용기를 사용한 것으로 보이지만, 옹관으로 사용하기 위하여 별도로 제작된 선황리식옹관을 사용하면서 유아를 피장자로 삼았던 무덤에서 피장 대상을 변화시켜가는 것으로 볼 수 있다.

옹관묘는 송국리문화 요소와 명사리식토기문화의 횡치합구식 매장방식이 결합하여 일정 기간 사용되어 오다가, 점차 관으로 사용하기 위한 토기를 별도로 제작하는 양상을 함평 신흥동유적에서 확인할 수 있다. 그러나 생활공간에서 멀지 않은 곳에 조성하였고, 묘광 굴착방식이나 유물 부장, 합구방식, 군집형태 등은 변화를 보이지 않으며, 옹관묘를 통한 계층성도 확인하기 어렵다.

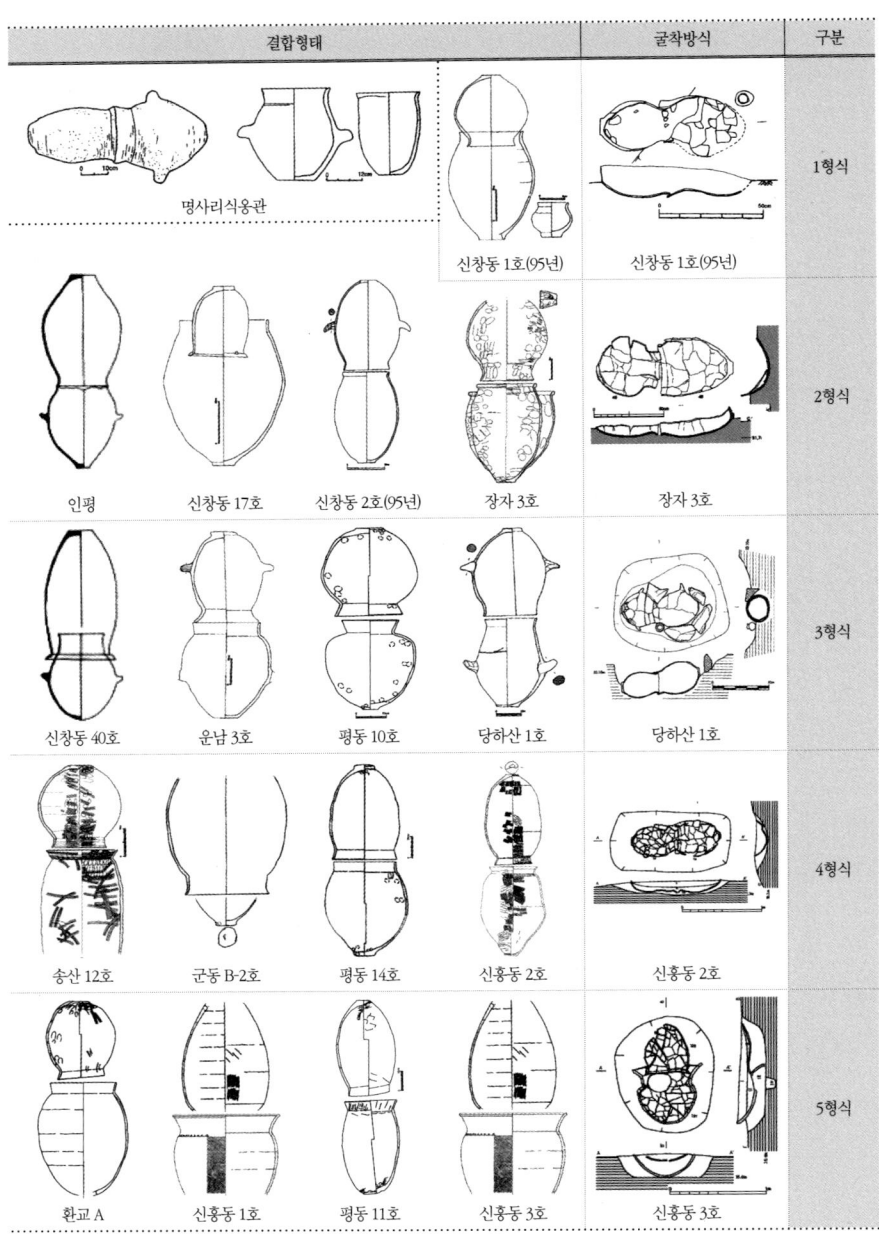

<그림 9> 옹관묘의 형식분류

6) 주구토광묘

주구토광묘는 영광 군동과 함평 신흥동유적 등에서 조사되었다. 주구토광묘는 매장주체부에 토광묘(목관)를 두고 주위에 도랑을 돌린 것을 말한다. 호남지역의 주구토광묘를 호서 내륙지역의 주구토광묘와 구분하여 주구묘로 부르기도 하지만, 본고에서는 주구토광묘라 부른다[68]. 주구토광묘를 분구묘에 포함시켜서 그 기원을 중국의 토돈묘에 두는 주장도 있다.[69] 중국의 토돈묘와 한국·일본의 분구묘를 입지 등 9가지 요소를 비교하여 상호 관련성 여부를 검토하여서 오월문화의 대표적 묘제인 토돈묘[70]에서 주구토광묘의 기원을 주장하기도 하였다[71]. 토돈묘는 강소성 남부와 절강성 북부 등 육조를 중심으로 한 강남지역이 중심지이고, 최근 자료에 따르면 남쪽으로는 광동성, 북쪽으로는 산동성에 이르며, 축조시기는 진한을 거쳐 육조에 이르고 있다[72]. 하지만 토돈묘 연대와 주구토광묘와의 연대는 차이가 있기 때문에 두 사이의 관계에 대한 의문도 있다.

〈표 22〉 영산강유역 주구토광묘의 현황표

유적명	평면형태	추가묘	비고
영광 원흥리 군동	방형	-	
함평 자풍리	세장방형	옹관	매장주체부 확인 안됨
함평 월야리 순촌	세장방형, 방형, 제형	-	
함평 신흥동	제형		
함평 마산리 표산	방형, 제형		
담양 태목리	방형, 제형		

---

[68] 최성락 2002, 「삼국의 성립과 발전기의 영산강유역」, 『한국상고사학회』37, 한국상고사학회.
[69] 최완규 2006, 「분구묘 연구의 현황과 과제」, 『분구묘·분구식 고분의 신자료와 백제』, 제49회 전국역사학대회 고고학부발표자료집, 한국고고학회.
임영진 2015, 「한·중·일의 분구묘의 비교 검토」, 『마한 분구묘의 기원과 발전』, 마한연구원.
[70] 元繼甫 1992, 「土墩墓與吳越文化」, 『東南文化』1992-6, 南京博物院.
[71] 임영진 2015, 「한·중·일의 분구묘의 비교 검토」, 『마한 분구묘의 기원과 발전』, 마한연구원.
[72] 胡繼根 2011, 「前·後漢, 六朝 土墩墓의 成因과 特徵-절강성에서 발견된 한·육조 토돈묘를 중심으로-」, 『호남문화재연구』제10호, 호남문화재연구원.

호남지방에서 주구토광묘는 영광 군동 A-18호를 시원형으로 보았으나, 청동기시대 주구묘인 광주 외촌 3호 묘를 주구토광묘에 포함시킨 견해도 있다[73]. 광주 외촌에서는 청동기시대 토광묘 2기와 주구를 두른 3호 묘가 조사되었다. 3호는 토광묘 내부에서 투공된 유경식석검이 주구에서는 무문토기 저부가 출토되어 기원전 4~3세기로 편년되었다. 3호 묘는 다른 두 기의 토광묘로부터 100m 이상 떨어진 경사면에 단독으로 입지하는데, 주구토광묘와 공통점은 주변에서 방형 주구가 확인되고, 토광의 모서리가 말각인 점 등이다. 주구토광묘와 차이점은 매장주체부와 주구 장축방향이 정반대방향으로 불일치하고, 조성된 지점의 경사면 하단부 쪽에 주구가 확인되지 않아 유실되었을 가능성과 하단부 쪽은 주구를 굴착하지 않았을 가능성이 있다. 또한 주구에서 출토된 무문토기편이 바닥에서 30cm 정도 뜬 상태로 출토되었고, 주구 최대깊이가 40cm인 점에서 볼 때 유입 가능성을 배제할 수는 없을 것이다. 담양 천변리유적에서 영광 군동 18호와 유사한 형태의 주구묘가 확인되었는데, 장방향 주구에 모서리가 트여 있는 형태로 토광묘 2기가 종방향으로 나란하게 조성되었으며, 유물은 무경식석촉, 무문토기가 출토되었다.

영광 군동 18호 묘는 장방형의 폐쇄형 주구에 매장주체부는 대상부 중앙부에서 토광묘가 확인되었으며, 토광은 양쪽 단벽만을 이단으로 굴광한 지하식이며, 내부에서는 흑도장경호 1점이 출토되었다. 연대는 기원전 2~1세기와 기원전 2세기~기원전후, 하한이 기원전후까지라는 견해 등이 있는데, 대체로 기원전 1세기로 편년되고[74], 호남지방 주구토광묘의 시원형으로 보는데 이견

---

73) 한옥민 2014, 「전남지역 마한 분구묘 사회의 연구성과와 과제」, 『한국고고학의 신지평』, 한국고고학회.
74) 최완규 2000, 「호남지역의 마한분묘 유형과 전개」, 『호남고고학보』11, 호남고고학회.
임영진 2001, 「1~3세기 호남지역 고분의 다양성」, 『동아시아 1~3세기의 주거와 고분』, 국립문화재연구소.

은 없다.

　함평 자풍리에서는 대상부에서 매장시설을 확인하지 못하였지만, 세장방형 주구 3기가 확인되었다. 주구는 폐쇄형과 개방형으로 1호와 2호는 나란하게 축조되었고, 3호는 1·2호와 직교하게 축조되었는데, 2호만 폐쇄형이다. 1호와 3호는 주구 일부를 공유한 것으로 추정되며, 주구 내에서 원형점토대토기 요소를 갖는 신창동식토기(Bc식), 두형토기, 군곡리식토기편, 봉상파수, 석기 등이 출토되었고, 3호 주구 내에서는 군곡리식토기를 사용한 합구식 옹관이 확인되기도 하였다. 자풍리와 같이 장방형 주구가 수 기 확인된 사례가 섬진강수계인 곡성 대평리 유적에서 확인되었는데, 곡성 대평리 주구토광묘는 집단묘로 확인되고 매장주체부는 토광묘와 석개토광묘 등이 조사되었다.

　함평 신흥동에서는 한쪽이 개방된 제형 주구를 가지고 대상부 중앙에 토광묘를 매장주체부로 한 주구토광묘가 확인되었다. 8호 주구 내에는 토기를 훼기한 행위가 확인되었는데, 백색토기, 군곡리식토기, 연질타날문토기 등이다. 이 같은 제형의 개방형 주구를 한 주구토광묘는 함평 순촌유적, 함평 신흥동유적, 함평 마산리 표산유적, 담양 태목리유적 등에서 집단묘로 확인되는데, 동일구역 내에서 2세기 후반부터 조성되고 주구를 연접하고, 토광묘나 옹관묘을 배장묘로 추가하면서 3~4세기에 중심을 이룬다. 영산강유역에서는 3~4세기경에 확인되는 양상으로 저분구의 형태를 가진 제형(계) 고분으로 발전한다.

　한옥민 2001, 「전남지방 토광묘 성격에 대한 고찰」, 『호남고고학보』13, 호남고고학회.
　김영희 2004, 『호남지방 주구토광묘의 전개양상에 대한 고찰』, 목포대학교대학원 석사학위논문.
　김승옥 2009, 「분구묘의 인식과 시공간적 전개과정」, 『한국 매장문화재 조사연구 방법론』5, 국립문화재연구소.

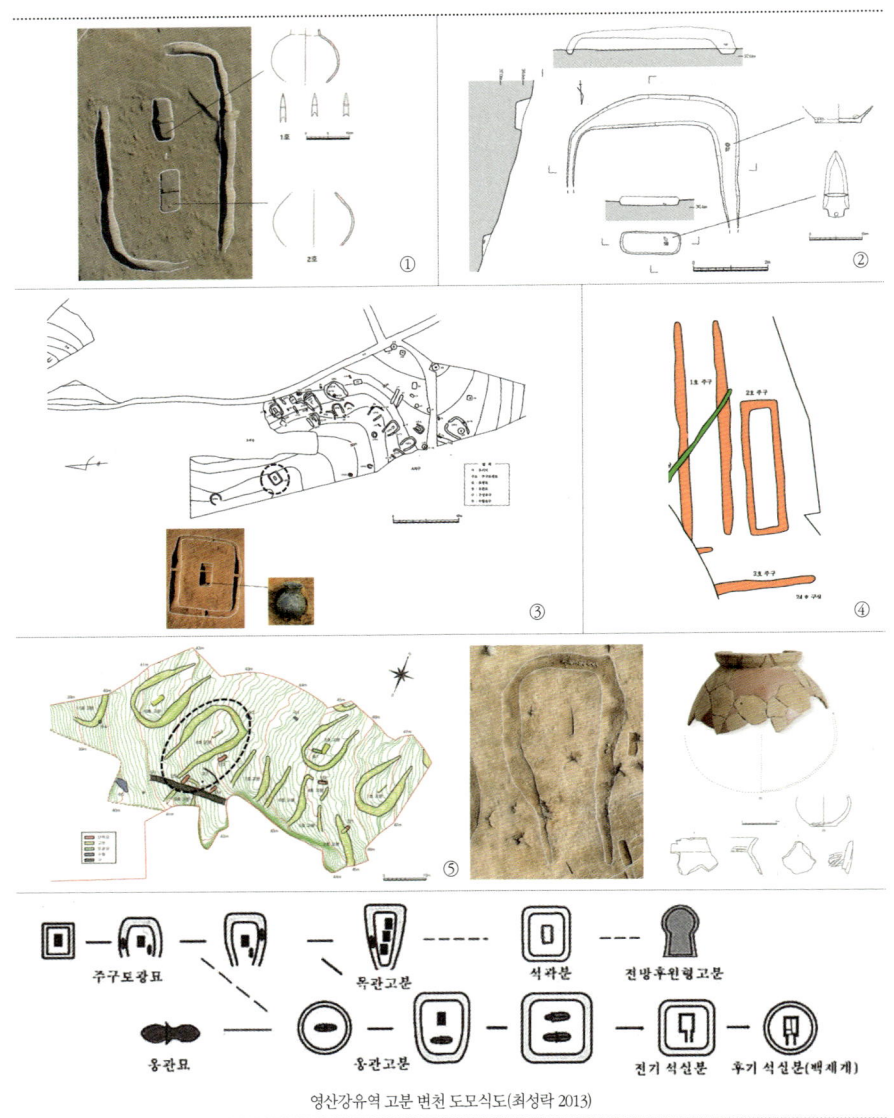

<그림 10> 청동기시대 주구묘(담양 천변리·광주 외촌) 및 주구토광묘
① 담양 천변리 주구묘 ② 광주 외촌 3호 토광묘 ③ 영광 군동 18호 주구토광묘
④ 함평 자풍리 주구 ⑤ 함평 신흥동 4차-8호 주구토광묘

제IV장 유물의 분류 및 검토

영산강유역에서는 단일취락으로 조사된 사례는 드물고, 무덤에서도 적석목관묘를 제외하고 출토되는 유물도 빈약하기 때문에 유물의 공반관계에 따른 변화를 파악하기는 쉽지 않다. 그럼에도 불구하고 청동기류는 괄목할만한 연구성과를 이루어 편년안이 정립되었고, 토기류는 광주 신창동저습지와 해남 군곡리패총에서 층서적 서열관계와 유물의 교차연대를 통해서 새로운 기종의 출현과 변화과정을 확인할 수 있으므로 이를 참조하여 검토하였다.

1. 토기

토기는 고고학에서 상대연대를 편년하는데 중요한 기준을 이루며, 각 시대를 대표하는 표지적인 유물이다. 마한의 시작을 알리는 토기는 점토대토기, 흑도장경호, 두형토기 등이 다수를 차지하며 점토대토기문화라고 할 수 있다[75]. 여기에서는 가장 대표적인 점토대토기, 흑도장경호, 두형토기 등을 대상으로 검토해 보고자 한다.

1) 점토대토기

점토대토기는 흑도장경호, 우각형파수, 두형토기 등 토기류와 석촉, 석부, 석도 등 석기류, 세형동검 등 청동기류와 공반한다. 점토대토기는 무문토기의 일

---

75) 호남고고학회 2020, 『제28회 호남고고학회 정기학술발표회 마한성립기의 호남』, 호남고고학회.

종으로 구연부에 단면 원형, 타원형, 삼각형 등의 점토대를 말아 붙인 것이다
[76]. 점토대토기는 구연부에 부착된 점토대의 단면형태에 따라 원형과 삼각형으로 대별되며, 원형 → 삼각형 → 외반 홑구연으로 변화하는데 이견이 없다. 그러나 점토대토기들을 보면 원형과 삼각형뿐 아니라 같은 토기 내에서 타원형, 장방형 등 다양한 형태가 혼재하는데, 삼각형점토대토기의 접합과정에서 손누름 지점과 물손질 등의 밀착과정에서 나타나는 형태변화로 파악된다.

구연부에 부착된 점토대 단면형태에 따라 원형점토대토기(A식)와 삼각형점토대토기(B식)로 구분하였다. 점토대토기는 완형보다는 파편의 출토가 많고, 점토대의 부착지점이 구연부이기 때문에 구연부의 형태를 우선시하였다. 저부는 굽의 형성 유무에 따라 유굽과 무굽으로 나누고, 유굽은 바닥이 들린 형태가 확인되나 세분하지는 않았으며, 유굽에서 무굽으로 변화되고 굽이 퇴화되어 말각화되어간다. 원형점토대토기단계보다 삼각형점토대토기단계에서 발류, 시루, 주구토기, 파수부호 등 다양한 기종이 확인되면서 변화도 다양해지며, 옹형이 가장 많이 출토되고, 발류도 다수가 확인된다.

원형점토대토기와 삼각형점토대토기의 시간적 선후관계는 원형점토대에서 삼각형점토대토기로 변화가 확인되고, 광주 신창동저습지유적과 해남 군곡리패총 등에서 점토대(토기)의 변화상을 확인할 수 있다. 광주 신창동에서는 Ⅰ기층과 Ⅱ기층에서 원형점토대토기와 삼각형점토대토기가 공반·출토되었고, 전체적으로 Ⅰ기층에서 원형점토대토기의 출토비중이 높다. 신창동 Ⅱ기층에서는 원형점토대토기의 비중이 낮고, 대부분 삼각형점토대토기가 출토되었으며, 보고서에서도 Ⅱ기층을 점토대토기문화층으로 기록하였다. 해남 군곡리패총에서는 원형점토대토기는 Ⅰ기층에서 석기류, 무문토기 등과 출토되었고, 삼각형점토대토기는 Ⅱ·Ⅲ기층에서 집중적으로 출토되어 Ⅴ기층까지 출토된다.

---

76) 한상인 1981, 『점토대토기문화의 성격의 일고찰』, 서울대학교대학원 석사학위논문.

광주 신창동과 해남 군곡리유적에서 출토된 점토대토기의 공통점은 원형점토대토기와 삼각형점토대토기가 동일 범위 내에서 확인되고, 점토대의 변화과정이 확인된다는 것 등이다. 신창동 저습지에서는 원형점토대토기에서 삼각형점토대토기로의 변화과정이 관찰되고, 군곡리에서는 삼각형점토대토기에서 점토대의 소멸과정이 관찰된다. 이 과정에서 삼각점토대토기는 토착 무문토기에도 변화를 주는데, 삼각형점토대토기 등장 이후부터 무문토기 소성도가 높아지고, 현지화되는 현상이 두드러진다.

(1) 용어 검토

점토대토기의 등장은 토착 무문토기에 변화를 가져오는데, 삼각형점토대토기의 영향이 직접적이며, 토착 무문토기의 소성도가 높아지고, 현지화된다. 이렇게 변화된 토기는 풍남동식토기, 중도식토기, 경질무문토기 등으로 불려지며[77], 후기무문토기, 발달무문토기, 종말기무문토기 등으로도 구분되었고, 그 차이는 지역 간 연구자의 견해차 정도로 이해할 수 있다.

경질무문토기는 한강유역에서 처음 사용되었다. 김양옥은 4개 지역군(한강유역, 낙동강유역, 영산강유역, 동진강유역)을 직접 답사하여 수집한 시료 15,000여점을 대상으로 태토의 조성분석, 흡수율측정, 경도측정, 성형방법, 제작수법, 문양, 색상, 두께측정을 분석하였고, 무문토기보다 소성도가 높아 경질무문토기로 칭하였다[78]. 이러한 분석에 대해 자연과학분석의 필요성을 제기하면서

---

77) 풍남토성에서 처음 출토되어 풍납리식 무문토기라 칭해졌으며, 무문의 의미를 무문토기의 범주 속에서 이해하여 이후 춘천 중도유적에서 출토되어 중부지역에서는 중도식(무문)토기로 칭해졌다. 경질무문토기는 4개 지역군(한강유역, 낙동강유역, 영산강유역, 동진강유역)을 직접 답사하여 수집한 시료 15,000여점을 대상으로 태토의 조성분석, 흡수율측정, 경도측정, 성형방법, 제작수법, 문양, 색상, 두께측정을 분석하였고, 그 결과 무문토기와는 소성도의 차이를 확인하여 칭하였다(김양옥 1976, 「한반도 철기시대토기의 연구」, 『백산학보』20, 백산학회).
78) 김양옥 1976, 「한반도 철기시대토기의 연구」, 『백산학보』20, 백산학회.

양구해안의 무문토기 시료의 경도분석결과[79] 무문토기와 경질무문토기의 경도 차이를 확인하기 어렵다는 점이 지적되기도 하였다[80].

경질무문토기는 소성도나 태토 등에서 무문토기와 큰 차이를 보이지 않는 경우가 많아 무문토기, 적색토기, 또는 연질토기 등으로도 사용되고 있다. 청동기시대 무문토기를 계승한 토기로 이해하면서 삼각형점토대토기를 경질무문토기의 개념에 포함하였다[81]. 현재는 호남지역을 중심으로 사용되고 있다.

삼각구연 점토대토기를 경질무문토기라는 상위 개념으로 일원화 할 경우, 그로 인해 나타나는 해석적 효과보다는 인식론적이고 논리적인 혼선과 오류를 피하기 위하여 경질무문토기라는 명칭의 사용을 지양해야 한다. 전국계토기문화의 일환으로 보면 요녕-한반도 서북지방을 거쳐 한반도 각지로 전파하면서 재지의 토착무문토기와 접변 및 상호작용의 관점과 차원에서 각 지역별로 그 양상을 파악하고 유형을 설정해 나가야 할 것이다[82].

세죽리-연화보문화는 현지의 청동기시대 문화를 변화시키는 외적 요인 중 하나로 작용하였다. 원형점토대토기와 삼각형점토대토기는 유물조합상, 등장과 변화과정 등에서 독자성을 갖춘 용어이다. 시간적 관계나 광의적 의미에서 삼각형점토대토기의 범주에 경질무문토기가 포함된다. 점토대토기(특히 삼각형점토대토기)는 철기문화의 확산과 직접적으로 관련된 토기이고, 확산되면서 현지의 토착무문토기와 접변하기 때문에 각 지역별로 양상을 파악하고 유형을 설정하는 것이 바람직하다. 예를 들면 서북한지역에서는 명사리식토기, 중부

    김양옥 1994, 『한국 철기시대 토기 연구』, 숙명여자대학교대학원 박사학위논문.
79) 국립문화재연구소 2000, 『군사보호지역 문화유적 지표조사 보고서-강원도편』.
80) 이숙임 2003, 『강원지역 점토대토기 문화 연구』, 한림대학교대학원 석사학위논문.
81) 최성락 1993, 『한국 원삼국문화의 연구』, 학연문화사.
    최성락 2002, 「철기시대 토기의 실체와 연구방향」, 『지방사와 지방문화』5-2, 역사문화학회.
    최성락 2013, 「경질무문토기의 개념과 성격」, 『박물관연보』21호, 목포대학교박물관.
82) 노혁진 2015, 「경질무문토기의 개념과 계통에 대한 일고」, 『백산학보』102호, 백산학회.

지역에서는 중도식토기 등으로 지역을 대표하는 용어로 정착되었다.

따라서 고고학사적 의미와 발굴사적 의미에서 중요성이 높이 평가되고, 유물조합상 등과 역사적 사건과도 시간성이 병행하는 유적명을 부여한 명칭을 부여하는 것이 타당하다고 본다. 다만 원형점토대토기는 현재까지 상징성과 대표성을 지닌 유적을 언급하기[83]는 어렵기에 때문에 논외로 한다. 영산강유역에서 삼각형점토대토기의 상징성과 대표성을 지닌 유적은 광주 신창동저습지와 해남 군곡리패총이며, 유사한 문화상을 보인다. 광주 신창동저습지에서는 삼각형점토대를 부착한 토기가 중심이고, 해남 군곡리패총에서는 점토대가 퇴화한 외반구연 토기가 중심을 이루고 있다. 영산강유역에서 삼각형점토대토기[84]는 광주 신창동에서 초출하여 해남 군곡리에서 현지화되는 양상이 확인된다. 따라서 신창동식토기와 군곡리식토기로 명명할 수 있다. 즉 신창동식토기는 삼각형점토대가 부착된 토기군을 지칭하며, 군곡리식토기는 삼각형점토대가 외반 홑구연으로 변화된 토기군을 일컫는다. 이 토기군과 공반하는 유물조합이나 유구 등은 지역 문화유형의 하나로 설정할 수 있을 것이며, 영산강유역을 비롯하여 호남지역을 대표할 수 있는 상징성을 갖춘 용어라고 생각한다.

(2) 원형점토대토기

원형점토대토기는 남양주 수석리유적에서 주거지와 유물조합상이 확인되었고, 남한지역에서 초출하는 유적으로 평가되고 있기 때문에 수석리식토기로 칭해진다. 출토유적은 전국적으로 한정적이지만, 중서부지역에 유입되어서 확산되었다는 것이 통설이다. 광주 신창동 저습지에서는 원형점토대토기에서 삼각형점토대토기로의 계기적 변화상을 확인할 수 있다. 보고서에 의하면 구연단 내면

---

[83] 남한지역에서 수석리유적에서 유구와 유물의 조합관계가 확인되고, 수석리식토기로 통용되고 있다.
[84] 본고의 전개과정에서 삼각형점토대토기는 신창동식토기와 군곡리식토기를 총괄하는 것이다.

처리에서 곡면을 이루는 것은 33%이고, '〈'형태로 각을 이루는 것은 67%를 차지하고 있어 1:2의 비율을 나타내고 있다. 곡면처리 수법은 점토대의 단면이 삼각형(60%), 타원형(22%), 원형(6%)의 순으로 나타난다. '〈'처리 수법은 삼각형(59%), 타원형(19%), 원형(9%)의 순으로 나타나며, 특히 원형점토대에서 각면처리는 약 1:4의 비율을 보이고 있다[85]. 원형점토대토기에서 삼각형점토대토기문화로의 계기적 양상이 확인되며, 신창동식토기로 변화된다. 영암 엄길리 5호 지석묘에서 출토된 점토대토기는 구연부에서 삼각형점토대토기의 요소가 확인되고, 동체부는 원형점토대토기의 요소를 갖고 있는 과도기적 형태로 보여진다[86].

 원형점토대토기(A식)은 원형점토대토기의 출토량은 많지 않고, 완형이 드물기 때문에 구연 내면 형태를 중심으로 2식으로 구분하고, 기형의 변화에 따라 일괄로 정리하였다. 구연 내면형태는 1식은 동체부에서 연결되어 바로 원형의 점토대가 부착된 형태로 구연부 내측이 내만하는 형태이다. 2식은 구연부 내측이 직립하거나 외반하는 형태이며, 1식 → 2식으로 변화한다. 동체부 형태는 동최대경이 하위로 이동하면서 소형화되는 일정한 경향성을 보이고, 후행할수록 직선화된 느낌을 준다. 동체부 형태의 변화는 신창동 저습지유적에서 관찰되는데, 신창동 I 기층에서 출토된 원형점토대토기편들의 형태를 보면 동최대경의 위치가 하위에 있어 처진 형태이고, II기층에서 출토된 삼각형점토대토기편들이 동체부에서 구연부 쪽으로 올라갈수록 내경하는 형태를 보이면서 하위가 처진 형태는 유사하다. 또 III기층에서 출토된 삼각형점토대토기편들은 직선화된 경향을 보이고 있다. 이러한 변화에 따라 크게 2형식으로 구분하였다.

---

85) 조현종·신상효·이종철 2003, 『광주 신창동 저습지 유적 V』, 국립광주박물관.
86) 영암 엄길리 5호 출토품은 보고서 도면상에 점토대의 부착흔이 없고, 기술상에도 빠져 있어 파악하기 어렵다. 구연부의 형태와 동체부의 형태로 보아 원형에서 삼각형으로 가는 과도기적 양상을 보이는 것으로 생각된다.

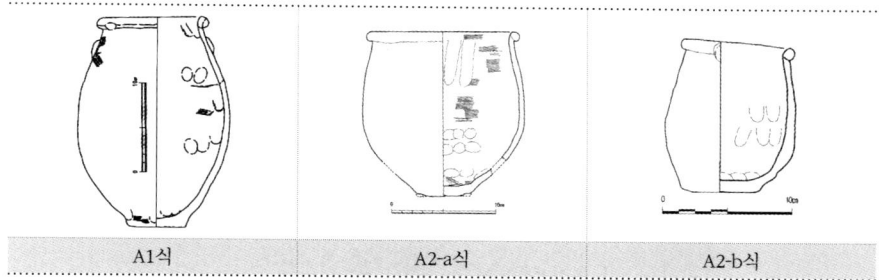

〈그림 11〉 원형점토대토기의 형식분류

먼저, A1식은 구연부 내측이 내경하며, 기고가 20㎝ 이상으로 동최대경이 중위에 위치하는 형태이다. 나주 운곡동 Ⅰ-5호 수혈 등에서 확인되며, 동체부 상위에 뉴 2개가 부착되었고, 동체부가 세장한 형태를 띤다. 교성리 6호 출토품과 유사한 형태로 운곡동 출토품의 크기가 약간 작고 동최대경의 위치가 줄어들고 세장한 형태를 보이고 있다. 교성리와 비슷하거나 후행할 것으로 보이며 연대는 기원전 4세기 말~기원전 3세기 전엽으로 설정된다.

A2식은 구연부 내측이 내경하며, 기고는 20㎝ 미만으로 동체부 형태에 따라 2가지로 세분할 수 있다. A2-a식은 동체부가 곡선적인 형태를 띠며, 동최대경이 하위에 위치한다. 영광 군동 B-4호 토광묘 등에서 확인되며, 나주 청동 수습품과 해남 군곡리 Ⅰ기층 출토 구연부 형태와 유사하다. 영광 군동의 것은 동최대경이 하위에 치우쳐 있고 구연쪽으로 갈수록 내경하는 형태를 보이고 있어 동체가 직선화되기 이전의 형태로 궁동 1호와 파주 당하리 1호 토광묘 출토품과 유사하다. 신창동저습지유적에서는 동체부 편들 중 하단부가 처진 주머니호와 유사한 형태들이 다수 확인된다. 함평 마산리 표산 Ⅳ-3호 석관묘에서는 구연부편과 저부편이 출토되었는데, 전체적인 기형은 알 수 없지만, 잔존하는 부분으로 보아서 A2-a식으로 추정할 수 있다.

A2-b식은 동체부가 직선적인 형태를 띠고, 나주 도민동, 광주 관등, 나주 운곡동 석곽, 함평 자풍리, 화순 내평리 등에서 확인된다. 대전 노은동 Ⅰ지구 1호

나 비하리 출토품과 유사하며, 중서부지역의 자료로 보았을 때 기원전 2세기 중반 무렵에는 직선화되는 경향이 나타나는 것으로 보여진다. 화성 발안리 2호 목관묘 출토품과도 유사하며, 흑도장경호와 단조철도자와 공반한다. A2식의 연대는 기원전 3세기 후엽~기원전 1세기까지로 설정된다.

(2) 신창동식토기(삼각형점토대토기문화)

삼각형점토대토기문화는 토착 무문토기를 변화시키는 주요인으로 작용하고, 현지화되며, 그 양상은 지역마다 차이가 있다. 영산강유역에서 삼각형점토대토기문화의 지역적 상징성과 대표성을 표현하기 위하여 신창동식토기(B식)와 군곡리식토기(C식)로 구분하였다. 신창동식토기(B식)는 삼각형점토대가 부착된 토기군을 지칭하며, 군곡리식토기(C식)는 삼각형점토대가 외반 홑구연으로 변화된 토기군으로 현지화된 토기군을 일컫는다. 여기서는 신창동식토기에 대한 형식분류만 검토하였다.

신창동식토기(B식)는 원형점토대토기와의 구분을 위하여 구연단 내면이 '〈' 형태로 처리한 것으로 단면형태가 원형인 경우도 구연내면이 '〈'형으로 꺾인 것은 신창동식토기로 구분하였다. 신창동저습지유적에서는 가장 이른 형식이 다량으로 출토되며, 점토대의 단면형태 변화과정이 확인된다.

신창동식토기에서 점토대의 단면형태는 삼각형, 타원형, 장방형 등 다양한 형태가 확인되고, 이에 따라 5형식으로 구분하였다. a식은 점토대가 타원형을 이루고 점토밀림이 확인되며, 원형에서 삼각형으로 넘어가는 과도기의 형태로 추정되고, 원형점토대토기의 요소가 포함된 형식이라 할 수 있다. b식은 점토가 밀린 흔적이 없거나 약하게 확인되고 전형적인 삼각형을 이루며, 원형점토대토기의 접합방법과 유사하여 가장 이른 형식으로 추정된다. c식은 부착과정에서 내측에 점토가 밀려 부착된 형태로 역삼각형을 이룬다. d식은 점토대가 장방형을 띠며 홑구연화되어가는 형태를 보인다. e식은 점토대를 말아붙인 형태이다.

〈그림 12〉 신창동식토기의 형식분류

속성		형식	유물
구연부 형태	저부형태		
타원형인 것(Ba) 삼각형인 것(Bb) 역삼각형인 것(Bc)	유굽 무굽	Ba식	
		Bb식	
		Bc식	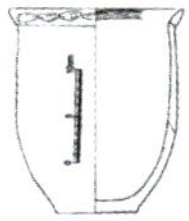
장방형인 것(Bd) 홑구연화된 것		Bd식	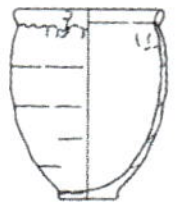
말아(접어) 붙인 것(Be)		Be식	

신창동식토기는 동일유적이나 유구에서도 점토대 형식이 다양하게 확인되기 때문에 형식 간 변화를 파악하는 쉽지 않다. 따라서 층위적 서열관계가 명확한 해남 군곡리패총유적에서 출토된 신창동식토기의 기층별 출토형식에 따른 수량 변화[87]를 통해서 변화상을 살펴보고자 한다. 다음 표는 『해남 군곡리

---

[87] 해남 군곡리패총에서 출토된 신창동식토기 구연부 분류안에 필자의 형식분류를 대비하였다. 보고서에서는 홑구연까지 포함하여 3형식으로 대별하고 각각 세분하였다. 보고서의 AⅠ식·BⅠ식은 전형적인 삼각구연인 것, 점토대 외면에 오목하게 골이 진 것으로 전자가 필자안 Bb식에, 후자는 Bc식에 속한다. 보고서의 AⅠ식 중 일부는 Ba식에 속할 것으로 보인다. 보고서의 AⅡ식·AⅢ식·BⅡ삭·BⅢ식은 점토대가 얇아지고 단면형태도 장방형에 가까운 것으로 필자안 Bd식으로 분류할 수 있다. 이 분류는 도면 등이 제시되지 않아서 보고서 내용만을 기준으로 하였으며, 점토대의 계기적 변화는 보여줄 수 있다는 측면에서 제시하였다.

보고서Ⅲ』의 표 23[88])을 재정리하여 작성한 것이다.

<표 23> 해남 군곡리패총 기층별 신창동식토기의 출토비중

기층	분기	연대
Ⅰ	1기	B.C. 3세기 후반~B.C 2세기 중반
Ⅱ	2기	B.C. 2세기 후반~ B.C. 1세기 중반
Ⅲ	3기	B.C. 1 세기 후반~A.D.1 세기 후반
Ⅳ	4기	2세기 전반~2세기 중반
Ⅴ	5기	2세기 후반~3세기

　보고서 도면을 통해서 형식별 출토위치를 보면, Bb식은 Ⅱ층 중에서 가장 아래층(2차 조사 7층)에서 Bc식과 함께 확인되고, Bc식은 Ⅲ기층에서도 지속적인 출토비중을 차지한다[89]). Ba식은 Ⅱ층의 중간층(2차 조사의 6층)에서 등장하며, 옹형토기 등에서도 확인된다. Bd식은 Ⅱ층(2차 조사의 5층)부터 확인되어 Ⅴ기층의 4층 단계까지 확인되고, 가장 높은 출토비중을 보인다. 해남 군곡리패총 기층별 형식 간 출토상황으로 보면 Bb식 → Bc식 → Bd식 → 외반구연으로의 계기적 변화를 유추할 수 있다. 신창동식토기가 원형점토대토기에서 발생했다는 점에서 본다면 Bb식의 구연부가 짧게 외반하고, 구연상면이 곡선을 이룬 것 등에서 원형점토대토기 요소를 가지고 있다. 주거지에서는 광주 수문유적 5호 송국리형주거지에서 출토된 Bb식을 신창동식토기 중에서 고식이라 할 수 있다.

　해남 군곡리패총에서 출토되는 신창동식토기에서 나타나는 특징은 지두흔이다[90]). 군곡리에서는 삼각형점토대토기의 초출형식인 신창동식토기 Bb식은

---

88) 군곡리보고서에서 점토대토기 구연부를 분류한 표는 1차 보고서(40쪽)와 3차 보고서(37쪽)에 제시되었으나, 표 내용은 동일한 결과를 정리해 놓은 것으로 합산할 필요성이 없다.
89) 보고된 도면 자료를 보면 Bb식보다 Bc식이 많다.
90) 안재호 1989, 「고찰」, 『늑도주거지』, 부산대학교박물관.

드물고, Ba식도 보고서를 통해서는 1~2점 정도만 확인된다. 대부분 Bc식과 Bd식이 출토되고, 지두흔도 Bc식과 Bd식에서 주로 확인되며, Bb식과 Ba식에서는 확인하기 어렵다. 지두흔은 점토대의 퇴화과정에서 나타나는 정면기법으로 현지화된 요소로 보인다.

해남 군곡리패총의 기층별 출토형식을 통해서 연대를 제시해 보면, Bb식과 Bc식은 Ⅴ기층을 제외하고 모든 기층에서 확인된다. Ⅱ기층과 Ⅲ기층에서 가장 높은 출토율을 보이고 있어 기원전 2세기 후반~기원후 1세기 후반까지로 설정되며, Bb식이 고식에 해당하므로 먼저 출현하고 Bc식이 나타난 것으로 이해된다. Bd식은 Ⅲ기층에서 출토비중이 높고, Ⅱ기층에서도 상당량이 출토되고 있기 때문에 기원전에는 홑구연화가 이루어졌고, 기원후에는 외반구연이 보편화된 것으로 보인다. Ⅴ기층 단계에서도 Bd식이 출토되고 있어 기원후 2~3세기 무렵까지 신창동식토기가 존속한 것을 알 수 있다. 홑구연화는 보고서 내용에 따르면 Ⅱ기층의 11~9층에서 출토된 삼각형점토대토기 발의 서술에서 '구연부에서 누르기수법을 이용해 점토대의 흔적을 지웠다'는 것에서(보고서 표1)[91] 보면, 기원전 1세기경 홑구연화가 나타났음을 알 수 있다. 이러한 홑구연화는 신창동저습지에서는 거의 확인되지 않고 있다.

신창동식토기에서 홑구연화는 결국에는 구연부를 외반하는 현지화로 이어지기는 하지만, 출토유적의 분포가 넓게 확장되지 않고, 호류에서는 점토대를 부착한 사례는 드문 점 등에서 군곡리식토기로의 현지화가 빠른 속도로 진행된 것으로 보인다. 신창동식토기는 물레가 사용되면서 번거롭게 점토대를 부착하지 않고, 홑구연화시키면서 군곡리식토기로 현지화되는 것으로 추정된다. 영남지역의 삼각형점토대토기는 기원전 2세기에 출현하여 기원후 1세기대 회색연질토기의 보급이 늘어나면서 점차 소멸해 일부는 홑구연으로 된 외반구연장동옹으로 대체되어 간다[92]. 하

---

91) 최성락 1987, 『해남 군곡리패총 Ⅰ』, 목포대학교박물관.
92) 이재현 2003, 『변·진한 사회의 고고학적 연구』, 부산대학교대학원 박사학위논문.

지만 영산강유역은 기원전 2세기 중·후반경 출현하여 기원후 2세기까지 확인되며, 일부 지역에서는 그 이후까지도 잔존한다.

〈표 24〉 유적별 점토대토기의 출토형식

유적명	원형점토대토기(A)		신창동식토기(B)					비고
	A1	A2	Ba	Bb	Bc	Bd	Be	
나주 운곡동유적	●	-	-	-	-	-	-	
영광 군동유적	-	●	-	-	-	-	-	
나주 청동유적	-	●	-	-	-	-	-	
나주 도민동유적	-	●	-	-	-	-	-	
함평 창서유적	-	●	-	-	-	-	-	
광주 관동유적	-	●	-	-	-	-	-	
광주 매월동 지석묘	-	●	-	-	-	-	-	
화순 내평리 Ⅰ구역 토광묘	-	●	-	-	-	-	-	
광주 신창동 저습지	-	●	▲	▲	▲	-	-	
광주 운남동유적	-	●	-	▲	-	-	-	
광주 신촌유적	-	●	-	▲	-	▲	-	
광주 오룡동유적	-	●	▲	▲	▲	-	-	
광주 수문유적	-	●	-	▲	-	-	-	
광주 평동유적	-	●	▲	▲	▲	▲	-	
광주 치평동유적	-	●	▲	▲	▲	-	-	
영안 엄길리지석묘	-	-	▲	-	-	-	-	
함평 마산리 표산유적	-	●	-	-	▲	▲	-	
해남 군곡리패총	-	●	-	▲	▲	▲	-	
광주 뚝뫼유적	-	-	▲	-	-	-	-	
광주 성덕유적	-	-	-	▲	-	-	-	
광주 장자유적	-	-	-	▲	-	-	-	
광주 복룡동	-	-	-	▲	-	-	-	
광주 동림동유적	-	-	▲	-	-	-	-	
함평 자풍리	-	-	▲	-	-	-	-	
함평 고양촌유적	-	-	-	▲	▲	-	-	
영광 군동유적	-	-	-	-	▲	-	-	
나주 수문패총	-	-	-	▲	▲	-	-	
나주 구기촌유적	-	-	-	-	-	▲	-	
나주 월양리유적	-	-	-	-	-	-	▲	
화순 백암리유적	-	-	-	▲	-	-	-	

〈표 24〉에서 보듯이 점토대토기는 크게 원형점토대토기만 출토되는 유적, 원형점토대토기와 신창동식토기가 공반하는 유적, 신창동식토기만 출토되는 유적으로 구분할 수 있다.

원형점토대토기만 출토되는 경우는 대부분 지석묘, 토광묘 등 무덤이고, 주거지는 나주 운곡동 송국리형주거지 등에서 확인되며, 송국리문화와 결합된 양상으로 나타난다. 원형점토대토기와 신창동식토기가 공반하는 경우는 대부분 생활유적으로 광주와 나주에 집중되고 무문토기와 공반되기도 한다. 동일유구 내에서 공반된 사례는 아직까지 없으며, 광주 신창동 저습지와 해남 군곡리 패총을 중심으로 확인되고 있다. 신창동식토기만 출토되는 경우는 다양한 유구에서 출토되며, 분포범위가 산발적으로 넓게 확인되고, 연질타날문토기가 등장한 이후에는 연질타날문토기와도 공반하는 사례가 점차 증가되고 있다.

2) 흑도장경호

흑도장경호는 대부분 무덤에서 출토되며, 기면에 흑연 등의 광물질을 발라 마연하여 검은색 광택을 낸 목인 긴 항아리이다. 흑도, 흑색토기, 흑색마연토기, 흑도장경호 등으로 불리는데, 기형을 중시하여 평저장경호나 장경호로 불리기도 한다[93]. 무덤에 부장되는 흑도장경호는 정선된 태토, 기면의 광택, 기형상의 특이성으로 엄숙, 암흑세계, 로열티와 같은 상징적인 의미가 있다고 한다[94].

현재 영산강유역에서 지칭하고 있는 흑도장경호는 검은 광택을 낸 긴 항아리만을 칭하는 것이 아니고, 유사한 기형을 띠는 호류를 모두 통칭하고 있다. 광주 신창동 저습지에서 가장 많은 양이 출토되었고 형태도 다양하며, 무덤 출토품은 다른 지역에 비해서 소량이다. 하지만 최근 토광묘 조사가 증가되면서

---

93) 국립문화재연구소 2003, 『한국고고학사전』, 학연문화사.
94) 노혁진 1987, 「흑도」, 『한국사론』17, 국사편찬위원회.

그 수량도 점차 증가되고 있다.

　흑도장경호에 대한 기존의 연구는 직접적인 연구보다는 점토대토기문화와 세형동검문화를 연구하는 과정에서 공반유물의 하나로 이루어졌다[95]. 흑도장경호는 금강유역권을 중심으로 한반도 중·남부지역으로 넓게 분포하고 있다. 기존 연구에서는 흑도장경호의 형식분류 속성으로 구연단 형태, 경부 형태, 경부 높이, 기고, 동체부 형태, 동최대경 위치, 굽 형태 등에 따라 분류하였다. 대부분 구경부와 동체부에서 형식학적 속성이 잘 나타나는 것으로 파악되고 있으며, 원형점토대토기와 공반하는 경우와 삼각형점토대토기와 공반하는 경우에 따라 차이를 보인다. 원형점토대토기와 공반하는 경우 동체부 형태는 대체로 구형 → 편구형이나 양파모양으로 변해가는 것으로 이해되고, 신식으로 갈수록 동최대경이 하부로 이동하며, 구경부의 형태가 직립하거나 장대화되는 것으로 알려져 있다. 굽 형태는 없는 것에서 있는 것으로 변화하는 것으로 보았다. 신창동식토기와 공반하는 경우는 동체부의 형태가 동최대경이 하위에서 중위로 변해가고, 구경부의 형태는 구경부가 동체부의 높이가 비슷하거나 긴 것에서 점차 짧고 직선화되는 것으로 변해가고, 저부는 높은 굽에서 흔적만 있는 굽으로 변화하는 것으로 보았다[96].

---

95) 한상인 1981, 『점토대토기문화 성격의 일고찰』, 서울대학교대학원 석사학위논문.
　최종규 1995, 『삼한 고고학 연구』, 서경문화사.
　정인성 1998, 「낙동강유역권의 세형동검문화」, 『영남고고학보』22, 영남고고학회.
　박진일 2001, 「원형점토대토기 문화 연구」, 『호남고고학보』12, 호남고고학회.
　신경숙 2002, 『호남지역 점토대토기 연구』, 목포대학교대학원 석사학위논문.
　서길덕 2007, 「원형점토띠토기의 변천과정 연구」, 『선사와 고대』25, 한국고대학회.
　한수영 2015, 『초기철기시대 전북지역 분묘 연구』, 전북대학교대학원 박사학위논문.
96) 한상인 1981, 『점토대토기문화 성격의 일고찰』, 서울대학교대학원 석사학위논문.
　최종규 1995, 『삼한 고고학 연구』, 서경문화사.
　정인성 1998, 「낙동강유역권의 세형동검문화」, 『영남고고학보』22, 영남고고학회.
　박진일 2001, 「원형점토대토기 문화 연구」, 『호남고고학보』12, 호남고고학회.
　신경숙 2002, 『호남지역 점토대토기 연구』, 목포대학교대학원 석사학위논문.

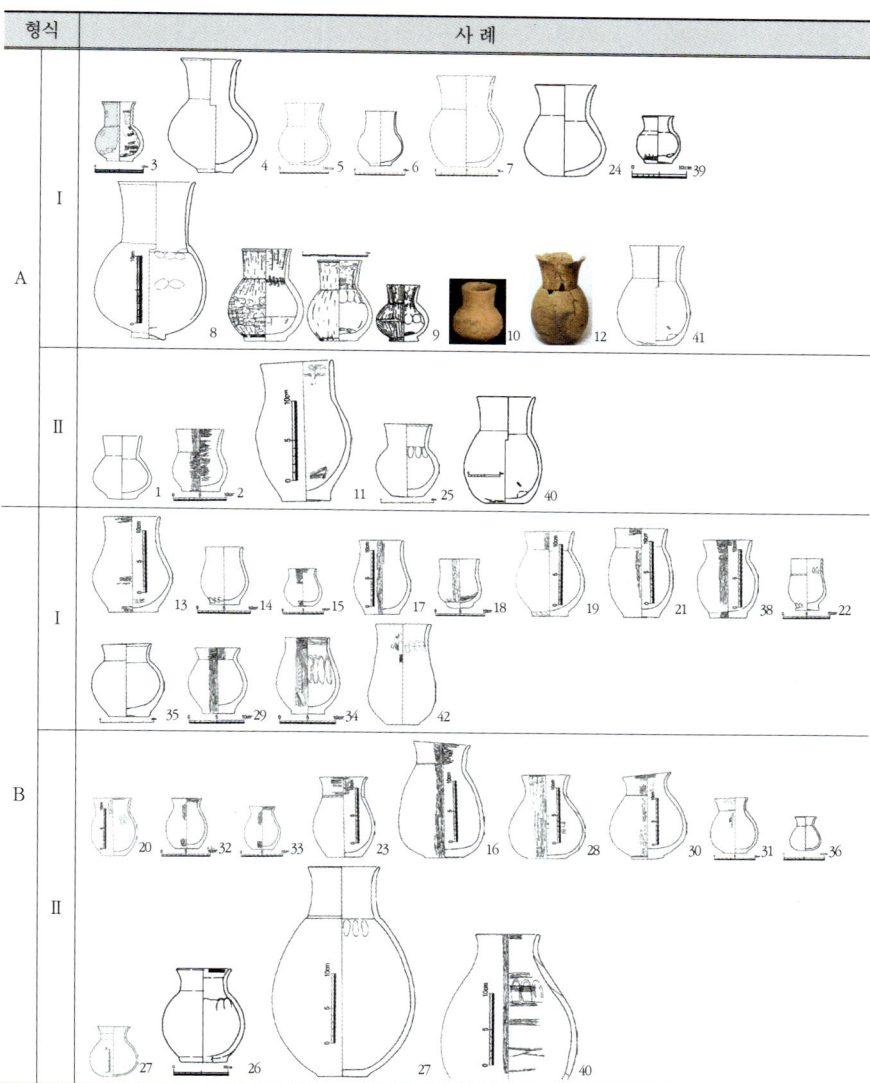

형식		사 례
A	I	
A	II	
B	I	
B	II	

1.광주 평동 425호 수혈, 2.광주 신창동Ⅱ기층(7층), 3.나주 운곡동 나 7호수혈, 4..함평 고양촌 63호 수혈, 5.광주 신창동 도랑, 6.광주 신촌 가-2호 구, 7.나주 청동, 8.광주 수문토광묘, 9.나주 구기촌 10호토광묘, 10.장성 월정리Ⅱ토광묘, 11·20~23·33·34·37·38..광주 신창동 저습지, 12.함평 자풍리 20호 수혈, 13~15·28·29·40.광주 신창동Ⅰ기층(9층), 16·17.광주 신창동Ⅱ기층(7층), 18.광주 신창동Ⅱ기층(6층), 19광주 신창동D수로 상단, 24.광주 평동 502호 수혈, 25.해남 군곡리Ⅰ기층, 26.광주 평동 442호 수혈, 27.영광 군동 A-18호 주구토광묘, 30.광주 신창동 D수로 하단, 31.광주 신창동 트렌치, 32.광주 신창동Ⅱ기층(4층), 35.해남 군곡리Ⅱ기층, 36.광주 평동 437호 수혈, 39.광주 평동 164호 수혈 40.광주 신창동Ⅰ기층(5층) 41.영암 엄길리 5호 지석묘, 42. 화순 내평리Ⅰ구역 토광묘

〈그림 13〉흑도장경호의 형식분류

〈표 25〉 유적별 흑도장경호 형식 및 공반유물

출토유적	흑도장경호				무문토기	원형점토대토기	삼각형점토대토기		공반유물	절대연대
	AI	AII	BI	BII			신창동식토기	군곡리식토기		
나주 운곡동 수혈	●					○				2110±50BP
함평 고양촌 수혈	●					○				
함평 마산리 표산 IV7호 토광묘		●							세형동검	
화순 내평리 I구역 토광묘			●			○	○		흑색마연토기	
해남 군곡리 I기층	●					○	○		편평촉, 두형토기(장각)	
나주 청동	●						○		두형토기(장각), 저부	
장성 월정리 토광묘	●						○			
함평 자풍리 수혈	●					○	○		조합식파수	
광주 수문 토광묘	●					○	○		방추차	
광주 신창동 도랑2	●						○	○	두형토기(단각)	
광주 신촌 가-2호구	●					○	○		봉상파수	
광주 평동 502호 수혈	●						○		봉상파수, 두형토기(장각)	
광주 평동 164호 수혈	●						○	○	시루, 봉상파수, 두형토기(단각)	
영암 엄길리 지석묘	●						○			
광주 신창동 I기층			●	●	○	○			두형토기, 시루, 검파두식, 목기류 등	
광주 신창동 II기층		●	●	●			○		두형토기, 야요이계토기, 낙랑계토기, 편평촉 등	
광주 신창동 III기층				●					철경부동촉 등	
해남 군곡리 II기층			●				○	○	파수부발	
광주 평동 425호 수혈		●					○	○	봉상·우각형파수, 두형토기(단각)	
영광 군동 주구토광묘					●					
광주 평동 437호 수혈					●		○		두형토기(단각)	
광주 평동 442호 수혈					●		○	○	두형토기(단각)	
나주 구기촌 토광묘	●								철기류	

한반도에서 출토되고 있는 흑도장경호는 일관된 변화를 보이지 않고, 각 지역별로 다양한 형태로 제작된 것으로 보인다. 흑도장경호가 무덤에 부장되는 토기로 다른 기종에 비해 정형성이 있을 것으로 추정되었으나 오히려 형식변화의 속성이 검출되지 않은 것은 무덤 부장용으로 노출이 적어 형식변화의 연속성이 이어지지 않았을 가능성이 있으나, 태토 등의 제작기법에서 차이를 보인다[97]. 영산강유역의 흑도장경호는 구경부 높이와 기고의 비율에 따라 2형식으로 구분되며, 구경부의 형태, 동체부의 형태에 따라 세분하였다[98].

　A식은 구경부 높이와 기고의 비율이 30% 이상인 긴 장경호의 형태인 것으로 일반적인 흑도장경호로 불리어지는 형태이다. 동체부와 경부의 경계가 비교적 뚜렷한 편으로 저부에는 굽이 형성되어 있는 것이 많은 편이다. AⅠ식은 구경부는 직립하다가 구순부에서 살짝 외반하고, 동체부는 편구형을 이룬다. AⅡ식은 AⅠ식에 비해 구경부의 길이가 짧아지고, 직선적이다. 동체부는 편구형이나 세장방형을 이룬다.

　B식은 구경부 높이와 기고의 비율이 30% 미만으로 단경호의 형태를 보인다. 광주 신창동 저습지에서 많은 수량이 출토되었다. BⅠ식은 구경부는 직선적이고, 동체부는 편구형을 이룬다. BⅡ식은 구경부는 외반하고, 동체부는 편구형이나 세장형을 이룬다.

　영산강유역 흑도장경호는 각 형식 간 시간적 차이를 구분하기 어렵지만, 세장형 동체부가 확인되고, 저부 굽이 퇴화되어가는 것 등은 신창동식토기의 영향으로 보인다. 기고에 비해 구경부의 길이가 긴 A식에서 짧아지는 B식으로 변화되어 가는 것으로 파악되며, AⅠ식 → AⅡ식 · BⅠ식 · BⅡ식으로의 변화를 상정

---

97) 한수영 2015, 『초기철기시대 전북지역 분묘 연구』, 전북대학교대학원 박사학위논문.
98) 김진영 2015, 「영산강유역 출토 흑도장경호에 대한 시론적 검토」, 『호남문화재연구』19호, 호남문화재연구원.

할 수 있다. 공반유물은 무문토기나 원형점토대토기와 공반하는 경우와 신창동식토기, 조합식우각형파수, 철기 등과 공반하는 경우로 나눌 수 있다.

흑도장경호가 무문토기나 원형점토대토기와 공반하는 형식은 주로 AⅠ식과 AⅡ식이다. 해당유적은 나주 운곡동 수혈, 함평 고양촌 수혈, 나주 청동유적, 해남 군곡리 Ⅰ기층 등이 있다. 해당유적의 입지가 해안이나 큰 하천과 1km 이내에 분포하고 있어 이 일대에 대한 조사가 증가된다면 확인될 가능성이 높다. 나주 운곡동과 함평 고양촌유적에서는 송국리형주거지군과 같이 확인되었다. 나주 운곡동에서는 주거지, 의례와 관련된 폐기장 성격의 수혈에서 출토되었고, 동 유적내 주거지와 무덤 등에서도 출토되어서 송국리문화를 기반으로 유입된 것으로 볼 수 있다. AⅠ식은 공반하는 송국리형주거지나 짧고 외반하는 송국리식토기로 보아 송국리문화 후기 단계에 유입된 것으로 보인다. AⅡ식은 출토량이 적고, 광주 평동 425호 수혈 출토품은 늑도 채집품과 동일하여 외부에서의 유입보다는 모방되었을 가능성이 있다. 또 공반하는 신창동식토기의 점토대 부착방법에서 원형점토대토기의 요소가 남아 있는 것이 확인된다. 해남 군곡리에서는 BⅠ식이 출토되었으나 전체적인 형태는 A식 계통으로 볼 수 있다.

신창동식토기와 조합식우각형파수, 군곡리식토기 호, 철기류 등과 함께 출토되는 경우는 AⅠ식, AⅡ식, BⅠ식, BⅡ식이 모두 출토된다. 무덤에서는 대부분 AⅠ식이 확인되고, 전체적으로 구경부의 길이가 짧아지고 동체부는 편구형의 모습을 보인다. 해당유적은 생활유적과 무덤에서 모두 확인된다. 생활유적은 광주 신창동 Ⅰ·Ⅱ기층, 해남 군곡리 Ⅱ기층, 함평 자풍리 수혈, 광주 평동 수혈, 광주 신촌 구 등이 있다. 무덤는 영광 군동 주구토광묘, 광주 수문토광묘, 나주 구기촌토광묘, 장성 월정리토광묘, 영암 엄길리 5호 지석묘 등이 있다. 신창동식토기가 출토되는 유적 수가 증가하고, 우각형파수부호, 시루, 완, 대부토기, 두형토기 등 토기 기종이 다양해지는 시기와 일치하며, 삼각형점토대토기문화가 신창동식토기에서 군곡리식토기로 현지화되는 시기와도 통한다.

3) 두형토기

　두형토기는 굽다리토기, 고배, 고배형토기 등으로도 불리며[99], 원형점토대토기와 함께 출현하여 기원전후한 시기에 소멸해간다. 두형토기에 대한 연구는 점토대토기문화의 연구과정에서 공반유물 중 하나로 다루어졌고, 대부분 대각의 형태를 중심으로 공심형에서 실심형으로 변화되어 가는 것으로 파악하였다[100].

　영산강유역에서는 무덤보다는 생활유구와 관련된 유적에서 주로 확인되기 때문에 전체 형태가 확인되는 수량이 적기 때문에 대각부를 중심으로 분류하였다. 동일한 속성의 조합관계에 따른 형식일지라도 전체적인 형태에서는 차이가 크고, 중서부지역이나 동남부지역의 두형토기와 비교하였을 때 대각 길이가 짧은 편이지만, 변화 흐름은 유사하다.

　영산강유역의 두형토기는 대각높이에 따라 5cm 미만, 5~12.2cm, 23cm로 3개 군으로 구분되며, 14.7cm 이상을 장각(A형), 5~12.9cm를 중각(B형), 5cm 미만을 단각(C형)으로 나누었다[101]. 장각인 A형의 출토비중이 낮고, 대부분 중각인 B형과 단각인 C형이 출토되며, B형과 C형에는 대각에 투창이 있는 것이 확인된다.

---

99) 본고에서는 두형토기가 제물을 담는 용기라는 의미로 사용하여 대부토기도 포함하였다. 대부토기는 광주 신창동유적에서 같은 층에서 중각과 장각형과 공반되어 시간성을 공유한다고 판단하였기 때문이다. 칸막이형은 제외하였다.
100) 강승학 2002, 『한반도 무문굽다리토기 연구-형식분류를 통한 편년 및 성격 추론』, 한양대학교 대학원 석사학위논문.
　　서길덕 2007, 「원형점토띠토기의 변천과정 연구」, 『선사와 고대』25, 한국고대학회.
　　심수연 2010, 『영남지역 두형토기 연구』, 영남대학교대학원 석사학위논문.
101) 영남지역의 두형토기의 대각높이를 분류에서는 1군이 5.4~10.2cm로, 2군은 10.8~18.6cm로, 3군은 19.8cm이상으로 분류하였는데 필자 분류의 중각식과 장각식에 해당되며, 자료가 추가되면 대각 높이의 규격화가 확인될 것으로 생각된다.

<표 26> 영산강유역 두형토기 출토유적

유적명	출토유구	출토수량	형식	공반유물
광주 신창동	트랜치, 수로, 도랑, 저습지	60	AⅠ, AⅡ (BⅡ)	신창동식토기, 흑도장경호, 소형토기 등
광주 치평동	수습	34	BⅡ,BⅠ,BⅡ	신창동식토기 등
광주 금호동	주거지	3	BⅡ	석부 등
광주 운남동	유물포함층	8	BⅠ,BⅡ	신창동식토기 등
광주 뚝뫼	주거지	6	AⅠ, AⅡ	조합식파수, 흑도편 등
광주 매월동 동산 나	5호 지석묘	1	BⅡ	원형점토대토기 등
광주 오룡동	B지구	8	BⅠ(투공), BⅠ, BⅡ, Ab,BⅡ	신창동식토기 등
광주 평동	A지구 수혈	10	AⅡ, C	원형점토대토기, 신창동식토기, 군곡리식토기 등
광주 하남동	주거지	1	A	
나주 운곡동	저습지	4	AⅡ, CⅠ	원형점토대토기, 뚜껑 등
나주 청동	산포지	2	BⅠ	흑도장경호, 원형점토대토기 등
나주 수문	2호 폐기장, D피트	2	BⅡ	신창동식토기 등
함평 고양촌	수혈, 구	13	Ab, Aa, BⅡ, BⅠ	신창동식토기, 개, 시루 등
함평 자풍리	주구, 수혈,	5	AⅡ, BⅡ, BⅡ	조합식파수 등
해남 군곡리	Ⅰ기층, 주거지	11	BⅡ	원형점토대토기 등

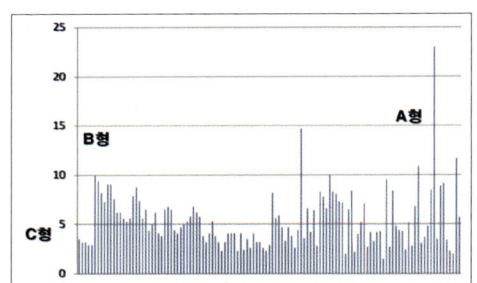 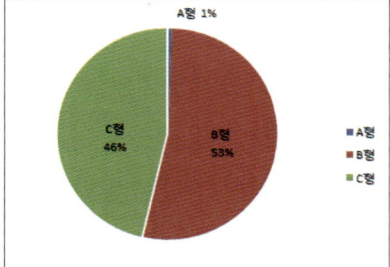

<그림 14> 두형토기의 대각높이 분석

　A형과 B형은 대각 내부형태에 따라 속이 비어 있는 공심형(Ⅰ)과 속이 차 있는 실심형(Ⅱ)으로 구분하였다. 외면형태는 대각 상부에서 직선형으로 벌어지

는 것, 대각 상부에서 원통형을 이루다 나팔형으로 벌어지는 것, 대각 상부부터 八자형으로 벌어지는 것으로 구분하고, 별도로 다루지는 않았다.

배신형태는 사선형과 곡선형으로 대별되며, C형의 경우는 배신형태가 다양하게 확인되고, 대각 외면형태와 상관관계를 이루는 것으로 추정되는데, 외면형태가 八자형 등과 같이 곡선적인 경우에 배신형태도 곡선적이다.

구분	I (공심형)	II (실심형)	대각길이	배신형태	
				사선형	곡선형
장각(A)	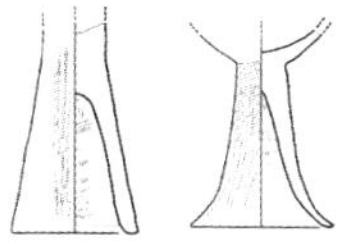	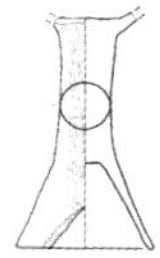	14.7cm이상		
중각(B)	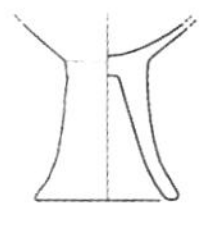	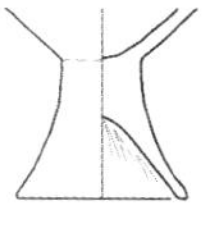	12.9~5cm	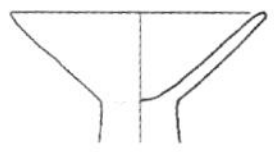	
단각(C)	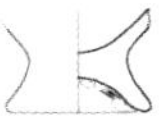		5cm미만		

〈그림 15〉 두형토기의 형식분류(김진영 2015, 수정)

A형은 대각길이가 14.7㎝ 이상에 해당되며, 영산강유역에서는 장각에 속한다. AI식은 출토비중이 가장 낮은 형식이며, 신창동저습지 등에서 출토되었고, 대각 외면형태가 직선적인 것과 곡선적인 것이 모두 확인된다. AII식은 플라스크형이라고도 하며, 광주 신창동 저습지 I기층과 해남 군곡리 I기층, 광주 평동, 나주 운곡동 저습지, 광주 뚝뫼, 광주 평동 수혈, 함평 자풍리 주구 등에서 출토되었다. 광주 신창동 저습지과 해남 군곡리와 나주 운곡동 등에서는 원형점토대토기와 공반하였고, 광주 뚝뫼에서는 조합식파수와 흑도편 등과 공반하였다. AI식보다 AII식의 출토가 그나마 많은 편이다. 장각인 A형은 창원

제Ⅳ장. 유물의 분류 및 검토 127

다호리 목관묘 5호와 57호와 63호 묘에 부장되었고, 광주 신창동 Ⅰ기층과 해남 군곡리 Ⅰ기층 연대와 관련될 것으로 추정된다.

B형은 대각길이가 12.9~5㎝에 해당되며, 영산강유역에서는 중각에 속하고, 출토비중이 가장 높다. 변이성이 다양한 형식이며, 대각이 八자형으로 벌어지는 형태로 외면형태는 곡선적이다. BⅠ식은 광주 신창동 저습지, 해남 군곡리 Ⅰ기층, 광주 치평동, 광주 운남동, 광주 오룡동, 나주 청동, 함평 고양촌 등에서 출토되었다. 나주 청동에서는 원형점토대토기와 함께 수습되었고, 대부분은 신창동식토기와 공반되고 광주 오룡동이나 광주 신창동에서는 대각에 투공을 한 것도 확인되었다. 광주 신창동 출토품 중 층위를 알 수 있는 것은 9층, 7층으로 Ⅰ · Ⅱ기층에 해당하며, Ⅱ기층에서 주로 출토되었다. BⅠ식은 연질토기에서 유사한 형태가 확인되는데 나주 운곡동 Ⅱ-삼국 6호 주거지와 6호 수혈에서는 연질토기로 제작되어 고배와의 연관성을 확인할 수 있다. BⅡ식은 광주 신창동, 광주 치평동, 광주 금호동, 광주 운남동, 광주 매월동 동산 지석묘, 광주 오룡동, 나주 수문, 함평 고양촌 등에서 출토되었다. 광주 매월동 동산 지석묘에서는 원형점토대토기와 공반되며, 대부분은 신창동식토기나 군곡리식토기 등과 공반한다. 광주 신창동에서는 배신에 2칸의 칸막이가 있는 것이 확인되며, 신창동의 목기류에서 4절판과 5절판이 확인되고, 늑도 13호 주거지에서도 5절판이 출토되었다[102].

C형은 대각 길이가 5㎝ 미만에 해당되며, 영산강유역에서는 단각에 속하고, 변이성이 강하다. CⅠ식과 CⅡ식은 공반출토되며, 광주 신창동, 광주 치평동, 함평 고양촌, 군곡리Ⅱ · Ⅲ기층에서 출토되었으며, 신창동식토기와 군곡리식토기 등과 공반한다.

두형토기의 전체적인 변화는 공심형에서 실심형으로 파악되며, 무덤 출토품이 많은 영남지역 경우는 그 변화상이 확인되는 편이나 영산강유역은 동일층에서 일

---

102) 국립광주박물관 2003, 『광주 신창동 저습지 유적Ⅴ-토기를 중심으로-』.

괄적으로 확인되는 경우가 많아 변화상을 파악하기가 어렵다. 두형토기의 이른 형식은 안성 반제리와 김해 대청 3호 주거지 출토품으로 원형점토대토기 유적 중 유입기에 속하며, 대각 길이가 영산강유역 출토품보다 훨씬 긴 장각이다.

영산강유역에서 가장 이른 시기 두형토기는 원형점토대토기와 공반한다. 해남 군곡리패총 I 기층에서 출토된 AⅡ식으로 원형점토대토기과 동일한 층에서 출토되고, 광주 매월동 동산 나군 5호 지석묘에서는 편으로 출토되며, 가군 5호 석곽에서도 원형점토대토기와 같이 출토되었다. 가장 많은 수량이 출토된 광주 신창동저습지유적을 보면 흑갈색유기물층인 I 기층에서 다양한 형태가 출토되었는데, B형(중각)과 C형(단각)의 출토가 두드러지며, A형(장각)의 출토는 드물다. Ⅱ기층에서는 두형토기 출토량이 증가하고 CⅡ식, CⅠ식, BⅡ식, BⅠ식, AⅠ식, AⅡ식 등 형식이 다양해진다. 영산강유역 두형토기는 원형점토대토기와 함께 출현하고 삼각형점토대토기문화와 함께 대각의 형태가 다양해지고 현지화된 B형과 C형으로 변화해 간 것으로 보인다.

영산강유역 두형토기의 특징은 현재까지 출토되는 양상으로 보아 무덤 부장품으로는 확인되지 않고, 실생활유구나 의례관련 유구에서 확인된다는 것이다. 무덤에 부장품으로 사용되지 않은 것은 당시 부장풍습인 영산강유역 박장풍습과 관련된 것으로 보인다. 만경강유역의 전주 중동유적 주거지에서는 필자 분류 AⅠ식, AⅡ식 등이 다수가 출토되며, 대각부에 구멍이 뚫린 것도 확인되어서 이 지역도 부장용으로 선호하기보다는 영산강유역과 동일하게 실생활용이나 의례용으로 선호하는 경향이 강한 것으로 보이지만, 장각형의 출토비중이 더 높다는 것에서 차이를 보인다. 광주 신창동 저습지 Ⅱ기층과 광주 치평동유적에서는 출토비중이 높고 거의 모든 형식이 출토되며, 유구성격을 알 수 없는 유물포함층에서 출토되었으나 공반하는 의례관련 유물들로 보아 의례용기로 사용된 것으로 추정된다. 반면, 영남지역에서는 경산 조영동, 대구 팔달동, 대구 월성동, 사천 늑도 등 무덤에서 대부분 출토되고, 장각 A형이 부장되는 사례가 많다. 비슷한 시기에 영산강유역과 영남지역의 선호형식의 차이는 용도 차이로 이해되며, 영산강유역에서는 공동체의식을 통해서 사회를 통합하고자 하였던 모습을 보여준다.

2. 청동기

청동기류는 몇몇 유적에서 다종다수가 출토되었고 공반관계를 통한 편년체계가 이루어졌기 때문에 연구성과를 중심으로 정리하였다. 청동기류는 기능에 따라 무기류(세형동검, 동모, 동촉), 동경, 공구류(동착, 동사), 의기류(동탁, 방패형동기, 동령)로 구분되고, 사회적 지위나 신분·위계 등을 살필 수 있다.

1) 무기류

(1) 동검

영산강유역에서 출토된 동검은 세형동검과 중원식동검이 있다. 세형동검은 한반도에서 집중적으로 출토되고 한국식동검, 좁은놋단검 등으로도 불리우며, 일찍부터 형식분류와[103], 기원에 대한 연구 등 많은 성과를 이루었다[104]. 세형

---

103) 정찬영 1962, 「좁은 놋 단검의 형태와 그 변천」, 『문화유산』62-3.
　　윤무병 1966, 「한국 청동단검의 형식분류」, 『진단학보』29·30합, 진단학회.
　　이청규 1982, 「세형동검의 형식분류 및 그 변천에 대하여」, 『한국고고학보』13, 한국고고학회.
104) 김원룡 1961, 「십이대영자의 청동단검묘-한국청동기문화의 기원 문제-」, 『역사학보』16, 역사학회.
　　윤무병 1966, 「한국 청동단검의 형식분류」, 『진단학보』29·30합, 진단학회.
　　이종선 1990, 「세형동검문화의 지역적 특성」, 『한국상고사학보』3, 한국상고사학회
　　이영문 1991, 「한반도 출토 비파형동검 형식분류 시론」, 『박물관기요』7, 단국대학교박물관.
　　이청규 1993, 「청동기를 통해 본 고조선」, 『국사관논총』42, 국사편찬위원회.

동검의 형식분류는 연구성과를 중심으로 정리하였다.

〈표 27〉 연구자별 세형동검 형식분류 기준(이청규 1982, 보완)

구분	등날 길이	검신하부 형태	검신 폭	봉부 길이	결입부 형태	혈구	절대 형식	용범	연마 형식
정찬영	○	△	△		△	△			
윤무병	○			○		△			
森貞次郎	○		△			△			
김정학	△	○			△	△			
김영하	△					△	○		
岩永省三	○					△			
岡內三眞	○	△			△	△			
이청규	○	△	△	△	△	△			
조진선	△	△		△		△	△	○	○
정인성	△				△	△	△	○	

※ ○:1차 분류기준, △:2차 분류기준

연구자들이 공통적으로 등날의 길이, 검신 하부의 형태, 봉부 길이, 결입부 형태, 혈구, 절대형식 등에 대한 속성을 분류하여 공반유물과 유구와의 검증을 통해 편년의 성과를 이루었다. 동검의 형식적 변화에 기능적·기술적 속성을 더하여 주형속성과 마연속성의 중요성을 부각시켜 형식변천이 이루어지기도 하였다[105].

박순발 1993, 「우리나라 초기철기문화의 전개과정에 대한 약간의 고찰」, 『고고미술사론』3, 충북대학교 고고미술사학과.
이건무 1994, 「한국식 동검문화의 성격-성립배경에 대하여-」, 『동아시아의 청동기문화』, 문화재연구소.
이청규 2000, 「요령 본계현 상보촌 출토 동검과 토기에 대하여」, 『역사고고학지』16, 동아대학교박물관.
조진선 2005, 『세형동검문화의 연구』, 학연문화사.
105) 조진선 2001, 「세형동검의 형식변천과 의미」, 『한국고고학보』45, 한국고고학회.

형식학적으로 다양한 속성 중 등날의 길이를 상위속성으로 하여 등날이 제1절대까지 있는 것을 A식, 제2절대까지 있는 것을 B식, 제3절대까지 있는 것을 C식으로 구분하였고, 등대가 납작해지고, 봉부의 형태가 납작하고 편평한 퇴화형을 D식으로 설정하였다. 검신 하단부의 형태는 하단부 검인의 형태를 호형인 것은 1형, 사선형인 것은 2형, 직선형인 것은 3형식으로 구분하였다.

〈표 28〉 영산강유역 출토 세형동검의 형식분류

유적	등대 날	검신하부 평면형태	형식
함평 초포리①	제2절대	1	B1
함평 초포리②	제2절대	1	B1
함평 초포리③	제3절대	1	C1
함평 초포리④	제2절대	1	B1
화순 백암리	제2절대	1	B1
화순 백암리	?	?	?
화순 대곡리①	제2절대	1	B1
화순 대곡리②	제2절대	1	B1
화순 대곡리③	제3절대	1	C1
화순 대곡리④	?	1?	?
화순 대곡리⑤	제2절대	1	B1
영암 장천리	?	3	?3
함평 장년리 당하산	제2절대	?	B
함평 마산리 표산 Ⅳ7호 토광묘	?	?	?
함평 월산리①②	?	?	?
장성 환교A12호주거지	?	?	?
전 영암 용범①	?	?	B
전 영암 용범②	?	?	B
전 영암 용범③	?	?	B
나주 운곡동	?	?	?

영산강유역에서 세형동검은 지석묘, 적석목관묘, 토광묘, 주거지 등에서 출토되었고, 전체적인 형식을 알 수 있는 것은 10점 정도이다. 검신 상부는 단봉

형에 혈구나 혈조가 없는 형식이 대부분이고, 화순 대곡리와 함평 초포리 출토품만 전체적인 형식을 파악할 수 있다. 영산강유역에서 A식과 D식은 출토된 바 없으며[106], 대부분 B식이 출토되고 C식은 B식과 공반되어 확인된다. B식과 C식은 이청규 분류에 의하면 4~8단계에 해당되고, 조진선 분류에 의하면, 발전기와 쇠퇴기에 해당한다. 세형동검의 각 형식이 단절적으로 서로 대체되는 것이 아니라 고식과 신식이 함께 존속하는 경우가 많다[107].

(2) 중원식동검

중원식동검은 소위 挑氏劍으로 불리우는 것으로 중원식동검, 동주식동검 등으로도 불린다. 검신과 병부가 함께 주조된 일주식으로 세형검신과 병부를 따로 제작하여 결합하는 세형동검과는 차이를 보인다.

영산강유역에서는 고막원천권역인 함평 초포리 적석목관묘에서 1점이 출토되었다. 2편으로 파손되어 상당부분이 결실되었으나 전체적인 형태는 알아볼 수 있고, 검신과 병부 사이에는 넓고 두툼한 소문의 격이 있다. 검신 단면은 마름모형이며, 병부의 봉상부는 볼록렌즈형이고, 중간에 돌대 2개가 있다. 크기는 추정 길이 약 35㎝, 추정병부 길이 6.8㎝이다. 동질은 기포가 많은 조질이며, 공반하는 청동기류에 비해 상당히 조질품으로 제작자에 차이가 있을 것으로 보이며, 한반도 내에서 제작되었을 가능성이 있다.

(3) 동모

동모는 찌르는 무기로 동모의 형식변화는 단신 → 장신, 무이 → 유이형으로

---

106) 함평 상곡리에서 이른 시기의 동검문화와 관련된 경형동기가 출토되었고, D식은 일명 변형 세형동검으로 영산강유역에서는 출토된 바 없는 늦은 시기의 동검이다. 영남지역과 일본에서 출토되며, 영산강유역에서는 방제경 등이 출토되고 있어 추후 출토가능성이 있다.
107) 이청규 1982, 「세형동검의 형식분류 및 그 변천에 대하여」, 『한국고고학보』13, 한국고고학회.

변화한다. 동모 등장은 전국시대로 보는 것이 일반적이며, 동과와 함께 평양에서 출토되었다고 전해지는 '五年李氏'명 동모(기원전 242년)명과 같은 중국식동모를 조형으로 출현하며, 유공식이 빨리 등장하고, 유이식은 낙랑군 설치 이후부터 등장한 것으로 보고 있다. 유공식이 먼저 등장하지만 대구 팔달동 100호에서 유공식과 유이식이 공반되었다. 동모의 형식은 봉부 폭에 따라 세형과 광형으로 구분하고, 공부에 구멍이 뚫린 유공식(A)과 고리가 달린 유이식(B)식으로, 돌대의 유무에 따라 무돌대와 유돌대로 구분하였다. 영산강유역 동모는 모두 세형동모로 관하부 형태가 직선형으로 유공식에 돌대가 형성된 비교적 초기 동모에 속한다.

〈표 29〉 동모 현황표

유적	수량	세형	광형	비고
함평 초포리	2	유공식, 유돌대(1조)	-	
강진 야흥리	1	유공식, 유돌대(2조)	-	
보성 우산리 현촌 목관묘	1	유공식, 유돌대	-	

(4) 동과

동과는 긴 자루를 달아 멀리서도 공격할 수 있는 무기이다. 평양 석암리에서 '二十五李上郡守…'명 '진시왕 25년'(기원전 221년) 동과가 출토되어 동모와 마찬가지로 진나라 동과를 조형으로 만들었을 것으로 판단되며[108], 중원식동검과 공반되었고, 중국에서 제작되어 유입된 것으로 보고 있다. 한반도에서 출토된 중국식동과와 동일한 형식이며, 연하도유적에서 같은 형태의 동과가 출토되어 한국식동과가 한반도에서 연하도로 유입되었을 것으로 보았다[109]. 최근에 요서식동과

---

108) 이청규 1982, 「세형동검의 형식분류 및 그 변천에 대하여」, 『한국고고학보』13, 한국고고학회.
109) 조진선 2009, 「한국식동과의 등장배경과 신장두 30호묘」, 『호남고고학보』32, 호남고고학회.

의 출토가 증가하고 요령성 단동시에서 출토된 요서식동과를 통해 요서식동과에서 세형동과의 중간 형식으로 보고, 요서식동과에서 진화된 것으로 보고 있다.

〈표 30〉 동과 현황표

유적	수량	세형	광형	비고
함평 초포리	3	혈구문양 무 연결형(1) 격리형(2)	-	
화순 백암리	1	혈구문양 무, 연결형	-	

동과 분류는 크기에 따라 세형(A형)과 광형(B형)으로 구분하고, 혈구 문양 여부에 따라 유문(Ⅰ)과 무문(Ⅱ), 봉부 쪽 혈구상태에 따라 연결형과 격리형으로 구분되며, 무혈구식도 있다. 영산강유역권에서는 현재까지 AⅡ식만 출토되고 있다. 봉부 쪽 혈구상태는 전 영암 용범과 완주 갈동 용범이 격리형이지만 연결형 가운데 일부가 연마되면서 격리형으로 변했을 가능성을 제시하여 시간적 의미보다는 지역권별 차이로 해석되기도 한다[110]. 화순 백암리 동과는 전 영암 동과 용범에서 생산된 것으로 보았다[111].

이외에도 함평 마산리 표산 Ⅴ-10호 주거지(BⅡb식) 서벽 벽구 내에서 1점이 출토되었으나, 훼손되어 전체적인 형태는 알 수 없고, 하단에 방형 결속 구멍이 뚫려 있다. 공반유물로는 퇴적토 내에서 출토된 군곡리식토기편[112]이 있으며, 후대 유입되었을 가능성이 있지만, 동유적 Ⅱ-170호 주거지(검초하부연결금구편)와 장성 환교유적에서도 동검편이 주거지(BⅡb식) 내에서 출토된 바 있어 전세 등의 가능성도 열어두어야 할 것이다.

---

110) 조진선 2005, 『세형동검문화의 연구』, 학연문화사.
111) 조진선 2007, 「전 영암용범의 연대와 출토지」, 『호남고고학보』25, 호남고고학회.
112) 보고서에는 수록되지 않았다.

2) 공구류

공구류에는 동부, 동착, 동사 등이 있다. 동부는 선형동부, 합인동부, 장방형동부, 유견동부로 구분되며, 선형동부가 가장 먼저 등장하고 장방형동부, 합인동부, 유견동부가 등장하였다.

〈표 31〉 동부 현황표

유적	선형동부	장방형동부	합인동부	유견동부	비고
함평 초포리	-	-	-	1(돌대 3조)	
전 영암 용범	-	1(돌대 3조)	1(돌대 3조)	3(돌대 1조 1, 돌대 3조 2)	
화순 대곡리	-	-	-	1(돌대 3조)	

선형동부는 요령지역에서 요령식동검과 함께 성행하였으며, 동부 중에서 가장 선행하고, 송국리유적에서 선형동부 용범이 출토된 바 있다. 세형동검문화 성립기에서 발전기 Ⅰ기에 확인된다. 영산강유역권에서는 아직까지 선형동부가 출토되지 않았으며, 중서부지역(남성리, 여의동, 정봉리 등)에서 주로 출토된다.

장방형동부와 합인동부는 전 영암 용범을 통해 확인된다. 유견동부는 함평 초포리유적와 화순 대곡리유적에서 확인되며, 3조의 돌대를 이루고 있다. 전 영암용범 중 유견동부 용범은 3점으로 1조의 돌대를 지닌 것과 3조의 돌대를 지닌 것이 출토되었다. 장방형동부, 합인동부, 유견동부의 용범이 확인되었기 때문에 실물 출토가 기대된다.

동사는 한반도 전역에서 확인되며, 이건무는 횡단면, 인부의 형태, 길이, 너비 등을 기준으로 하여 분류하였다. Ⅰ류는 중간부 단면이 삼각형으로 신부형태가 직선적이고 길이가 비교적 짧고 폭이 좁은 형태의 것, Ⅱ류는 중간부의 단면이 볼록렌즈형이며, 선단부가 이등변삼각형에 가깝고 신부의 폭이 아래쪽으로 좁아들고 길이가 20㎝ 이상이고 폭이 2㎝ 이상인 것, Ⅲ류는 중간부의 단면이 초승달 모양이며, 선단부와 신부의 형태 및 길이, 폭 등이 Ⅱ류와 비슷한 것으로 분류하였다[113]. 영산강유역에서는 화순 대곡리와 함평 초포리에서 각 1점씩, 전 영암 출토 용범이 있다. 화순 대곡리 동사는 Ⅰ류로 함평 초포리 동사는 Ⅲ류로 분류되며, 전 영암 용범은 형식을 알 수 없다.

동착은 한반도 전역에서 출토된다. 동착 형식은 단면형태(사각형, 육각형), 평면형태(장방형과 하단에 단을 이루는 것)에 따라 구분하고,[114] 무단식과 유단식으로도 구분한다.[115] 함평 초포리유적에서 2점과 영암 출토 용범 3점이 있다. 함평 초포리 동착 하나는 단면형태는 육각형이고, 공부에서 직선에 가깝게 인부로 이어지는 무단식으로 1조의 절대가 있다. 다른 하나는 단면형태가 육각형이고 공부에서 인부로 갈수록 좁아드는 무단식으로 절대가 1조 있다. 전 영암 용범은 무단식에 절대가 1조 있다.

3) 의기류

의기류에는 이형동기(검파형, 방패형, 나팔형), 동경(다뉴경, 한경, 방제경), 동령(팔주령, 쌍두령, 간두령, 잠형령), 동탁 등이 있다.

(1) 동경

동경은 다뉴경과 한경, 방제경으로 구분된다. 영산강유역에서는 현재까지 다뉴경과 방제경이 출토되었고, 한경은 출토된 바 없다.

다뉴경은 원형 경면에 2개 이상의 뉴가 달린 것으로 만주-한반도-일본열도 전역에 분포하는 이 지역의 청동기를 대표하는 유물로 세형동검문화의 기원과 동질성을 잘 보여준다. 신분을 과시하는 위세품[116] 혹은 종교적인 의기로서 사용되

---

113) 이건무 1992, 「한국 청동의기의 연구」, 『한국고고학보』28집, 한국고고학회.
114) 이건무 1992, 「한국의 청동기문화」, 『한국의 청동기문화』, 국립광주박물관.
115) 미야자토 오사무 2010, 『한반도 청동기의 기원과 전개』, 사회평론.
116) 장신구는 몸을 치장하는 것으로 다른 사람과 구별되거나 같은 집단에 속하는 것을 보여줄 때

는 것으로 추정되며, 당시 정치체의 형성과정 및 종교적인 네트워크를 설명하는 데 표식적인 유물로 이해된다. 다뉴경 뒷면 단위문양의 형태와 시문기술을 통해 당시 제작 시스템과 유통네트워크를 통하여 역사문화적 배경을 설명하였다[117].

다뉴경은 빛을 반사시키는 경면과 그 뒷면인 배면에 시문된 기하학적 문양 구성이 특징이다. 다뉴경은 여러 형식분류안이 있지만, 이청규 분류안에 따르면 배면의 문양을 구성하는 선 굵기와 간격, 뉴 형태, 주연부 단면형태에 따라 조문경(A형), 조세문경(B형), 세문경(C형)으로 구분되

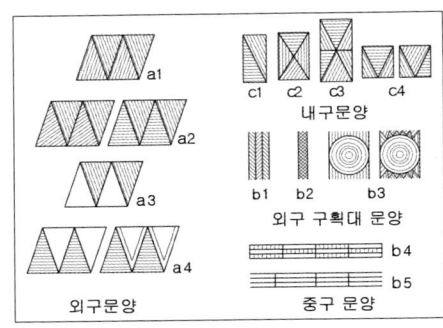

〈그림 16〉 세문경 단위문양(이청규 2010 인용)

며, 조문경-조세문경-세문경으로 변천하는 것으로 파악된다[118]. 영산강유역에서는 C식인 세문경만 출토되고 있으며, 세문경 단위문양분류는 〈그림 16〉과 같다.

세문경은 조문경 중 태양문이 발전하여 반구형 주연과 교형 뉴로 정형화되고 문양이 세밀화되면서 세문경으로 이어진다. 화순 대곡리와 함평 초포리, 화순 백암리 등 적석목관묘에서 출토되었고, 신고품으로는 고흥 소록도, 전 영암 용범 등이 있으며, 크기, 뉴와 구 수, 문양구성 등에 따라 구분이 가능하다. 세문경

사용되며, 한편으로 나쁜 기운을 물리쳐 몸을 보호하는 의미를 가진다. 장신구는 멀리 떨어진 지역에서 생산 되는 조개, 옥, 고가의 금속·유리·칠 등 당시에 귀중한 재료의 제품이 많다. 그것을 몸에 두른 인물의 사회적 지위·신분·위계 등을 반영하는 경우가 많은 위세품으로 사용되기도 한다. 위세품은 정치적인 목적으로 배포·유통하거나 개인의 권위나 지위, 즉 위세와 결부되는 재물이 된다. 그것은 산지가 한정되었거나 희소가치가 있는 귀중품이기 때문에 귀중한 교역품이 되고 획득에 사회적인 경합이 공반된다(田中琢·佐原眞, 2005, 『日本考古學事典』, 三星當, p33).
117) 이청규 2010, 「다뉴경 형식의 변천과 분포」, 『한국상고사학보』제67호, 한국상고사학회.
118) 다뉴경의 형식분류는 이청규의 분류를 참고하였다(이청규 2010).

은 문양이 복잡하고 세밀하며, 배면 구획이 3구식을 기본으로 하면서 조문경에 비해 크기가 커지고, 철기가 유입되면서 10㎝ 내외의 2구식 정문경만 남게 된다. 함평 초포리 출토품 경우는 10㎝ 미만의 2구식과 3구식이 모두 출토되었다.

〈표 32〉 다뉴경 현황표

유적명	형식	직경	뉴	구획	문양 내구	문양 중구	문양 외구	주연부 단면형태	유물
함평 초포리	CⅡb	17.8	2	3	c1	b2b4b5c1c3	a1b1c3	반원	
함평 초포리	CⅢb	15.6	2	2	-	c1	a3	반원	
함평 초포리	CⅣa	9.7	3	3	-	b4	a3	반원	
화순 대곡리	CⅡb	17.8	2	3	c3	a1b4b5	a1b1c2c3c4	반원	
화순 대곡리	CⅡc	14.6	2	3	c4	b2b5b3c1	a1b2b3c1	반원	
화순 백암리	CⅣb	9.3	2	3	c1	b5	a3	반원	
전 영암용범	C?	8.3	-	-	-	-	-	-	-
영암(전 소창)	C2?	22	-	-	-	-	-	-	-
영암(숭실대)	C2c	13.3	-	-	c1	b2b4b5c1	a1c1c3	-	-

한경은 다뉴경에 이어 등장하지만 영산강유역에서는 현재까지 출토되지 않았다. 한경은 한군현이 설치된 서북한지역 낙랑 무덤에 부장한 사례가 집중되며, 한군현과의 관계를 대변해 줄 수 있는 대표적 유물이다. 금강유역 중서부지역에서는 거의 출토되지 않고 있는 양상은 영산강유역과 유사하며, 서로 연관이 있는 보인다. 반대로 세문경 출토가 빈약한 영남지역 수장급 무덤에서 한경이 부장되는 양상을 보이고, 사천 늑도에서도 한경편이 출토되었다. 제주도에서도 한경이 출토되었기 때문에 해상루트상으로 보아 영산강유역에서도 출토될 가능성이 있다.

방제경은 중국 한경을 모방하여 제작한 동경이며, 제작시기는 기원전후이다. 김해 양동리, 경주 사라리, 경주 지산동 등 한경 출토가 집중되는 영남지역에서 다수 확인된다. 영남지역 방제경은 크기와 문양구성에 따라 직경 15cm내외의 대형 방사선연호문경과 직경 6cm이하의 소형방제경, 직경 6~10cm내외의 중형인 연호문경과 무문경으로 크게 구분하였고, 도안이나 문양이 독창적이어서 韓鏡이나 삼한경이라 부르는 것이 적절하다고 보았다[119].

〈표 33〉 방제경 현황표

유적명	직경	뉴	문양				주연부 단면형태
			내구	뉴좌	주문양	외구즐치문	
영광 수동1	8.5	1	거치문	원좌	연호문(복선)	有	평연
영광 수동2	5.7	1	즐치문	원좌	즐치문	有	반원형

영산강유역에서는 영광 수동토광묘에서 2점이 공반되었으며, 소형방제경과 중형연호문경에 속한다. 영광 수동 출토 소형방제경은 시문방향 등에서 차이를 보이지만, 경주 사라리 130호 출토품과 유사한 문양구성을 갖추고 있다. 사

---

119) 이재현 2004, 「영남지역 출토 삼한시기 방제경의 문양과 의미」, 『한국고고학보』53, 한국고고학회.

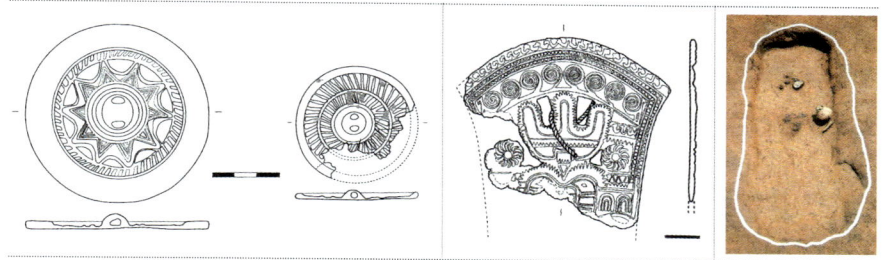

<그림 17> 영광 수동 토광묘 출토 방제경

라리 130호는 최근 들어 편년을 소급하는 견해도 있으나 대체로 기원후 1세기 중·후엽으로 보고 있다. 영광 수동 출토 중형연호문경은 김해 양동리 162호 출토 방제경과 문양구성 등이 유사하다. 따라서 영광 수동 출토 소형방제경은 일정기간 전세되어 중형연호문경과 함께 부장된 것으로 볼 수 있다.

이외에도 함평 신흥동 IV-4호 토광묘에서 동경 고리부분만 출토되어 형식을 알 수 없지만, 고리 주변으로 동심원이 확인된다. 공반유물이 주조 청동기(용도 미상), 유리구슬, 신창동식토기 Bc식과 Bd식, 흑색마연컵형토기(신창동식Bd식), 황갈색연질토기, 철제집게 등으로 보아 동경편은 방제경일 가능성이 있다.

4) 이형동기

이형동기에는 방패형동기, 검파형동기, 나팔형동기, 견갑형동기, 원형유문동기, 동령류, 경형동기 등이 있다. 중서부지역과 영남지역에서 출토되고, 영산강유역에서는 동령류가 주로 확인되며, 영광 수동에서 조문청동기가 출토되었고, 함평 상곡리에서 경형동기가 출토되었다.

(1) 동령

동령은 형태에 따라 팔주령, 쌍두령, 조합식쌍두령, 병두동령, 간두령, 잠형령 등으로 분류된다. 팔주령, 쌍두령, 조합식쌍두령, 간두령은 세트를 이루며 출토되는 사례가 많고, 이들 중 조합식쌍두령을 제외하고는 쌍을 이루어 출토된다. 화순 대곡리에서는 팔주령과 쌍두령이 각각 2점씩 조합을 이루고, 함평 초포리에서는 쌍두령, 조합식쌍두령, 간두령, 병부동령이 조합을 이루며 출토되었다. 이 같은 동령 조합은 이른 시기의 특징적 요소이다.

〈표 34〉 동령 현황표

유적명	팔주령	쌍두령	조합식쌍두령	간두령	병부동령
화순 대곡리	2	2	·	·	·
함평 초포리	·	1	1	2	1

팔주령은 령부팔수형사금구, 팔두령동구 등으로도 불린다. 전체적인 형태는 등팔각의 각변을 역호상으로 돌출부마다 구형의 령부가 있고, 서로 대칭이다. 신부와 령부로 나눌 수 있으며, 신부는 표면과 배면(뒷면)으로 표면에는 문양이 시문되어 있고 배면 중앙부에는 뉴가 부착되어 있다. 문양이 시문된 표면은 곡선을 이루며 살짝 휘어 있다. 한반도에서 출토 사례는 전 논산[120], 화순 대곡리, 전 덕산, 전 상주 출토품으로 총 7점이 확인되었다, 화순 대곡리 팔주령만 적석목관묘에 확인되었다. 출토수량이 적어 개별연구 사례가 없고, 이형청동기를 범주 내에서 연구한 이건무는 문양의 기법에 따라 정밀에서 조잡으로 변해간 것으로 전 논산 출토품-대곡리-전 덕산-전 상주 출토품의 순으로 변화를 상정하였다[121]. 대곡리 팔주령은 표면에 시문이 되었으며, 령부에 고사리문양(쌍두과문)을 시문하였고, 뉴의 단면은 반원형으로 령부의 배면에 투공이 되어 있다.

---

120) 이건무 1984, 「전 논산출토 원형유문청동기」, 『윤무병박사 회갑기념논총』, 윤무병박사 회갑기념 논총기념위원회.
121) 이건무 1992, 「한국 청동기의 연구-이형청동기를 중심으로-」, 『한국고고학보』 28집, 한국고고학회.

간두령은 장대에 꽂은 방울이란 뜻으로 장대투겁방울로 불린다. 이러한 간두령은 같은 세형동검문화권에 속하는 중국 동북지역이나 일본 등에서도 아직 출토예가 없으며, 이형청동기와 함께 우리나라 청동기문화의 가장 큰 특징으로 꼽히고 있다[122]. 12개소 22점이 확인되었으며, 대부분 신고유물로 정식조사를 통해 확인된 것은 완주 신풍 출토품뿐이다. 완주 신풍은 토광묘에서, 함평 초포리는 적석목관묘, 경주 입실리는 토광묘에서 출토된 것으로 알려져 있다. 간두령에 대한 연구는 이형청동기의 연구과정 속에서 형태상 문양이 정밀에서 조잡으로, 칸막이의 높이가 낮은 것에서 높은 것으로, 동환의 크기가 작은 것에서 큰 것으로 변화를 상정하였다[123].

미야자토 오사무는 이를 수정·보완하여 문양의 형태가 정밀·복잡에서 조잡·단순으로, 단선문에서 마름모꼴로, 방울부의 높이가 낮은 것에서 높은 것으로, 테두리의 구멍이 2에서 1로 다시 사라지는 것으로, 병부 내면이 곡선에서 직선으로 변화를 상정하였다[124]. 한수영은 기존 성과를 보완하여 병부의 높이 차, 간두령만의 문양 형태를 분류하여 5기로 세분하여 전개양상을 살펴보았다[125].

영산강유역에서는 함평 초포리 적석목관묘에서 세트로 출토되었으며, 크기, 문양 등이 동일하여 같은 용범에서 제작된 것으로 추정된다. 이건무 분류편년에 의하면 C군, 미야자토는 Ⅰa식, 한수영의 2단계에 속한다.

---

122) 국립문화재연구소 2004, 『한국고고학전문사전-청동기시대편』.
123) 이건무 1992, 「한국 청동기의 연구-이형청동기를 중심으로-」, 『한국고고학보』28집, 한국고고학회.
124) 미야자토 오사무 2010, 『한반도 청동기의 기원과 전개』, 사회평론.
125) 한수영 2013, 「간두령 소고」, 『호남문화재연구』제15호, (재)호남문화재연구원.

〈표 35〉 간두령 현황표

유적명	높이	방울부 길이	테두리 높이	테두리 구멍	문양 신부	문양 병부
함평 초포리1	14.5	5.1	3.7	2	단사선문, 2열음각선문	면이등변삼각행문
함평 초포리2	14.5	5.0	3.7	2	단사선문, 2열음각선문	면이등변삼각행문

쌍두령은 아령의 형태와 비슷한 방울로 병부와 령부로 구분되며, 병부는 막대형으로 중앙부가 두껍고 양쪽 령부쪽으로 갈수록 가늘어진다. 병부의 중앙쪽에는 장방형의 투공이 앞면과 뒷면으로 관통되어 있고(a), 그 양옆으로 방형의 구멍이 있는 것과 없는 것(b)이 있다. 문양은 병부에서만 확인되는 것과 무문인 것이 있다. 화순 대곡리와 함평 초포리에서 출토되었으며 쌍을 이루고 있다.

병부동령은 함평 초포리에서 1점이 출토되었다. 병부와 방울부로 나누어진다. 병부는 일자막대기형으로 끝부분에 방형의 구멍 2개가 대칭되어 뚫려 있고, 단사선문이 2열로 대칭되게 시문되어 있다. 방울부는 물방울모양으로 뉴가 2개가 있고, 4개의 구멍이 서로 대칭으로 뚫려 있다.

〈표 36〉 쌍두령 현황표

유적명	병부투공	문양	령부투공	비고
화순대곡리1	a	단사선문	4	
화순 대곡리2	a	단사선문	4	
함평 초포리	b	-	2	

(2) 조문청동기

조문청동기는 영광 수동 토광묘에서 1점이 출토되었고, 방제경 2점, 군곡리식 토기소호, 철도자, 유리구슬 357점과 공반되었다. 거푸집을 이용해 주조로 제작된 것으로 중앙에 4개의 구멍이 뚫려 있는데 윗쪽 2개의 구멍에는 실이 부착되어 있어 실을 끼워 사용한 것으로 보인다. 전면에는 하늘을 나는 새와 서 있는 벼슬

달린 새를 중심으로 乙, 네모 점, 고사리, 톱니, 바람개비나 해(?), 세모, 겹친 반원 등의 기하학적 무늬가 대칭으로 시문되어졌다. 후면은 매끈하다. 잔존 길이 5.5 ㎝, 너비 5.9㎝, 두께 0.1~0.2㎝이다. 유사한 유물로는 경남 고성 동외동패총에서 1점과 김해 내덕리 19호 목관묘에서는 조문박국경(鳥文博局鏡) 등이 출토되었다.

〈그림 18〉조문청동기
① 영광 화북리 수동 ② 수동 복원도(국립나주문박물관 2020 인용) ③ 고성 동외동 ④ 김해 내덕리

(3) 경형동기

경형동기는 거울모양으로 함평 상곡리 114-4번지 유적의 1호 석관묘 내에서 4점이 출토되었으며, 한반도에서 처음으로 출토된 것이다. 오목한 가장자리에 뉴가 1개씩 부착되어 있고, 형태는 원형이며 크기는 모두 동일한 크기로 6.4×6.2㎝이다. 형태와 크기로 보아 동일한 틀을 이용해 밀납주조법으로 제작된 것으로 추정되고 있다. 오목면 가장자리와 볼록면은 잘 연마되어 있고, 뉴와 가장자리에 사용흔이 확인되어 피장자가 생전에 사용한 것으로 보았다. 경형동기는 중국 동북지역에서 기원전 9~3세기 무덤에서 주로 출토되고 있다. 중앙에 뉴가 부착된 것으로 보아 중국동북지역의 길림 후석산 석관묘와 심양 정가와자 6512호 출토품과 계통상 연결되는 것으로 보았으며, 시기는 직후인 기원전 4~3세기로 추정하였다. 중국동북지역의 제작기술을 이어받았지만 현지에서

<그림 19>영산강유역 출토 청동기류

① 함평 상곡리 ② 전 영암 용범 ③ 함평 초포리 ④ 화순 대곡리 ⑤ 화순 백암리 ⑥ 나주 운곡동 묘
⑦ 함평 월산리 ⑧ 광주 신창동 ⑨ 나주 구기촌 ⑩ 영광 수동

제작된 것으로 보았다[126]. 정가와자 6512호에서는 흑도장경호 등 원형점토대

---

126) 한국문화재재단 2016, 『소규모 국비지원 발굴조사 약식보고서-함평 상곡리 114-4번지 유적』.

토기가 출토되어 한반도 점토대토기문화 유입과 관련되므로 경형동기 유입도 유사한 시기로 추정할 수 있다.

이외에도 광주 신창동 옹관묘군에서 청동제 십자형검파두식이 수습되기도 하였고, 광주 신창동에서 청동제검심이 출토되었다. 나주 구기촌 토광묘 9호에서 검파두식, 우각형동기, 검초부속구, 칠기테두리금구편 등이 출토되었다. 함평 마산리 표산 Ⅱ-170호 주거지(B?식) 내 바닥에서 뜬 상태로 검초하부연결금구편이 출토되었다.

3. 철기

한반도 남부지역은 전국계철기에 계보를 둔 세죽리-연화보유형의 철기문화의 영향을 받으며, 2개 군으로 대별되며, 주조기법으로 제작된 1군 철기와 단조기법으로 제작된 2군 철기이다[127].

1) 1군 철기

1군 철기는 주조기법으로 제작된 철기유물(철부, 철착, 철사, 철겸 등)이 출토되는 군이며, 공구류가 대부분이다. 전국계 철기문화의 영향으로 금강유역과 만경강유역에서 발달된 청동기문화와 함께 확인된다. 특히 만경강유역의 완주 신풍이나 갈동유적, 장수 남양리유적의 토광묘에서 청동기, 원형점토대토기 등과 함께 출토되었고, 영산강유역에서는 철착과 철부 등이 확인된다.

철착은 나주 운곡동 다-1호 지석묘 등에서 출토되었고, 세형동검편과 공반한다. 공부는 방형을 이루고 공부에서 직선에 가깝게 인부로 이어지는 무단식이다. 계통은 전국계철기로 볼 수 있고, 분류상 공구류에 속한다. 완주 신풍 41

---

127) 김진영 2018, 「서남해안지역 철기문화 유입과 마한 정치체의 출현과정」, 『전남지역 고대문화의 양상과 교류』, 진인진.

호 토광묘와 장수 남양리에서 출토된 주조철착과 유사하다. 완주 신풍유적과 장수 남양리유적과의 연관성은 영산강유역 철기의 유입경로를 보여준다.

철부는 나주 수문패총 Ⅱ문화층과 함평 마산리 표산 Ⅴ-원4호 주거지 퇴적토에서 출토되었다. 나주 수문 출토 주조철부는 일부가 유실되었고, 평면형태는 장방형이며, 단면형태는 제형이며, 인부가 곡선을 이루는 형태이다. 대구 팔달동(경) 9호 출토품 등과 유사하다. 함평 마산리 표산 출토 주조철부는 부분적으로 결실되었지만, 평면형태는 장방형이고, 단면형태는 제형이며, 인부는 직선을 이루는 형태이다. 전남 동부지역인 광양 도월리 주조관련 수혈에서 토제용범이 출토되었는데, 전체적으로 세장한 형태이며, 평·단면형태는 제형이고, 인부는 직선에 가깝고, 신부와 공부로 연결되는 부분에 능이 있는 형태이다. 경주 황성동 제철유적에서 주조철부의 용범이 다량 출토된 바 있으며 3세기경으로 편년되고 있다. 함평 마산리 표산 Ⅱ-3호분 주구와 11호분 매장주체부(토광묘) 등에서도 주조철부가 다수 출토되었고, 단경호, 광구호, 발형토기, 옹관편 등과 공반되어 3세기 중엽이후로 편년된다.

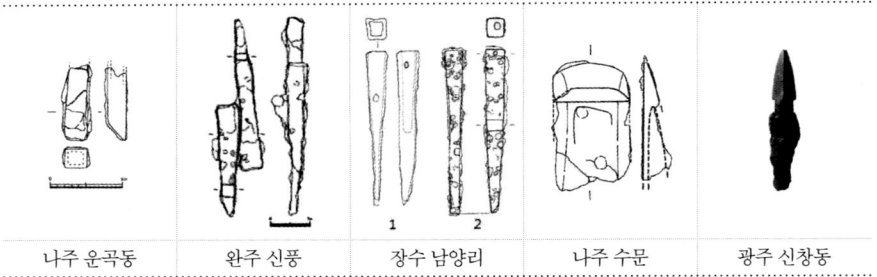

| 나주 운곡동 | 완주 신풍 | 장수 남양리 | 나주 수문 | 광주 신창동 |

〈그림 20〉 1군 철기 및 철경부동촉

2) 2군 철기

2군 철기는 주조기법으로 제작된 공구류와 함께 단조기법의 무기류(철검, 철모 등)가 출토되는 군이며, 동남부지역의 목관묘에서 집중적으로 출토되고 있다. 광주 신창동, 해남 군곡리 출토품을 제외하고는 모두 토광묘에서 출토되고 철경부동촉, 철검, 철모, 철부, 철겸, 철사, 괭이형철기, 철부, 판상철부, 철도자 등이 확인되고 있다.

철경부동촉은 광주 신창동 Ⅲ기층에서 출토되었다. 낙랑을 통한 한문물이 영산강유역에 보급되었음을 알려주는 표지적 자료이다.

철검은 길이에 따라 단검과 장검으로 구분되며, 영산강유역에서는 단검만 확인되고 있다. 철검 속성은 병부길이와 병부폭, 신부의 단면형태와 관부형태 등으로 분류할 수 있다. 영산강유역 철검은 신부단면 형태에 따라 두 가지 형식으로 구분된다.

Ⅰ식은 신부 단면형태가 볼록렌즈형으로 광주 신창동과 나주 구기촌유적에서 확인된다. 영남지역 대구 월성동, 대구 팔달동 등에서 출토된 철검과 유사하다.

Ⅱ식은 신부 단면형태가 마름모형으로 함평 신흥동, 영광 군동, 해남 황산리 분토 유적, 광주 신창동 등에서 확인된다. 함평 신흥동 Ⅳ-2호 토광묘 철검은 신부에서 병부로 이어지는 부분에 홈이 있으며, 병부형태가 신부쪽으로 갈수록 넓어지는 형태이다. 신창동에서는 청동제검심과 함께 출토되었다.

〈표 37〉 철검 현황표

유적	길이	신부폭	병부길이	병부폭	관부형태	신부단면	신부폭:병부폭
함평 신흥동Ⅳ-2호토광묘	20.7	2.7	3.3	2.2	유관	마름모형	1.22
함평 신흥동Ⅳ-5호토광묘	39.8	3.7	1.9	1.7	유관	마름모형	2.17
나주 구기촌 2호토광묘	29.6	2.8	1.8	1.9	유관	볼록렌즈형	1.47
나주 구기촌9호토광묘	31.9	2.4	1.9	1.4	유관	볼록렌즈형	1.71
나주 구기촌 10호토광묘	(20.6)	2.7	?	?	?	볼록렌즈형	-
영광 군동B-2호토광묘	(23.4)	3.1	(1.1)	0.8	유관	마름모	4.75
해남 분토 토광묘	32.1	2.8	2.5	1.5	유관	마름모	1.86
광주 신창동(2007년)	31.2	3.0			유관	볼록렌즈형	
광주 신창동506답 2구역	(29.8)	2.8			유관	마름모	

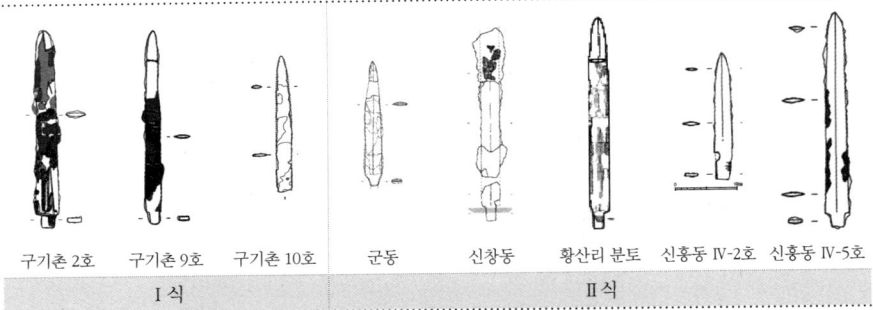

<그림 21> 철검 형식분류

철모는 함평 신흥동과 나주 구기촌 토광묘에서 4점이 출토되었다. 철모는 전체 길이, 관부 유무, 신부 단면형태, 신부와 공부의 비율 등에 따라 구분할 수 있다. 현재까지 출토된 철모는 관부 형태가 모두 직기형이다. 전체길이는 영남지역 자료를 기준으로 하면 40㎝를 기준으로 장형과 단형으로 구분이 가능하다. 관부 유무에 따라 무관식과 유관식으로 구분되며, 유관식만이 확인되고 있으며 신부와 공부를 연결하는 부분으로 일단관식, 이단관식으로 구분된다. 신부 단면형태는 볼록렌즈형과 마름모형으로 구분된다. 이 같은 세 가지 속성에 따라 3형식으로 구분하였다.

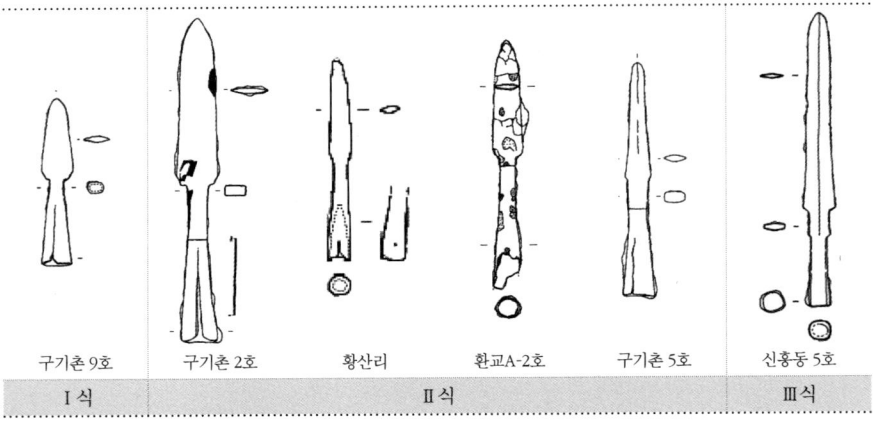

<그림 22> 철모 형식분류

〈표 38〉 철모 현황표

유적	길이	신부폭	신부길이	공부길이	관부형태	신부단면
나주 구기촌 5호토광묘	27.9	3.0	13.7	14.2	일단	마름형
나주 구기촌 9호토광묘	22.5	4.1	10.8	11.7	일단	볼록렌즈형
해남 황산리	24.9	2.8, 2.3			일단	볼록렌즈형
장성 환교A-2호	29.7	3.0			일단	마름모형
함평 신흥동Ⅳ-5호토광묘	41.1	2.2-4.3	27.7	9.5	이단	마름모
나주 구기촌 2호토광묘	42.6	4.8	21.9	20.7	일단	볼록렌즈형

Ⅰ식은 단형의 일단관식으로 신부에 비해 공부 길이가 살짝 길고, 신부 단면 형태는 볼록렌즈형으로 나주 구기촌 9호 출토품이 해당된다. 관부 끝을 절단하여 말각화하였고, Ⅱ식에 속하는 구기촌 2호 철모와 동일한 형태를 보인다. 형태는 대구 팔달동 45호 묘, 57호 묘 철모에서 둥근 관부를 형성하고 있어 동모의 형태를 계승한 것으로 보았다[128].

Ⅱ식은 장형의 일단관식으로 신부길이와 공부길이의 비율이 1:1에 가깝고 신부의 단면형태는 볼록렌즈형과 마름모형으로 구분할 수 있다. 나주 구기촌 5호 철모는 단면형태가 마름모형의 직기형이며, 볼록렌즈형은 나주 구기촌과 해남 황산리 분토에서 출토되었다. 나주 구기촌 2호 토광묘 철모는 관부 끝을 절단하여 말각화한 형태로 동모의 형태를 모티브로 하는 것으로 보인다. 해남 황산리 분토 철모는 공부에 투공이 되어 있으며, 경산 임당 A-Ⅰ-74호와 경주 황성동(강) 3호 출토품과 유사하다. Ⅱ식은 영남지역 출토 철모 ⅠAa식과 유사하며, ⅠAa식은 영남지역에서 가장 먼저 출현하여 오랫동안 지속된 형식으로 영남지역 ⅠC식과 유사하다[129].

---

128) (재)전남문화재연구원 2016, 『나주 구기촌·덕곡유적』.
129) 신동조 2007, 『영남지방 원삼국시대 철부와 철모의 분포정형 연구』, 경북대학교대학원 석사학위논문.

Ⅲ식은 장형의 이단관식으로 신부길이가 공부길이에 비해 2배 이상 길어진 형태로 신부 단면형태는 마름모형으로 찌르는 기능이 강화된 형태로 볼 수 있다. 함평 신흥동토광묘에서 출토되었고, 평택 마무리 28호 철모, 김해 양동리 162호 철모, 대구 팔달동 117 철모와 유사하며, 신부 단면형태가 양동리 출토품은 마름모형이고, 팔달동 출토품은 볼록렌즈형으로 양동리 출토품과 가장 유사하다.

철부는 판상철부와 유공철부로 나누어진다.

판상철부는 3점이 출토되었다. 판상철부는 변화를 거치면서 철정이 등장하는 3세기경까지 출토되고 있다. 삼국시대 철소재인 철정의 조형으로 추정된 바 있다[130]. 함평 신흥동, 나주 구기촌 토광묘에서 출토되었고, 나주 랑동은 19호 주거지에서 출토되었다. 랑동 출토품은 주거지 내부 주공 근처에서 안정적으로 출토되었으며, 부분적으로 유실되어 평면형태는 알 수 없고, 잔존길이는 8.3㎝로 소형에 속한다. 나주 구기촌과 함평 신흥동에서는 제형이 출토되었으며[131], 양쪽에 인부가 형성되어 있고 길이는 각각 15.8㎝, 18.3㎝이다. 대구 팔달동 목관묘 출토품과 유사하다. 영남지역에서 출토된 제형Ⅰ식과 Ⅱ식에 속한다[132]. 창원 다호리 1호묘에서 나무자루가 끼워진 판상철부 3점이 출토되어 용도는 공구로 사용되었다. 하지만 영산강유역 출토 판상철부는 공구로의 사용보다는 위계성을 보여주는 성격이 강한 것으로 보이며, 랑동 판상철부는 전세적 성격을 띤 것으로 생각된다.

---

130) 송계현 1995, 「낙동강하류역의 고대 철생산」, 『가야제국의 철』, 신서원.
131) 함평 신흥동Ⅳ-5호 토광묘 판상철부는 평면형태가 장방형으로 보고되었다. 그러나, 기부에서 신부 쪽으로 가면서 벌어지는 형태를 보이고, 기부 폭이 인부 폭에 비해 좁기 때문에 제형으로 분류하였다.
132) 신동조 2007, 『영남지방 원삼국시대 철부와 철모의 분포정형 연구』, 경북대학교대학원 석사학위논문.

<표 39> 철부 현황표

유적		종류	평면형태	제작기법	공부형태	비고
해남 군곡리 Ⅱ기층		유공	선형	일체형	장방형	
영광 군동 A-1호 토광묘		유공	선형	일체형	장방형	
나주 구기촌	2호 토광묘	유공	제형	분리형	장방형	
	2호 토광묘	판상	제형	-	-	
	9호 토광묘	유공	유견식	분리형	장방형	
함평 신흥동	Ⅳ-5호 토광묘	판상	장방형	-	-	
	Ⅳ-5호 토광묘	유공	제형	일체형	타원형	
나주 랑동 19호 주거지		판상	(장방형)	-	-	

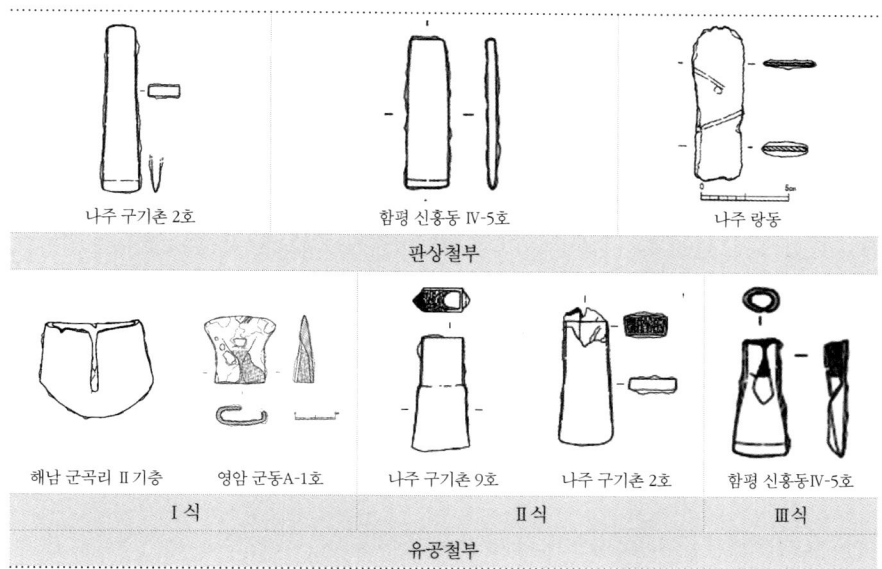

<그림 23> 철부 형식분류

　유공철부는 1세기 중엽이후 본격적인 철 생산이 가능해지면서 증가된 것으로 보이며, 삼국시대에 들어서는 형태와 수량이 다양하게 제작된다. 현재까지 확인된 유공철부는 10㎝ 미만의 소형이며, 유공철부는 평면형태, 인부와

공부 제작방법과 공부 형태에 따라 구분할 수 있다. 평면형태는 부채모양 선형과 신부와 공부 경계에 견부가 형성된 유견식, 제형으로 구분된다. 선형은 선형동부를 모티브화한 것으로 가장 이른 형태로 보이며, 평면형태는 선형 → 유견식 → 제형으로 변화되고, 공부 형태는 장방형, 타원형으로 구분되며, 장방형에서 타원형으로 변화된다. 제작방법은 인부와 공부를 하나의 철판으로 자르거나 구부려서 제작한 일체형과 따로 제작하여 결합한 분리형으로 구분된다.

Ⅰ식은 선형철부로 일체형으로 제작되었고 공부형태는 장방형을 띠며, 해남 군곡리Ⅱ기층과 영광 군동 A-1호 토광묘에서 출토되었으며, 군동 출토품은 말아서 공부를 형성하였다. 시기는 기원전 1~기원후 2세기로 편년된다. Ⅱ식은 유견식이나 제형으로 분리형으로 제작되었고 공부형태는 장방형을 띤다. 나주 구기촌 9호 토광묘 등에서 출토되었다. Ⅲ식은 평면형태는 제형으로 일체형으로 제작되었고 공부형태는 타원형이며, 함평 신흥동 토광묘에서 출토되었다. 신흥동 철부는 신부와 공부 사이에 약하게 단이 형성되었으며, 경주 조양동 2호 묘 출토품과 유사하다.

괭이형철기는 나주 구기촌 1호 토광묘에서 출토되었으며, 단조품으로 평면형태는 제형을 띠며, 신부 중앙부 상단에 구멍이 뚫려 있는 형태이다. 남부지역에서 10점 미만이 출토되었고, 기원전 1세기 영남지역 유적에서 주로 확인되며, 창원 다호리 77호묘, 밀양 교동 3호묘, 경주 황성동 1호 옹관(2점), 창원 다호리 61호묘(3점) 등에서 출토되었고, 모두 주조품이다. 중국 요령지역 무순 연화보, 요양 삼도호유적에서 출토되었으며, 중국 전국시대에서 한대에 걸쳐 확인된다. 중국 연하도나 위연 용연동에서 출토된 철서(鐵鋤)와 철산(鐵鏟)과 유사하며, 일본에서는 제형서 또는 제형구라고도 불리고 있다. 중국 전국시대 중·후기에 출현하여 전한시대까지 지속적으로 사용되었다. 신부에 뚫린 구멍 유무에 따라 3형식으로 구분되며, Ⅰ식은 구멍이 뚫린 것이고, Ⅱ식은 구멍이 없는 것이다. 한반도에서 출토된 형식은 Ⅰ식만 확인되며, 중국에서는 두 가지 형식이 모두 확인되고 있으며, Ⅰ식은 주로 연나라의 동북지역과 한반도에 걸쳐 출토되고, Ⅱ식은 三晉과 연나라 중심부에서 출토되고 있다[133].

신부에서 확인되는 구멍 위치에 따라 중앙부에 위치하는 것과 기부 쪽에 위치하는 것, 기부에서 인부로 이어지는 측연부 형태가 직선형인 것과 완만한 곡선형인 것이 있으며, 구멍 크기가 1㎝ 미만인 것과 2㎝ 내외인 것이 있다. 이를 기준으로 3가지 형식으로 구분하였다.

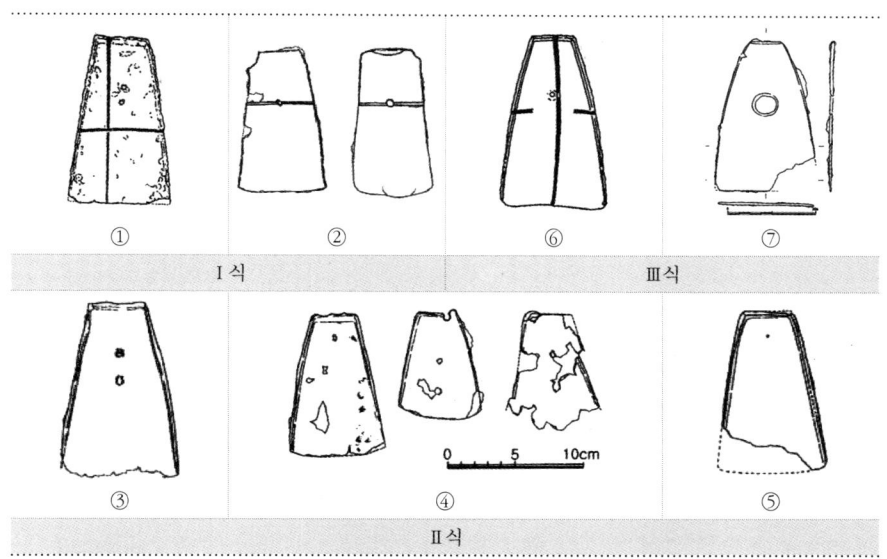

〈그림 24〉 괭이형철기의 형식분류
① 무순 연화보유적 ② 경주 황성동 1호 옹관 ③ 창원 다호리 77호 묘 ④ 창원 다호리 61호 묘
⑤ 밀양 교동 3호묘 ⑥ 위연 용연동유적 ⑦ 나주 구기촌 1호 묘

---

133) 佐野元 1993,「中國 春秋戰國時代の農具鐵器化の諸問題」,『潮見浩先生退官記念論文集』.

Ⅰ식은 주조품이며, 구멍이 중상단부 쪽에 위치하고 측연부가 직선형을 띠고, 구멍 크기가 1㎝ 미만으로 경주 황성동, 창원 다호리 출토품 등이 해당된다. Ⅱ식은 주조품이며, 구멍이 기부 쪽에 위치하거나 중상단부에 위치하고 측연부가 Ⅰ식에 비해 사선으로 벌어지고 직선형으로 구멍 크기가 1㎝ 미만으로 밀양 교동 출토품 등이 해당된다. Ⅲ식은 단조품이며, 구멍이 중상단부 쪽에 위치하고 측연부가 곡선형을 띠고, 구멍 크기가 2㎝ 내외로 나주 구기촌 출토품 등이 있다. 구기촌 출토품은 단조품으로 구멍이 중상단부에 위치하고 구멍 직경이 2.5㎝ 정도로 다른 것에 비해 큰 편이고, 측연부가 곡선형을 이루고 있다. 영남지역 출토품의 인부는 다소 곡선적인 형태를 이루는데 비해 구기촌 출토품 인부는 직선을 이룬다. 다호리 61호묘와 가장 유사한 형태를 보인다.

이외에도 광주 신창동 옹관묘군에서 철편 3점이 출토되었다. 주조품으로 추정되며, 52호 옹관 주변에서 출토된 것에 대해서 보고자는 매장 당시 지면을 파다가 파손된 것으로 추정한 바 있어[134] 굴지구로 보인다. 광주 신창동, 해남 군곡리 등의 출토 정황으로 보아서 주조기법으로 제작된 1군 철기가 실용구로 사용된 것을 알 수 있다.

사진 2. 광주 신창동 저습지 전경 및 출토유물

---

134) 김원룡 1964, 『신창리옹관묘지』, 서울대학교출판부.

〈표 40〉 영산강유역 출토 철기 현황표

유적	착	철경부동촉	검	모	부	판상철부	겸	도자	사	팽이형	낚시바늘	집게	공반유물
광주 신창동 2호 옹관	-	-	-	-	-	-	-	-	-	-	-	-	주조철편
광주 신창동 52호 옹관	-	-	-	-	-	-	-	-	-	-	-	-	철편
광주 신창동 옹관묘군 수습	-	-	-	-	-	-	-	-	-	-	-	-	철편
광주 신창동저습지	-	1	-	-	-	-	-	-	-	-	-	-	낙랑계토기
광주 신창동 506답 2구역	-	-	Ⅱ식	-	-	-	-	-	-	-	-	-	청동제검심
광주 신창동 Ⅰ-5그리드 주혈	-	-	Ⅰ식	-	-	-	-	-	-	-	-	-	
나주 운곡동 다1호 지석묘	1	-	-	-	-	-	-	-	-	-	-	-	세형동검
영광 군동 A-1호 토광묘	-	-	-	-	선형	-	-	-	-	-	-	-	
함평 표산 V-4호 주거지	-	-	-	-	주조	-	-	-	-	-	-	-	연질토기
함평 신흥동 Ⅳ-2호 토광묘	-	-	Ⅱ식	-	-	-	-	-	-	-	-	-	
함평 신흥동 Ⅳ-4호 토광묘	-	-	-	-	-	-	-	-	-	-	-	1	컵형토기, 신창동식발, 호, 미상청동기, 동경편, 유리구슬
함평 신흥동 Ⅳ-5호 토광묘	-	-	Ⅱ식	Ⅲ식	Ⅲ식	1	1	-	1	-	-	-	유리구슬
나주 수문 Ⅱ문화층	-	-	-	-	주조	-	-	1	-	-	-	-	신창동식토기, 군곡리식토기, 유리구슬, 철촉
나주 구기촌 1호 토광묘	-	-	-	-	-	-	-	-	Ⅲ식	-	-	-	군곡리식호, 신창동식발
나주 구기촌 2호 토광묘	-	-	Ⅰ식	Ⅱ식	Ⅱ식	1	-	-	2	-	-	-	신창동식토기, 부합석기
나주 구기촌 5호 토광묘	-	-	-	Ⅱ식	-	-	-	-	-	-	-	-	군곡리식호편
나주 구기촌 9호 토광묘	-	-	Ⅰ식	Ⅰ식	Ⅱ식	-	-	-	-	-	-	-	군곡리식호, 검파두식, 우각형동기, 삼각형동기, 검초부속구, 칠기테두리금구
나주 구기촌 10호 토광묘	-	-	Ⅰ식	-	-	-	-	-	-	-	-	-	흑도장경호3, 신창동식토기
나주 복암리 랑동 19호 주거지	-	-	-	-	-	1	-	-	-	-	-	-	
해남 군곡리 Ⅱ 기층	-	-	-	-	선형	-	-	-	-	-	1	-	신창동식토기, 군곡리식토기
영광 군동 B-2호 토광묘	-	-	Ⅱ식	-	-	-	-	-	-	-	-	-	신창동식호
영광 수동 토광묘	-	-	-	-	-	-	-	1	-	-	-	-	군곡리식소호, 방제경, 조문형청동, 유리구슬
광주 복룡동 2호 토광묘	-	-	-	-	-	-	-	1	-	-	-	-	신창동식대부완, 군곡리식소호
해남 황산리 분토 토광묘	-	-	Ⅱ식	Ⅱ식	-	-	-	-	-	-	-	-	군곡리식소호, 방추차, 석촉
장성 환교 2호 토광묘	-	-	-	Ⅱ식	-	-	-	-	-	-	-	-	유리구슬

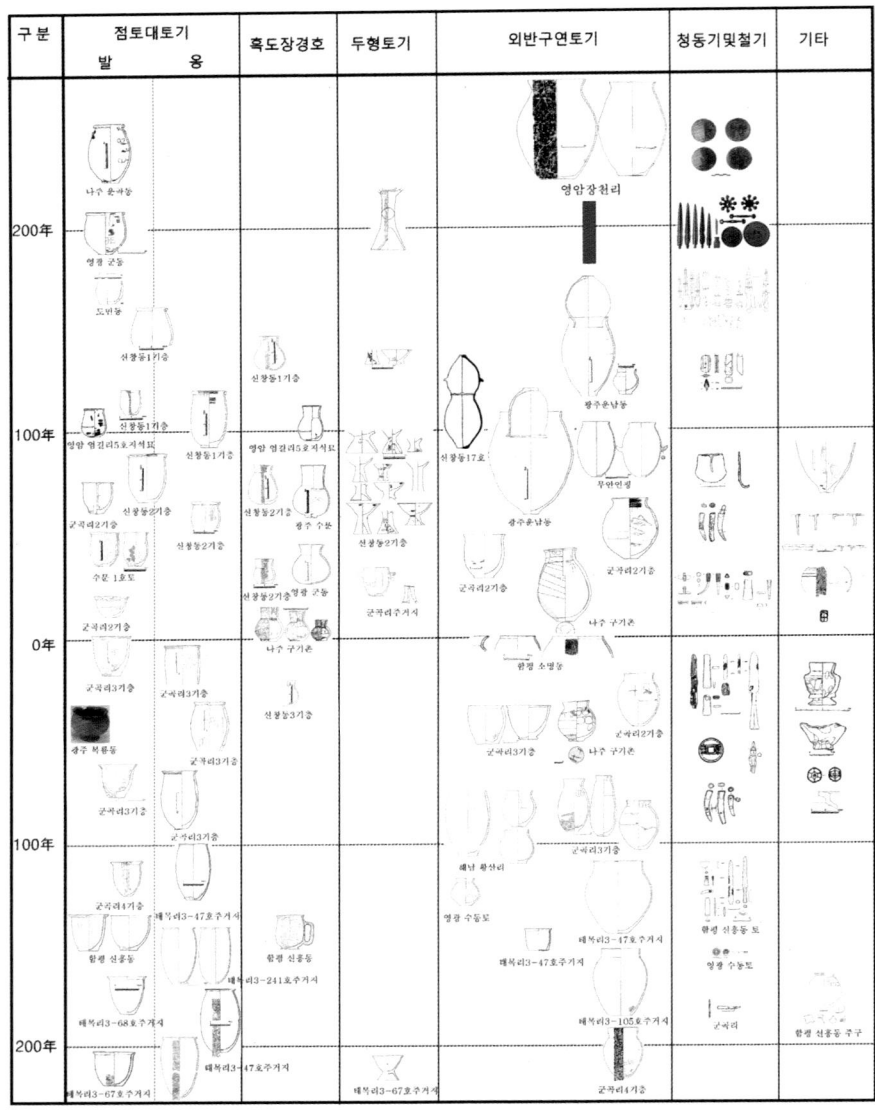

〈그림 25〉 영산강유역 유물의 편년

제Ⅴ장 시기구분과 전개과정

시기구분 목적은 시대의 변천과정을 명확하고 체계적으로 설명할 수 있게 하기 위한 것으로 시대에 어떤 단절현상이 일어날 때에만 시기구분이 가능하다. 고고학자료로서 시기구분이 가능한 경우는 어떤 유물의 유입, 소개 또는 기술상의 혁신이 보일 때 가능하다. 따라서 시기구분은 한 유물의 형식적 변화에만 의존할 수 없으며, 동시대에 속하는 공반유물을 검토한 후 이루어져야 한다[135].

문화 변동을 체계적으로 설명하기 위한 편년설정을 위하여 토기류, 청동기류, 철기류를 대상으로 개별유물에 대하여 살펴보았다. 토기류는 신기종의 출현과 계기적 변화 흐름, 소멸 시점에 대해서는 파악이 가능하였지만, 뚜렷한 형식변화를 찾기 어려웠다. 청동기는 표지유물인 세형동검 변화에 따라 공반유물 변화가 확인되지만, 철기류는 출토량이 적어 한계가 있었다. 이것은 영산강유역 물질문화의 복잡하고 다양한 변화를 표출하는 것으로 전환기적 특성을 보여준다. 그 변화과정에서 보았을때 기존의 토착문화가 쇠락해가고 새로운 토착문화인 영산강유역 마한문화로의 형성과정으로 이해할 수 있다.

마한 형성시점은 철기문화 유입과 연관되며, 남한지역에서 철기문화 수용과정을 설명할 때 기원전 300년과 기원전 100년경의 절대연대는 중요한 경계가

---

135) 이청규 1982, 「세형동검의 형식분류 및 그 변천에 대하여」, 『한국고고학보』13, 한국고고학회.

되며, 그것은 당대의 역사적 상황을 고려할 때 더욱 그러하다. 한반도 북부에서는 후기 고조선과 관련한 준왕이나 위만조선, 그리고 한군현 설치 등이 있었고, 이에 따라 남한사회에서 진국 혹은 한으로 이해되는 정치체 변동 또한 심대하기 때문에 그 판단은 매우 중요하다[136]. 동시기 한반도 북부 정치체의 변동 시기에 남한의 물질문화에서도 변화가 확인되는데, 우연의 일치인지, 역사적 역동성의 흔적인지에 대해서는 더욱 고민해야겠지만, 영산강유역에서도 그 변화들이 확인되고 있다.

역사적 사실을 고려하여 시기구분을 한다는 것은 매우 어려운 일이다. 그럼에도 역사적 사실과 대응하여 고고학 자료의 변천을 살펴보려면 그에 걸맞게 세분된 시기구분의 틀을 마련하지 않을 수 없다[137]. 이때 연대기준 자료를 어떻게 할 것인지 등의 문제에서 기년명 등 절대연대가 확보되면 더할 나위 없겠지만, 현재로써는 어려운 일이다. 그러나 동일 형식의 유물이나 유적을 중심으로 비교·검토하여 동시성이나 시간 폭을 통한 교차편년을 통해서 가능하다.

문화권은 여러 하위지역으로 구분되는데, 이들 모든 지역이 동일한 변천과정의 틀을 보이는 것은 아니다. 그럼에도 불구하고 각 지역별 문화의 전개과정에 대해서 아직까지 제대로 정리되지 않았다. 최성락이 호남지역 철기문화를 전·중·후기로 나누어 살펴보았지만, 유적과 유물의 구체적인 조합관계나 변천과정을 충분히 검토하여 각 지역별 변천을 설명하지는 않았다. 호남지역 철기문화의 지역권은 만경강유역권, 영산강유역권, 섬진강유역권, 남해안지역권으로 나눌 수 있는데, 각 지역별 편년안이 제시되지 못했던 것은 일차적

---

136) 이청규 2016, 「남한 청동기집단의 철기의 수용」, 『원사시대 사회문화 변동의 본질』, 제44회 한국상고사학회 학술발표대회, 한국상고사학회.
137) 이청규 2015, 「요동·서북한의 초기철기문화와 위만조선」, 『고조선과 위만조선의 연구쟁점과 대외교류』, 학연문화사.

으로 고고학자료가 충분하지 못했기 때문이다. 영산강유역은 호남지역이라는 공간 범위에서 토기 중심의 편년안이 정리되었다[138]. 전체적인 변화를 통해서 광의적으로 동일 지역권임을 알 수 있지만, 세부적인 변화는 확인할 수 없다. 연구사에서 살펴보았듯이 단일 유물을 바탕으로 하는 편년안이 정리되었고, 청동기를 중심으로 한반도 남부 양상이 유형별로 분류되어 50~100년 단위로 정리된 이청규 편년안[139]은 전체적인 전개과정을 검토하는데 있어 매우 유용하다. 이 같은 연구성과와 최근 자료를 바탕으로 영산강유역에서 마한문화가 어떻게 형성되고 전개되었는지를 정리하기 위한 시기구분을 제시하면 다음과 같다.

〈표 41〉 호남지역 편년

본고구분	최성락(2017)	김승옥(2000)		박순발(2005)		이청규(1997)
Ⅰ기						4단계
Ⅱ기	철기의 유입 (삼각형점토대토기)					5단계
Ⅲ기	경질무문토기 (삼각형점토대토기)	Ⅰ	삼각형점토대토기	Ⅰ	삼각형구연단순기	6·7단계
Ⅳ기				Ⅱ	경질무문토기	8·9단계
Ⅴ기	경질무문토기 타날문토기 타날문토기	Ⅱ	경질무문토기	Ⅲ	경질무문토기 승문타날단경호	10단계

---

138) 이청규 1997,「영남지방 청동기문화의 전개」,『영남고고학보』21집, 영남고고학회.
김승옥 2000,「호남지방 마한 주거지의 편년」,『호남고고학보』11, 호남고고학회.
박순발 2005,「토기상으로 본 호남지역 원삼국시대 토기 편년」,『호남고고학보』21집, 호남고고학회.
최성락 2017,「호남지역 철기문화의 형성과 변천」,『도서문화』제49집, 목포대학교 도서문화연구원.
139) 이청규 1997,「영남지방 청동기문화의 전개」,『영남고고학보』21집, 영남고고학회.

1. 제 I 기

이 시기는 한반도 남한지역에 유입된 원형점토대토기문화가 확산되고 청동기문화가 유입되는 시기를 기준으로 설정하였다. 점토대토기문화 출현은 방사성탄소연대를 통해 기원전 7세기경까지 소급해 보는 견해도 있지만, 현재 일반적으로 기원전 6~5세기경으로 보고 있다. 한반도 남부지역에서 점토대토기가 확산되는 시기는 기원전 4~3세기경으로 볼 수 있다.

원형점토대토기는 A1식 등이 확인되며, 나주 운곡동 등에서 출토되었다. 원형점토대토기 A1식은 나주 운곡동 5호 수혈에서 출토되었고, 교성리 6호에서 출토품과 유사한 형태이다. 두 토기 모두 뉴가 부착된 것이 유사하지만, 운곡동 출토품이 동체부가 장동화되고 뉴 부착위치도 구연부에 더 가까워 교성리와 시기가 같거나 후행할 것으로 보여진다. 교성리 연대는 기원전 4세기 말~기원전 3세기 전엽경으로 설정된다.

세형동검문화의 중심지가 중국 동북지역에서 한반도 중서부지역으로 이동한다. 평양 일대를 중심으로 하는 한반도 북부지역에서는 중원식동검과 동모, 동과 등 중국계 청동기들이 확인되고 1군 철기가 출토되기 시작한다. 영산강유역에서도 동경류인 경형동기가 함평 상곡리 114-47번지 유적 석관묘에서 4점이 출토되었고, 함평 초포리 적석목관묘에서 중국식동검이 출토되었다. 경형동기는 중국 동북지역 무덤에서 기원전 10~3세기경 출토되고 있다. 심양 정가와자 출토품과 계통상 연결되는 것으로 발굴보고자는 현지에서 제작된 것으로 파악하고 있다[140]. 정가와자 6512호는 경형동기를 비롯한 청동기류와 흑도장경호 등이 출토된 대표적인 고조선계 무덤이다. 흑도장경호는 원형점토대토기문화에 속하는 기종으로 남한지역 이른 시기에 속하는 수석리와 남성리에서

---

140) 한국문화재재단 2016, 『소규모 국비지원 발굴조사 약식보고서-함평 상곡리 114-4번지 유적』.

출토되었으며, 이들 유적의 흑도장경호는 정가와자의 흑도장경호와 계통상 연결되는 것으로 보고 있다[141]. 경형동기도 수석리와 남성리와 동일한 시기에 유입된 것으로 볼 수 있다. 상곡리 출토품은 뉴가 중심에서 완전히 이탈되어 주연에 부착되는 방식이 대전 괴정동 석곽묘의 원개형동기와 유사한 점으로 볼 때 기원전 3세기 전엽으로 편년하였다[142].

중원식동검은 평양일대를 중심으로 하여 완주 상림리 26점, 익산 신룡리, 파주 와동리 등 서해 연안을 따라 출토되며, 평양에서는 석범이 출토되었다. 중국식동검이 한반도로 들어온 시기는 기원전 4~3세기 전후로 추정되며, 평양 석암리 출토품이 '二十五年季 上郡守…'명 동과와 공반되었기 때문에 기원전 3세기경에는 유입되었고, 완주 상림리 출토품들은 한반도 내에서 제작된 방제품으로 추정하였다. 함평 초포리유적은 중국식동검이 한국식동검문화에 유입된 내용을 보여주는 유일한 예이며, 기원전 3세기 말~기원전 2세기 초로 편년하였다[143]. 진한 교체기에 유입되었고, 평양 석암리 출토품을 제외하고 이를 조형으로 한반도에서 제작되었을 것이며, 완주 상림리 중원식동검은 기원전 3세기 말로, 함평 초포리 중원식동검은 공반유물을 통해서 기원전 2세기 전반으로 편년하였다[144].

이 시기는 송국리형주거지와 지석묘에서 원형점토대토기와 세형동검 등이 출토되어 송국리형주거지와 지석묘를 근간으로 하는 송국리문화의 쇠퇴기로

---

141) 박진일 2001, 「원형점토대토기 문화 연구」, 『호남고고학보』12, 호남고고학회.
142) 오강원 2017, 「중국 동북 지역과 한반도의 경형동기 연구」, 『한국청동기학보』20, 한국청동기학회.
143) 이건무 2014, 「한국 청동기문화와 중국식동검-상림리유적 출토 중국식동검을 중심으로-」, 『완주 상림리 청동검의 재조명』, 국립전주박물관·한국청동기학회 학술세미나.
144) 조진선 2014, 「초기철기시대 중원식동검의 등장 배경」, 『완주 상림리 청동검의 재조명』, 국립전주박물관·한국청동기학회 학술세미나.

이해되고 있다. C14연대를 근거로 하여 송국리형주거지는 기원전 5세기부터 기원전 3세기에 쇠퇴해 가고, 지석묘는 기원전 4세기경부터 쇠퇴해가는 것으로 보고 있다. Ⅰ기 연대는 이청규 4단계에 해당되며, 기원전 4세기~기원전 3세기로 설정하고자 한다.

〈표 42〉제Ⅰ기 유적과 유물

구분	청동기			철기		기타	토기	무덤	주거지
	검	경	동령	주조	단조				
상곡리 1호	-	-	-	-	-	경형동기	-	석관묘	-
초포리	중원식	-	-	-	-	-	-	-	-
운곡동 Ⅰ-5호 수혈	-	-	-	-	-	-	원형A1	-	-
운곡동 저습지	-	-	-	-	-	-	원형A2 조합식파수 흑도장경호AⅠ	-	-
군곡리 Ⅰ기층	-	-	-	-	-	-	무문토기 원형A2 석기	-	-

절대연대자료는 담양 태목리, 광주 평동, 함평 소명동, 함평 고양촌, 나주 랑동, 나주 운곡동 등에서 산출되었다. 절대연대값과 유물와 연대가 대체로 일치하는 경우는 광주 평동 60호 주거지, 함평 고양촌 7호 주거지, 랑동 4호 주거지, 운곡동저습지 등이 있다.

광주 평동 60호 주거지는 2310±60BP · 2420±50BP이며, 석검, 석도, 유구석부, 석착이 출토되었다. 함평 고양촌 7호 주거지는 AⅠb식의 구조로 2220±60BP이며, 무문토기, 석촉이 출토되었다. 나주 랑동 4호 주거지는 방형계로 내부구조는 알 수 없고, 2300±60BP이며, 석기가 출토되었다. 나주 운곡동 저습지는 2250±60BP이며, 원형점토대토기 A2식, 조합식파수, 두형토기A식, 석기, 송국리식토기가 출토되었다.

〈표 43〉 제 I 기 절대연대자료

유적	내용(주거지형식, 유물)	절대연대
태목리 Ⅲ-101호 주거지	BⅡb식, 유물없음	2220±50(B.C290)
평동 A-363호 수혈	부정형(오각형), 시루, 두형BⅡ2식, 신창동a식, 배, 고배	2200±60(B.C280)
평동 A-495호 수혈	부정형?, 신창동a·b식, 파수부호, 두형Cb식, 개	2290±60(B.C250)
평동A-60호주거지	C식, 석검, 석도, 유구석부, 석착	2310±60(B.C380)
		2420±50(B.C475)
평동A-87호주거지	AⅠc식, 연질토기	2380±50(B.C465)
		2310±50(B.C380)
고양촌 7호	AⅠb식, 무문토기, 석촉	2220±60(B.C270)
랑동 4호주거지	B?식, 석기	2300±60(B.C380or270)
운곡동Ⅰ-저습지	원형A2식, 조합식파수, 두형 A?, 석기, 송국리식발, 흑도장경호AⅠ	2250±60(BC290)

 이외 담양 태목리 58호·101호 주거지(2280±40BP·2220±50BP), 광주 평동 363호·495호 수혈(2200±60BP·2290±60), 평동 87호 주거지(2380±50BP·2310±50BP), 함평 소명동 7호 주거지(2040±130BP)에서 Ⅰ기에 해당하는 절대연대값이 측정되었다. 하지만 연질토기나 경질토기, 신창동식토기 등이 출토되어 유물을 통한 상대연대와는 일치하지 않는다.

사진 3. 나주 운곡동유적 전경 및 수로와 저습지

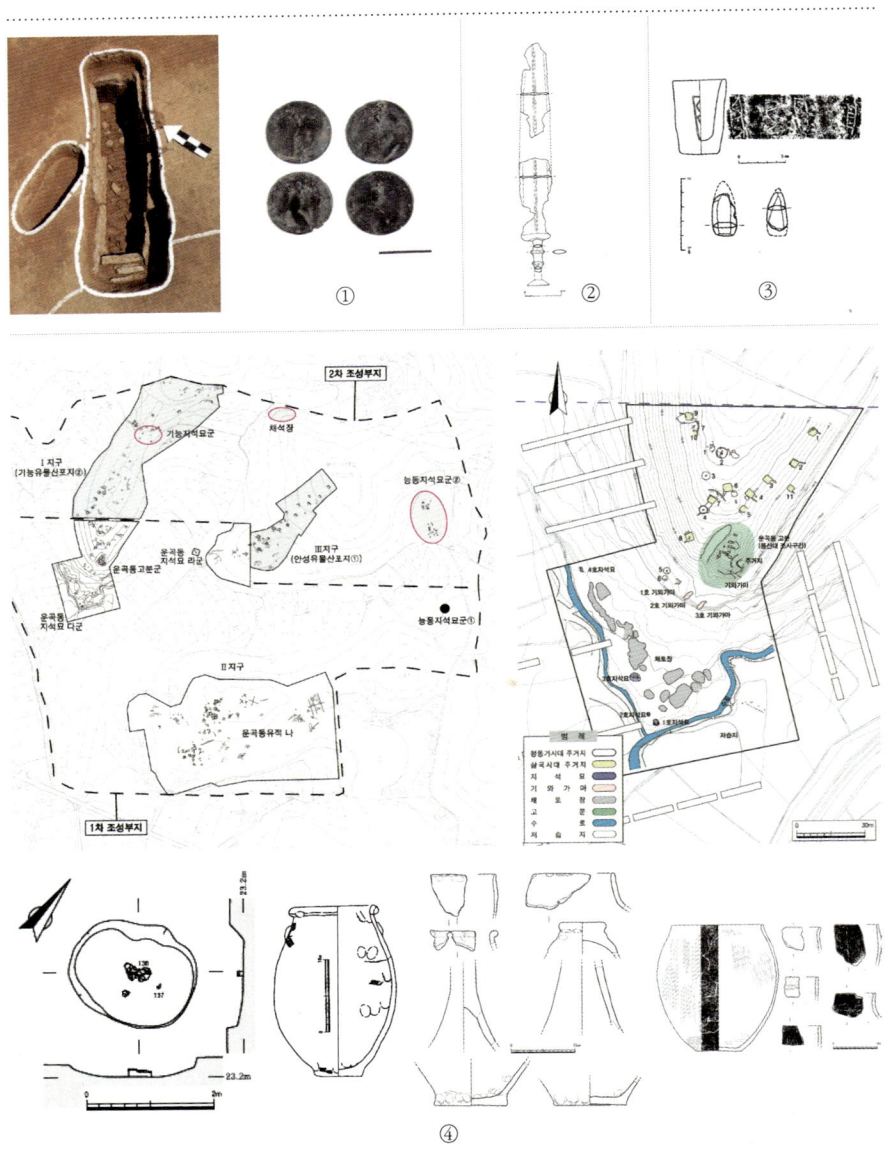

<그림 26> 제Ⅰ기 유적 및 유물
① 함평 상곡리 석관묘 ② 함평 초포리 석관묘 ③ 해남 군곡리패총 Ⅰ기층 ④ 나주 운곡동 Ⅰ-5호 수혈 및 저습지

2. 제Ⅱ기

이 시기에는 중서부지역 점토대토기문화와 세형동검문화가 발전되어서 남부지역으로 확산되며, 1군 철기 등과 같은 새로운 문물이 유입된다. 영산강유역에서도 이러한 신문물이 확인되는데, 함평 초포리, 화순 대곡리, 화순백암리 등에서는 다종 다수의 청동기를 부장한 적석목관묘가 확인되고, 영암에서는 각종 청동기 용범들이 발견되었다.

토기는 원형점토대토기, 흑도장경호, 두형토기 등이 주거지와 무덤에서 출토되고, 무문토기와 공반되기도 하며, 무문토기가 주를 이룬다. 무문토기는 토광묘 등에서도 확인되는데, 광주 성덕 토광묘에서 외반구연호가 재지계 석기와 함께 부장되었고, 광주 수문 토광묘에서도 무문토기와 방추차가 부장되기도 하였다. 원형점토대토기는 A2식이 대부분 출토되며, 송국리형주거지나 토광묘, 지석묘, 패총, 저습지 등 출토 수가 증가하는 추세이지만, 대부분 편으로 출토되어서 세부 형식을 파악하는데 한계가 있다. 원형점토대토기 A2-a식은 영광 군동 B-4호 토광묘, 광주 신창동 Ⅰ기층, 나주 청동 수습품 등이 있다. 영광 군동 묘에서는 개와 저부편, 재지계 석착과 공반되어 토착문화와 결합된 양상을 보여준다. 함평 마산리 표산 Ⅳ-3호 석관묘에서 구연부편과 저부편이 출토되었다. 신창동 Ⅰ기층에서는 두형토기 AⅠ식과 AⅡ식, BⅠ식, BⅡ식, 파수부토기 등과 출토되었고, 나주 청동에서는 두형토기 BⅡ식 등과 수습되었다.

원형점토대토기 A2-b식은 광주 관등 토광묘, 나주 도민동 토광묘, 나주 운곡동 적석목관묘와 주거지와 수로와 저습지, 광주 수문 수혈, 광주 평동수혈, 광주 신창동Ⅰ기층, 해남 군곡리 Ⅰ기층, 함평 창서 등에서 출토되었다. 광주 관동 토광묘에서는 원형점토대토기 1점과 구연부가 결실된 무문의 토기 1점이 나란히 부장되었다. 나주 도민동 토광묘는 광주 관동 묘와 유사하며, 원형점토대토기 1점이 부장되었다. 나주 운곡동 묘는 초기철기 석곽(묘)로 보고되었으나, 적석목관묘 3형식으로 분류되며, 적석을 쌓는 과정에서 적석 사이에 원형점토대토기 한 개체를 부장하였다. 또 나주 운곡동 Ⅰ지구 청-18호 주거지에서는 무문토기와 석촉, 연석, 지석 등이 출토되었고, 운곡동 수로와 저습지에서는 두형토기 B식과 조합식우각형파수, 무문토기, 유구석부 등이 출토되었고, 운곡동 Ⅰ-7호 수혈에서도 어망추, 개, 무문토기 등과 출토되었다.

이외에도 수혈과 지석묘 등에서는 세부형식을 알 수는 없지만, 원형점토대토기 A2식으로 추정된 토기편들이 다수 출토되었다. 광주 수문유적에서는 평면형태는 타원형과 원형인 1호와 7호와 11호 수혈 등에서 개와 두형토기편 등과 함께 출토되었고, 주거지일 가능성이 크다. 광주 평동유적 A-365호와 479호 수혈에서도 원형점토대토기편이 출토되었고, 광주 신촌 나8호 수혈에서도 원형점토대토기편이 출토되었으며, 주거지로 추정된다. 함평 창서 3호 주거지에서는 퇴적토에서 출토되었는데 4주식 방형계주거지(BⅡb식)로 연질토기와 지석이 출토되었기 때문에 원형점토대토기가 후대에 유입되었을 가능성이 있다. 지석묘에서는 광주 매월동 동산 지석묘 가-5호 석곽에서 무문토기편과 공반되었고, 광주 매월동 동산 나1호 석곽에서는 무문토기편과 석재와 함께 출토되었다.

원형점토대토기는 이전 시기에 비해서 분포범위가 넓어지나, 산발적으로 분포하고, 단일 주거군이 확인되지 않았다. 영산강상류권인 광주에서 분포비중이 높고, 출토비중이 가장 높은 광주 신창동 저습지에서는 신창동식토기로 변화되면서 대규모 삼각형점토대토기문화를 공반하는 양상으로 이어진다.

흑도장경호는 동일한 토기문화권에 속하는 원형점토대토기와 같이 출현하고 AⅠ식이 주로 출토된다. 화순 백암리 적석목관묘에서 저부편이 세형동검 3점과 동과, 세문경, 편평촉, 관옥이 공반되었는데, 영산강유역에서 청동기와 공반하는 사례이다. AⅠ식은 나주 운곡동 수혈, 함평 고양촌 수혈, 해남 군곡리 Ⅰ기층, 나주 청동, 광주 수문 토광묘 등에서 출토되었다. 대부분 무문토기와 공반하고 해남 군곡리나 화순 백암리 등에서는 편평촉이 출토되었다. 토광묘에서 AⅠ식이 무문토기와 공반되는 것으로 보아 AⅠ식이 선행하여 출현하며, A식 계통은 대부분 토광묘계 무덤에서 출토된다. 뒤이어 B식 계통이 출토되는데, 대부분 생활유구에서 출토되고 있기 때문에 실용적으로 재지화된 것으로 보인다. AⅠ식 출토량이 많은 편이며, AⅠ식은 공반하는 신창동식토기에서 원형점토대토기의 요소가 확인되는 것으로 보아 기원전 2세기 전반~기원전 2세기 후반경으로 설정할 수 있다.

두형토기는 장각인 AⅡ2식이 공반유물로 보아 영산강유역에서는 가장 선행하는 형식으로 장각 출토량은 적은 편이고, B식과 C식이 주로 출토되며, 현재까지는 무덤 부장품으로 출토된 사례는 없다. 원형점토대토기와 같이 출현하며 기원전 2세기 중반 이전에는 유입된 것으로 추정된다. 광주 신창동 Ⅱ기층에서 다양한 형식이 출토되는 것으로 보아 삼각형점토대토기문화가 갖는 변이성을 공유한 것으로 보인다.

청동기는 세형동검 B1식, B2식을 비롯한 동모, 동과, 중원식동검 등 청동무기와 공구류, 각종 동령, 세문경 등이 일괄로 공반되고, 화순 대곡리, 함평 초포리, 화순 백암리 등의 적석목관묘에서 집중되어 출토되었다. 영암지역에서는 청동기 주조 용범이 확인되는 등 영산강유역 내 일부 유적에서 세형동검문화 유입이 비교적 뚜렷하게 확인된다. 고막원천권인 함평 초포리유적에서는 중국에서 들어온 새로운 무기가 추가되어 청동무기류가 증가하고, 동령 부장도 증가하며, 연대는 기원전 2세기 초~기원전 2세기 전엽으로 편년되고 있다. 중원식동검이 출토된 완주 상림리유적의 연대는 기원전 4~3세기 전후로 추정되며[145], 한반도에서 제작된 것으로 보았다[146]. 지석천권인 화순 대곡리유적에서는

---

145) 이건무 2014, 「한국 청동기문화와 중국식동검-상림리유적 출토 중국식동검을 중심으로-」, 『완주 상림리 청동검의 재조명』, 국립전주박물관·한국청동기학회 학술세미나.

146) 조진선·김주호·노형신·김수민 2014, 「동모 거푸집의 복원제작 및 주조실험-각섬석암제와 활석제 거푸집의 비교연구-」, 『호남고고학보』48, 호남고고학회.

B1식 · B2식 동검, 동착, 동사, 세문경, 팔주령, 쌍두령 등이 공반되며, 기원전 3세기 후엽~기원전 2세기 초로 편년되고 있다. 화순 백암리에서는 청동기 부장량은 감소하는 반면, 화순 대곡리나 함평 초포리에서 확인되지 않은 재지계 석촉과 토기를 부장하고, 동일 구역 송국리형주거지에서 신창동식토기가 출토되었으며, 적석목관묘의 연대는 기원전 2세기 중엽으로 편년되고 있다. 영산강 하류권에서는 전 영암 용범이 모두 8조 14점으로 11종 26점이 확인되었다. 화순 대곡리, 함평 초포리, 화순 백암리 등에서 출토된 동부나 동착 등 일부 청동기와 형태가 유사하고, 고도의 주조기술을 요구하는 세문경 용범편 등으로 보아서 영암 용범 연대는 청동기 출토유적들과 동시성을 띤다. 함평 초포리와 화순 대곡리 출토 세문경은 문양 정밀도로 보아서 화순 대곡리의 것이 보다 발달한 기술력으로 제작된 것으로 보이며, 기술 발달 측면에서 보면 화순 대곡리 세문경이 후행할 가능성이 있다. 함평 초포리는 중원식동검과 세문경 등으로 보아 Ⅰ기로 소급될 가능성이 있다.

　세형동검은 적석목관묘, 지석묘 등에서 출토되었다. 적석목관묘에서는 2매 이상 복수 부장하였고, 영암 장천리와 나주 운곡동 지석묘 등은 토착문화와 결합되어 확인된 사례이다. 영암 장천리 지석묘는 지상화된 석곽형 매장시설에서 동검 1점, 석제 십자형검파두식이 출토되었고, 나주 운곡동 다-1호 지석묘 바닥에서 동검편과 철착이 출토되었고 주변에서 석촉이 출토되었다. 광주 유덕동, 나주 청송리, 화순 절산리, 장성 북이면 등에서 수습된 사례들이 있으며, 영암에서는 다뉴세문경, 동모, 동검 등이 일괄로 수습되었고, 영암 신연리에서도 동모, 동제검파두식이 출토되는 등 청동기 용범이 확인된 영산강하류권에서 다종의 청동기류가 확인되었다. 청동제검파두식이 광주 신창동 옹관묘군에서는 출토되었다.

　철기는 1군 철기가 나주 운곡동지석묘 등에서 출토되었다. 나주 운곡동 지석묘에서는 철착이 세형동검편과 출토되었고 주변에서 석촉이 출토되었는데 만경강유역의 완주 신풍유적과 장수 남양리유적 철착과 동일하다. 청동기를 보유한 집단에 의한 철기수용양상이 영산강유역에서도 확인된다. 물론 만경강유역에서 출토되는 철기와는 여러 면에서 큰 차이를 보이지만, 만경강유역권과 같은 시기에 1군 철기가 유통되었음을 알 수 있다.

주거지는 원형점토대토기만 출토되는 주거지는 아직까지 확인되지 않으며, 토착의 송국리형주거지에서 출토사례가 있다. 나주 운곡동 33호 주거지이며, 전형적인 원형의 송국리형주거지(AⅠa식)이고, 원형점토대토기 A2식이 출토되었다. 토착문화와 결합된 사례는 지석묘에서도 확인되는데, 광주 매월동지석묘에서 원형점토대토기편이 출토되었다. 이러한 사례는 더욱 증가될 것으로 보이며, 여전히 송국리문화가 기반을 이루고 있음을 보여주는 것으로 이해된다. 나주 운곡동, 광주 수문, 광주 신촌유적 등 수혈에서 원형점토대토기 A2식이 출토되었고, 크기와 평면형태, 출토유물로 보아서 주거용으로 추정된다.

무덤은 토착의 지석묘를 비롯하여 적석목관묘, 토광묘, 옹관묘, 석관묘 등 다양하게 확인된다. 현지계 무덤인 광주 매월동 지석묘에서는 원형점토대토기 A2식이 출토되었고, 영암 장천리 1호 지석묘에서는 세형동검, 석제십자입주형검파두식이 현지계 석기와 공반되었다. 나주 운곡동 지석묘에서도 세형동검편과 주조철착이 공반되었다. 나주 월양리지석묘에서는 총 24기 유구 중에서 가시적으로 드러나는 묘표석 기능을 하는 위석형 1기에만 상석을 올려 지석묘군의 상징성을 나타내고 있다.

적석목관묘는 1형식, 2형식, 3형식이 모두 확인된다. 화순 대곡리·백암리, 함평 초포리 등에서 단독으로 확인되며, 1형식은 대곡리에서, 2형식은 초포리에서 확인되며 다종다량의 청동기를 일괄로 부장하는 모습을 보인다. 반면 3형식은 나주 월양리지석묘군, 함평 상곡리, 함평 마산리 표산, 나주 운곡동 등에서 확인되고, 적석목관묘의 적석요소가 토착무덤과 결합된 양상은 나주 월양리 지석묘에서 확인할 수 있다. 나주 월양리 14호 등에서는 묘광과 목관 사이의 충전석이 함몰하였고, 함평 상곡리 적석목관묘는 남원 장수리 적석목관묘와 동일한 구조를 보인다. 연대는 기원전 2세기로 편년할 수 있다.

토광묘는 단독묘로 영광 군동, 나주 도민동, 광주 관등, 화순 내평리 유적 등에서 확인되고, 원형점토대토기 A2식이 부장되었다. 영광 군동 토광묘에서는 원형점토대토기 A2식이 재지계 석착과 공반되어 토착문화와 결합된 양상을 보여준다. 평면형태는 모서리부분이 곡선적인 형태로 정연화되지 못하고, 장축방향은 등고선과 직교하고, 무문토기가 부장되는 사례가 확인되기도 한다.

옹관묘는 합구식이 등장한다. 명사리식옹관과 유사한 형태로 신창동식토기와 함께 나타나며, 광주 신창동 옹관묘가 초출하는 것으로 이해된다. 무문토기끼리 합구한 1형식도 확인되는데 광주 신창동, 광주 운남동, 함평 장년리 등에서는 송국리식토기를 사용하였다.

석관묘는 해남 황산리 분토와 나주 월양리 함평 마산리 표산 등에서 확인된다. 해남 황산리 분토 석관묘와 함평 마산리 표산 석관묘는 묘광을 이단으로 굴광하였으며, 화순 대곡리 적석목관묘의 굴광방식과 유사하다. 함평 신흥동과 광주 신창동 석관묘에서도 적석요소가 확인된다. 황산리 분토 석관묘는 묘광 평면형태는 장타원형에 가까운 곡선적인 형태로 모서리 각이 없고, 개석은 3중으로 덮었다. 바닥은 부분적으로 할석을 깔았으며 신부만 있는 형태의 석검을 부장하였다. 나주 월양리 석관묘는 묘광을 일단으로 굴광하였고, 묘광 평면형태가 정형화된 장방형의 형태를 띠고 있다. 개석은 2중으로 덮었으며, 해남 황산리 분토와 동일한 형식의 석검을 부장하였다. 이와 동일한 형식의 석검이 광주 신창동 Ⅲ기층에서 출토된 바 있다. 함평 마산리 표산 석관묘에서는 원형점토대토기편, 관옥이 출토되었다.

이 시기는 중서부지역 세형동검문화와 원형점토대토기의 확산시기와 일치하고, 다종다양의 청동기를 부장한 적석목관묘, 원형점토대토기 A2식, 1군 철기 등을 기준으로 하였다. 이청규 분류 5단계에 해당하며, Ⅱ기 연대는 기원전 2세기경으로 설정되며, 삼각형점토대토기문화가 출현하기 이전까지로 보고자 한다.

〈표 44〉 제Ⅱ기 유적과 유물

구분	청동기			철기		기타	토기	무덤	주거지
	검	경	동령	주조	단조				
초포리	중원식 B1(2) B2	CⅡb CⅢb CⅣa	4종	-	-	모,과, 사,착	-	적석목관묘2	-
대곡리	B1(2) B2	CⅡc CⅡb	2종	-	-	과,부	-	적석목관묘1	-
백암리	?	CⅣb	-	-	-	석촉	-	적석목관묘2	-
상곡리	-	-	-	-	-	-	-	적석목관묘3	-
군곡리 Ⅰ·Ⅱ기층	-	-	-	-	-	-	원형A2 흑도AⅡ,BⅠ,BⅡ	-	-
신창동 Ⅰ·Ⅱ기층	-	-	-	-	-	목검	무문토기, 원형A2	-	-
신창동	-	-	-	-	-	-	무문토기	옹관묘1	-
매월동 동산	-	-	-	-	-	-	원형A2	지석묘	-
운남동	-	-	-	-	-	-	무문토기	옹관묘1	-
수문	-	-	-	-	-	-	원형A2	-	수혈 (원형, 방형)
관등	-	-	-	-	-	-	원형A2	토광묘	-
관등	-	-	-	-	-	-	원형	-	수혈(원형)
평동	-	-	-	-	-	-	무문토기	-	BⅠa
평동	-	-	-	-	-	-	야요이계	-	수혈
성덕	-	-	-	-	-	-	무문토기	토광묘	-
표산리Ⅳ-3	-	-	-	-	-	-	원형A2	석곽묘	-
전 영암 용범	?	?	-	-	-	부	-	-	-
장천리	?	-	-	-	-	검파두식	-	지석묘	-
황산리 분토	-	-	-	-	-	석검	-	석관묘	-
장년리3	-	-	-	-	-	-	-	옹관묘1	-
운곡동	-	-	-	-	-	-	원형A2	석곽묘	AⅠa
운곡동	?	-	-	철착	-	석촉	-	지석묘	-
도민동	-	-	-	-	-	-	원형A2	토광묘	-
월양리	-	-	-	-	-	-	-	지석묘	-
월양리23	-	-	-	-	-	석검	-	석관묘	-
월양리14·18	-	-	-	-	-	-	-	적석목관묘3	-
내평리	-	-	-	-	-	-	원형A2	토광묘	-
군동 B-4	-	-	-	-	-	석부	무문토기, 원형A2	토광묘	-

절대연대자료는 광주 용강 5호 주거지, 광주 신촌 나-7호 · 10호 수혈, 함평 고양촌 5호 · 9호 수혈, 나주 랑동유적 20호 주거지, 나주 운곡동 Ⅰ-청-18호 주거지, 나주 운곡동Ⅱ-7호 수혈 등이 있다. 나주 운곡동Ⅰ-청18호 주거지는 AⅠa식으로 2130±60BP이며, 무문토기와 석촉, 격지 등이 출토되었다. 나주 운곡동Ⅱ-7호 수혈은 2110±50BP이며, 흑도장경호AⅠ식, 송국리식발이 출토되었다. 광주 신촌 나-7호와 10호 수혈은 각각 2130±50BP, 2120±50BP로 무문토기가 출토되었다. 함평 고양촌 5호와 9호 수혈은 2110±40BP, 2140±60BP이며, 5호에서는 유물이 출토되지 않았고, 9호에서는 무문토기, 석부, 방추차가 출토되었다. 나주 랑동 20호 주거지는 방형계로 2130±40BP이며, 유물은 출토되지 않았다. 무덤에서 확인된 절대연대자료는 화순 대곡리 적석목관묘가 있으며, 5차례에 걸쳐 측정되었다. 측정된 3개 값은 상대연대와 200~300년 정도 차이가 있고, 나머지 두 개의 값은 유물을 통한 상대연대와 대체로 일치한다.

〈표 45〉 제Ⅱ기 절대연대자료

유적	내용(주거지형식, 유물)	절대연대
화순 대곡리	적석목관묘, 청동유물일괄	2560±120(1971년 조사)
		2200±90(1971년 조사)
		2170±50(2008년 조사)
		2400±50(2008년 조사)
		2470±50(2008년 조사)
나주 운곡동Ⅱ-청-33호	AⅠa식, 원형A2, 무문토기, 석촉	2130±60(B.C130)
나주 운곡동Ⅱ-7호 수혈	부정형, 흑도장경호AⅠ식, 발	2110±50(B.C120)
광주 신촌 나7호수혈	타원형, 무문토기	2130±50(B.C130)
광주 신촌 나10호수혈	타원형, 무문토기	2120±50(B.C130)
함평 고양촌 5호 수혈	부정형, 유물없음	2110±40(BC120)
함평 고양촌 9호 수혈	부정형, 무문토기, 석부, 방추차	2140±60(B.C140orB.C330)
나주 랑동유적 20호주거지	B?, 유물없음	2130±40(B.C141)

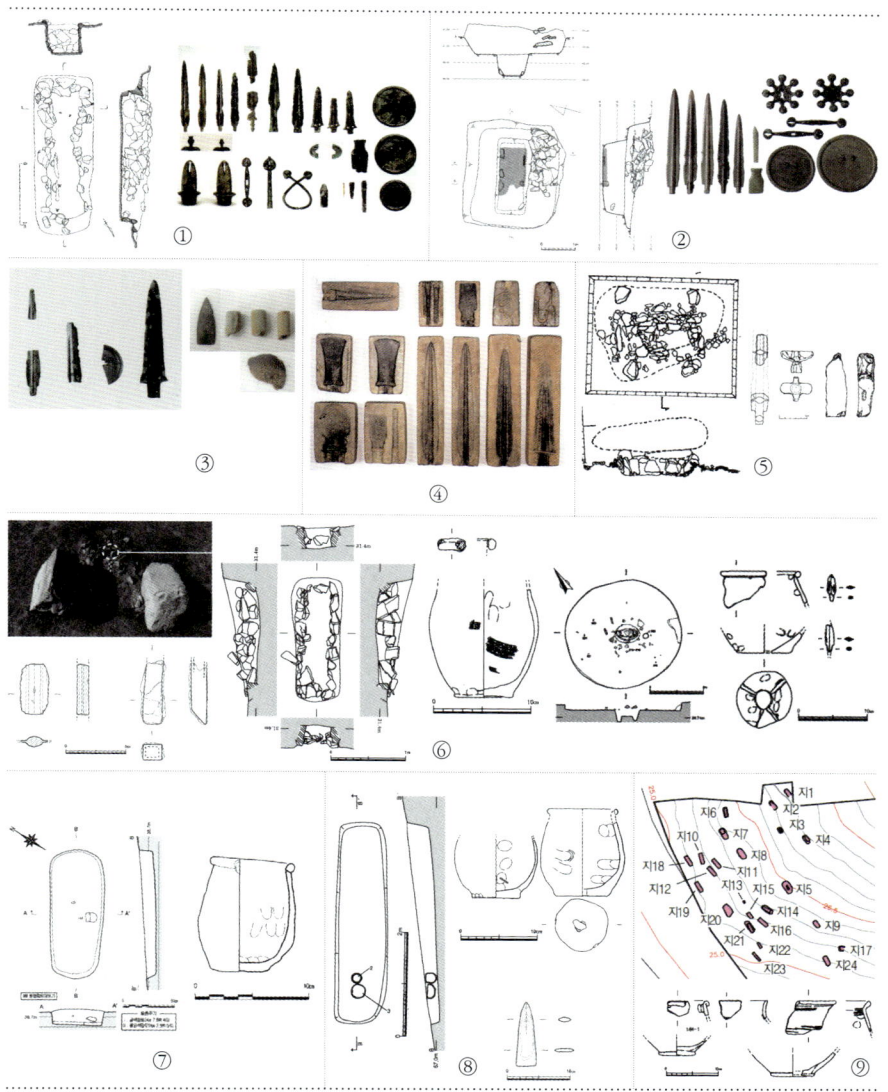

〈그림 27〉 제 II기 유적 및 유물

① 함평 초포리 적석목관묘 ② 화순 대곡리 적석목관묘 ③ 화순 백암리 적석목관묘 ④ 전 영암 용범
⑤ 영암 장천리 1호 지석묘 ⑥ 나주 운곡동 다1호 지석묘 및 석곽·33호 주거지 ⑦ 나주 도민동 토광묘
⑧ 광주 관동 토광묘 ⑨ 나주 월양리 4·14·23호 지석묘

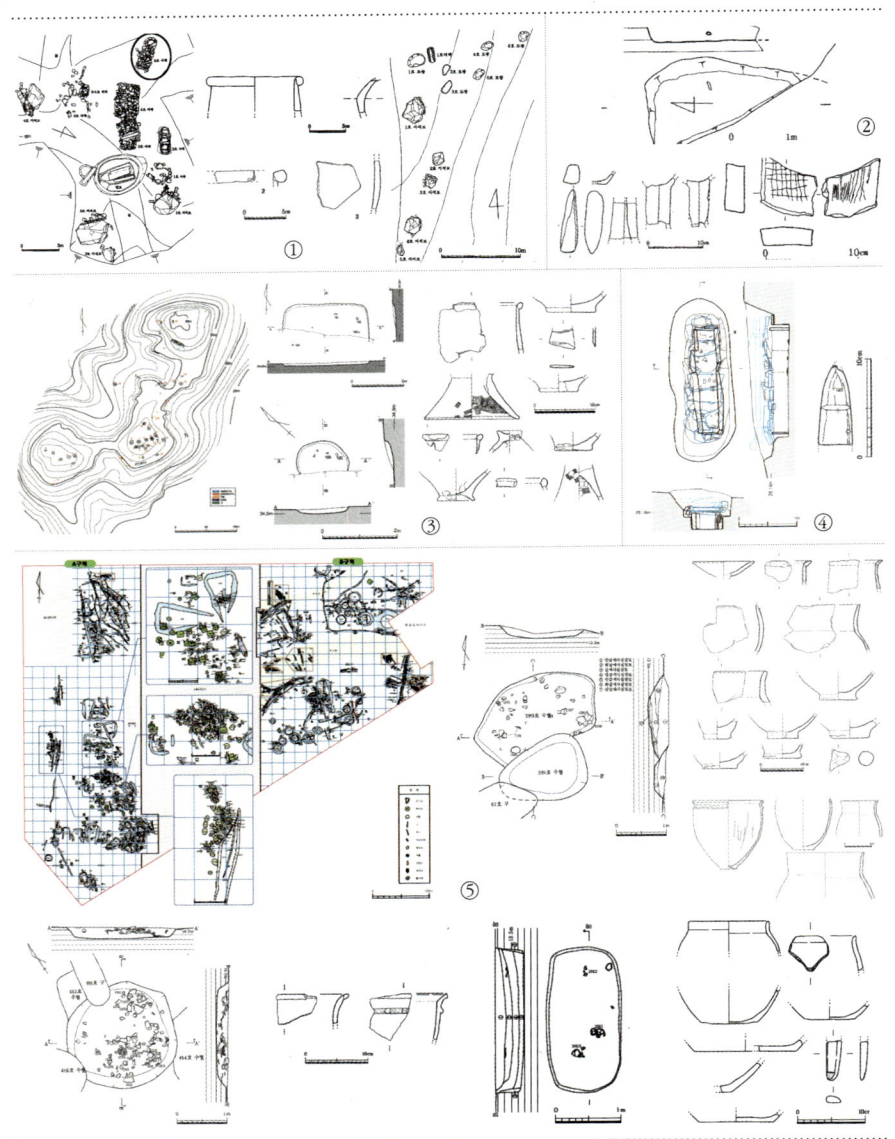

〈그림 28〉 제II기 유적 및 유물
① 광주 매월동 동산 지석묘 ② 광주 금호동 수혈 ③ 광주 수문 7·11호 수혈
④ 해남 황산리 분토 석관묘 ⑤ 광주 평동 390·415호 수혈 및 1호 토광묘

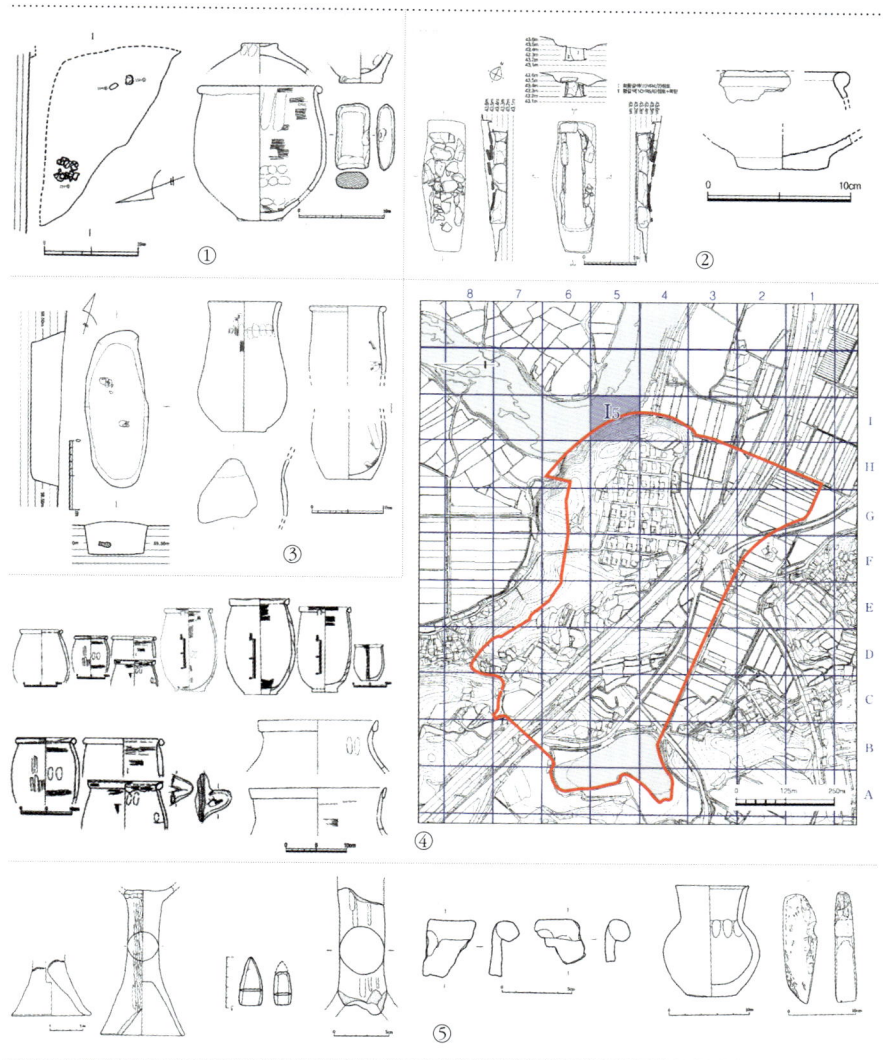

〈그림 29〉 제II기 유적 및 유물

① 영광 군동 B-4호 토광묘 ② 함평 표산 마산리 4-3호 석관묘 ③ 화순 내평리 토광묘
④ 광주 신창동 I 기층 ⑤ 해남 군곡리 I 기층 13·12층

3. 제Ⅲ기

이 시기에는 삼각형점토대토기문화와 2군 철기가 등장하고, 한 대화폐 등이 확인된다. 반면, 이전 시기와 같은 일괄로 집중적으로 확인되던 청동기 양상은 확인되지 않고, 철기문화의 본격적인 유입이 확인된다. 영산강유역에서는 철기유물 출토는 그다지 많지 않지만, 지속적으로 증가되는 추세이다. 같은 문화권의 삼각형점토대토기문화가 확산되는 것에서 철기문화도 본격적으로 보급되었다고 이해된다. 동시기 주변지역인 만경유역에서는 발달된 청동기와 1군 철기가 사라지고, 동남부지역에서는 2군 철기를 부장한 목관묘가 확인되는 등 한반도 남부지역에서는 물질문화가 급변해간다. 영산강유역에서는 만경강유역이나 동남부지역에서 확인되는 새로운 변화 양상이 모두 확인되는데, 두 지역의 양상이 복합적으로 나타난다. 유적 분포는 일부 유적에서 대규모 집중되고, 나머지는 매우 산발적이고 소규모이다.

토기는 무문토기, 신창동식토기, 군곡리식토기, 두형토기, 흑도장경호, 외래계토기 등이 확인된다. 신창동식토기가 대표 토기로 이해되지만, 무문토기 사용이 여전했을 것이다. 무문토기는 신창동식토기와 공반되고, 일상적으로 사용되었을 것으로 보인다. 광주 오룡동 구상유구에서는 신창동식토기, 조합식우각형파수 등과 출토되었다. 옹관묘와 주거지, 지석묘 등에서도 확인되었다. 무문토기가 사용된 옹관묘는 2형식으로 송국리식외반구연호와 결합되어 광주 운남동·신창동·장자 옹관묘 등에서 확인되었다. 광주 신창동저습지에서 삼각형점토대를 부착한 송국리식외반구연편이 확인되었다. 주거지에서는 광주 평동에서 송국리식외반구연편, 무문토기와 신창동식토기편, 석기 등이 공반되었다. 무문토기는 신창동식토기가 등장한 이후에도 지속적으로 사용되고 있음을 알 수 있다.

신창동식토기는 광주 신창동 Ⅱ기층과 신창동 옹관묘군, 해남 군곡리 Ⅱ기층에서 집중적으로 확인되었으며, 옹, 시루, 봉상파수부호, 주구토기 등 기종이 다양하고, 발형이나 옹형에서 주로 확인된다. 송국리식토기와 신창동식토기가 결합한 사례가 무안 인평 1호 옹관에서 확인되는데 기형은 송국리식외반구연호에 삼각형점토대를 부착한 신창동식토기이다. 신창동식토기는 해남 군곡리 Ⅱ기층 10층과 9층에서 점토대를 지우는 누르기흔이 확인되며, 층 연대로 보아서 기원전 1세기 후반경에는 홑구연화된 신창동식토기 Bd식이 증가한다. 지석묘에서도 신창동식토기가 출토되는데, 영암 엄길리 5호 지석묘에서는 신창동식토기 Bb식이 흑도장경호 AⅠ식과 공반되었고, 나주 월양리 지석묘 4호 묘에서는 매장시설 바닥에 신창동식토기 Be식을 파쇄하여 깔았다[147].

광주 신창동과 함평 자풍리 등에서는 신창동식토기를 소성한 토기가마가 확인되었다. 가마는 원형 수혈을 굴착하여 사용한 덮개형 개방요로 청동기시대 토기 소성법과 유사하다. 가마의 크기는 2m 이내이고, 광주 신창동 가마를 통해서 덮개형 개방요를 사용한 것으로 보인다. 인접한 섬진강유역권인 곡성 대평리에서 확인된 장방형 가마는 바닥면이 경사면을 갖는 등요 요소를 갖고 있어서 광주 신창동이나 함평 자풍리 가마보다 발달된 형태로 볼 수 있다. 내부에서 소토덩어리가 확인되었기 때문에 밀폐요일 가능성이 있으며, 기원전 1세기경에 장방형 밀폐요가 등장한 것으로 볼 수 있다.

흑도장경호는 AⅠ식, AⅡ식, BⅠ식, BⅡ식이 모두 출토되지만 현지화된 B식 비중이 증가한다. BⅡ식이 영광 군동 주구토광묘에 부장되었는데, 청동기시대 흑도와 유사한 형태이며, 2세기 후반~3세기경의 함평 순촌 2호 토광묘에서 출토된 마연토기와 함평 마산리 표산 Ⅳ-20호분 출토된 격자문이 타날된 적갈색연질토기와도 유사한 형태를 보인다. 흑도장경호는 형식의 시간 폭이 크고, 동일형식이 장시간 지속되는데, B식은 홍도나 흑도와 기형적인 면에서 유

---

147) 김진영 2018, 「영산강유역 지석묘 사회의 변동요인」, 『전남문화재』17집, 전남문화재연구소.

사한 형태이고, 영산강유역에서 현지화된 형식일 가능성이 있으며, 지속기간은 길었던 것으로 추정된다.

두형토기는 BⅡ식, AⅠ식, BⅡ3식, CⅠ식, CⅡ식 등이 출토된다. 광주 신창동과 치평동유적 등 저습지나 유물포함층 등 생활유구에서 다량 출토된다. 무덤에서는 부장품으로 확인된 사례가 아직까지 없으며, 함평 자풍리 주구 내에서 출토된 바 있다.

외래계유물은 토기, 유리, 화폐, 철경부동촉 등이 확인된다. 토기는 야요이계토기, 한식토기 등이 확인되는데, 광주 평동, 해남 군곡리패총, 광주 신창동저습지 등과 같이 신창동식토기가 성행한 유적에서 대부분 출토되었다. 야요이계토기는 한반도에서 야요이계토기 요소가 포함된 토기를 야요이계토기 또는 유사야요이계토기 등으로 부른다. 반면 일본 열도에서는 한반도토기를 모방한 토기를 유사조선계무문토기 또는 유사점토대토기 등으로 부르고 있다. 광주 평동과 해남 군곡리패총, 광주 신창동유적 등에서 출토되었으며, 판부식(板付式), 조오노코식(城ノ越式), 스구식(順玖式)의 영향을 받은 야요이계토기로 판단된다.

광주 평동 출토 야요이계토기는 A-390호·415호 수혈에서 출토되었고, 구연부 아래에 돌대를 돌리고 각목문을 시문한 판부식(板付式) 요소를 보이는 야요이계토기이다. A-390호 수혈에서는 신창동식토기 Ba식, 봉상파수, 군곡리식토기 등과 함께 출토되었고, A-415호 수혈에서는 신창동식토기 Ba식과 Bb식, 실심형의 두형토기편, 개 등과 출토되었다. 사천 늑도유적에서는 板付Ⅱc式이 출토되었으며, 원형점토대토기와 같은 시기로 보고 있다.

해남 군곡리패총에서 출토된 야요이계토기는 저부편과 수평구연완 등이 있다. 저부편은 Ⅱ기층(2차 조사 7층)에서 출토되었고, 구연부가 결실된 옹이며, 이 옹은 잘록하고 높은 형태의 저부를 갖는 조오노코식(城ノ越식) 요소를 보인다. 조오노코(城ノ越)식은 야요이 중기 초반에 속하며, 일본 내에서도 구주지역에 집중되고, 한반도 내에서는 동남부해안지역에서 주로 출토된다. 또한 Ⅲ기

층에서 출토된 수평구연완은 구연부에 평탄면을 이루는 것에서 스구식(順玖式) 요소를 보여준다. 스구식(順玖式)의 야요이토기는 회전물손질로 정연하게 마무리하는데, 이 완은 지두흔을 그대로 남겨 두어 한반도에서 제작된 야요이계토기로 보인다.

광주 신창동유적에서 출토된 야요이계토기는 Ⅱ기층 상층부에서 출토되었고, 스구식(順玖式) 요소를 보이는 구연부편들과 완형토기가 있고, 조오노코식(城ノ越식) 요소를 보이는 저부편 등이 있다. 구연부가 T자 형태를 이루는 스구 Ⅰ식(順玖Ⅰ式)과 구연부 평탄면이 처지고 길게 늘어지고 구연단 아래에 돌대가 있는 스구Ⅱ식(順玖Ⅱ式) 요소가 확인된다. 스구Ⅰ식(順玖Ⅰ式)은 야요이 중기 중반에 속하며, 스구Ⅱ식(順玖Ⅱ式)은 야요이 중기 후반에 속한다.

한식토기는 광주 신창동에서는 Ⅲ기층에서 출토되었으며, 구연부 일부만 남아 있으며, 구연단이 ㄱ자 형태를 이룬다. 이 토기는 구형 동체부를 갖고 낙랑군이 설치되었던 평양 부근에서 주로 확인된다. 高久健二는 이러한 토기가 평양 정백동 27호, 평양 석암리 9호에서 출토되고 대동강면 乙신호 단계까지 존속되고 있으므로 기원후 1~3세기 전반대로 보았다. 인천 운북동 5지점 1호 수혈에도 'ㄱ'자 형태의 구연부를 가진 회백색옹이 출토되었으며, 기원전 1세기로 편년하였다. 광주 신창동 출토 낙랑계토기는 아무리 빨라도 기원후 1세기대 이전으로 소급하기에는 무리가 있고, 본격적인 낙랑 철기문화가 남부지역으로 파급되었음을 보여주는 것으로 기원전후~기원후 1세기대로 추정하였다[148]. 최근 증가하고 있는 자료로 볼 때, 광주 신창동 낙랑계토기는 기원전 1세기경으로 소급될 가능성이 충분하다.

유리관옥은 군곡리 Ⅱ기층에 해당하는 2차 조사 A4피트 6층에서 출토되었다. 유리관옥의 분석결과는 초록색투명관옥이라 칭해진 것으로 다른 옥과 비

---

148) 조현종·신상효·이종철 2003, 『광주 신창동 저습지 유적Ⅴ』, 국립광주박물관.

교해 특이한 성분을 함유하는 소다유리계로 밝혀져 중국 이외의 동남아시아로부터 교역품일 가능성이 제시되었다[149]. 소다유리와 포타쉬유리는 기원전 1세기~기원후 3세기 중엽에 동남아시아에서 확산되어 한반도로 유입된 것으로 보았다. 납-바륨유리는 부여 합송리 출토 유리관옥, 완주 갈동 2호 환형유리[150] 등이 있으며, 기원전 3~기원전 1세기에 동남아시아와 중국 남부-중국 연안-한반도-왜로 전해지고 있다[151]. 해남 군곡리에서는 납-바륨계유리가 확인되었다.

오수전은 광주 신창동 514-1번지 유적의 Ⅴ층과 Ⅵ층이 경계하는 면에서 1점이 출토되었다. 오수전은 한 대 화폐로 서한 무제 5년(BC 118년) 처음으로 주조되었다가 신나라(8~24년) 때 폐지된 후 다시 주조되었다. 「五」자는 양획이 곡선적으로 교차하며, 위와 아래의 가로획이 양쪽으로 돌출되게 표현되었고, 「銖」자의 머리가 삼각형이고 네 점은 긴 점으로 표현되었다. 유사한 형식이 제주도에서 출토되었는데, 상한연대를 기원전 63년으로 추정하였다. 사천 늑도 C지구에서는 1점이 출토되었고 기원전 68년으로 추정하였다[152]. 서울 풍납토성 경당지구 101호 출토 오수전도 기원전 63년 이전에 제작된 것으로 보았다[153]. 신창동 오수전은 제주도 출토품과 유사하며, 시기적으로도 상통할 것으로 추정된다.

복골은 광주 신창동 Ⅰ기층과 해남 군곡리 Ⅱ기층, 나주 복암리 7차유적 구상유구 등에서 출토되었다. 신창동식토기와 공반하고, 사슴과 멧돼지의 견갑골

---

149) 이인숙 1989, 「한국 고대 유리의 분석적 연구(Ⅰ)」『선사와 고대 34』한국대학박물관협회.
150) 김규호 외 2005, 「완주 갈동유적 출토 유리환의 고고화학적 고찰」, 『완주 갈동유적』, (재)호남문화재연구원.
151) 권오영 2014, 「고대 한반도에 들어온 유리의 고고, 역사학적 배경」, 『한국상고사학보』85, 한국상고사학회.
152) 권욱택 2013, 『한반도·중국 동북지역 출토 진·한대 화폐의 전개와 용도』, 영남대학교대학원 석사학위논문.
153) 이영훈·이양수 2007, 「한반도 남부 출토 오수전에 대하여」, 『영천 용전리 유적』, 국립경주박물관.

을 이용하였으며, 무문자복골과 지지기방식만 확인되고 있다.

철경부동촉은 쇠뇌에 사용된 촉으로 광주 신창동저습지 Ⅲ기층에서 1점이 출토되었다. 동촉은 평양, 인천 운북동, 가평 대성리유적, 완주 갈동, 제주 삼양동, 늑도유적 등에서 출토되었다. 철경부동촉으로 삼릉촉에 속하며, 낙랑토성이나 평양지역의 목관묘에서 출토되며, 낙랑에서 동촉은 기원전 1세기~기원후 3세기 고분에 부장되고 있어 낙랑군 설치이후 낙랑 영향으로 기원전후에서 기원후 1세기경 유입된 것으로 보고 있다. 하지만 낙랑지역에서 기원전후를 기준으로 하여 동촉에서 철촉으로 변화되어간다는 견해로 본다면, 동촉은 기원전 1세기경에 반입되었을 가능성이 있다.

청동기는 세형동검과 검초부속구 등이 확인되었다. 세형동검은 함평 당산리 수혈에서 꽂힌 상태로 출토되었으며, 출토상태로는 매납 성격을 지닌 것으로 보이며, 장봉화된 B식 계통으로 기원전후한 시기로 추정된다. 검초부속구는 나주 구기촌 9호 토광묘에서 삼각형동기, 우각형동기, 철검Ⅰ식, 칠기 등이 일괄로 출토되었다. 창원 다호리 목관묘의 부장품 일부와 유사하며, 우각형동기는 서북한지역과 창원 다호리, 일본에서 출토되고 있다[154]. 청동제검심은 광주 신창동 유물포함층에서 철검과 함께 출토되었으며, 검신의 단면형태는 나팔형이며, 경산 임당동이나 창원 다호리 목관묘 등에서 출토된 바 있다. 동일한 형태의 거푸집이 평양에서 출토되었고, 광주 신창동 저습지에서 목제품으로 다수 출토되었고, 신창동 옹관묘지에서 청동제 검파두식이 출토되기도 하였다. 함평 마산리 표산에서는 주거지 퇴적토 내에서 검초하부연결금구편이 출토되었다.

철기는 광주 신창동, 해남 군곡리, 나주 구기촌 등에서 출토되었다. 출토된 철기는 소량이지만 각종 골각기, 목제품 등을 통해서 철제 공구류가 일반적으

---

154) 이범기 2018, 「영산강유역 마한 성립기의 철기문화」, 『영산강유역 마한제국과 낙랑·대방·왜』, 전남문화재연구소.

로 사용된 것으로 보인다. 광주 신창동 506답 2구역에서는 철검 병부에 청동제 검심이 끼워진 상태로 출토되었고, 동일층에서 군곡리식토기, 봉상파수 등과 공반되고, 신창동 저습지에서는 목제 검심들이 다수 출토되기도 하였다. 대구 평리동, 경산 임당동 A-Ⅰ-76호 묘, 창원 다호리 19호·69호 묘 등 영남지역에서 주로 확인되고 있다. 나주 구기촌 1호 토광묘에서 괭이형철기가 신창동식토기Bb식 등과 출토되었다. 나주 구기촌 2호 토광묘에서는 철검Ⅰ식, 철모Ⅱ식, 판상철부, 유공철부Ⅱ식, 철사가 군곡리식토기, 석기와 공반하였고, 5호 토광묘에서는 철모 Ⅱ식이 군곡리식토기와 공반하였다. 나주 구기촌 9호 토광묘에서 철검Ⅰ식, 철모Ⅰ식, 유공철부Ⅱ식이 군곡리식토기 외반구연호, 검파두식, 우각형동기, 삼각형동기, 검초부속구, 칠기테두리금구와 공반하여 출토되었다. 철검은 단검으로 Ⅰ식에 해당되며, 대구 팔달동 등에서 출토된 것과 유사하다. 철모는 Ⅰ식으로 단형이며, 관부 끝을 절단하였고 대구 팔달동 철모와 유사하다. 철부는 단조품으로 분리형이며 유견식이고 공부 단면형태는 장방형을 이루고 있다. 나주 구기촌 10호에서는 철검 Ⅰ식이 신창동식토기와 흑도장경호AⅠ식과 공반되며, 유물 양상으로 보아 기원전 1세기경으로 설정된다. 해남 군곡리패총 Ⅱ기층에서는 선형철부, 철제낚시바늘 등이 출토되었다. 광주 신창동 옹관묘에서는 철편 3점이 출토되었는데, 형태를 알 수 없으나 52호 옹관 주변에서 출토된 철편이 주조품인 것으로 보아서 주조철기가 성행했음을 알 수 있다. 인접 지역인 보성 우산리 현촌유적에서는 1호 토광묘에서 세형동검과 신창동식토기, 철제 재갈 등이 출토되었고, 3호 토광묘에서 세형동검과 검파두식, 동모, 주조철부와 철착, 편평촉 14점 등이 출토되어서 연대는 기원전 1세기경으로 추정하였다[155].

---

155) 조진선 2020, 「보성 우산리 현촌유적의 청동기와 철기」, 『2017~2019 호남고고학 성과전 - 울림 풀림 알림-』 국립나주박물관.

주거지는 AⅠa식, AⅠc식, AⅡa식, BⅠa식, BⅡa식, C식 등과 주거용 수혈 등이 확인된다. 송국리형주거지 특징인 타원형구덩이이와 양단주공이 중앙부를 이탈해 위치하거나, 소멸되어가는 현상이 나타나지만, 여전히 송국리형주거지가 확인되고 있다. 광주 평동유적에서는 C식이 확인되고, 타원형구덩이나 중심주공이 중앙부를 이탈하거나 부분적으로 소멸되는 등 혼재된 양상이 뚜렷하게 확인된다. AⅡa식과 BⅡa식과 C식 등이 새롭게 확인되면서 주거지 형식이 다양해진다. 타원형구덩이에서 소토가 확인되어 노지화되는 사례가 평동 49호에서 확인되는데, 내부에서 유물은 출토되지 않았지만, 9호 옹관묘(4형식)와 중복관계를 통해서 주거지가 옹관묘보다 선행하여 축조된 것이 확인되었기 때문에 연대를 추정할 수 있다.

　영산강유역 주거지에서 노지가 확인되는 사례는 아직까지 확인된 바 없지만, 인접한 섬진강유역권인 곡성 대평리에서는 AⅡb식이 확인되었고, 사천 늑도에서도 원형계주거지에서 온돌이 확인된 바 있어 영산강유역에서도 온돌문화가 유입되었을 가능성이 충분하다. 광주 수문 5호 주거지는 송국리형주거지로 신창동식토기가 무문토기와 함께 출토되었고, 절대연대2610±50BP에 속하지만, 유물로 본 연대는 기원전 1세기로 편년된다. 전형적인 송국리형주거지가 지속적으로 사용되고 있음을 보여준다. 함평 고양촌유적과 광주 평동유적 등 수혈에서 신창동식토기, 시루 등이 출토되어 일부 수혈은 주거지로 추정되며, 내부에서 시설이 확인되지 않았기 때문에 AⅡa식이나 BⅡa식, C식 주거지일 가능성이 크다.

　무덤은 지석묘, 토광묘, 주구토광묘 석개토광묘, 옹관묘 등 다양하게 확인된다. 지석묘를 제외하고 산발적으로 확인되며, 토착무덤과 결합되는 양상이 확인된다. 토광묘계는 영광과 함평 등 서해도서권에서 주로 분포하고, 옹관묘는 광주 등 영산강상류권에 분포하며, 현재까지 자료로 보아서 영산강 동쪽에서는 옹관묘가 확인되지 않았기 때문에 영산강 서쪽을 중심으로 옹관묘가 성행해간 것으로 보인다. 지석묘는 나주 월양리 사례로 보아서 이전 시기에 조성된 무덤군에 매장시설이 추가되면서 매장시설 위치도 지상화되고, 적석목관묘 요소가 결합된 매장시설이 확인되기 때문에 지석묘의 본질적 요소가 없어지는 구조를 보인다. 영암 엄길리 5호 지석묘에서는 흑도장경호 AⅡ식과 신창동식 토기-b식이 매장시설 주변에서 확인되어서 지석묘를 중심으로 하는 묘제문화에 신요소가 수용되면서 지석묘가 갖는 상징적 의미는 쇠퇴해지고 있다.

토광묘는 광주 수문 1호·2호, 광주 성덕, 장성 월정리Ⅱ-1호~3호, 나주 구기촌 9호·10호 등이 해당된다. 이전 시기와 동일하게 독립묘로 단발적으로 확인되지만, Ⅱ기에 비해서 수적으로 증가하고 5기 미만으로 군집되어 확인된다. 장성 월정리Ⅱ-1호 토광묘에서는 세형동검을 모방한 석검을 부장하고, 동일한 형태의 석검이 광주 평동 59호 주거지에서 두형토기 BⅡ2식, 재지계 석기와 함께 출토되기도 하였다.

나주 구기촌유적에서 단조철기를 부장한 토광묘가 조성되기 시작하는데 집단묘를 이루어간다. 나주 구기촌 9호 토광묘에서는 청동제 부속구와 단조기법 철제 무기류와 공반하는데, 대구 팔달동, 경주 조양동, 창원 다호리유적 양상과 유사하다. 이들 유적은 이청규 6·7단계에 해당하는 유적으로 6단계는 단조철기 등이 공반되는 시기이고, 대구 팔달동, 경주 조양동, 경산 임당유적 등으로 기원전 1세기 전반대로 편년하였다. 7단계는 경산 임당유적, 창원 다호리, 경주 조양동 유적 등으로 연대는 기원전 1세기 후반대로 보았다[156]. 묘광 평면형태는 이전 시기의 토광묘에 비해서 직선화되고 모서리의 말각도 점차 사라지면서 세장화되고 정연화되는 모습을 보인다. 장축방향은 10호를 제외하고는 등고선과 평행한 방향으로 조성되었으며, 유물 부장량은 이전 시기에 비해서 증가하고, 관내 또는 바닥에 금속류를 부장하고 충전토 상면에 토기류를 부장하는 등 부장위치도 정형화되어간다.

---

156) 이청규 1997, 「영남지방 청동기문화의 전개」, 『영남고고학보』21집, 영남고고학회.

주구토광묘는 영광 군동 등에서 확인되며, 현지화된 흑도장경호 BⅡ식이 출토되었다. 함평 자풍리에서는 세장방형 주구 내에서 두형토기 BⅡ2식 등이 출토되었고, 매장주체부가 확인되지는 않았으나 토광묘계일 가능성이 있다. 청동기시대 주구묘를 시원으로 보기에는 시간차가 너무 커 지금 자료로는 관련성을 찾기 어렵지만, 계통성은 확인된다. 섬진강유역권인 곡성 대평리유적에서 동시기 주구토광묘가 여러 기 확인되었기 때문에 경로를 달리하여 유입되었을 가능성이 있다.

석개토광묘는 함평 용산리 9호, 광주 신창동 등에서 확인되었다. 함평 용산리에서는 석개토광묘 4기가 석관묘 6기와 동일구역에 조성되었고, 4호에서 찰문이 시문된 토기편이 개석 사이에서 출토되어 동일 시기에 조성된 것으로 보인다. 9호는 직교하는 장축방향을 나타내며, 2호·7호·4호 석개토광묘는 등고선과 평행한 장축방향을 선정하고, 전체적인 묘의 배치에서 떨어진 곳에 조성되어 있어 가장 먼저 조성된 것으로 추정된다. 광주 신창동 석개토광묘는 유물이 출토되지 않아서 시기를 알 수 없으나 동일구역 내에서 석관묘, 지석묘와 같이 확인되었다. 같은 구역에서 확인된 지석묘는 구릉 정상부에 위치하고 위석형 구조로 보아서 묘표석기능을 한 것으로 보인다. 광주 신창동 지석묘도 나주 월양리 지석묘와 같이 지석묘의 상징성 정도만 남아 있는 것으로 추정된다.

옹관묘는 광주 신창동, 광주 운남동 함평 송산 7호, 함평 장년리 1호~3호, 광주 평동A 9호~17호, 광주 장자 1호·2호, 무안 인평 1호, 영광 군동 B-2호 등에서 확인되었다. 합구식이 확인되며, 신창동식토기가 사용된 1형식과 2형식과 3형식에 해당되고, 대부분 1~3기 내외로 조성되고, 소집단을 이루며 산발적으로 분포한다. 광주 신창동·운남동, 함평 장년리 등에서 무문토기끼리 합구한 1형식이 확인되는데 송국리식토기를 사용하였다. 토기 결합관계로 보았을때 1형식이 가장 이른 형식이며, 신창동식옹관묘가 기원전 2세기 후반경 등장하는 것으로 보아서 1형식은 먼저 등장했을 가능성도 있다. 한편, 광주 신창동이나 광주 운남동과 함평 송산 등에서는 집단묘로 조성된다. 함평 송산에서는 다음 시기인 Ⅳ기까지 이어져 조성되며, 송산 7호는 2형식으로 등고선과 직교하는 장축방향을 선정한 특징을 보이고 있다. 광주 장자 3호도 등고선방향과는 사선을 이루는 장축방향을 보이고 있어 토착무덤과는 달리 등고선과 직교하는 장축방향을 선정한 것으로 볼 수 있다. 영산강상류권인 광주지역에서 밀집되어 조성되는 양상을 보이고, 광주 신창동에서는 이전 시기에 이어서 동일 구역 내에 조성되면서 대규모 집단묘를 이루는 특징적인 현상을 보인다.

칠기는 광주 신창동과 나주 구기촌 9호 토광묘에서 출토되었다. 광주 신창동 저습지에서는 원통형칠기, 검초 등 칠기뿐만 아니라, 창원 다호리유적 출토품과 동일한 검심이나 검파두식 등이 출토되었다. 광주 신창동 원통형칠기와 태극문칠기의 분석 결과에서는 2~3개의 칠층으로 구분되며, 바탕칠 없이 바로 목기 표면에 옻칠을 한 목심칠기로 창원 다호리 출토된 칠기와 유사한 기법이며, 낙랑 고분 출토 칠기와는 기술적인 면에서 차이를 보이고 있다[157]. 광주 신창동 원통형칠기는 완주 신풍 가-49호 토광묘에서 출토된 원통형토기와 유사한 형태이며, 원통형토기는 목기전통을 가진 토기이다. 완주 신풍 가-35호·54호에서는 원판형 칠기흔이 확인되었고, 완주 갈동 3호 토광묘에서도 칠기흔이 확인되어 만경강유역에서는 기원전 2세기경에 칠기제품을 사용한 것을 알 수 있다. 광주 신창동 저습지에서 철제품은 Ⅰ기층에서 대부분 출토되었고, 완주지역 칠기흔 등으로 보아서 시기가 상향될 가능성이 있다. 나주 구기촌 9호에서도 칠반의 청동테두리와 목제검초가 출토되었는데 검초는 상태가 매우 불량하고, 칠반은 낙랑고분에서 출토되고 있다.

Ⅲ기 연대는 이청규 6·7단계에 해당되며, 기원전 1세기경으로 설정된다. 삼각형점토대토기문화의 출현부터 낙랑군의 기능이 변화되는 시기가 획기가 될 것으로 생각된다.

---

157) 이용희 2008, 「다호리유적 출토 칠기유물의 칠기법 특징연구」, 『다호리 유적 발굴 성과와 과제』창원 다호리 유적 발굴 20주년 국제학술 심포지엄, 국립중앙박물관.

〈표 46〉 제Ⅲ기 유적과 유물

구분	청동기			철기		기타	토기	무덤	주거지
	검	경	동령	주조	단조				
신창동Ⅱ·Ⅲ기층	-	-	-	-	-	목검, 목검집, 칠기 등	신창동식토기 a, b,c 야요이계, 한식토기	-	-
신창동	-	-	-	-	-	-	신창동식토기 군곡리식토기	토기가마	-
신창동	-	-	-	-	-	-	-	옹관묘1~3	-
태목리	-	-	-	-	-	-	군곡리식토기	-	AⅠa
운남동	-	-	-	-	-	-	-	옹관묘2, 3	-
수문 5호	-	-	-	-	-	-	신창동식토기a	-	BⅠa
수문 1호	-	-	-	-	-	-	신창동식토기a 혹도 AⅠ, BⅡ	토광묘	-
신촌	-	-	-	-	-	-	신창동식토기 혹도	-	수혈
장자	-	-	-	-	-	-	-	옹관묘2	-
평동 59호	-	-	-	-	-	석검	군곡리식토기 두형AⅡ2	-	C
평동 34호	-	-	-	-	-	-	군곡리식토기	-	C
평동 32호	-	-	-	-	-	-	군곡리식토기	-	AⅡa
평동 31호	-	-	-	-	-	-	신창동식토기b, c 군곡리식토기	-	BⅡa
평동 36호	-	-	-	-	-	-	신창동식토기b, c	-	BⅡa
평동 38호	-	-	-	-	-	-	신창동식토기b	-	BⅡa
평동 40호	-	-	-	-	-	-	신창동식토기b 시루	-	BⅡa
평동 49호	-	-	-	-	-	-	-	-	AⅠc
평동 69호	-	-	-	-	-	-	군곡리식토기	-	AⅠa
성덕 1~7호	-	-	-	-	-	석기	신창동식토기 무문토기	토광묘	-
뚝뫼	-	-	-	-	-	-	조합식파수 두형AⅠ2	-	A?
월정리Ⅱ-1~3	-	-	-	-	-	석검, 석촉	신창동식토기 혹도AⅠ	토광묘	-
군곡리Ⅱ기층	-	-	-	-	-	낚시바늘	유리옥	신창동식토기 a, b, d 혹도, 야요이계	-	AⅡa
인평	-	-	-	-	-	-	-	옹관묘2	-
수문Ⅱ기층	-	-	-	-	-	-	신창동식토기 군곡리식토기	-	-

구기촌9	-	-	-	-	검,모,부	우각형동기 삼각형동기 검초, 검파	군곡리식토기	토광묘	-
구기촌10	-	-	-	-	검	-	신창동식b	토광묘	-
수문 I 호	-	-	-	-	-	-	군곡리식토기	-	-
엄길리 5호	-	-	-	-	-	-	신창동식b 흑도AⅡ	지석묘	-
군동	-	-	-	-	-	-	흑도AⅡ2	주구토광묘	-
소명동	-	-	-	-	-	-	군곡리식토기	-	AⅠa
장년리	-	-	-	-	-	-	-	옹관묘2	-
자풍리	-	-	-	-	-	-	두형?Ⅱ	주구	-
자풍리	-	-	-	-	-	-	군곡리식토기	토기가마	-
고양촌	-	-	-	-	-	-	신창동식토기b 시루	-	수혈
월양리	-	-	-	-	-	-	신창동식e	지석묘	-
복암리 7차	-	-	-	-	-	-	신창동식 군곡리식		구상유구, 수혈

절대연대자료는 많지 않다. 광주 평동 B-3호 주거지는 BⅡa식으로 2010±50BP이며, 유물은 출토되지 않았다. 함평 고양촌 8호 주거지는 AⅠa식으로 함평 고양촌 8호 주거지는 AⅠa식으로 2050±50BP이며 무문토기, 석촉, 석기가 출토되었다.

〈표 47〉 제Ⅲ기 절대연대자료

유적	내용(형식, 유물)	절대연대
광주 평동 B-3호 주거지	BⅡa식, 유물없음	2010±50(0)
광주 신창동 4호 주거지(2007)	BⅡb식, 군곡리식토기, 연질토기(회색, 적갈색)	1980±60
광주 수문 5호 주거지	BⅠa식, 신창동식토기, 무문토기	2610±50BP
함평 고양촌 8호 주거지	AⅠa식, 무문토기, 석촉, 석기	2050±50(B, C50)
영광 마전 9호 주거지	AⅡa식, 연질토기, 시루	2155±85

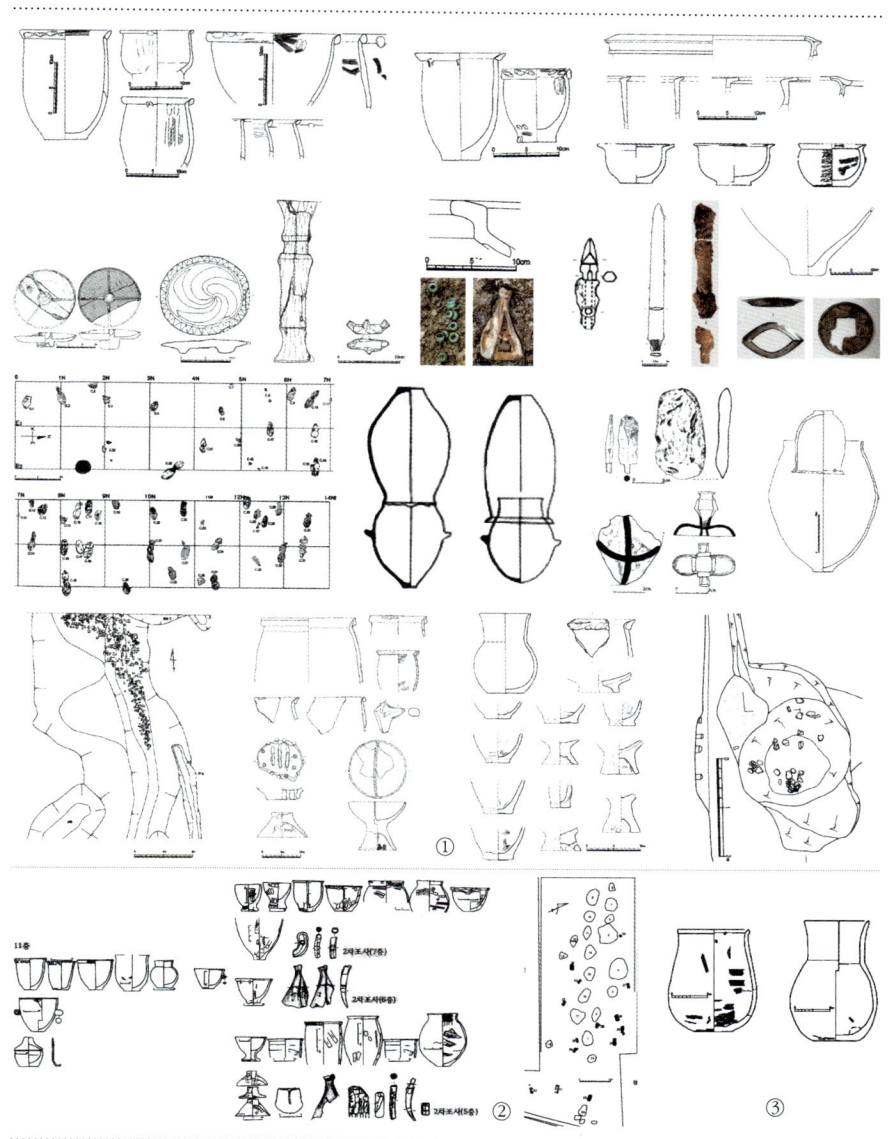

〈그림 30〉 제Ⅲ기 유적 및 유물
① 광주 신창동유적(Ⅱ기층 및 옹관묘, 환호, 가마 등) ② 해남 군곡리 Ⅱ기층 ③ 영암 엄길리 지석묘

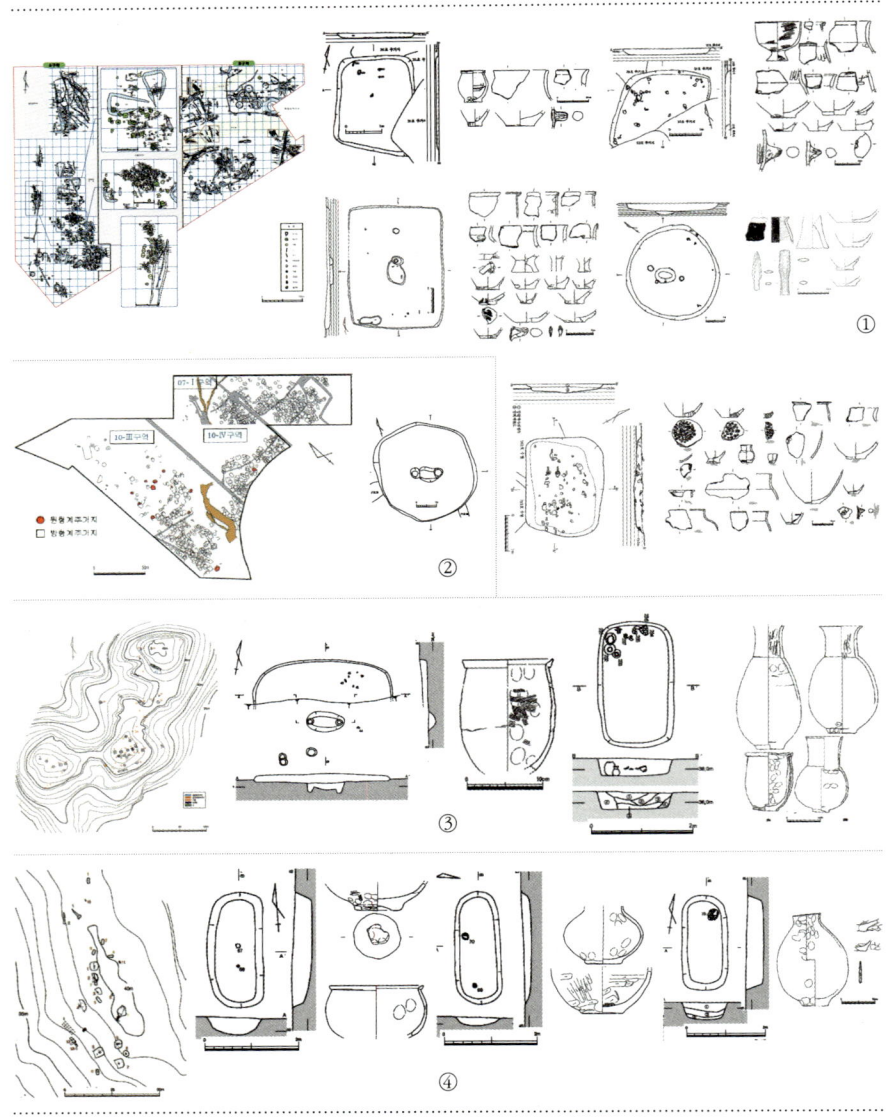

〈그림 31〉 제Ⅲ기 유적 및 유물
① 광주 평동 33·36·40·58·59호주거지 및 64호 수혈 ② 담양 태목리 청-7호 주거지
③ 광주 수문 5호 주거지 및 1호 토광묘 ④ 광주 성덕 1·4·7호 토광묘

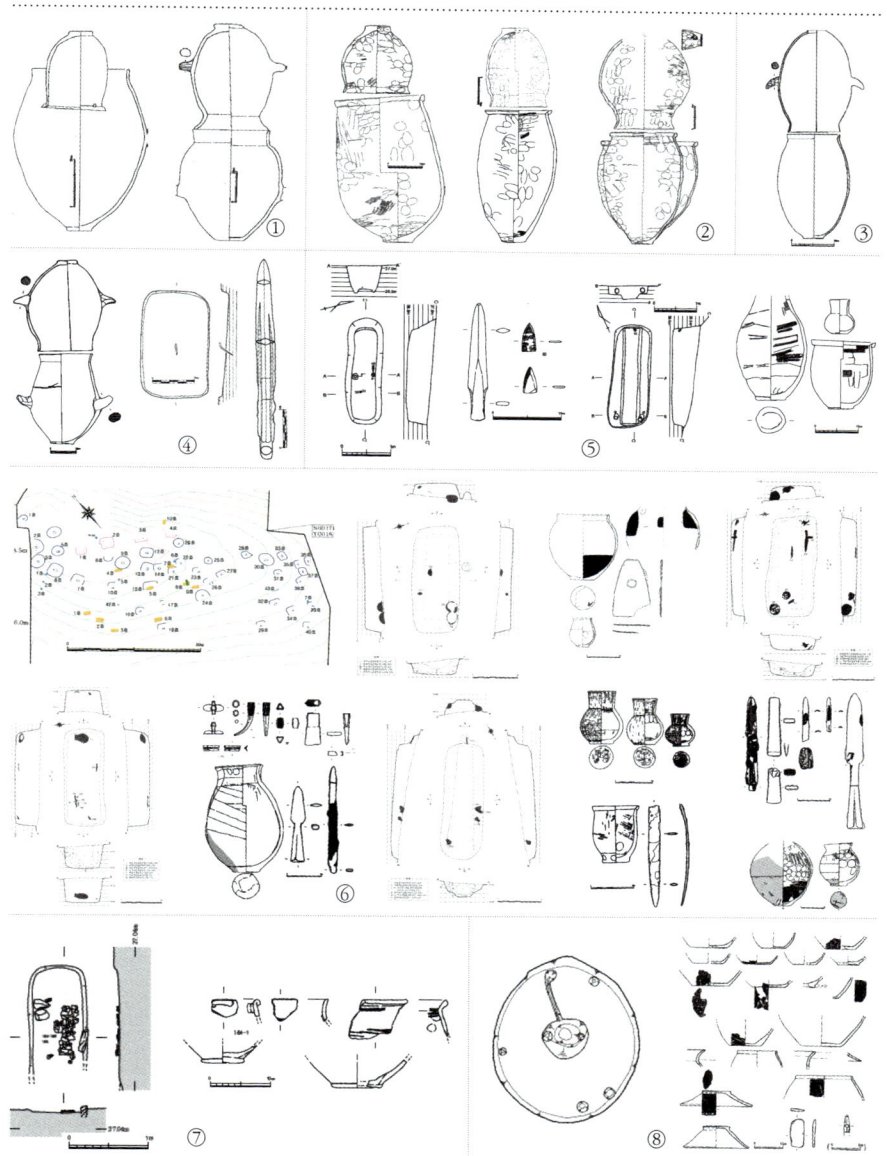

〈그림 32〉 제Ⅲ기 유적 및 유물

① 광주 운남동 3·4호옹관묘 ② 광주 장자 1~3호 옹관묘 ③ 무안 인평 옹관묘
④ 함평 장년리 당하산 1호 옹관묘 및 2호 수혈 ⑤ 장성 월정리Ⅱ-1·2호 토광묘
⑥ 나주 구기촌 1·2·9·10호 토광묘 ⑦ 나주 월양리 4호 ⑧ 함평 소명동 청-3호 주거지

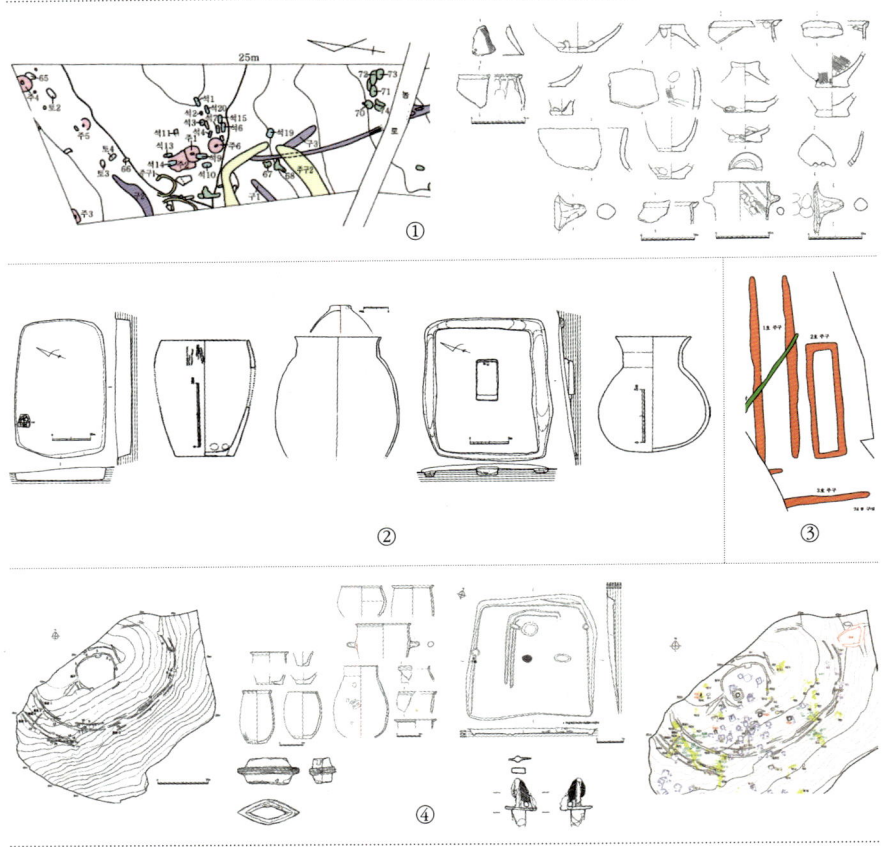

<그림 33> 제Ⅲ기 유적 및 유물

① 함평 고양촌 수혈 ② 영광 군동 B-2호 토광묘 및 2호 옹관묘 및 18호 주구토광묘 ③ 함평 자풍리 신풍 주구
④ 함평 마산리 표산 Ⅴ-환호·주거군·분묘군·원 10호 주거지 및 Ⅱ-170호 주거지 퇴적

4. 제Ⅳ기

이 시기는 한계유물과 제주도(주호), 변·진한 등 여러 지역의 문물이 확인되는 시기이다. 왕망전(기원후 8~23년)이 유입되고, 화천, 복골, 유리구슬, 중국토기모방토기, 방제경Ⅰ식 등 중국계 문물이 다수 확인된다.

토기는 무문토기, 신창동식토기, 군곡리식토기가 주로 확인되며, 외래계토기도 확인된다. 무문토기는 광주 오룡동 16호 원형주거지에서는 무경식석촉, 연석 등 재지계 석기와 출토되었다. 광주 평동 주거지에서 편으로만 확인되었지만 신창동식토기와 군곡리식토기가 공반하는 사례가 다수 확인되기도 한다. 신창동식토기는 c식, d식이 대부분이고, 군곡리식토기는 직립구연이나 짧게 외반하는 형태, 길게 외반하는 형태 등 다양하게 확인된다. 광주 복룡동 2호 토광묘에서는 신창동식토기 대부완, 철검, 군곡리식토기 호 2점이 출토되었다. 군곡리식토기 호 중에서 외반장동호는 해남 군곡리 Ⅲ기층에서 출토된 외반장동호와 동일한 기형을 갖는다. 유사한 기형의 군곡리식토기 소호가 광주 복룡동 1호 토광묘, 영광 군동 B-3호 토광묘, 해남 황산리 분토 토광묘 등에서 출토되었고, 광주 복룡동에서는 실연대를 제시해 주는 화천과 함께 출토되었다.

외래계토기는 중국토기모방토기 등이 확인된다. 중국토기모방토기는 해남 군곡리 Ⅲ기층에서 출토되었고, 유사한 형태가 늑도유적에서도 확인된다. 태토나 기벽의 두께, 지두흔 등으로 보아 현지에서 제작되었을 것으로 보인다.

화천은 광주 군곡리와 광주 복룡동, 나주 복암리 랑동, 해남 흑천리 마등 등에서 출토되었다. 해남 군곡리 패총의 화천은 Ⅱ기층의 9층과 11층의 경계선 주변에서 출토되었기 때문에 Ⅱ기층의 상층부에 해당된다. 군곡리 출토품은 면곽이 있고 배곽에 결문을 만든 것과 만들지 않은 형태이고, 주조연대는 기원후 14~40년에 해당된다. 나주 랑동 출토 화천은 저습지 Ⅳ층에서 2점이 포개어져 출토되었고, 한 점은 해남 군곡리의 것과 동일하고 다른 하나는 면곽이 없고 배곽에 결문을 만든 것과 만들지 않은 형태이다. 후자는 나주 랑동과 제주 산지항 출토품이 있으며, 제주 산지항에서는 오수전, 대천오십, 화포가 공반되었다. 제주 산지항 출토 오수전은 주조연대가 기원후 40~145년에 제작된 것이고, 대천오십은 기원후 7년에 주조되어 화포와 화천을 주조하면서 폐기된 동전으로 주조연대가 기원후 7~14년에 해당된다. 따라서 제주 산지항에서 출토된 화폐들을 통해 보았을 때, 영산강유역의 화천은 늦어도 기원후 1세기 중엽에 유입된 것으로 볼 수 있다. 광주 복룡동 2구역 1호 토광묘에서 삼베끈으로 엮인 화천 50여점의 꾸러미가 군곡리식토기, 옥과 함께 출토되었다. 해남 흑천리 마등 2지점 4호 토광묘에서 화천꾸러미가 옥과 호, 발과 함께 출토되었으며, 출토유물의 조합상이 광주 복룡동 토광묘와 매우 유사하다.

복골은 해남 군곡리 Ⅲ·Ⅳ기층, 나주 장동리 수문 등에서 출토되었다. 신창동식토기와 공반되고, 사슴과 멧돼지의 견갑골을 이용하였으며 무문자복골과 지지기방식만 확인되고 있다. 장동리 수문패총의 복골은 지지기기법만 확인되었다.

구슬은 해남 군곡리에서 유리제와 패제, 수정제 등이 출토되었다. 유리구슬은 해남 군곡리 Ⅲ기층과 광주 복룡동 1호 토광묘 해남 흑천리 마등 토광묘 등에서 출토되었다. 광주 복룡동에서는 남청색계열의 78점이 화천 등과 함께 출토되었다. 패제관옥은 해남 군곡리 Ⅲ기층에서 확인되었다. 해남 군곡리 Ⅴ기층에서 토제 유리용범과 국립광주박물관 조사에서 유리구슬 용범이 출토되었고, 나주 장동리 수문에서는 유리슬래그가 출토되었다.

청동기는 영광 수동 토광묘에서 방제경 Ⅰ식 등이 출토되었다. 영광 수동의 방제경 Ⅰ식은 중권문방제경으로 경주 사라리 130호묘에서 출토된 것과 유사하며 1세기 중·후엽으로 편년된다. 공반유물과의 관계로 보아 전세되어 다음 시기에 부장된 것으로 보여진다.

철기는 주조와 단조품이 확인되며, 단조철기의 종류와 출토량이 많아진다. 주조철기는 나주 수문 Ⅱ문화층에서 철부가 출토되었다. 단조철기는 나주 구기촌 토광묘와 영광 군동 토광묘, 해남 황산리 분토 토광묘, 광주 복룡동 토광묘, 해남 군곡리, 나주 복암리 랑동 광주 신창동 등에서 출토되었다. 영광 군동 B-3호 토광묘에서는 철검Ⅱ식이 신창동식토기, 군곡리식토기 소호와 출토되었다. 해남 황산리 토광묘에서는 철검Ⅱ식과 철모Ⅱ식, 군곡리식토기 소호, 방추차, 석촉과 공반되었다. 해남 군곡리패총 Ⅱ기층에서는 유공철부Ⅰ식, 철제낚시바늘 등이 출토되었으며, 화천이 출토된 층보다 선행하는 층에서 출토되었기 때문에 기원후 1세기 중엽 이전으로 설정할 수 있다. 해남 군곡리에서는 적은 수의 철기가 확인되지만 각종 골각기, 도자병 등을 제작하여 사용한 것을 볼 때 철제 공구류가 일반적으로 사용된 것으로 보인다.

주거지는 AⅠa식, AⅠc식, AⅡa식, AⅡb식, BⅠa식, BⅠb식, BⅠc식, BⅡa식, BⅡb식, C 등 가장 다양한 형식이 확인된다. 대부분 군곡리식토기를 위주로 신창동식토기와 함께 출토된다. 광주 평동 37호·42호·48호·51호·56호·61호, 광주 용곡, 담양 태목리 청-12호·41호, 영광 마전 9호, 해남 군곡리 등에서 확인된다. 이들 유적은 청동기시대부터 취락이 지속되며, 대규모 취락 유적인 광주 평동유적에서는 주거형식이 7개 정도가 확인되는데, 송국리형주거지의 특징적 요소가 쇠퇴되거나 타원형수혈만 잔존하기도 한다. 이 시기에 조성되기 시작한 광주 용곡유적의 사례를 보면 송국리형주거지는 확인되지 않지만, 내부에서 타원형수혈이 확인된다.

무덤은 지석묘, 토광묘, 석개토광묘, 옹관묘 등이 확인된다. 지석묘는 해남 고현리 지석묘 2호에서 무문토기와 소형토기, 우각형파수 등이 출토되었고, 해남 군곡리 군안 3호에서 신창동식토기와 군곡리식토기편 등이 출토되었다. 토광묘는 나주 구기촌 3호·6호, 함평 장년리 1호·2호, 광주 평동 1호, 광주 복룡동 1·2호 토광묘, 영광 군동 B-2·3호, 함평 신흥동2차-1호·2호, 3차-1호, 4차-1호~3호, 해남 흑천리 마등 4호, 해남 황산리분토 3호 등이 해당된다. 단독묘가 확인되지만 2기 이상 집단으로 조성되는 사례도 증가하고, 여전히 산발적인 분포를 보인다. 나주 구기촌에서는 이전 시기에 이어 조성되고 집단묘를 이루어간다. 광주 복룡동 1호 토광묘에서는 화천꾸러미, 유리구슬, 군곡리식 소호가 출토되었고, 2호에서는 다량의 유리구슬과 군곡리식토기, 신창동식대부완이 부장되는 등 토광묘에서 유리구슬의 부장이 증가한다. 단조철기를 부장한 묘도 이전 시기에 비해 증가하고, 검, 모 등 무기류 위주로 부장된다. 나주 구기촌 2호 묘에서는 무기류 4종과 공구류 1종을 단수 부장하였고, 군곡리식 토기 호와 공반하였다. 영광 군동 B-3호에서는 신창동식토기와 오리문양이 있는 군곡리식토기 호, 철검 Ⅱ식이 장벽 쪽에 치우쳐 출토되어 부장위치가 정형성을 띤다. 해남 황산리 분토 3호에서 목관흔은 확인되지 않았으나 묘광과 목관 사이를 부분적으로 적석하였고, 부장품은 철검Ⅱ식, 철모Ⅱ식, 군곡리식토기 호, 석제방추차, 석촉이 공반되어 영광 군동 B-2호 토광묘와 유사한 부장상을 보인다. 해남 흑천리 마등 4호에서는 화천꾸러미와 옥이 집중되어 출토되었고, 벽의 양측면에 호와 발을 공반한다. 토광묘에서는 구조나 유물조합상 등이 유사하게 확인된다.

옹관묘는 함평 송산 6호 · 8호~12호, 해남 흑천리 마등 등이 해당되고, 대부분 4형식에 속하며, 단옹, 삼옹식도 확인된다. 함평 송산에서는 이전 시기부터 조성된 구역에 추가로 묘가 조성되면서 10기 미만의 집단묘를 이루고 유물의 부장은 확인되지 않는다. 사용된 토기 중 구연부가 동체에서 바로 꺾여 사선으로 외반하고 동체부는 장동화된 형태의 호를 사용하고 있다. 장축방향이 등고선과 평행하다. 해남 흑천리 마등에서는 1기가 조사되었으며, 황갈색연질토기 옹 등을 사용하였다. 옹관묘는 함평 송산의 경우와 같은 집단묘에서는 이전 시기에 이어서 동일한 구역 내에 추가로 조성되는데, 집단화되는 것이 토광묘의 양상과 유사하며, 단독으로 확인되기보다는 동일 구역에서 토광묘와 함께 확인되고 있다.

Ⅵ기의 연대는 이청규의 8 · 9단계에 해당하며, 기원후 1세기로 설정된다.

〈표 48〉 제IV기 유적과 유물

구분	청동기			철기		기타	토기	무덤	주거지
	검	경	동령	주조	단조				
평동 51	-	-	-	-	-	석촉	군곡리식토기	-	AIc
평동 55	-	-	-	-	-	석부	군곡리식토기	-	C
평동 60	-	-	-	-	-	석검	군곡리식토기	-	C
평동 82	-	-	-	-	-	-	군곡리식토기	-	AIIa
평동	-	-	-	-	-	-	-	옹관묘4	-
평동 1호	-	-	-	-	-	석기	군곡리식토기	토광묘	-
오룡동 16호	-	-	-	-	-	석촉, 연석	무문토기?	-	AIIa
오룡동 12호	-	-	-	-	-	-	-	-	BIIa
용곡	-	-	-	-	-	-	군곡리식토기	-	AIIb
흑천리 마등	-	-	-	-	-	유리구슬 화천	연질토기	토광묘	-
군동 B-3호	-	-	-	검	-	-	신창동식토기 오리문양호	토광묘	-
송산	-	-	-	-	-	-	군곡리식토기	옹관묘3, 4	-
용산리	-	-	-	-	-	-	군곡리식토기	석개토광묘	-
복룡동 1호	-	-	-	-	-	화천, 유리구슬	군곡리식토기	토광묘	-
복룡동 2호	-	-	-	검	-	-	신창동식토기 군곡리식토기	토광묘	-
용곡	-	-	-	-	-	-	-	-	AIIa BIIa
평동 61호	-	-	-	-	-	-	군곡리식토기	-	BIa
평동	-	-	-	-	-	-	군곡리식토기	옹관묘4	-
태목리 27호	-	-	-	-	-	-	군곡리식토기	-	AIIb?
군곡리Ⅲ기층	-	-	-	-	도자등	복골	신창동식d 군곡리식토기 조형토기 두형C	-	-
군곡리 2호	-	-	-	-	-	-	두형토기	-	AIIa
군곡리 군만 3호	-	-	-	-	-	석기	신창동식토기 군곡리식토기	지석묘	-
황산리 분토	-	-	-	-	검, 모	방추차	군곡리식토기	토광묘	BIIb
랑동	-	-	-	-	판상 철부	석기	-	-	BIa
고현리 2호	-	-	-	-	-	-	군곡리식토기 소형토기 파수	지석묘	-

						복골	신창동식토기		
수문패총Ⅱ-2층	-	-	-	-	-	유리구슬	군곡리식토기	-	
송산	-	-	-	-	-	-	군곡리식토기	옹관묘4	
신흥동	-	-	-	-	-	-	군곡리식토기	옹관묘4	

　절대연대가 산출된 주거지 구조는 BⅡa식과 BⅡb식이 대부분이고, BⅡb식에서는 연질타날문토기를 출토하고 있어 상대연대와 일치되지 않지만, BⅡa식은 일치하는 경향을 보인다. 유사한 값이 측정되고, 군곡리식토기와 연질타날문토기가 공반하는 사례가 증가하기 때문에 BⅡb식주거지와 타날문토기 출현시점을 소급시킬 가능성을 제시해 주고 있다. 담양 태목리 Ⅲ-182호 주거지는 BⅡb식으로 1970±50이며, 연질토기가 출토되었고, 영광 군동 라-A-3호 주거지는 2개의 값이 측정되었으나 AD80±10이 상대연대와도 일치하는 값이다. 광주 신창동에서도 BⅡa식주거지에서 1830±50BP, 1850±50BP, 1900±50BP, 1980±60BP가 산출되었으며, 군곡리식토기와 연질타날문토기 등이 출토되었다. 나주 랑동 19호 주거지는 BⅡa식으로 1930±40BP이며, 판상철부가 출토되었다. 광주 하남동 38호 주거지 값은 2개가 측정되었으나 400년 이상 차이를 보인다.

〈표 49〉 제Ⅳ기 절대연대 자료

유적		내용(주거지형식, 유물)	절대연대
담양 태목리 Ⅲ-182호 주거지		BⅡb식, 연질토기	1970±50(A.D20)
영광 군동 라-A-3호		BⅡa식, 무문토기, 지석	AD80±10 또는 AD1075±25년-고고
광주 하남동 38호 주거지		BⅡb식, 연질토기	A.D60±10 또는 A.D480±20-고고
광주 신창동 (2007-Ⅳ지점)	2호 주거지	BⅡa식, 군곡리식토기, 연질타날문토기	1900±50
	3호 주거지	BⅡa식, 연질타날문토기	1830±50
	4호 주거지	BⅡa식, 군곡리식토기, 연질타날문토기	1980±60
	6호 주거지	BⅡa식, 연질타날문토기	1850±50
나주 랑동유적 19호 주거지		BⅡa식, 판상철부	1930±40(A.D 80)

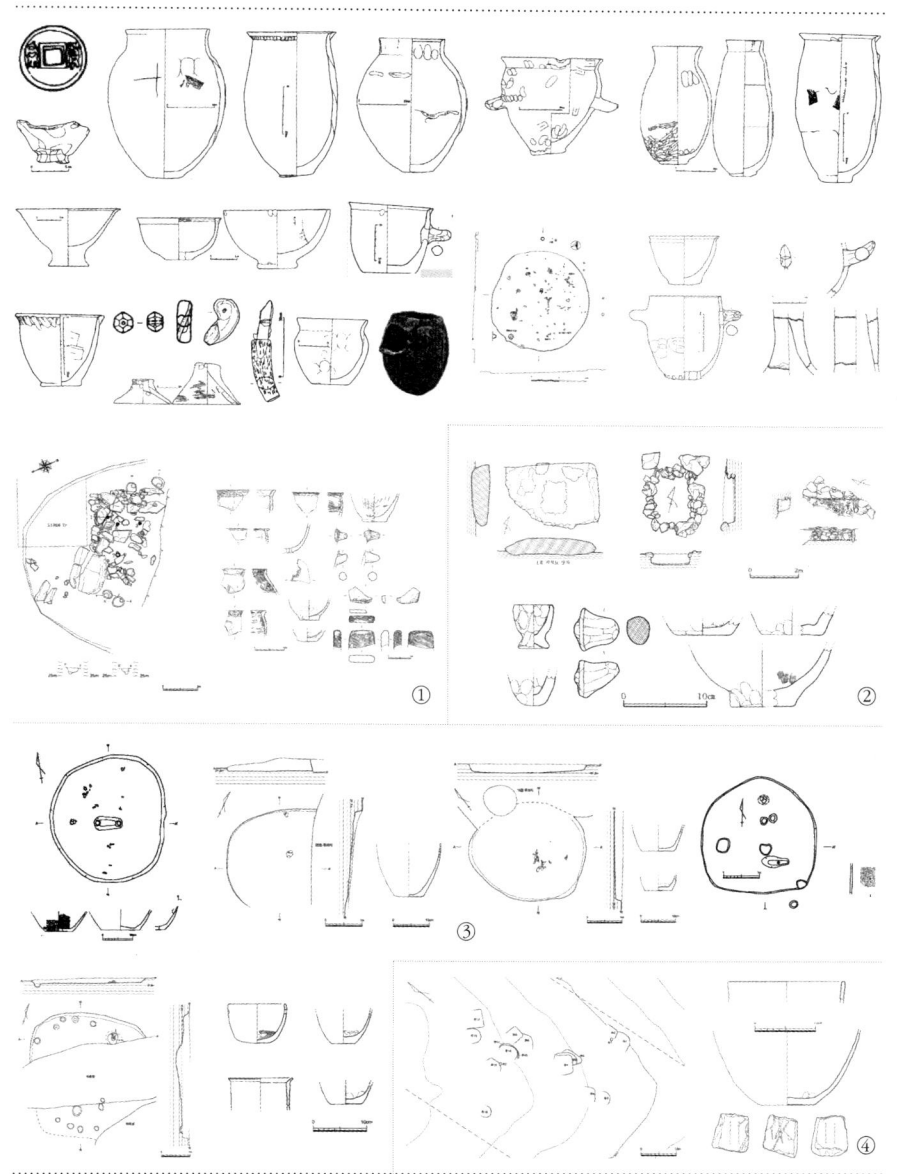

〈그림 34〉 제IV기 유적 및 유물
① 해남 군곡리 III기층 및 군안 3호 지석묘 ② 해남 고현리 지석묘
③ 담양 태목리 III구역 청-12호 · 삼 17 · 27 · 39 · 41호 주거지 ④ 광주 용곡 주거지

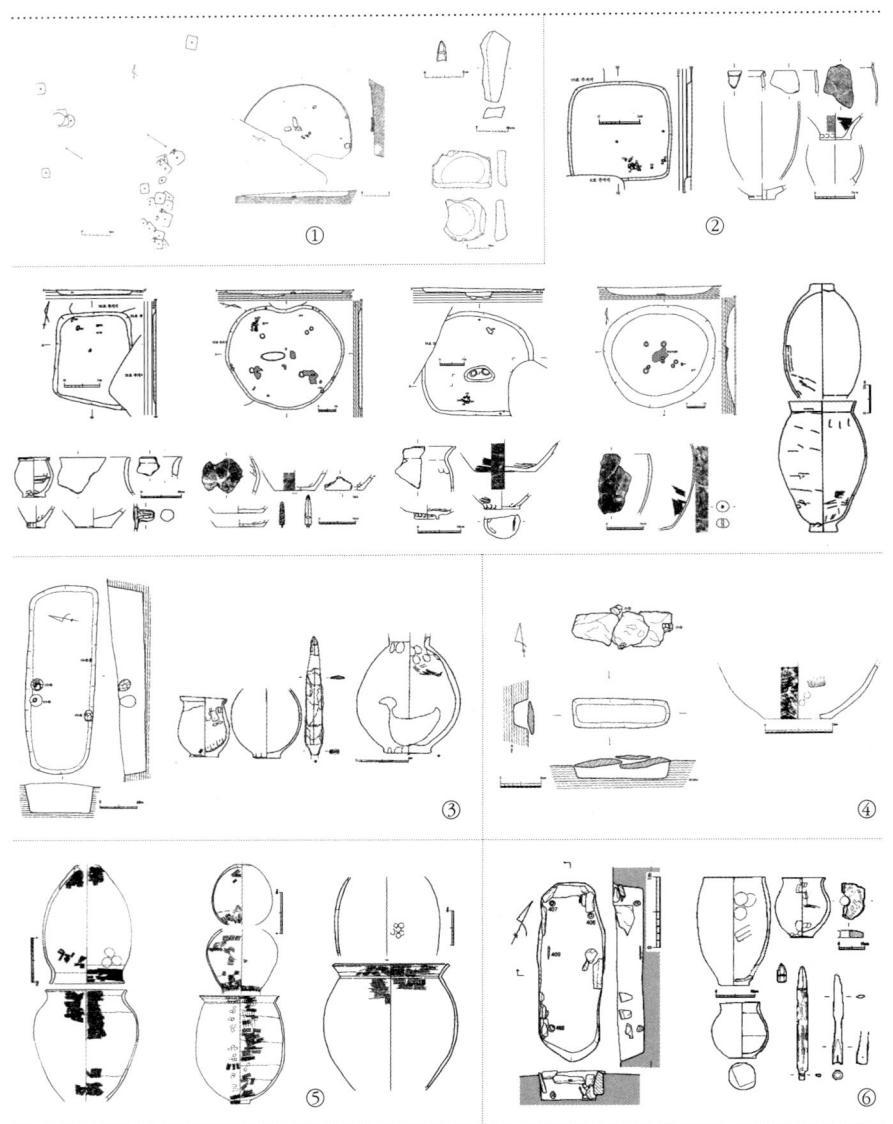

〈그림 35〉 제IV기 유적 및 유물

① 광주 오룡동 A-16호 주거지 ② 광주 평동 9·33·51·58·77호 주거지 및 13호 옹관묘
③ 영광 군동 B-3호 토광묘 ④ 함평 용산리 4호 석개토광묘 ⑤ 함평 송산 6·8·9호 ⑥ 해남 황산리 분토 3호 토광묘

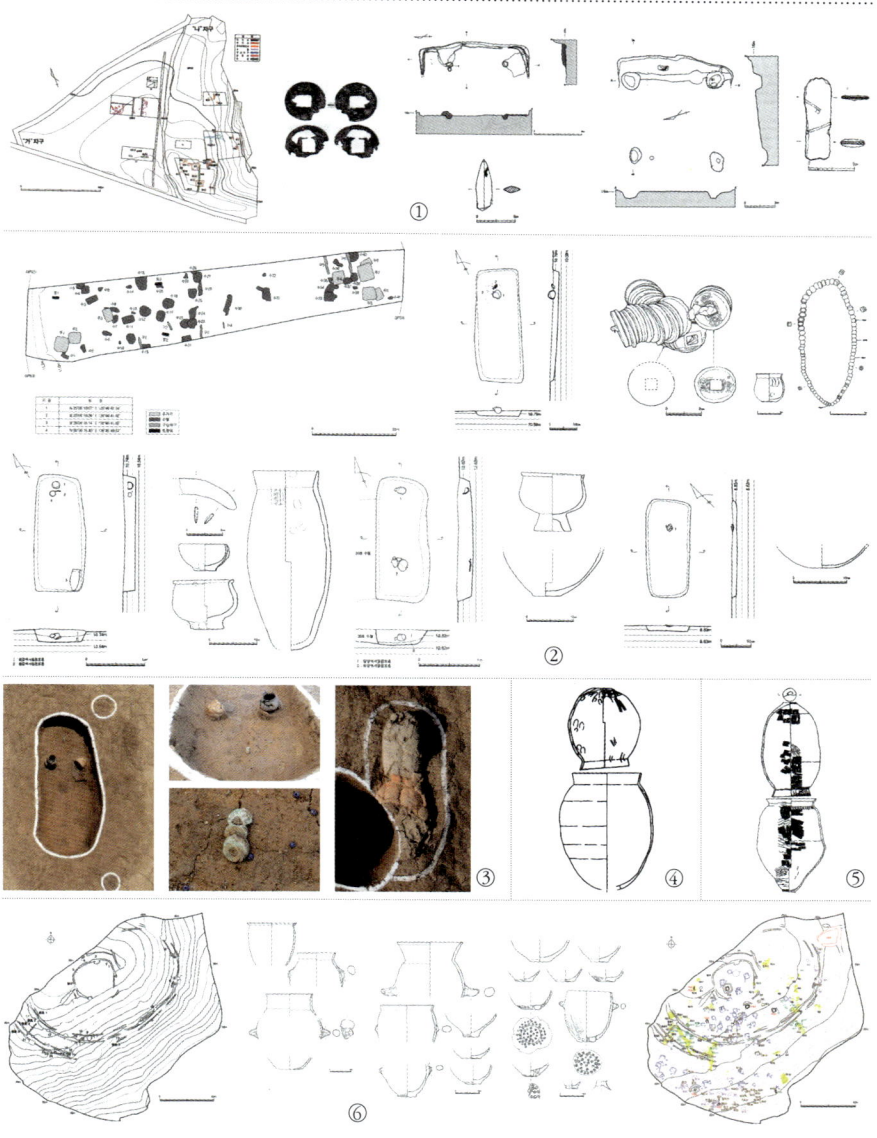

〈그림 36〉 제IV기 유적 및 유물

① 나주 복암리 랑동 저습지 화천·3·19호 주거지 ② 광주 복룡동 2구역 1~3호 및 3구역 1호 토광묘
③ 해남 흑천리 마동 토광묘 및 옹관묘 ④ 장성 환교 1호 옹관묘 ⑤ 함평 신흥동 2호 옹관묘
⑥ 함평 마산리 표산 V-주거군·환호 및 환구

5. 제Ⅴ기

이 시기에는 무기류와 관련된 청동기는 확인되지 않으며, 방제경이 토광묘에서 확인된다. 방제경은 영광 수동토광묘에서 조문형청동기, 군곡리식토기 소호, 방제경Ⅱ식, 유리구슬과 함께 출토되었다. 방제경Ⅱ식은 김해 양동리 162호분 출토품과 유사하며, 2세기 전엽으로 편년되고 있다. 조문형청동기는 투각기법으로 제작되었으며, 새모양이 시문된 경우는 강원도 고성과 김해 내덕리 목관묘 등에서 출토되었으며, 2세기 전엽경으로 편년되고 있다.

토기는 신창동식토기, 군곡리식토기, 연질토기, 외래계토기 등이 확인된다. 군곡리식토기와 연질타날문토기 요소가 혼재된 토기들이 옹형토기나 장란형토기, 발형토기 등 일상용기에서 주로 확인되고 있다. 해남 군곡리 Ⅳ·Ⅴ기층을 통해 보면 신창동식토기는 감소하고 군곡리식토기가 증가하고, 무문의 회색연질토기나 황갈색연질토기 등 연질토기가 확인되며, 적갈색연질타날문토기도 증가한다. 군곡리식토기와 연질타날문토기가 공반하는 사례가 증가하고, 광주 동림동 86호, 광주 평동 9호·10호·44호·46호, 담양 태목리 3구역 47호·67호 등이 해당된다. 군곡리식토기에 타날문을 시문하여 두 요소가 혼합된 것은 담양 태목리유적과 해남 군곡리패총 등에서 확인된다. 이 같은 현상은 전남 동부지역인 곡성 오지리, 구례 봉북리, 보성 석평유적 등에서 시루, 옹형토기, 발형토기 등 일상용기에서 확인되며, 군곡리식토기에서 연질타날문토기로의 계기적 변화를 보여준다. 전남 동부지역 AⅡb식 주거지에서는 신창동식토기-d식이 연질타날문토기와 다수 공반하고, 군곡리식토기에 타날문 요소가 혼합된 토기들이 출토되어서 변이성을 잘 보여주고 있다. 이 같은 사례는 영산강유역에서도 증가하는 추세이며, 영산강상류권역에서는 주거지와 토기에서 전남 동부지역과 유사한 조합으로 확인되는 편이지만, 하류쪽으로 갈수록 방형계주거지와 확인되고 있다. 군곡리식토기에 타날문토기 요소가 더해지고,

토기제작술이 발달하는 시기라고 할 수 있다.

　외래계토기는 '석영혼입계 백색토기'라고 불리는 백색토기 등이 확인되며, 함평 신흥동 8호 주구토광묘 주구에서 파쇄되어 출토되었다. 이 백색토기의 분포는 중국 산동지역을 포함하여 요동반도와 한반도와 대동강, 재령강유역을 포괄한다. 평양지역에서 출토된 백색토기의 연대가 기원전후한 시기까지 소급되고, 기원후 1세기대 이후로 내려오면서 출토량이 급증하는데 평양 석암리 9호 등이 그 사례이다. 후한대에 동아시아 전역에서 유행한 저장용 무역도기로 인식하였으며, 산동지역과의 직접교역의 결과로 보았다[158]. 한강유역의 김포 운양동, 김포 양촌 출토품과 유사하고, 2세기 후엽으로 편년된다.

　철기는 철검, 철모, 철부, 철사, 집게, 철도자, 송곳 등 무기류와 공구류가 주로 출토되고, 대부분 토광묘에 부장된다. 함평 신흥동 4차-2호 토광묘에서 철검 II식이 출토되었고, 4호 토광묘에서는 집게가 군곡리식토기, 미상청동기, 방제경편으로 추정되는 동경편, 유리구슬과 출토되었다. 5호 토광묘에서는 철검 II식, 철모III식, 판상철부, 유공철부III식, 철겸, 철사와 유리구슬이 공반되었다. 장성 환교A-2호 토광묘에서 철모 II식이 유리구슬과 공반되었다. 영광 수동 토광묘에서는 철도자가 군곡리식토기, 조문형청동기, 방제경, 유리구슬과 함께 공반되었다. 해남 군곡리패총에서는 철도자, 송곳 등 공구류가 출토되었다.

　주거지는 AIc식, AIIb식, BIb식, BIa식, BIIa식, BIIb식 등이 다양하게 확인된다. 광주 평동유적, 광주 용곡유적, 광주 동림동유적 86호, 광주 오룡동 5호·11호·17호, 해남 황산리 분토 50호, 담양 태목리 33호·47호·111호·224호, 영광 군동 등이 해당된다. 광주 평동 58호 주거지는 BIa식으로 신창동식토기와 군곡리식토기, 연질타날문토기가 공반되었고, AIb식인 16호 주거

---

158) 정인성 2016, 「함평 신흥동유적 출토 '백색토기(백도)' 일고」, 『함평 신흥동유적 IV』, 대한문화재연구원.

지에서는 연질타날문토기 등이 출토되었다. 또한 평동유적에서는 AⅠc식에서 군곡리식토기와 연질타날문토기가 출토되었다. 이로보아서 송국리형주거지가 존속하고 있으며, 송국리형주거지의 요소가 잔존하는 것이 확인된다. 송국리형주거지의 타원형구덩이와 유사한 수혈이 BⅡb식의 방형계주거지에서 대부분 확인되는데, 송국리형주거지의 타원형구덩이에서 계승된 것으로 보인다. 한편, 담양 태목리유적과 해남 군곡리에서는 AⅡb식이 확인되는데, AⅡb식에서는 타원형구덩이나 타원형수혈이 좀처럼 확인되지 않는다. 담양 태목리 유적과 같은 경우는 이 시기부터 주거지 수가 증가하면서 취락 규모가 커지고, 2세기 후반에는 BⅡb식이 많아지면서 원형계주거지의 비율은 줄어든다.

무덤은 토광묘, 옹관묘, 주구토광묘 등이 확인된다. 토광묘는 영광 수동, 장성 환교 A-1호·2호, 함평 신홍동 4차-5호 등이 해당된다. 영광 수동에서는 전세된 방제경Ⅰ식이 방제경Ⅱ식과 조문형청동기, 군곡리식토기, 유리구슬 등과 부장된다. 장성 환교에서는 다량의 유리구슬과 흑도장경호의 퇴화 형태인 장경호가 출토되었다. 함평 신홍동 4호에서는 흑도컵형토기, 신창동식토기, 군곡리식토기, 동경편, 미상청동기, 다량의 유리구슬이 출토되었으며, 동경편은 방제경일 가능성이 있다. 함평 신홍동 5호묘에서 철검Ⅱ식, 철모Ⅱ식의 무기류와 판상철부, 유공철부Ⅲ식, 철겸, 철사 등의 공구류, 유리구슬, 군곡리식토기편이 출토되었다. 부장품은 철기와 유리구슬을 부장하는 사례가 증가하고, 유리구슬의 부장량도 증가한다.

옹관묘는 함평 송산, 함평 신홍동유적 등에서 확인되며 이전 시기부터 이어져 동일구역 내에 조성되었다. 함평 신홍동에서는 선황리식옹관과 군곡리식토기가 결합한 5형식이 나타난다. 선황리식옹관은 3세기대로 편년되고 있지만, 2세기 후반에 연질타날문토기가 일반화되어가는 것으로 볼 때 시원은 2세기경으로 소급될 가능성이 있다.

주구토광묘는 함평 신홍동 8호 등이 해당되며 토광묘와 동일구역 내에 확인되었다. 제형의 개방형 주구를 가진 8호 주구토광묘 주구에서는 백색옹을 훼기한 행위가 나타나며, 백색옹은 김포 운양동과 김포 양촌에서 출토된 것과 유사한 것으로 2세기 후엽으로 편년된다. 영산강유역에서는 담양 태목리, 함평 순촌, 함평 신흥동 등에서 2세기경부터 주구토광묘 등이 조성되기 시작하여 3~4세기에 성행한다.

Ⅴ기의 연대는 이청규의 10단계에 해당되며, 2세기로 설정된다.

〈표 50〉 제Ⅴ기 유적과 유물

구분	청동기			철기		기타	토기	무덤	주거지
	검	경	동령	주조	단조				
수동	-	-	-	-	도자	방제경Ⅰ,Ⅱ 조문청동기 유리구슬	군곡리식	토광묘	-
신흥동 Ⅱ-1호	-	-	-	-	도자	-	군곡리식 선황리식옹관	옹관묘	-
신흥동 Ⅱ-3호	-	-	-	-	-	-	군곡리식 선황리식옹관 연질타날문	옹관묘5	-
신흥동Ⅳ-4호	-	○	-	-	집게	미상청동기 유리구슬	신창동식 군곡리식 컵형	토광묘	-
신흥동Ⅳ-5호	-	-	-	-	검, 모 부, 겸, 사	유리구슬	-	토광묘	-
신흥동 8호주구	-	-	-	-	-	-	백색토기	주구토광묘	-
표산 마산리	-	-	-	-	-	-	흑도AⅡ2	주구토광묘	-
군곡리ⅣⅤ기층	-	-	-	-	-	골각기둥	군곡리식 회백색연질 연질타날문토기	-	-
황산리 분토 50호	-	-	-	-	-	석기	군곡리식 연질타날문	-	BⅡb
황산리 분토 3호	-	-	-	검, 모	방추차, 석곡	군곡리식	토광묘	-	
환교 1호	-	-	-	-	-	유리구슬	흑도AⅡ	토광묘	-
환교 2호	-	-	-	-	모	유리구슬	-	토광묘	-
수문Ⅱ-2층	-	-	-	-	-	유리슬래그	군곡리식 연질타날문	-	-
태목리 111호	-	-	-	-	-	-	연질토기	-	BⅡb
태목리 21호분	-	-	-	-	-	-	군곡리식+타날문	주구토광묘	-

평동 9호	-	-	-	-	-	-	신창동식 b식 군곡리식토기 연질타날문토기	-	BⅠa
평동 10호	-	-	-	-	-	-	신창동식-b식 군곡리식 연질타날문토기 소형토기	-	BⅡb
평동 44호	-	-	-	-	-	-	신창동식-b식 군곡리식 연질타날문토기 경질토기	-	BⅡb
평동 46호	-	-	-	-	-	-	신창동식-b식 군곡리식 연질타날문토기 경질토기	-	BⅡa
평동 53호	-	-	-	-	-	-	군곡리식 연질토기	-	BⅡa
평동 62호	-	-	-	-	-	-	군곡리식 연질토기	-	BⅡa
평동 64호	-	-	-	-	-	-	군곡리식 연질타날문토기	-	BⅠb
평동 87호	-	-	-	-	-	석착	연질타날문토기	-	AⅠc
오룡동							연질타날문토기		BⅡa BⅡb
신창동	-	-	-	-	-	-	연질타날문토기	-	BⅡa
용곡	-	-	-	-	-	-	연질타날문토기	-	BⅡa
장산리Ⅰ-13호	-	-	-	-	-	방추차	군곡리식+ 연질타날문	-	BⅡb

　절대연대는 다른 시기에 비해 축적된 편이지만 상대연대가 3~4세기대인 유구에서 검출된 자료가 많다. 이 시기의 연대값을 갖는 주거지는 BⅡb식이 많고 연질타날문토기를 출토하고 있어 3세기로 편년되는 경우가 대부분이다. 일부 주거지는 2세기대로 소급될 여지가 충분히 있다. 절대연대값을 갖는 주거지는 유적의 중심연대가 3~4세기에 속하는 취락유적에서 주로 확인되며, 취락의 형성이 2세기부터 시작되어 3~4세기에 이르러 취락이 번성한 것으로 이해할 수 있다.

〈표 51〉 제Ⅴ기 절대연대자료

유적	내용(주거지형식, 유물)	절대연대
담양 태목리 Ⅲ-26호 주거지	BⅡb식, 연질토기	1870±40(A.D150)
담양 태목리 Ⅲ-31호 주거지	BⅡb식, 연질토기	1900±40(A.D130)
담양 태목리 Ⅲ-42호 주거지	BⅡb식, 연질토기	1890±40(A.D130)
담양 태목리 Ⅲ-48호 주거지	BⅡb식, 연질토기, 연통	1910±40(A.D110)
담양 태목리 Ⅲ-104호 주거지	BⅡb식, 연질토기	1840±50(A.D160)
장성 환교 52호 주거지	BⅡa식, 연질토기	1860±50(A.D150)
장성 장산리 Ⅱ-21호 주거지	BⅡb식, 연질토기	1790±50(A.D190)
장성 장산리 Ⅱ-31호 주거지	BⅡb식, 연질토기	1840±40(A.D180)
영광 군동 주거지	AⅡa식, 연질토기	1790±60(A.D132~336)
영광 군동 1호 가마	토기가마, 연질토기	1980±70
영광 군동 2호 가마	토기가마, 연질토기	1980±60
영광 운당리 삼-2호 주거지	BⅡb식, 연질토기	1890±50(A.D120)
광주 신창동 2호 주거지(2007)	BⅡb식, 연질토기(회색, 적갈색), 방추차	1900±50
광주 신창동 3호 주거지(2007)	C식, 연질토기(회색, 적갈색)	1830±50 또는 1880±50
광주 신창동 6호 주거지(2007)	BⅡb식, 연질토기	1900±50 또는 1850±50
광주 동림동 80호 주거지	BⅡb식, 군곡리식토기, 연질토기	1910±40(A.D110)
광주 산정동 Ⅰ-35호 주거지	BⅡb식, 연질토기	1880±60(A.D130)
광주 산정동 Ⅰ-48호 주거지	BⅡb식, 연질토기	1880±60(A.D130)
광주 산정동 Ⅰ-51호 주거지	BⅡb식, 연질토기, 경질토기	1850±60(A.D180)
광주 하남동 1-22호주거지	BⅡb식, 연질토기, 경질토기	1930±60(A.D100)
광주 하남동 1-23호 주거지	B?식, 연질토기, 경질토기	1860±60(A.D150)
광주 하남동 38호 주거지	BⅡb식, 연질토기, 경질토기	A.D60±10 또는 A.D480±20-고고
광주 하남동 288호 주거지	BⅡb식, 연질토기, 판상철부	A.D100±20 또는 A.D1820이후-고고
광주 하남동 305호 주거지	BⅡb식, 연질토기, 경질토기	A.D120±15 또는 A.D410±15-고고
함평 중랑 18호 주거지	BⅡb식, 유물없음	A.D120±20+65 또는 A.D400±25+30-고고 1730±50(A.D325)
함평 중랑 20호 주거지	BⅡb식, 연질토기, 석기	1860±60(A.D175) 1950±70(A.D70)
함평 중랑 77호 주거지	BⅡb식, 연질토기, 철슬래그, 지석	1860±40(A.D155)
함평 중랑 95호주거지	B?식, 연질토기, 석재관옥	A.D130±15 또는 A.D390±20-고고
함평 중랑 144호 주거지	BⅡb식, 연질토기, 철슬래그, 연석	1900±40(A.D130) 1850±40(A.D165)
함평 소명 34호주거지	BⅡb식, 연질토기, 석도, 박자	A.D125±15년 또는 A.D400±15-20년-고고

함평 소명 34-2호주거지	BⅡb식, 연질토기	A.D105±5년 또는 A.D420±5년-고고
함평 소명 44-1호주거지	BⅡb식, 연질토기	A.D105±10년 또는 A.D420±10년-고고
함평 소명 76호 주거지	BⅡb식, 연질토기, 방추차	A.D120±20년 또는 A.D405±20-25년-고고
나주 랑동유적3호주거지	B?식, 석촉	1840±40(A.D190)
나주 운곡동Ⅰ-삼-19호	B?식, 연질토기, 철기(철괴)	2080±80(AD110)
영암 선황리 27호 주거지	BⅡb식, 유물없음	1860±40(A.D170)
해남 황산리 분토 50호	BⅡb식, 경질무문, 연질토기	AD82±20 또는 AD450±25-고고 1850±60(180)
해남 신금 5호주거지	BⅡb식, 연질토기, 갈돌, 철도자	1820±60(A.D190)
해남 신금 6호주거지	BⅡb식, 갈돌	1850±60(A.D160)
해남 신금 7호 주거지	BⅡb식, 연질토기	1830±60(A.D190 또는 A.D310)
해남 신금 8호주거지	B?식, 연질토기, 갈돌	1840±40(A.D190)
해남 신금 9호주거지	BⅡb식, 연질토기, 공이	1900±60(A.D120)
해남 신금 63호 주거지	BⅡb식, 연질토기, 갈돌, 탄화곡물	A.D125±20년 또는 A.D390±25년 또는 A.D1350±25년-고고
해남 신금 67호 주거지	BⅡb식, 연질토기, 갈판	A.D110±10년 또는 A.D410±10년 또는 A.D1370±10년-고고

사진 4. 해남 군곡리패총 전경

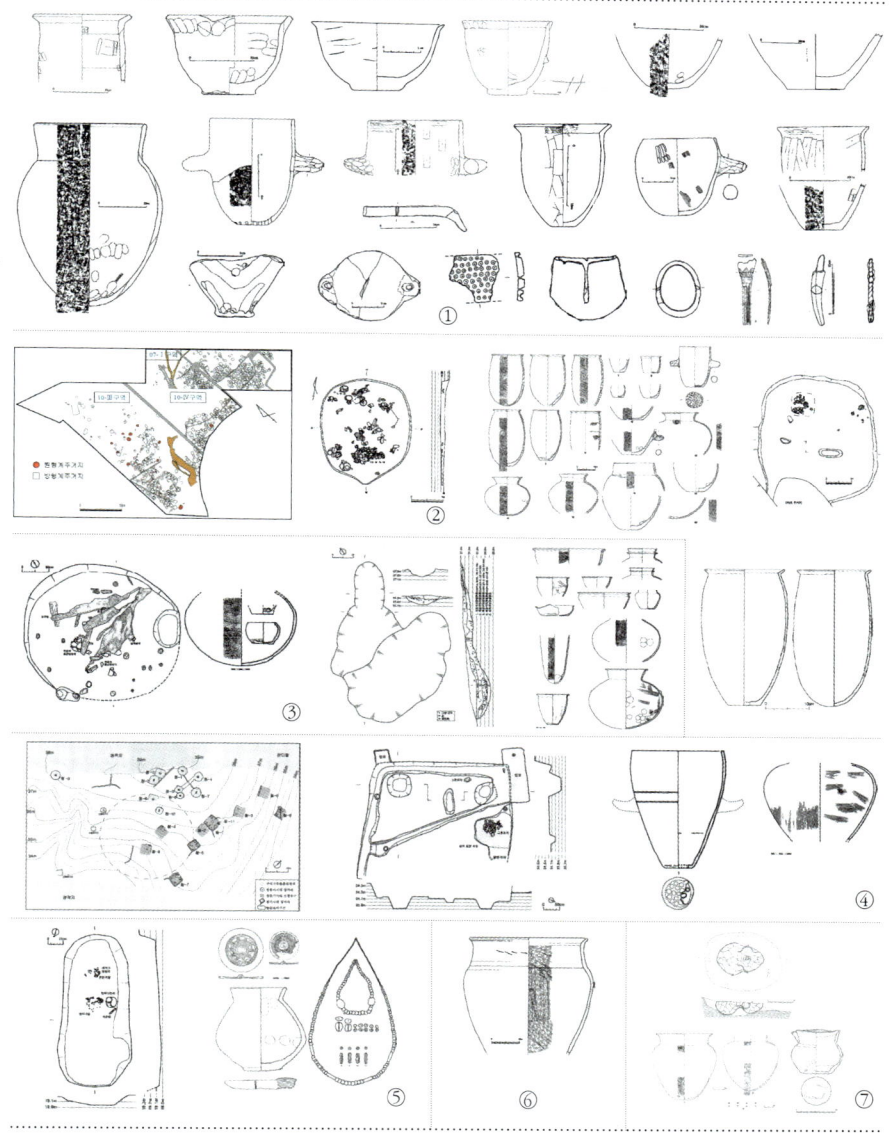

〈그림 37〉 제Ⅴ기 유적 및 유물
① 해남 군곡리 Ⅳ·Ⅴ기층 ② 담양 태목리 Ⅲ구역 47호·241호 주거지 ③ 영광 군동 주거지·2호 토기가마
④ 영광 마전 9호주거지 ⑤ 영광 수동 토광묘 ⑥ 함평 송산 11호 옹관묘 ⑦ 영광 군동 라-A-6-3호 옹관묘

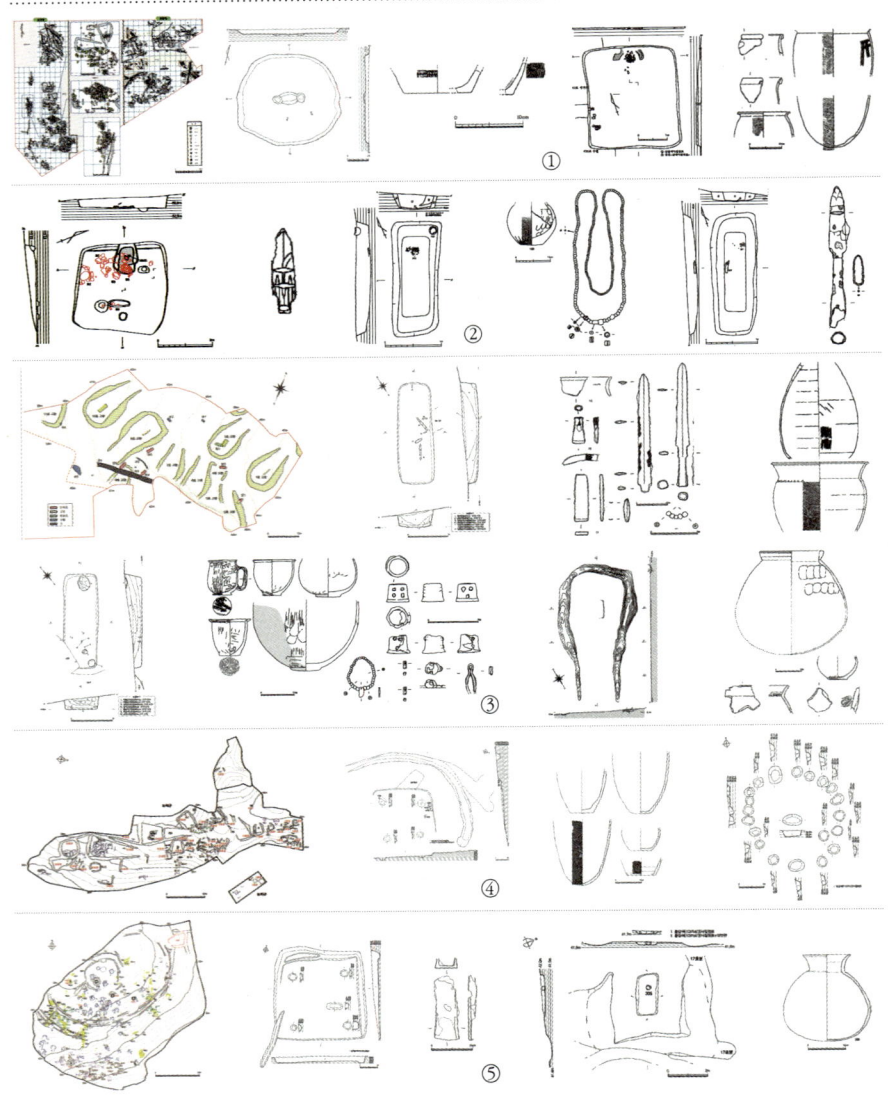

〈그림 38〉 제Ⅴ기 유적 및 유물
① 광주 평동 16호・44호 주거지 ② 장성 환교 12호 주거지 및 1・2호 토광묘 ③ 함평 신흥동 4호
・5호 토광묘・8호 주구토광묘 및 1호 옹관묘 ④ 함평 마산리 표산 Ⅳ-원 1호 주거지 및 1호 굴립주 건물지
⑤ 함평 마산리 표산 Ⅴ-환구・원 4호 주거지 및 20호분

〈표 52〉 영산강유역 자료의 시기구분

구분		무문	원형점토대 A1	원형점토대 A2	신창동식토기 Ba	신창동식토기 Bb	신창동식토기 Bc	신창동식토기 Bd	신창동식토기 Be	군곡리식	흑도장경호 AⅡ	흑도장경호 BⅠ	흑도장경호 BⅡ	두형토기 A	두형토기 B	두형토기 C	연질점토기	경질점토기	청동기 중원식	청동기 동모	청동기 동과	청동기 동경	청동기 공구	주조철기	철경부동촉	화폐/유리	단조철기 철겸Ⅰ	단조철기 철겸Ⅱ	단조철기 철모Ⅰ	단조철기 철모Ⅱ	단조철기 철모Ⅲ	단조철기 철부	도자	조/사	석기	대표유적
Ⅰ기	송국리형주거지	●																																	●	운곡동, 소명동
	지석묘	●																																		운곡동
	수혈		●																																	운곡동
	적석목관묘																	●																		상곡리
	住AⅠa식	●	●					●																												나주 운곡동
	住AⅠb식	●						●																												광주 평동, 광주 하남동
	수혈	●		●	●	●																														관동, 수문, 운곡동, 평동, 고양촌
	지석묘							●			●																									매월동, 장천리, 운곡동
	석관묘																																			분도, 월양리
Ⅱ기	적석목관묘1형식													●			●	●	●	●																대곡리
	적석목관묘2형식													●	●	●	●		●	●																초포리
	적석목관묘3형식																																			월양리, 운곡동
	토광묘	●	●																																	관동, 성덕, 군동, 도민동
	옹관묘	●			●																															신창동, 운남동, 장년리
	저습지				●	●	●			●																										신창동
	패총	●							●	●	●																								●	군곡리
	住AⅠa식							●																												태목리, 소명동, 평동
	住AⅠc식							●																												광주 평동
	住AⅡa식							●																												평동, 오룡동
	住BⅠa식					●																														수문
	住BⅡa식			●	●			●																												평동
	住C식							●					●	●																						평동
Ⅲ기	수혈	●			●			●																												신촌, 고양촌
	저습지			●	●	●		●			●	●											●													신창동Ⅱ기층
	패총							●																		유Ⅰ									군곡리Ⅱ기층, 수문
	지석묘		●	●	●			●			●																									엄길리, 월양리
	토광묘			●				●	●	●													●		●	●	유Ⅱ		●	●						수문, 구기촌
	석개토광묘				●																															용산
	옹관묘 2형식			●	●			●																												신창동, 운남동, 장년리, 장자, 인평
	옹관묘 3형식							●																												신창동, 운남동
	주구토광묘							●																												군동
	住AⅠa식							●																												평동
	住AⅠc식							●																										●		평동
	住AⅡa식							●																												평동, 용곡, 담양 태목리
	住AⅡb식							●																												용곡
	住BⅠa식							●																									관	●		평동, 용동
Ⅳ기	住C식							●																										●		평동
	住BⅡa식																																			오룡동, 용곡
	패총			●	●																			●												군곡리Ⅲ기층, 수문Ⅱ문화층
	지석묘				●																															군곡리 군안
	토광묘			●	●																					●	●	●						●		평동, 군동, 분토, 복룡동, 수문, 흑천리
	옹관묘 3				●																															송산
	옹관묘 4				●																															평동, 송산, 신흥동
	住AⅠb식								●																									●		군곡리
	住AⅡc식						●																													평동
	住BⅠa식						●																													평동
	住BⅠb식				●																															평동
Ⅴ기	住BⅡa식				●	●																														평동, 오룡동, 신창동, 용곡
	住BⅡb식				●	●																														태목리, 평동, 오룡동
	패총				●	●																														군곡리ⅣⅤ기층, 수문Ⅱ-2
	토광묘				●															방			●		●	●	●	●	●							수동, 신흥동, 환교
	옹관묘 5										●																									신흥동
	주구토광묘				●																															태목리, 신흥동

제Ⅵ장 철기문화의 전개양상

1. 무문토기문화의 전승

철기문화의 유입은 토착문화를 바탕으로 수용되었고, 부동산(유구)보다는 이동이 가능한 동산 즉 유물의 유입이 더 빨리 진행되었을 것이다. 주거양식이나 무덤양식의 경우는 변화 속도가 더디게 진행될 수밖에 없기 때문에 전승이라는 개념[159]이 더 내포되어 있을 것으로 생각된다. 이 장에서는 토착문화가 외부 영향과 더불어 내재적 발전과정을 거쳐 변화했다 것을 밝혀보고자 송국리형주거지에서 점토대토기 등이 출토된 사례와 송국리식외반구연 호를 통해서 설명하였다.

1) 송국리형주거지에서의 전승

영산강유역권에서는 40여개 유적 300여기 이상의 송국리형주거지가 조사되었다. 이들 유적 중에서 삼각형점토대토기문화 즉 신창동식토기와 군곡리식토기가 출토된 유적은 7개소에 이르며, 〈표 53〉와 같다.

---

[159] 전승은 명사이고, 사전적 의미는 문화, 풍속, 제도 따위를 이어받아 전승함 또는 그것을 물려주어 있게 한다고 정의된다(네이버 사전(www.naver.com)).

<표 53> 송국리형주거지 내 점토대토기와 군곡리식토기 출토유적

유적		송국리형주거지수	점토대토기출토 주거지 수	군곡리식토기출토 주거지 수	비고
담양 태목리		17	-	1	
광주 평동		43	-	18	
광주 하남동		1	-	1	
광주 수문		31	1		
나주 운곡동	기능 2	20	1	1	
	운곡동 나	50	2	-	
	안성 1	5	-	-	
함평 소명동		7	-	1	

　　송국리형주거지에서 점토대토기 등이 출토된 유적은 송국리형주거지의 하한과 관련되지만, 이를 꺼려하는 경향도 없지 않았다. 이 같은 조합이 여러 유적에서 확인되고, 증가하는 추세임은 부인할 수 없다. 송국리형주거지의 소멸시기는 기원전 1세기경에 소멸하고, 제주도 경우는 기원후 2세기까지도 확인되고 있다[160]. 송국리형주거지와 조합관계를 이루는 무문토기 외에 점토대토기 등이 출토된 송국리형주거지는 내주공식이 확인되기도 하지만, 타원형구덩이와 중심주공이 변화되는 모습으로 확인되는 사례들이 많다. 타원형구덩이 위치가 중앙부를 벗어나 치우쳐 확인되거나, 평면형태가 원형이나 방형이 아닌 부정형, 삼각형, 오각형 등을 띠면서 타원형구덩이를 갖고 있는 사례 등도 확인되는데, 이 사례들도 타원형구덩이의 위치가 중심부에서 벗어나 있는 것이 대부분이다. 이렇듯 송국리형주거지 특징인 타원형구덩이와 중심주공의 소멸과 위치 변화는 주거구조 변화과정을 보여주는 것으로 이해되며, 전통적 주거구조에 변화가 일어났음을 의미한다.

---

160) 이종철 2015, 『송국리형문화의 취락체제와 발전』, 전북대학교대학원 박사학위논문.

송국리형주거지에서 점토대토기의 출토는 송국리형주거지의 하한을 제시해주는 것으로 이해되고, 이 같은 조합이 곳곳에서 확인되며, 최근에는 점토대토기뿐만 아니라, 군곡리식토기와 연질타날문토기도 출토되는 사례들이 확인되고 있다. 송국리형주거지의 하한은 최근 들어 기원전 1세기경에 소멸하고, 제주도 경우는 기원후 2세기까지도 확인되고 있다161). 송국리형주거지에서 점토대토기 등이 출토된 경우를 보면, 다양한 형식이 되는데, 타원형구덩이와 중심주공이 변화되는 모습으로 확인되는 사례들이 많다. 타원형구덩이 위치가 중앙부를 벗어나 치우쳐 확인되거나, 평면형태가 원형이나 방형이 아닌 부정형, 삼각형, 오각형 등을 띠면서 타원형구덩이나 중심주공을 시설한 사례 등도 확인되는데, 이 경우에서도 타원형구덩이의 위치가 중심부에서 벗어나 있는 것이 대부분이다. 이 같이 송국리형주거지의 특징인 타원형구덩이와 중심주공의 변화는 송국리형주거지의 쇠퇴과정을 보여주는 것으로써 전통적 주거구조가 점진적 변화과정을 걸쳐 변화되었음을 의미한다. 이것은 점토대토기의 출현과 관련하여 일시적이고 단기적으로 이루어지지 않았으며, 오랜 시간동안 이루어졌고, 전승적 의미를 포함하고 있다.

　마한 성립기에 등장하는 주거지는 AⅡ유형에 해당하는 원형계주거지와 BⅡ유형에 해당하는 방형계주거지이다. 평면형태는 송국리형주거지와 유사하며, 송국리형주거지에서 타원형구덩이와 중심주공이 설치되지 않은 형태이다. 즉, 평면구조는 그대로이고 내부구조가 변화된 것으로 원형의 송국리형주거지는 AⅡa식의 원형계주거지로, 방형의 송국리형주거지는 BⅡa식의 방형계주거지로 변화되고, 주거지 내부에 부뚜막이 설치되는 BⅡb식의 방형계주거지 즉 마한계주거지로 변화되었을 가능성이 있다. 이러한 변화는 건축기술의 발달이 뒷받침되었을 것이고, 새로운 주거지의 등장이 송국리형주거지에

---

161) 이종철 2015, 『송국리형문화의 취락체제와 발전』, 전북대학교대학원 박사학위논문.

영향을 미쳤을 것이다.

주거지의 평면형태는 원형계와 방형계로 대별되는데, 영산강유역에서는 원형계가 41%, 방형계가 52% 정도로 통계상으로는 방형계가 원형계보다 높은 비중을 보이지만, 수적으로 큰 차이는 갖지 않는다. 물론 조사된 주거지 수가 많지 않기 때문일 수도 있겠지만, 대체적인 주거지 평면형태를 보여주는 것으로 이해된다.

〈표 54〉 주거지 평면형태

A형 (원형계)	B형 (방형계)	불명
41% (40)	52% (50)	7% (7)

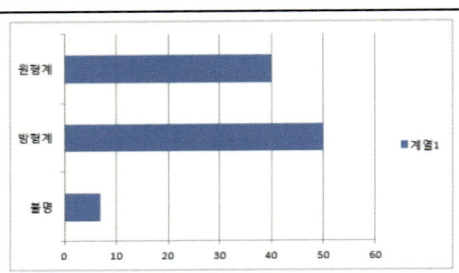

호남지역에서 주거지 평면형태가 원형계가 방형계보다 더 높은 비율을 보인다는 결과가 있다[162]. 이 같은 결과는 초기철기시대와 원삼국시대로 구분하므로써 나타난 단절적 현상으로 이해되며, 송국리형주거지에서 군곡리식토기가 출토되는 주거지를 포함하지 않았기 때문으로 보여진다. 또 송국리형주거지가 지역적으로 양상을 달리하기 때문에 이에 따른 영향도 있을 것이다.

---

162) 하진영 2014,『호남지역 경질무문토기의 편년과 성격』, 전북대학교대학원 석사학위논문.

〈표 55〉 권역별 주거지 유형분류

구분	AⅠ	AⅡ	BⅠ	BⅡ	C	비고
서해안권 (100%)	14	58	14	14	0	100
내륙지역 (100%)	21	13	10	45	11	100

단위 %

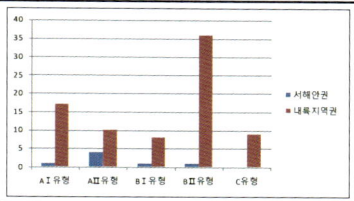

송국리형주거지와 마한계주거지와의 관련성을 보면, 토기변화에 따라 AⅠa식·BⅠa식·AⅠb식·BⅠb식→AⅡa식·BⅠc식·C식→AⅠc식·AⅡb식·BⅡa식→BⅡb식으로 흐름이 파악된다. 여기서는 주거지의 중복관계 검토를 통해서 송국리형주거지에서 마한계주거지로의 변화를 살펴보고자 한다.

대상유적은 시대 간 지속성이 확인된 광주 평동유적이며, 기원전 5~기원후 6세기까지의 주거지 104기가 조사되었다. 출토유물에서도 시기적 공백이 없어 변화과정을 추론할 수 있는 유적이며, 중복관계를 이루는 주거지들이 많기 때문에 주거지 형식 간 상대순서를 파악하기에도 용이하다.

구분	중복관계			변화 내용
	10호 → 9호 → 8호			
주거지	10호(BⅡb식)	9호(BⅡa식)	8호(BⅡa식?)	BⅡb식 →BⅡa식
출토유물				군곡리식 →군곡리식, 연질

제Ⅵ장. 철기문화의 전개양상

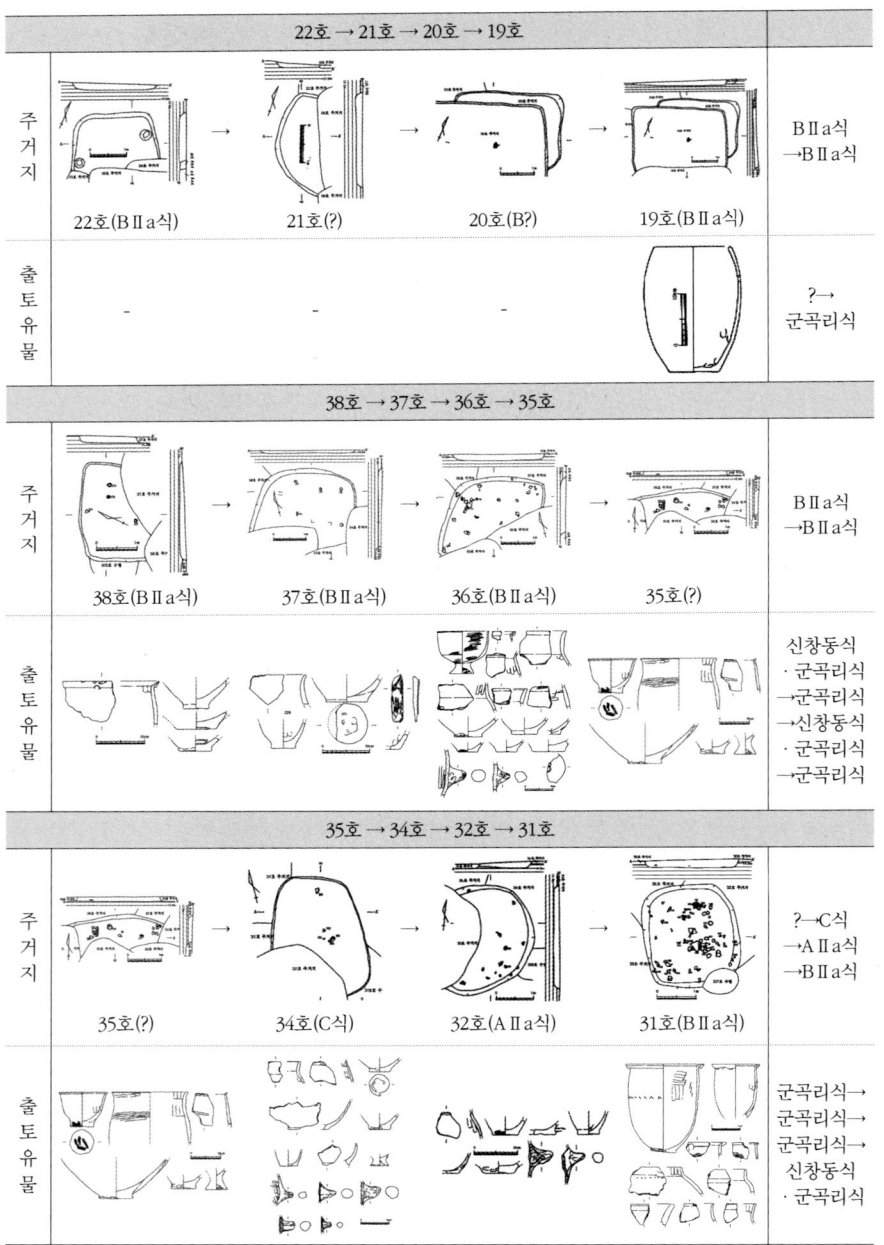

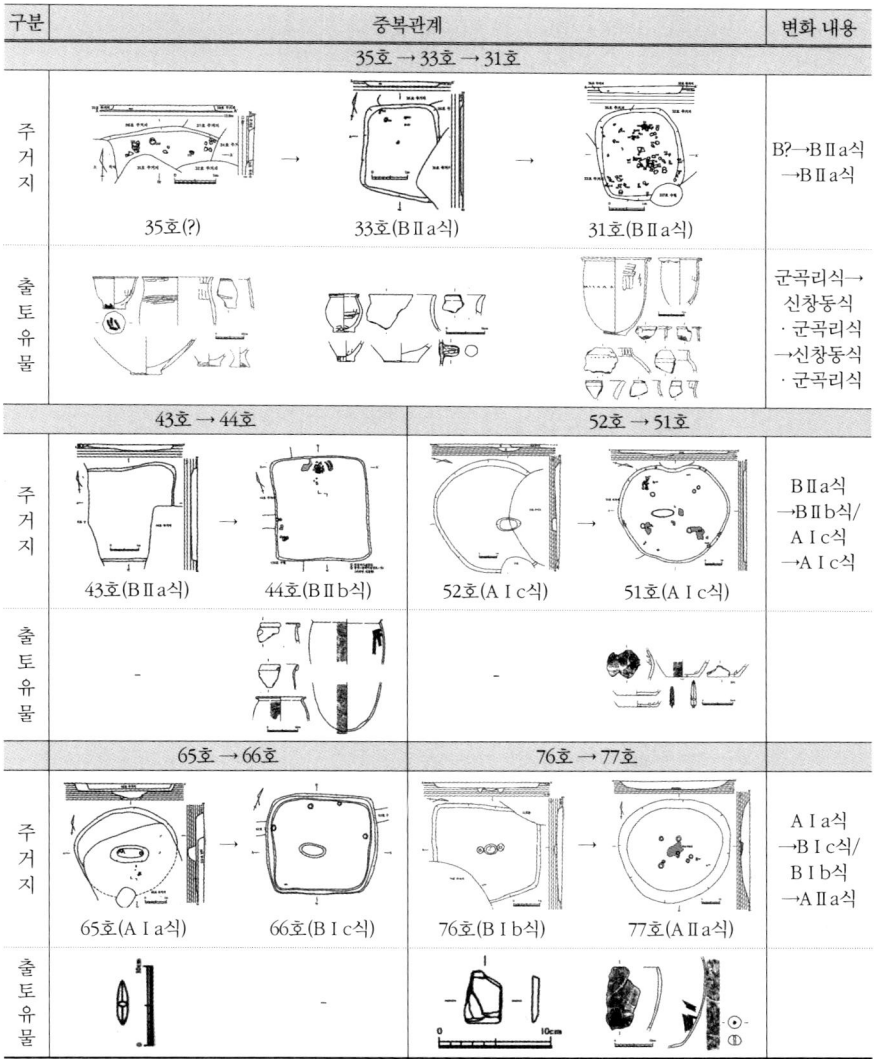

<그림 39> 광주 평동유적 주거지 중복관계

광주 평동유적에서 확인된 주거지 중복관계에 따른 관계는 BⅡb식→BⅡa식, BⅡa식→BⅡa식→BⅡa식, C식→AⅡa식→BⅡa식, BⅡa식→BⅡb식, AⅠ c식→AⅠc식, AⅠa식→BⅠc식, BⅠb식→AⅡa식 등이 확인되며, 토기변화의 흐름과도 일치하는 경향을 보인다. 이를 정리해 보면 〈표 56〉과 같다.

〈표 56〉 중복주거지를 통한 주거지의 형식변화

중복주거지 형식	출토유물	비고
10호 → 9호 → 8호	군곡리식토기 → 군곡리식토기, 연질토기 → 無	
22호 → ? 21호	無 → 無	
B? 20호 → 19호	無 → 군곡리식토기	
38호 → 37호 → 36호 → ? 35호	신창동식·군곡리식토기 → 군곡리식토기 → 신창동식·군곡리식토기 → 군곡리식토기	
? 35호 → C식(제형) 34호 → 32호 → 31호	군곡리식토기 → 군곡리식토기 → 군곡리식토기 → 신창동식·군곡리식토기	
? 35호 → 33호 → 31호	군곡리식토기 → 신창동식·군곡리식토기 → 신창동식·군곡리식토기	
43호 → 44호	無 → 신창동식토기, 연질토기	
52호 → 51호	無 → 연질토기	
65호 → 66호	석기 → 無	
76호 → 77호	석기 → 군곡리식토기, 어망추	

AⅠa식인 전형적인 원형계의 송국리형주거지에서 원형점토대토기편 등이 출토되고 있다. 영산강유역에서는 BⅠa식에서 원형점토대토기가 출토된 바 없지만, 탐진강유역권인 장흥 갈두Ⅱ유적에서는 원형점토대토기가 출토되었다. AⅠa식 중에서는 타원형구덩이의 위치가 중앙부에서 벗어나 치우쳐 위치하거나 외부 돌출부(함평 소명동 3호)가 확인되거나, 평면형태가 타원형화되어가는 것(광주 평동 69호) 등이 있다. AⅠa식에서 점차 송국리형주거지의 특징이 사라져가고, AⅠc식이나 AⅡa식이나 AⅡb식으로 변화되어간 것으로도 보이고, 내부시설이 전혀 없는 것과 소토부, 주공, 외부 돌출부 등이 확인되는 것이 있다. AⅡa식(원형)은 새로운 주거구조로 이에 영향을 받아 송국리형주거지의 특징이 사라지기도 한다.

　유사한 양상이 확인된 섬진강유역권의 곡성 대평리유적을 보면 AⅡa식인 2호주거지에서는 유물이 출토되지 않았고, AⅡb식인 1호 주거지에서는 원형점토대토기 A2-b식과 조합식파수 등이 출토되고 내부에서 무시설식으로 추정되는 부뚜막이 확인되었다. AⅡb식주거지에서는 신창동식토기 Bd식과 군곡리식토기 또는 군곡리식토기에 타날문이 시문된 토기 등이 출토되는데, 주로 전남 동부지역에서 확인되는 경향을 보인다. 이 같은 양상이 내륙을 통해 연결되어 나타나는데, 구례 봉북리, 곡성 오지리, 담양 태목리유적 등에서 확인되었다. 담양 태목리유적에서는 AⅡb식주거지가 여러 기 확인되었으나, 신창동식토기는 출토되지 않았다. 영산강유역에서 AⅡb식주거지는 신창동식토기가 성행하는 단계가 지나고 군곡리식토기가 성행하는 단계에 등장한 것으로 추정된다. 해남 군곡리유적의 AⅡb식 주거지에서도 신창동식토기는 확인되지 않았다.

　광주 평동유적에서는 수혈 904기가 확인되었는데, 원형점토대토기와 신창동식토기, 군곡리식토기가 출토된 수혈이 300여기에 이르는데, 일부 수혈은 주거용으로 추정되며, 주거지로 보면 AⅡa식이나 BⅡa식에 해당된다. AⅡa식

주거지에서는 신창동식토기나 군곡리식토기 등이 주로 출토되고, AⅡb식 주거지에서는 군곡리식토기(에 타날문 시문)와 연질토기 등이 공반되고 있다. 유물로 보아서 AⅡa식 주거지는 기원전 2·1세기~기원후 2세기경에 확인되고, AⅡb식은 기원후 2세기경에 집중되며, 유적에 따라서 3세기 이후에도 잔존한다. 사천 늑도유적에서는 AⅡa식 주거지에서 온돌구조가 확인되었다.

〈그림 40〉 AⅡ식(원형 및 타원형)주거지 및 출토유물

AⅠc식이나 BⅠc식은 송국리형주거지의 특징 중 타원형구덩이가 전승된 형

태이다. 타원형구덩이만 확인되는 사례와 일부 주거지에서는 타원형구덩이 일부가 소토화(노지)된 사례를 확인할 수 있다. 타원형구덩이만 확인되는 경우는 대부분 주거지 내 중앙부를 이탈에 한쪽에 치우쳐 위치하고 있다. 소토화된 경우는 주거지 내부에서 취사나 난방시설의 등장과 관련된 것으로 타원형구덩이의 용도가 노지로 활용된 것으로 보인다. BⅡb식(방형계)주거지의 부뚜막 중 중앙부에 무시설식 부뚜막이 있는 구조와 유사하다. 송국리형주거지의 타원형구덩이가 중앙부에서 벗어나 한쪽으로 이동하지만 그 용도는 변화하지 않고, 이후 마한계주거지의 타원형수혈로 이어진 것으로 보인다. 타원형구덩이와 타원형수혈은 형태와 크기면에서 거의 동일하고, 용도면에서도 작업공, 저장공 등으로 이해되는 측면[163])에서 송국리형주거지의 타원형구덩이의 전통이 전승된 것으로 이해된다.

주거지의 평면형태로 보아서 외관에서 보이는 모습이 변화되기보다 내부구조를 변화시키면서 송국리형주거지가 쇠퇴해간 것으로 이해되는데, 타원형구덩이와 중심주공이 있는 것→타원형구덩이만 있는 것으로, 타원형구덩이나 중심주공이 있는 것→없는 것으로 변화되어가는 것으로 추정된다. 이 같은 변화는 철기문화의 유입과 연동된다. 기원전 1세기를 전후하여 전통적 주거구조의 변화가 이루어졌고, 이러한 변화는 Ⅳ기 이후까지 이루어졌다고 할 수 있다. 송국리형주거지는 AⅡa식과 AⅡb식, BⅡa식, BⅡb식과 상당기간 공존하였고, 평면형태의 차이는 시간적 선후관계보다는 지역적, 집단별 선호도에 따라 달랐던 것으로 이해된다. 최종적으로는 Ⅴ기 후반경에 마한계주거지(BⅡb식)로 보편화되는 시기까지 송국리형주거지의 전통은 계승된 것으로 추정된다.

---

163) 수혈주거지의 상부 공간(선반 또는 복층 구조의 시설물)에 오르기 위한 시설의 하단부나 출입을 위한 시설(계단? 사다리?)가 놓였던 부분으로 추정하기도 하였다(김은정 2017, 「마한 주거구조의 지역성」, 『중앙고고연구』24호, 중앙문화재연구원).

2) 외반구연 호

 군곡리식토기 중에서 외반구연호에서는 송국리식외반구연호에서 계승성을 확인할 수 있다. 새로운 선진문물의 유입이 전파에 의한 것이든, 주민 이주에 의한 것이든 간에 어떠한 형태로든 토착문화에 영향을 주었겠지만, 토착문화를 완전히 바꾸지는 못한다. 삼각형점토대토기문화의 유입과 더불어 신기술 영향으로 송국리식외반구연호가 군곡리식토기로 변화한 것이다.

 기원전 1세기에서 기원전후까지의 토기는 삼각형점토대토기(신창동식토기)라는 인식이 강한데, 이 때문에 이후 토기는 삼각형점토대토기로 이해되어져 왔다. 무덤 중심의 연구 때문에 이러한 경향은 더 강해진 듯 싶다. 생활유적과 관련된 군곡리패총이나 광주 신창동저습지에서는 점토대가 부착된 토기뿐 아니라 그 외 토기들도 상당량 출토된다. 일상용기인 완형토기, 직립구연이나 외반구연의 발형토기, 호형토기 등 무문토기의 전통을 가진 토기들이 출토되고 있다. 이에 가장 전통적 기종인 호를 대상으로 하여 토착적 요소와 외래적 요소를 구분하였다.

 토착적 요소는 문양, 태토, 정면기법, 기종 등에서 찾아볼 수 있다. 문양과 제작기법은 무문토기의 무문양 전통을 이어받아 군곡리식토기도 무문양이다. 물론 삼각형점토대토기문화도 무문양이라는 점에서 동질적이다. 태토는 무문토기의 태토와 유사하게 굵은 사립을 혼입한 경우들이 많다. 정면기법은 송국리식토기에서 확인되는 목판을 이용한 정면기법이 확인되고, 기형은 완이나 발의 경우 동체부 형태가 직선적인 점도 유사하다.

 외래적 요소는 신기종, 소성도, 정면기법, 물레 등이 있다. 소성도는 무문토기에 비해 높은 경도를 보이지만, 육안상으로 구분하기 어려운 것들도 많기 때문에 가마구조는 큰 차이가 없었을 것으로 보인다. 신창동 토기가마와 같은 덮개용 개방요와 곡성 대평리와 같은 밀폐요에서 소성된 것으로 추정된다. 소성도가 높아진 것은 태토 수비기술의 발전으로 추정되는데, 정선된 점질의 점토로 수비하여 점토의 밀도를 높게 함으로써 무문토기보다 높은 소성도의 토기를 생산할 수 있었던 것으로 보인다. 영산강유역에서 확인된 가마를 통해 볼 때 1세기까지는 개방요를 사용하였고, 등요가 등장한 시기는 3세기로 보고 있지만, 영광 군동 가마의 방사성탄소연대가 1980±70BP와 1780±60BP로 측정되어 상향될 여지가 있다.

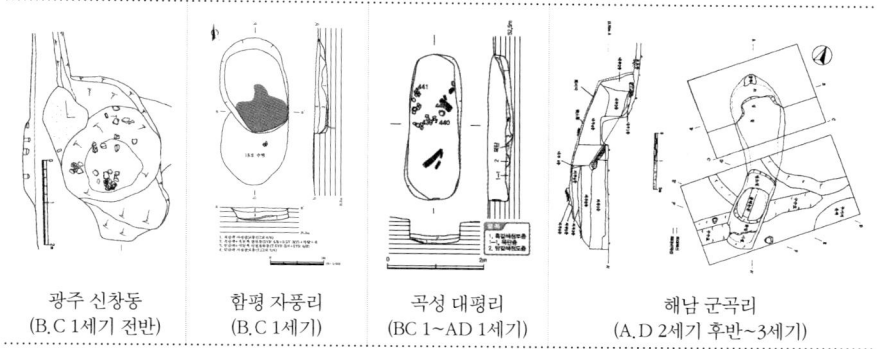

| 광주 신창동 | 함평 자풍리 | 곡성 대평리 | 해남 군곡리 |
| (B.C 1세기 전반) | (B.C 1세기) | (BC 1~AD 1세기) | (A.D 2세기 후반~3세기) |

〈그림 41〉 토기가마 현황

물레 사용은 토기 기면에 나타나는 회전흔과 저부에서 확인되는 물레축흔을 통해서 짐작할 수 있다. 회전흔은 해남 군곡리패총 Ⅱ기층 출토품에서 확인되는데,〈그림 42〉에서 보면 1(2차조사 7층)·3(2차조사 5층)·4(2차조사 4층)과 7등이 해당된다. 보고서에 따르면 〈그림 42〉 1-3과 4번은 3번과 '유사한 제작방법으로 만들어졌다'[164]고 기록하고 있다. 1- 3번은 구연부에서만 회전흔이 확인되며, 저부바닥면에서 물레축흔에 대한 여부는 알 수 없지만, 분할성형 후 접합한 흔이 확인된다. 대호는 손물레로 구연부를 성형했을 가능성이 높은 것으로 추정된다. 물레축흔은 영광 군동 B-2호 옹관과 나주 구기촌 1호와 9호 토광묘에

---

164) 목포대학교박물관 1988, 『해남 군곡리패총Ⅱ』.

서 출토된 호형토기 등에서 확인된다.

　호남지역에서 삼각형점토대토기문화의 진원지라고 할 수 있는 광주 신창동 저습지 출토 호형토기에서는 회전흔 등이 확인되지 않고, 목판조정흔이 주요 정면기법으로 사용되었다. 하지만 일부 신창동식토기 Bb식의 구연부에서 회전흔이 확인되므로 신창동식토기 출현과 관련하여 물레가 사용되었고, 기원전 1세기 후반경에는 널리 사용된 것으로 추정할 수 있다.

　토착적 요소와 외래적 요소가 결합되어 군곡리식토기가 제작되었으며, 전통성이 오래된 호형토기를 통해서 무문토기에서의 계승성을 찾아보도록 한다. 군곡리에서 출토 호형토기는 목이 짧고 동최대경이 상부 쪽으로 치우친 것이 특징이며, 송국리식토기와 매우 유사하다. 최성락은 이미 청동기시대에 있었던 것으로 원삼국기의 호형토기와의 관계는 미정으로 보았다[165]. 이후 이홍종은 중서부지역 표지적 기종인 중도식토기의 성립과정 연구에서 송국리 출토 송국리식토기를 3류로 분류하고, 송국리식토기에서 나타나는 동최대경이 상반부로 이행하고, 장동형을 그대로 이어받은 것을 초기 중도식토기로 설정하여 무문토기에서 전통성을 찾고자 하였다[166]. 박순발은 기형의 유사성은 보이지만 분포권과 전개양상이 다르고 연대상 연결하기 어려운 문제점이 있다고 지적하였다. 중도식토기의 표지적 기종인 외반구연심발형은 전남지역에서는 출토되지 않고 있는 기종 중 하나이며, 중부지역이 중심이라 할 수 있다[167]. 황재훈은 송국리식토기는 획일적으로 변해가는 것이 아니라 지역별로 다양하게 변화해가며, 대표기종인 외반구연호의 경우, 구경부형태는 경부가 형성되고 외반된 형태에서 짧게 외반되는 형태로, 동체부는 장동화되면서 완성되어 가

---

165) 최성락 1993, 『한국 원삼국문화의 연구』, 학연문화사.
166) 이홍종 1991, 「중도식토기의 성립과정」, 『한국상고사학보』6, 한국상고사학회.
167) 박순발 2001, 『한성백제의 탄생』, 서경문화사.

는 것으로 보고 있다[168].

호형토기는 농경이 시작된 이래 가장 전통적 기종으로 수확물 저장을 위해서 사용되었고, 그 용도는 지금까지도 계승되고 있다. 따라서 호형토기는 지역에 맞게 가장 토착적이면서 신기술이 반영된 기종이라 할 수 있으며, 이를 통해서 송국리식외반구연호와 군곡리식외반구연호와의 계승성을 살펴보았다. 전체형태를 파악할 수 있는 것만을 대상으로 하였다. 외반구연호는 대호에 속하여 거의 편으로 출토되고 있어서 전체적인 형태를 알 수 있는 것이 적다.

송국리식외반구연호는 송국리형주거지의 발전기에 해당하는 영암 장천리주거지에서는 송국리식외반구연호 2점이 출토되었다. 이 토기는 구연부는 외반되었고 경부가 형성되고 동체부는 배가 부른 형태로 중위에 최대경이 위치하며, 저부는 넓고 안정감 있는 평저이다. 이와 유사한 호들이 기원전 2~1세기대 옹관묘, 패총 등에서 출토되고 있다.

먼저 옹관으로 사용된 송국리식외반구연호는 광주 신창동, 광주 운남동, 무안 인평 등에서 확인된다. 광주 신창동과 광주 운남동은 송국리식토기를 사용하였고, 무안 인평에서는 송국리식외반구연호에 삼각형점토대를 부착한 것과 파수를 부착한 것이 있다. 전체적으로 짧고 외반된 구연부에 장동화된 동체부를 갖고 저부는 축약되고 굽을 형성하고 있다. 이들 호와 영암 장천리의 호를 비교하면 가장 큰 차이점은 저부 형태이다. 축약된 평저에 유굽으로 점토대토기의 저부 형태와 같고, 그 영향을 받은 것으로 볼 수 있다.

군곡리식외반구연호는 층서적 서열관계가 형성된 해남 군곡리 패총의 호를 중심으로 살펴볼 수 있다. 해남 군곡리패총에서 확인된 외반구연호는 Ⅱ기층~Ⅴ기층에서 출토되었다.

---

168) 황재훈 2010, 「호서-호남지역 송국리식 토기의 시·공간성」, 『한국고고학보』77집, 한국고고학회.

<표 57> 외반구연호 현황 (*은 잔존, ( )은 추정)

구분	출토위치	규격(cm)				동최대경/기고
		기고	구경	동최대경	저경	
영암 장천리	2호 주거지	50	24	(37)	14.3	0.74
영암 장천리	7호 주거지	44.5	25	34.6	14.6	0.78
광주 운남동	1호 대옹	(52)	25	33.8	10	0.65
광주 운남동	4호 대옹	51.5	14.8	41	7.0	0.8
무안 인평	1호 대옹	52	(25.2)	34.4	9.2	0.66
무안 인평	1호 소옹	50	(24.7)	34.9	8.7	0.7
그림 37-1-1(2차 조사)	7층(Ⅱ기층)	18*	(21.6)	27.1	?	?
그림 37-1-2(2차 조사)	7층(Ⅱ기층)	17*	(26.55)	27.5	?	?
그림 37-1-3(2차 조사)	7층(Ⅱ기층)	23.3*	(19.25)	37.1	?	?
그림 37-2-1(2차 조사)	6층(Ⅱ기층)	29.8*(30)	(14)	22.1	7.5	0.74
그림 37-2-2(2차 조사)	6층(Ⅱ기층)	37	(19.8)	31.8	8.25	0.86
그림 37-3(2차 조사)	5층(Ⅱ기층)	27.5	18.8	27.8	7.4	1.02
그림 37-4(2차 조사)	4층(Ⅱ기층)	20.5*	(17.5)	25.1	?	?
그림 37-5(1차 조사)	10층또는11층(Ⅱ기층)	33.5	18.3	25.1	7.8	0.75
그림 37-6(1차 조사)	8층(Ⅲ기층)	29.4	13.8	23.1	6.7	0.79
그림 37-7(1차 조사)	2층(Ⅴ기층)	40.1	23.1	32	원저	0.8

해남 군곡리의 호는 기고가 27.5~40cm 정도로 평균기고는 33.5cm이고, 구경은 13.8~26.5cm로 평균 구경이 20.5cm 정도이며, 저경은 6.7~8.25cm로 평균 7.5cm 정도이다. 기형은 유사하지만 규격이 동일한 것은 없으며, 비슷한 정도이다.

해남 군곡리에서 가장 하위층에서 출토된 것은 <그림 42-1>이다. 전체적인 형태는 알 수 없지만, 동최대경은 중위나 상위에 위하는 것으로 추정되며, 구경부는 동체부에서 바로 연결되어 짧게 외반하는 송국리식과 유사하고, 목판조

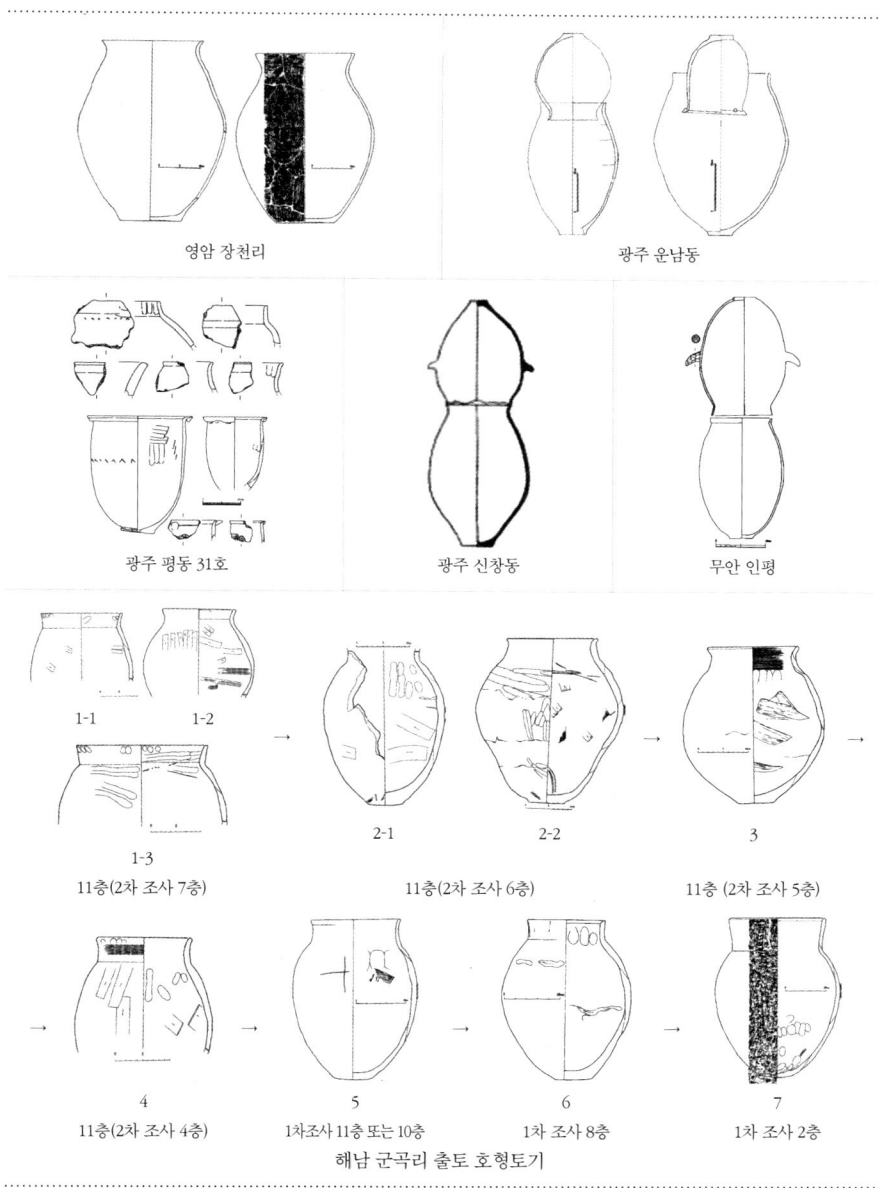

〈그림 42〉 외반구연 호

정흔이 확인되고, 3번은 구연부에 회전조정흔이 확인된다. 〈그림 42-2-2〉의 호는 2차 조사시 6층에서 출토되었고, 동최대경이 중위에 위치하고 저부는 축약되고 굽이 약간 형성되었고, 구연부는 내경한 후 짧게 외반한다. 〈그림 42-3〉의 호는 2차 조사시 5층에서 출토되었고, 분할성형하였으며, 짧게 내경하는 경부를 형성하고 구연부는 외반되고 회전조정흔이 확인된다. 2-2번과 3번 호는 유사한 기법으로 제작되었다. 2번 호보다 경부가 길어지고, 동체부에서 바로 연결되지 않고 꺾여 뚜렷한 경부를 형성하였으며, 동최대경은 중위에 위치하고, 저부의 굽은 퇴화된 형태이다. 〈그림 42-4〉의 호는 1차 조사에서 화천과 동일한 11층 또는 10층에서 출토되었다. 동최대경이 중상위에 위치하며, 동체부는 장동형을 이루고 완만하게 직립하는 경부에 구연부는 살짝 외반하며, 저부는 굽이 없다. 〈그림 42-5〉은 8층에서 출토되었으며, 구경부가 직립화되고 장동형의 동체부를 이루고, 동최대경은 중상위에 위치하며, 굽은 무굽이다. 〈그림 42-6〉은 Ⅴ기층 2층에서 출토되었고, 찰문으로 정면하였으며 직립에 가까운 구경부에 동최대경은 상위에 위치하며, 저부는 원저이다.

해남 군곡리에서 호의 변화를 보면, 구연부는 동체부에서 바로 연결되어 짧고 외반된 것에서 직립으로 변화되고, 경부는 형성되지 않는 것에서 점차 경부가 점차 길어지면서 직립화되어간다. 이러한 변화는 Ⅱ기층에서 출토된 호형토기에서 확인되며, 특히 동체부에서 경부로 연결되는 지점이 꺾임을 이루며 형성된다. 동체부 형태는 동최대경이 중위나 상위에 위치한 것에서 점차 상위로 이동하는 경향을 보인다. 저부는 전체적으로 동체부에 비해 축약되었고, 굽이 살짝 형성된 후 점차 퇴화되고, Ⅴ기층 단계에서는 원저가 등장한다.

군곡리식 외반구연호는 송국리식외반구연호를 모티브로 변화하는데, 형태적으로는 구연부와 저부에서 변화가 뚜렷하며, 소성도와 태토 등에서도 변화가 확인된다. 점토대토기의 영향을 받아 기원전 2~1세기경에는 저부는 10㎝ 미만으로 축약되고 굽이 형성된 것으로 추정되는데, 저부의 축약은 토기제작술의 발달을 보여준다. 신창동식토기와 송국리식토기가 공반된 광주 평동유적을 보면, 호는 송국리식외반구연호를 선호하였고, 잔존하는 편의 형태는 짧고 외반된 형태나 짧게 직립한 형태를 보이고 있다. 해남 군곡리나 광주 평동 사례를 보면 경부가 형성되면서 경부와 동체부를 연결하는 경계가 뚜렷해지고 기원전후한 시점부터 구연부가 직립화되어가고, 동최대경은 중상위에 위치하고 장동화되어간다. 저부는 큰 변화가 없으나 기원후 2세기에는 원저가 나타나며, 호류를 중심으로 유행한 것으로 보인다. 호의 곡선적인 변화와 정대칭은 물레의 발달로 기원전 1세기 후반에는 발물레를 사용함으로써 보다 길고 곡선적인 경부를 형성할 수 있었던 것으로 추정된다.

2. 신기술의 도입

신기술은 금속기 제작, 칠기, 고급목공기술, 수레바퀴, 악기, 베틀, 환원염소성의 토기 제작, 유리 제작 등과 같이 여러 분야에서 고도화된 기술력이 반영된 유물들이 확인된다. 금속기 제작과 관련된 기술에 대해서만 살펴보도록 한다.

금속을 이용한 도구 제작은 역사적으로 2차 산업혁명에 이르게 하는 획기가 되었다. 금속기 제작의 신기술은 광석을 제련하여 얻은 금속을 원료로 제작되며, 제작기법은 주조기법과 단조기법이 있다. 주조기법은 금속을 용융점보다 높은 온도로 가열하여 액체상태로 만들어 원하는 모양의 거푸집에 부어 굳히는 방법이다. 단조기법은 고체상태의 금속을 두들겨서 일정한 모양으로 만드는 기법으로 청동기는 주조기법을 사용하였고, 철기는 주조·단조기법을 사용하여 제작된다.

청동기 제작은 구리과 주석을 합금하여 필요에 따라 납 등을 첨가하여 용해

한 후, 주조기법으로 제품을 제작한다. 그 과정은 크게 광물원료의 채석, 원료가공, 제품생산으로 볼 수 있지만, 많은 시설과 기술을 필요로 하는 작업이다. 우리나라에서 청동제련과 관련하여 전주 안심유적 1호 주거지에서 송풍관편이 출토되었고, 완주 갈동 1호 묘에서 세형동검 거푸집, 완주 덕동에서는 지표에서 동착 거푸집 등이 수습되었다.

영산강유역에서는 전 영암 용범을 통해서 한반도 내에서 청동기 제작이 이루어진 곳 중 하나임을 알 수 있다. 용범 출토는 최첨단 신기술과 함께 기술자 집단의 존재를 보여주는 확실한 증거이다. 가장 고난위도의 기술을 요구하는 다뉴경 C식 용범과 동경은 청동기 제작기술 중에서도 가장 발달한 최고의 신기술이 도입되었음을 보여준다. 중국 문헌인 『주례』「고공기」에는 6가지 기종의 청동 합금비율이 기록되어 있는데 錫(양)/동의 비율이 1/5은 부와 자귀, 1/4은 과, 1/3은 도검, 2/5는 소도, 1/2은 경을 제작한 비율로 전해진다.

우리나라에서 출토된 청동기의 성분분석 결과를 보면 구리, 주석, 납이 주요 합금성분이다. 세형동검은 구리 79.2%, 주석 13.4%, 납 6.7% 정도의 평균 조성비를 보이는데[169], 『주례』「고공기」의 '금유육제'중 대도지제(Cu:Sn=75:25)와 유사한 합금비율로 볼 수 있다. 다른 청동기류들도 구리 59.7%, 주석 22.1%, 납 7.4%의 조성비를 갖으며, 아연이나 철 성분 등이 소량 검출되기도 하였다[170]. 화순 대곡리의 동경은 구리 64~66%, 주석 22~29%의 비율로 나타났으며, 이 범위에 전주 효자동과 논산 원북리 동경이 포함된다. 『주례』「고공기」의 '금유육제'중 동경의 합금비율에 아산 남성리나 전주 원장동 출토품보다 근접하였음을 알 수 있다. 특히 납의 금속적 성질을 경험적으로 파악하여 용융온도를 낮추어 제작시 유동성과 강도를 증가시켜 보다 정교한 제품을 생산하고자 하

---

169) 국립중앙박물관·국립광주박물관 1992, 『한국의 청동기문화』.
170) 국립중앙박물관·국립광주박물관 1992, 『한국의 청동기문화』.

였던 것으로 추정된다. 동일한 청동제품에서 부위별 합금비율이 달리 확인되는 전 논산 국보경[171]과 전 전남 동령[172] 의 경우에서 보듯이 경도, 반사율 등 기종의 용도에 맞게 합금비율을 터득한 고도의 숙련된 기술력을 보유했을 것으로 보인다. 최고급의 제품을 생산할 때는 온도의 영향을 받기 때문에 특정 계절을 선택하여 작업하였을 가능성도 있다. 가장 고난이도 기술을 요구하는 동경 제작은 경험을 통해서 광물 정보를 파악하여 합금비율을 인지해갔을 가능성이 크다.

광물원료의 광산 중 구리광산은 황해도의 금화·장연·수안, 평안북도의 구성, 함경남도의 갑산, 강원도 영월·평창·금성지역, 경기도의 영평, 충청북도의 충주·음성, 충청남도의 공주·진산, 전라북도의 용담, 경상북도의 진보·청송·인동·영해·의성·영덕, 경상남도의 계성·영산·김해·창원·함안·고성·밀양 등에 분포하고 있다[173]. 주석 산지는 한반도에서 거의 찾아볼 수 없고, 1920년대 광물지에 따르면 황해도와 강원도의 고성과 통천에 주석이 있다는 기록이 있지만[174], 대부분 중국에서 수입한 것으로 추정된다. 납 성분을 함유한 광석은 여러 종류가 있으나 산출량이 가장 많은 것은 방연석으로 납은 다른 광석과 수반하여 복합광석을 함유하는 것이 대부분이고 경상북도와 강원도에 주로 분포하며, 전국적으로 소량 확인된다[175]. 최근에는 납동위원소비 분석을 통해서 청동기 산지 추정을 실시하고 있다.

---

171) 박학수·유혜선 「국보 제141호 다뉴세문경의 미세조직과 원료」, 『한국기독교박물관 소장 국보 제141호 다뉴세문경 종합조사연구』, 숭실대학교 한국기독교박물관.
172) 최 주 1992, 「한국의 세형동검 및 동령의 금속학적 고찰과 납 동위원소비법에 의한 원교산지 추정」, 『선사와 고대』3, 한국고대학회.
173) 한국학중앙연구원 1991, 『한국민족문화대백과사전』.
174) 김원룡 1978, 「조선시대의 동」, 『세림한국학논총』1집.
175) 한국학중앙연구원 1991, 『한국민족문화대백과사전』.

영산강유역에서는 전 영암용범이 출토된 영암에서 청동기공방을 조성하여 당대 청동기 제작의 거점을 형성하였을 것이다. 영산강유역에는 광물 광산이 확인되지 않기 때문에 원료는 외부지역과 교류를 통해서 수입하였을 것이다. 일본에서 출토된 다뉴세문경의 문양은 영산강유역과의 관련성을 보여주고, 큐슈지역에서 확인되는 거푸집과 청동기 출토유적에서 점토대토기가 공반되고 있어 청동기 제작 주체가 한반도에서 건너간 장인집단에 의한 것으로 추정된다[176]. 납동위원소비 분석을 통한 구주지역 출토 청동기의 산지를 분석한 결과에서 야요이 전기에는 북부·중부 큐슈지역의 청동기에서는 한국산 재료만이 사용된다. 야요이 중기 중반부터는 한국산 재료가 중국 화북산으로 대체되며, 중부 큐슈지역의 청동기에서는 화북산 재료와 더불어 한국산 재료가 지속적으로 사용된다. 야요이 후기에는 북부 큐슈지역의 청동기는 중국 화북산 재료 중 특정 지역 재료만 사용되고, 중부 큐슈지역의 청동기에서는 화북산 특정 지역 재료와 한국산 재료가 사용된다[177]. 야요이 전기 산지분석결과와 다뉴경 문양으로 보았을 때 영암의 청동기 공방에서 생산된 제품이 왜로 유통되었을 것이다. Ⅲ기경 영산강유역에서 사라진 청동기 장인집단이 왜로 이주해 갔을 가능성이 있다.

다음으로 철기는 어떤 제작방법을 이용하였는가에 따라 기술의 발전적 측면과 더불어 정치·사회·경제적 변화를 파악하는데 용이한 측면이 있다. 영산강유역에서는 철기 제작 흔적을 찾아볼 수 없다. 주조철기는 청동기와 동일한 기법으로 제작되기 때문에 청동기 장인에게 받아들여져 금속기의 주조기술을 발전시켜 갔을 가능성이 있다. 청동기 용범이 대부분 석제품으로 확인되지만,

---

176) 片岡宏三 1999, 『彌生時代 渡來人と土器·靑銅器』, 雄山閣.
177) 노제현 2007, 『납동위원소비 분석법을 통해서 본 일본 중부큐슈와 한국 청동기 문화의 비교 연구』, 한양대대학교대학원 석사학위논문.

최근 다뉴경 C형인 세문경을 토제 용범에서 제작하였을 가능성이 제기되었고 [178], B형인 전주 여의동 동경이 토제 용범에서 제작되었다는 주장도 있다 [179]. 이러한 주장은 보다 구체적인 자료가 확보되면 확실해질 것이나, 청동기도 토제 용범을 사용하였을 가능성을 보여준다. 용범 재질이 석제에서 토제로 변화되었고, 다뉴경 등 청동기가 가장 발달한 시기에 이미 주조철기가 함께 제작된 것으로 볼 때 동일한 집단이나 생산체제 속에서 청동기와 주조철기가 같이 제작되었을 가능성을 배제할 수는 없을 것이다.

철은 용해온도가 더 높기 때문에 화력을 높이는 기술 등이 더 발달했을 것이고, 이 과정에서 토제 용범을 사용하게 되고 청동기의 제작과정에서 석제 용범을 제작해야 하는 복잡한 공정을 사라지게 했을 수도 있다. 영산강유역에서는 철기의 용범이 확인된 바 없으나 광양 도월리에서 기원후 3세기경 토제용범(철부)이 확인된 바 있다. 영산강유역에서는 청동기 주조기술을 보유한 영암 장인집단이 존재하였기 때문에 금속기 주조기술을 꾸준히 발전시켜 갔을 것이다. 광주 신창동에서 확인된 철제 공구류를 장착한 목병(木柄), 가공된 목제품, 굴지구 등은 공구류 중심의 발달된 철기문화를 잘 보여준다. 해남 군곡리에서 철침, 뼈를 가공한 다양한 제품에서도 동일한 철기양상이 확인되기도 한다. 또한 군곡리의 선형동부는 영산강유역의 독창성을 지닌 철기로 추정된 바 있고 [180], 늑도유적에서는 노벽, 송풍관편, 거푸집편 등 철기 가공·제작공정의 자료들이 확인되었기 때문에 군곡리에서도 철기제작과 관련된 일부 공정의 자료가 확인될 가능성은 충분히 있다.

---

178) 淸水康二·三船溫尙 2004, 「鏡范硏究の現狀と課題」, 『鏡范硏究』1, 奈良縣立疆原考古學硏究所.
179) 이양수 2010, 『한반도 삼한 삼국시대 동경의 고고학적 연구』, 부산대학교대학원 박사학위논문.
180) 이남규 2005, 「한반도 서부지역 원삼국시대 철기문화-지역성과 전개양상의 특성」, 『원삼국시대 문화의 지역성과 변동』제29회 한국고고학전국대회발표요지, 한국고고학회.
  이동관 2011, 「고대 따비에 대한 고찰」, 『한국고고학보』78, 한국고고학회.

철기용범 출토지와 철광석 산지의 분포를 비교해 보면, 동일지역 내에 분포하는 경향을 보여 밀접한 연관성이 있음을 알 수 있다 181). 철기 제작지가 확인된 영남지역에서는 기원전 1세기경 철기 생산이 시작되었고, 제작이 철순도가 높은 철광석 산지를 따라 분포하는 양상을 보이다가, 기원후 1세기경에는 철광석 산지 확보와 유통을 원활하게 하기 위한 지역

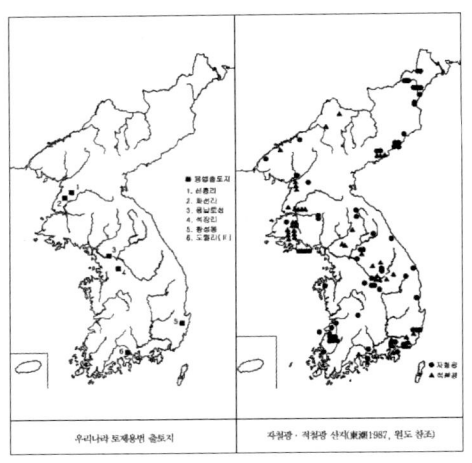

〈그림 43〉 용범 출토지 및 철광석 산지
(이범기 2009 인용)

으로 이동해가는 양상이 확인된다. 영산강유역은 철광석분포지가 거의 확인되지 않고 제련관련 유적이나 유물이 출토되지 않았기 때문에 완성품이나 철소재를 수입하였을 가능성이 높다. 철기 제작과 관련된 자료는 3~5세기유적인 광주 산정동, 나주 방축, 나주 복암리, 함평 중랑, 무안 양장리유적 등에서 확인되고, 단야 중심의 제철유구들이 대부분이다.

영산강유역에서는 청동기건 철기건 간에 광산이 없어 원료는 외부에서 수입할 수 밖에 없었을 것이다. 청동기 원료는 서북한지역에서 들어왔을 것이고 당시 선진지역인 만경강유역을 경유하여 수입하였을 가능성이 있다. 청동기 원료와 동시기대의 주조철기는 만경강유역과의 관계가 상정되나, 만경강유역에서도 철기제작이 이루어졌던 정황이 확인되지 않고 있어 외부로부터 유통되었을 가능성이 있다 182).

---

181) 이범기 2009,「전남지방 출토 토제용범에 대한 검토」,『연구논문집』제9호, 호남문화재연구원.
182) 김진영 2018,「영산강유역 철기 수용과 배경」,『호남고고학보』59, 호남고고학회.

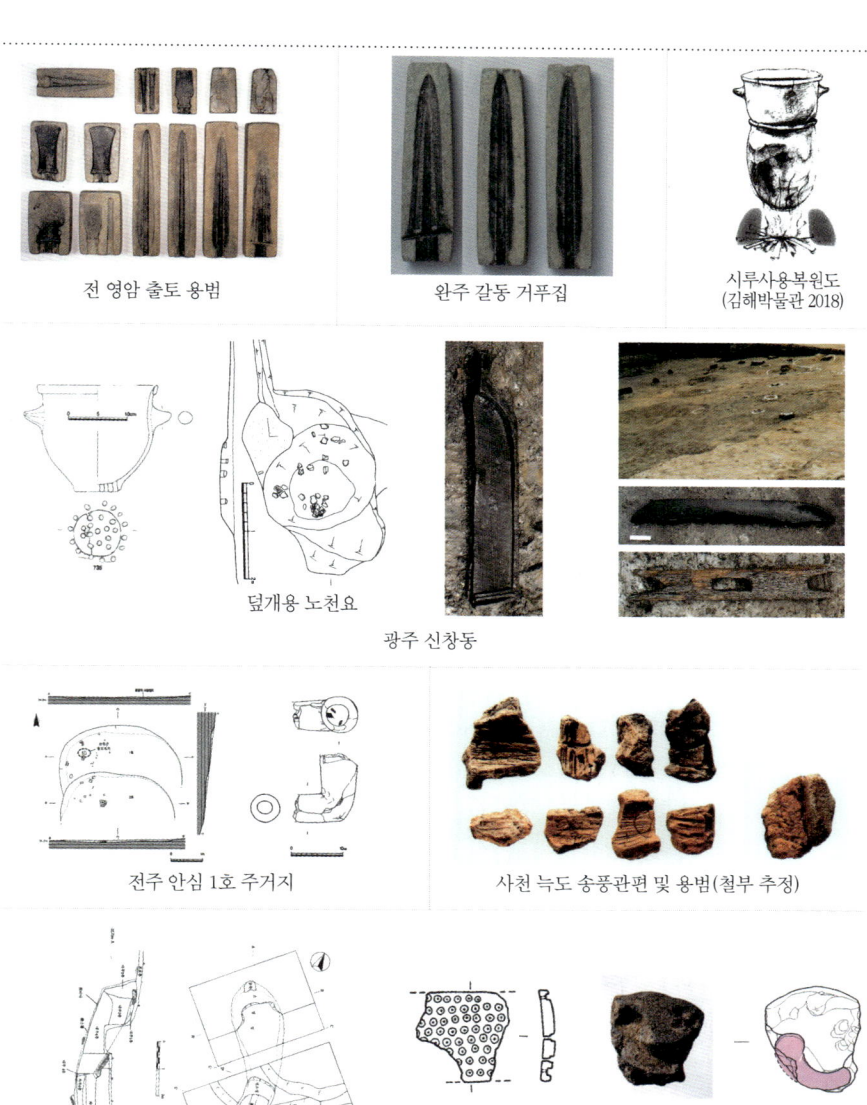

<그림 44> 신기술 관련 자료

단조철기는 기원전 1세기경 확인되는데 완성품을 중심으로 수입하다가 기원후 1세기경에는 철소재를 수입한 것으로 추정되나, 이 또한 제한적이며 위세품적 성격으로 활용된 것으로 추정된다. 영남지역에서 철기 생산지과 유통 중심지가 경주지역에서 김해지역으로 이동해 가는 과정과 관련 있을 것으로 짐작된다. 즉 영남지역에서 유통지를 중심으로 한 이동은 김해지역을 철 무역의 거점지로 부상시켰고, 무역이 활성화되면서 기술자들이 이주하거나, 하급의 기술자가 영산강유역에 출현하게 되었다고 본다. 3세기를 전후한 시기에 단야기술과 함께 철기량이 증가해가는데, 철광석 제련과 같은 고급기술이나 시설 유입은 정치적으로 어려웠을 것이고, 단야기술을 통해서 철소재를 가공하여 제품을 생산하였을 것으로 추정된다. 이외에도 생활 전반에 새로운 기술이 수용되었다.

3. 유통과 교류

교류는 인류가 서로 간의 관계가 형성하면서 시작되었다. 고고학에 있어 교류는 문화 기원과 형성 등을 파악하기 위한 전파론적 관점에서 접근되었으며, 연구자마다 해석의 차이를 갖는다. 외래의 문화요소 또는 기술이 한 지역에 등장한다는 것은 그 요소나 기술이 공간적으로 이동한다는 것을 의미한다. 전파 또는 이주의 기본조건은 동일한 문화요소, 유물복합체 또는 기술이 둘 이상의 지역에서 공통적으로 발견되는 것으로 이주, 교역, 전파로 대별하였고, 이주는 전달자의 입장이, 전파는 수용자의 입장이 강하게 반영되는 것으로 보았다[183].

---

183) 김장석 2002, 「이주와 전파의 고고학적 구분: 시험적 모델의 제시」, 『한국상고사학보』 38, 한국상고사학회.

본고에서 교류는 지역집단간의 관계 속에서 발생하는 일체의 현상으로 정치, 군사, 경제, 종교 등 여러 측면에서 물자, 정보, 인력 왕래를 전부 포괄하는 넓은 의미로 사용하고자 하였다. 이러한 의미들을 포괄하는 개념으로서 교류는 서로 다른 집단이나 개인 간의 직·간접적 접촉을 통해서 이루어지는 관계를 의미하는 것이다. 이는 지역적으로 차이를 보이는 것으로 파악되며, 교류를 담당하는 집단이나 개인이 별도로 존재하였을 것이다[184]. 마한이 성립되는 시기는 외래문화요소와 기술이 넓게 확산되고, 해양을 통한 교류루트가 성립되는 등 교류가 활발하였다.

영산강유역에서는 고조선계, 중국계, 낙랑계, 변·진한계, 주호계, 왜계 등 주변 정치체의 유물들이 출토되며, 시간이 지날수록 다자 간 교류에 대한 수요가 높아지고 있음을 알 수 있다.

(1) Ⅰ기

Ⅰ기에는 경형동기와 중원식동검 등이 확인되며, 시·공간적으로 제한된 유물로 중국 동북지역에 주로 분포한다. 경형동기는 중국 동북지역과 한반도에 이르는 지역에서 출토하며, 함평 상곡리 경형동기는 한반도 내에서 처음 출토된 사례이다. 하가점상층문화권에서 요대 정중앙에 착장되어 동경을 보조하는 의기이자 위세품으로 사용되었고, 시공간적의 변화에 따라 기능과 성격이 변화된 것으로 보았다[185]. 중원식동검은 황하강과 양자강을 중심으로 하는 중원지역에서 춘추전국시대에 발전(오, 월)하여 진한교체기에 중국 동북지역에 등장하게 된 것으로 이해되고 있다. 평양 석암리 출토 중원식동검이 한반도

---

184) 김진영 2010, 「청동기시대 탐진강유역의 문화교류 양상과 교통로」, 『지방사와 지방문화』제18-2호, 역사문화학회.
185) 오강원 2017, 「중국 동북 지역과 한반도의 경형동기 연구」, 『한국청동기학보』20호, 한국청동기학회.

에서 출토된 다른 중원식동검의 조형이 되었을 가능성이 크다[186]. 평양에서 출토된 중원식동검 용범과 한반도에서 한 가지 형식(조진선 C식)만 확인되고, 대부분 조질품인 점 등으로 볼 때 한반도 내에서 제작·유통된 것으로 볼 수 있다. 또한 분포가 한반도 서해안 일대에 분포하는 지역적 특성을 보이며, 지리적으로 볼 때 서해안일대는 점토대토기문화 등과 같은 새로운 문화가 지속적으로 수용된 곳으로 서해안을 따라가는 육로나 해상을 통해 유입되었을 가능성이 있다.

해양을 통한 문화교류로서 문헌자료에서 확인되는 최초의 해상활동은 『사기』 진시황본기에 기록된 불로초와 관련된 기록이다. 기록에 의하면 기원전 3세기경 서복(혹은 徐市)과 3,000여명을 파견하여 불로초를 구해 오도록 하였고, 서복이 중국 산동지역을 출발하여, 제주도와 남해안 지역을 경유하여 왜까지 간다. 제주도에는 서복과 관련한 지명이 생기는데 서귀포이다. 이것은 동아시아에서 최초로 연안항로가 존재하였음을 보여주는 문헌자료이다[187]. 서복이 처음 도착한 지역이 지리산 일대라는 점에서 불로초원정대가 영산강유역의 서해도서권이나 해남반도권을 경유하였을 가능성이 있다. 이 시기의 고고자료는 제한적이며 연속성을 갖지 않는 단발적 현상으로 나타나고, 당시 토착문화와의 연결성은 확인하기 어렵다.

(2) Ⅱ기

Ⅱ기에는 기술의 유입과 서북한지역과 관련된 청동기와 철기, 왜계유물 등이 확인된다. 전 영암의 용범을 통해 청동기제작기술을 확인할 수 있지만, 제

---

186) 조진선 2014, 「초기철기시대 중원식동검의 등장배경」, 『완주 상림리 청동검의 재조명』, 국립전주박물관·한국청동기학회 학술세미나.
187) 강봉룡 2000, 「영산강유역 고대사회 성격론 -그간의 논의를 중심으로-」, 『영산강유역 고대사회의 새로운 조명』3, 전라남도.

작에 필요한 원료 광산은 영산강유역에서 확인되지 않는다. 따라서 청동기 원료의 수입은 외부지역에서 조달하였을 것이고, 당시 유통망을 살펴볼 수 있는 근거를 제공해 준다.

청동기 산지분석에 관련한 납동위원소 분석결과를 보면, 완주 갈동유적[188], 완주 덕동유적[189], 완주 신풍유적[190]의 청동기는 중국, 한국, 일본의 납동위원소비 영역에 분포하고, 군산 선제리 검파형동기와 동검에서는 중국 북부지역과 한반도 북부지역의 방연석을 이용한 것으로 확인되었다[191]. 같은 지역의 원료를 사용하여 제작하였을 가능성이 있으며, 주석은 서북한지역과 관계될 것으로 추정된다. 반면, 함평 월산리 세형동검의 납동위원소비 분석결과는 경상북도 북부 및 남부지역인 태백산 분지 영역(Zone Ⅱ)에서 채굴된 원료가 사용되었을 것으로 추정하였다. 함평 월산리 동검의 출토지와 산지 사이의 연관성을 검토하기 위해 전라도(익산 용제리, 전 전남, 완주 덕동, 익산 오룡리)·충청도(서천 화산리, 대전 문화동, 대전 탄방동, 논산 정지리, 논산 원북리, 청원 문의면)지역에서 출토된 세형동검 19점의 납동위원소비를 월산리 동검과 비교하여 한반도 남부 납동위원소비 분포도에 도시한 결과, 논산 원북리 세형동검 1점과 전 전남 세형동

---

188) 김규호·김나영·노지현·하라오 요시미츠 2009, 「완주 갈동유적(Ⅱ) 청동유물 재질 및 특성 분석」, 『완주 갈동유적Ⅱ』, 호남문화재연구원.
189) 전라문화유산연구원 2012, 『완주 덕동유적』.
190) 최미라·이하얀·조남철 2014, 「전주 완주 혁신도시 건설구간 내 신풍유적 출토 금속유물의 과학적 분석」, 『완주 신풍유적Ⅲ-부록-』.
신풍유적 청동기의 납동위원소비는 2개 그룹으로 나누어졌다. Ⅰ그룹에는 14점이 포함되고 중국, 한국, 일본의 납동위원소비 영역 내에 속하지 않는 값을 나타냈고, 방광은 태백산 영역과 일부 일치한다. Ⅱ그룹은 4점이 포함되는데 중국 남부, 한국 남부, 일본 방연광의 납동위원소비가 교차하는 곳에 분포하며, 방연광은 영남지괴의 방연광을 이용하여 제련하였을 가능성이 있다.
191) 최미라 2014, 『초기철기시대 청동유물의 제작기법 및 산지 추정』, 공주대학교대학원 석사학위논문.

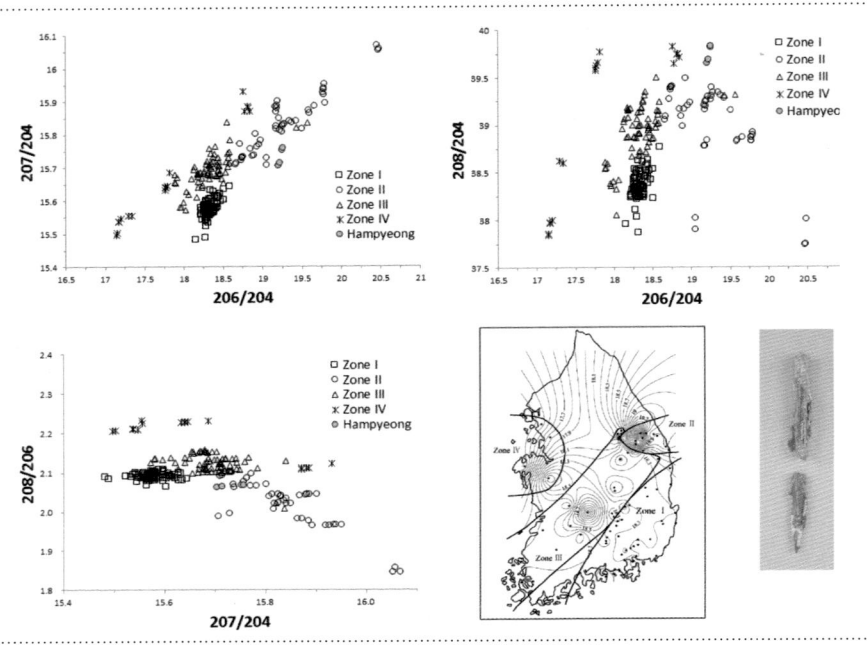

<그림 45> 한반도 남부 납동위원소비와 월산리 동검 결과(유자영 외 2017인용)

검 2점의 납동위원소비가 비슷하게 분포하고 있는 것으로 나타났다[192].

출토지와 원료산지가 다른 것으로 보아서 원료 공급지에서 제작된 것을 공급받았을 가능성과, 경상북도 북부 및 남부지역인 태백산 분지영역에서 채굴된 납 등의 원료를 공급받아 기술자가 있는 지역에서 제작하였을 가능성이 높다. 또한 비슷한 분포비를 보이는 논산 원북리나 전 전남 동검 등으로 볼 때 영산강유역 내 뿐만 아니라, 중서부지역 등에 완제품을 유통하였을 가능성이 크다. 주석은 서북한지역에서 공급받았을 가능성이 높은데, 지금의 자료로는 영

---

192) 유자영·이혜진·용병주 2017, 「함평 월산리 한국식동검 원료와 산지 추정」, 『한국청동기학보』21호, 한국청동기학회.

산강유역과 서북한지역 간의 직접적인 교류관계를 상정하기는 어렵고, 육로든 해로든 간에 중간지역을 경유하였을 것이다. 영산강유역에서 청동기가 출토되는 상황으로 보아서 청동기 수요가 그리 많지 않았던 것으로 추정되며, 반대로 수요가 증가하였지만 공급이 원활하지 못하였을 가능성도 있다. 그러나 함평 초포리나 화순 대곡리 등과 같은 청동기부장묘의 확장성이 낮은 점과 지석묘에 부장된 청동기류도 동검 1점 정도로 제한된 점 등으로 볼 때 영산강유역 토착사회에서 수요와 공급의 욕구가 상충된 것으로 추정된다.

　청동기는 주문 생산에 의해 이루어졌을 가능성도 있다. 서북한지역에서 세문경이나 동령류의 출토가 미약하고, 영산강유역에서 철기유물 출토가 미약한 것은 두 지역이 직접 교류했다고 보기 어렵다. 아마도 다른 지역을 통해 원료나 제품 등을 수입했을 가능성이 있으며, 당시 서북한지역과 가장 긴밀하게 교류한 곳은 중서부지역이었고, 이 지역은 영산강유역과 긴밀한 관계를 가진 지역이며, 특히 만경강유역과 관련된다. 이 과정에서 운곡동의 주조철착 등 철기유물도 유통된 것으로 보인다.

　왜와의 교류는 청동기, 토기 등에서 확인된다. 일본 북부 구주지역을 중심으로 청동기가 확인되는데 영산강유역과 연관될 가능성이 크다. 광주 평동 A-390호·415호 수혈에서 출토된 야요이계토기는 구연부 아래에 돌대를 돌리고 각목문을 시문한 것으로 야요이 전기말의 이타즈케식(板付式)으로 보인다. 게다가 세문경의 문양구성은 영산강유역과의 긴밀한 교류를 추정해볼 수 있게 한다. 왜에서 출토되는 세문경의 문양구성은 영산강유역과 유사하여 완제품 또는 기술자 등 물적, 인적, 정보 등 많은 분야에서 교류가 이루어진 것으로 보인다. 왜가 서남부지역의 선진문물을 받아들이기 위해 바다를 건너올 정도로 선진문물을 적극적으로 수용하려는 자세를 엿볼 수 있다. 당시 왜로의 선진문물 보급은 영산강유역 군장집단에 의해 주도되었을 것으로 보인다.

　이 시기 영산강유역에서 교류의 주요물품 중 하나는 청동기였을 것이다. 용범을 통해 영산강하류권의 영암을 유통의 중심으로 추정할 수 있다. 영암지역은 서해와 남해안으로 이어지는 곳에 위치할 뿐 아니라 내해를 통해서 내륙으로 이어지는 관문지역에 해당한다. 이러한 지리적 잇점을 살려 청동기공방이 입지한 것으로 보이며, 해로를 중심으로 원료의 공급과 완제품 등이 외부지역으로 유통되었을 가능성이 크다.

(3) Ⅲ기

Ⅲ기에는 중국계, 낙랑계, 변·진한계, 왜계유물 등이 확인된다. 위만조선이 멸망 직후 일정시기 동안 서북한지역과의 교류를 보여주는 유물은 확인되지 않으며, 이를 통해서 일시적으로 단절기간이 있었음을 유추할 수 있다. 반면, 남부지역에서는 위만 조선 멸망의 여파로 새로운 물질문화가 확산되어 공유하는 현상이 나타난다. 기원전 1세기경이 되면 황해안이나 강가를 따라 철경부동촉, 낙랑계토기, 오수전, 철검과 검심, 복골, 유리, 칠기 등 한문물과 변·진한에서 제작된 철기, 청동기 제품 등이 유통되기 시작한다.

먼저 중국계 유물이다. 철경부동촉은 서남해안을 따라 출토되며, 한문물의 확산을 보여주는 대표적 유물이다. 한 문물의 유통은 낙랑군과 관련하여 이해되는 경향이 강하지만, 최근에는 한반도 중남부지역과 중국과의 교역관계로 이해하고 있다. 인천 운북동유적 주거지와 수혈에서는 한식토기와 오수전 20점 등 함께 출토되었는데, 기원전 1세기 전반경에 인천지역에 한(漢)인이 거주하는 공간이 있었으며, 한반도 중남부지역과 중국과의 상호관계를 보여주는 것으로 보았다[193]. 영산강유역에서는 단일유적 내에서 출토된 오수전과 철경부동촉은 수량적으로 인천 운북동과는 큰 차이를 보이고, 유구의 성격도 다르기 때문에 상징적 의미의 위세품으로서 유통되었을 것이다.

---

193) 정인성 2012, 「운북동 유적의 중국계 유물」, 『인천 운북동 유적』, 한강문화재연구원.

한식토기는 광주 신창동 등에서 출토되었다. 낙랑토기는 오랫동안 한식토기와 동일시되기도 하였지만 형태 및 제작기법에서 중국 한대의 토기와 뚜렷하게 구분되는 기종이 많다. 연국(燕國) 제도기술과 관련이 깊고 이미 위만조선대에 성립된 토기문화를 기초로 하여 연이나 한의 토기 영향을 받은 것으로 보았다[194]. 동일한 기형이 인천 운북동등에서 오수전 등과 함께 출토되었다. 광주 신창동에서도 출토지점은 다르지만, 오수전이 1점 출토되었는데, 남부지역에서 유입되는 양상과 유사하다. 교역과 관련한 한인 또는 낙랑상인의 일시적 거주를 상정해 볼 수 있으며, 소수만 확인되는 것에서 위세적 성격도 있었을 것이다. 또한 신창동 오수전은 제주도에서 출토된 오수전과 동일한 형태를 띠고 있어 제주도로 항해하는 도중 영산강유역을 경유한 것으로 추정된다.

광주 신창동에서 출토된 철검은 낙랑군현을 통해 유입된 것으로 보인다. 낙랑에는 발달된 철기제작술이 없는 것으로 추정되고 있어[195] 낙랑의 제작품이 아닐 가능성이 있으나, 변·진한에서 수입한 철소재를 제품화하여 다시 영산강유역으로 보급시켰을 가능성도 배제할 수는 없다. 당시 변·진한은 낙랑과 철기를 매개로 한 교역내용이 『삼국지』에 전해지며, 갈현리 목곽묘에서 출토된 판상철부가 근거로 제시되기도 하였다. 또한 철검과 함께 출토된 청동검심은 내면에 합범흔이 관찰되는 주조품으로 평안남도 장천리에서 동일 형태의 용범이 출토되어[196] 한반도 내에서 제작되었을 가능성을 보여준다. 검심이 착장된 철검과 함께 세트로 낙랑에서 유입된 것으로 보인다.

복골은 주로 해안을 따라 출토되고, 해남 군곡리 Ⅱ기층, 광주 신창동저습지, 나주 장동리 수문패총, 나주 복암리 7차 유적 등에서 출토되었다. 짐승의

---

194) 정인성 2014, 「낙랑군의 토기문화」, 『낙랑고고학개론』, 진인진.
195) 정인성 2013, 「위만조선의 철기문화」, 『백산학보』96호, 백산학회.
196) 나혜림 2016, 「광주 신창동유적Ⅰ출토 검심 소고」, 『광주 신창동유적Ⅰ』, (재)대한문화재연구원.

뼈나 뿔을 이용해 길흉화복을 점치던 점법에 사용된 것으로 중국의 점술문화의 영향을 받은 해양교류를 보여주는 대표적 유물이다. 상인들의 왕래를 보여주는 자료로 이해되고, 중국의 점술문화는 내륙수로를 따라 광주 신창동과 나주 복암리 등으로 유입되어 집단의 대규모 행사에 점술문화를 하나의 의식으로 사용한 것으로 추정해 볼 수 있다.

해남 군곡리 Ⅱ기층에서 출토된 선형철부는 형태상 동일한 제품이 서북한지역이나 변·진한에서 확인되지 않고 있기 때문에 계보를 찾기 어렵다. 형태상 선형동부와 가장 유사하기 때문에 동부의 형태를 모방한 것으로 추정되며, 보성 금평패총과 해남 군곡리 패총 등에서만 출토되고 있어 선형철부를 영산강유역의 가장 독창적인 철기로 보는 견해가 있으며[197], 해남 군곡리에서 철소재를 수입하여 제작하였을 가능성도 배제할 수는 없을 것이다.

유리는 해남 군곡리 Ⅱ기층과 광주 신창동 저습지 등에서 출토되었다. 해남 군곡리 Ⅱ기층(2차 조사 6층)에서 출토된 것은 초록색투명관옥이라 칭해진 것으로 다른 옥과 비교해 특이한 성분을 함유하는 소다유리계로 밝혀져 중국 이외의 동남아시아 등로부터 교역품일 가능성을 제시하였다[198]. 소다유리유리는 기원전 1세기에서 기원후 3세기 중엽 동남아시아에서 확산되어 한반도로 유입된 것으로 보았다[199]. 소량만이 출토되고 있어 위세품적 성격으로 유통된 것으로 보인다.

나주 구기촌 9호 토광묘에서 출토된 청동테두리는 칠반의 일부로 추정되며, 낙랑의 고급칠기제품이 사용된 것으로 보인다. 칠반은 낙랑고분에서 주로 출

---

197) 이남규 2005, 「한반도 서부지역 원삼국시대 철기문화-지역성과 전개양상의 특성」, 『원삼국시대 문화의 지역성과 변동』제29회 한국고고학전국대회발표요지, 한국고고학회.
198) 이인숙 1989, 「한국 고대 유리의 분석적 연구(Ⅰ)」『선사와 고대 34』한국대학박물관협회.
199) 권오영 2014, 「고대 한반도에 들어온 유리의 고고, 역사학적 배경」, 『한국상고사학보』85, 한국상고사학회.

토되며, 금동이나 은제로 구연의 테두리장식을 하는 경우가 많다. 구기촌의 경우 원래는 금동제였으나 금박이 벗겨졌을 가능성을 배제할 수 없다[200]. 광주 신창동에서 칠기제작술은 확인되지만, 테두리장식 기술의 흔적을 찾을 수 없기 때문에 서북한지역과의 관계가 상정된다.

다음은 변·진한 관련 유물이다. 대체로 철기가 해당되고 이와 관련된 청동제부속구 등이 있다. 나주 구기촌의 괭이형철기는 무순 연화보유적과 위연 용연동유적에서 출토되어 세죽리-연화보유형에서 기원을 찾아야 할 것이다. 그러나 제작기법이 발달하였고, 철모와 공반되기 때문에 변·진한에서 수입되었을 가능성이 있다. 철제무기와 공반된 청동제 검심과 같은 검부속구는 무기류에 착장된 세트로 변·진한에서 일괄로 유통되었을 것이다. 우각형동기는 같은 맥락에서 변·진한과 관련될 것으로 추정되지만, 중국 운남성에서 전국 말~서한 초로 편년되는 李家山유적에서 출토된 바 있다. 그 용도는 정확히 알 수 없으나 대형은 도자병으로 추정되고 있으며, 영남지역에서 주로 출토되고 대마도에서도 출토되었다. 창원 다호리와 광주 신창동에서는 동일한 형태와 크기로 제작된 목기와 칠기 제품 등이 확인되기도 하였다.

왜계 유물은 죠노코(城ノ越)식, 스구식 야요이계토기, 게오지 조개 등이 있다. 야요이계토기는 해남 군곡리 패총과 광주 신창동 저습지에서 출토되었으며, 점토대토기인들이 북부 구주지역으로 이주하여 야요이인들과 상호작용하면서 영향을 받아 형성되었거나 한반도로 이주해 온 야요이인들이 점토대토기인들의 영향을 받아 제작된 것으로 인식되고 있다. 발달한 영산강유역의 청동기문화의 보급은 원형점토대토기를 병행하였고 한반도 문화와 야요이 문화의 경계적 성격을 지닌 야요이계토기를 생산해 낸 것으로 추정된다. 사천 늑도에서는 야요이 중기에서 후기에 해당되는 야요이계토기가 출토되고, 늑도와 김해에서는 대

---

200) 전남문화재연구원 2016, 『나주 구기촌·덕곡유적』.

외교류를 담당한 야요이계인의 거주지가 확인되기도 하였다. 이들 유적은 군곡리와 같은 성격의 해양유적으로 영산강유역 출토 야요이계토기가 옹, 호, 완 등 일상생활용기만 확인되고, 수량이 적은 점, 출토유구도 주거지가 아닌 패총이나 저습지에서 확인되는 점으로 보아 일시적 거주자의 흔적으로 보인다. 당시 늑도와 왜와의 활발한 교류로 보아서 늑도를 경유한 연안항로를 따라 대외교류를 담당한 야요이계 사람의 일시적 거주에 의한 것으로 추정된다. 게오지 조개는 해남 군곡리 패총 등에서 출토되었으며, 사천 늑도에서도 출토되는데 희귀성을 띤다.

위만 조선이 멸망한 후 한은 4군을 설치하여 한반도 북부지역의 직접 지배와 남부지역을 통제하고자 하지만, 33년만인 기원전 75년 낙랑군현만 남기고 다른 군현은 통폐합한다. 낙랑군현이 설치된 기원전 108년 직후 영산강유역에서는 한문물의 영향을 좀처럼 찾기 어렵지만 기원전 1세기 중·후반반경이 되면, 한계 문물이 들어오는데 한이 낙랑군현을 통해 한반도 남부지역과 본격적으로 교류하여 경제적 이득을 추구하고자 하는 정책과 관련된 것으로 추정된다.

이로 인하여 해상교류가 본격화되면서 서해 연안항로가 활성화되면서 해남 군곡리가 주요 기항지로 급부상하고, 위만의 멸망이후 단절되었던 선진문물이 들어온다. 이에 한문물은 위세적 성격을 가지고 정치체의 성장발전에 관심 있는 현지 수장층의 권위를 높여주게 한다. 하지만 한경이나 거마구 등 상위수준의 물자는 유통되지 못하였기 때문에 변·진한이나 왜에 비해 상대적으로 활발하지 못하였다고 볼 수 있다. 변·진한도 왜에 비하면 그다지 활발하게 교류하지는 않았는데 철기제작집단이 있었기 때문으로 이해된다. 군곡리집단은 동질의 유민집단이 이주한 신창동집단과 긴밀하게 상호작용하여 대외교류를 통해 성장해 간다. 영산강유역은 해상교류를 통해 동남아시아-중국-한반도-왜로의 대륙과 해양을 연결해 주는 교류에서 관문 역할을 한다.

(4) Ⅳ기

Ⅳ기는 낙랑계, 제주계, 변·진한계, 왜계유물 등이 확인된다. 이전 시기에 비해 교류지역이 증가하고 낙랑계유물보다는 변·진한의 철기가 증가하고 있다. 군곡리유적이 기항지적 국제포구의 역할을 수행하면서 영산강유역 교류의 중심지가 되고, 대외교류는 대내교류를 더욱 촉진시켜 해상에서 내륙으로 들어가는 나주 장동리 수문이 내륙포구의 기능을 수행하게 되면서 수륙교류의 중심지로 성장한다.

낙랑계 유물은 복골, 토기, 화천, 수정다면옥, 유리 등이 있다. 복골은 주로 해안을 따라 출토되고, 해남 군곡리, 광주 신창동, 나주 수문 등에서 출토되었다. 복골은 상인집단에 의한 해상교류가 활발해지면서 안전 등을 기원하기 위해 행해졌을 것이다. 낙랑계 상인들의 잦은 왕래를 보여주는 자료로 이해된다.

더불어 중국토기모방토기의 출토는 낙랑 상인의 적극적인 영산강유역 진출을 보여준다. 이 토기는 해남 군곡리 Ⅲ기층에서 출토되었고 해남 군곡리 패총에서는 제의와 관련된 소형토기가 다수 출토되었는데 중국토기모방토기도 낙랑상인이 제의에 사용하기 위해서 현지에서 제작했을 가능성이 크다. 이러한 유물은 복골과 함께 당시 활발했던 해상교류를 보여주는 자료이다. 또한 수정다면옥은 해남 군곡리패총 Ⅲ기층에서 출토되었으며, 낙랑계 목관묘에서 출토되고 있어 낙랑을 통해 유통된 것으로 보인다.

화천은 해남 군곡리, 나주 랑동에서 1~2점이 출토된 반면 광주 복룡동과 해남 흑천리 마등에서는 끈에 묶인 꾸러미가 출토되었다. 군곡리나 랑동의 화천은 위세품이나 제의행위와 관련될 것으로 추정되지만, 광주 복룡동과 해남 흑천리의 꾸러미는 위세품으로써의 상징적 의미보다는 화폐를 매개로 교역한 상인의 사교역의 증거로 낙랑(중국)과의 교류에서 한의 화폐경제가 도입되었음을 가능성이 있다. 화폐경제의 도입은 영산강 상인에 의한 낙랑과의 교류가 활성화되었고, 이런 상인이 출현된 곳은 수장세력의 대내적 입지가 확립되었음을 보여주는 유적이라 할 수 있다.

유리는 해남 군곡리, 나주 수문, 광주 복룡동, 해남 흑천리 등에서 확인되었다. 군곡리 Ⅳ기층 유리는 납-바륨계 밝혀졌고[201] 부여 합송리와 완주 갈동, 완주 신풍, 장수 남양리, 김제 서장동Ⅱ, 전주 효자4 토광묘, 마산 합포 등에서 납-바륨유리가 출토되기도 하였다. 유리는 경주 조양동, 대구 팔달동, 경산 임당, 김해 양동리, 경산 임당유적 등 영남지역 목곽묘에서 주로 출토되고, 김포 운북동, 고창 만동, 완주 상운리 등에서도 출토되었다. 낙랑계 목관묘에서 출토되고 있어 낙랑과 관련된 것으로 보고 있다. 이전 시기에 비해 유리의 수입이 증가되고, 토광묘나 적석목관묘 등과 같은 토광묘계 무덤의 부장품으로 이용되며, 복룡동과 같이 다량을 소유한 사례도 확인되기 시작한다. 이는 위세적 성격에서 점차 사치품적 성격으로 전환되는 양상으로 볼 수 있을 것이다.

제주도 유물은 현무암덩어리와 현무암이 혼입제로 섞인 토기편이다. 군곡리 Ⅳ기층에서 출토된 저부편에는 현무암이 혼입제로 섞여 있어 제주도에서 제작되어 유입된 것으로 보인다. 나주 수문패총에서는 현무암덩어리가 출토되어 항해시 선박의 무게중심을 잡기 위해 사용된 것[202]이거나 토기바닥을 고정하기 위한 고임석으로 사용된 것으로 추정된다. 영산강유역에서 생산된 다른 교역품을 싣고 떠났음을 간접적으로 보여주는 자료이다.

변·진한 유물은 다종의 철기, 청동기, 토기 등이 확인된다. 철기는 이전 시기에 비해 여러 유적들에서 확인되고 있다. 이것은 영산강유역 내 수요자가 증가하고 있음을 보여주는 것으로 여전히 수량은 많지 않은 편이나, 출토 유적이 증가하는 점은 의미가 있다.

---

201) 이인숙 1989,「한국 고대 유리의 분석적 연구(Ⅰ)」『선사와 고대 34』한국대학박물관협회.
202) 국립광주박물관 2010,『나주 장동리 수문패총』.

나주 수문 Ⅱ문화층에서 주조철부가 출토되었고, 나주 구기촌, 영광 군동, 해남 황산리 분토 등 토광묘에서 철검이나 철모 등의 1~2점의 철제무기를 부장하는 사례가 증가하고 있다. 게다가 철소재인 판상철부가 구기촌, 랑동 등에서 출토되어 완제품과 철소재가 영산강유역에 수입되고, 철기를 통한 변·진한과의 더욱 긴밀해진 교류를 보여준다.

이 과정에서 방제경 등 종교적 의기류가 함께 유통된다. 방제경은 기원전후 무렵부터 한경을 모방하여 변·진한지역에서 제작되지만 문양의 구성이 한경과는 다르게 독창적이다. 영광 수동에서 출토된 방제경 중 Ⅰ식은 경주 사라리 130호 출토품과 유사하고, Ⅱ식은 김해 양동리 162호 출토품과 문양구성이 유사하다. 영광 수동의 방제경과 조문형청동기는 납동위원소분석결과에서 방제경은 중국 남부산, 조문형청동기는 중국 북부산 원료를 사용하여 제작된 것으로 확인되었다[203].

토기는 직구장동호, 외반장동호, 유공토기 등이 있는데 제품이 유통된 것이 아닌 모방하여 현지토기에 적용한 것으로 보인다. 직구장동호는 해남 군곡리 패총에서 출토되었으며, 김해 지내동 옹관에 사용된 호가 유사한 형태를 보인다. 김해 지내동 옹관에는 야요이계토기인 수구Ⅱ식을 부장하고 있다[204]. 외반장동호는 군곡리패총과 광주 복룡동 토광묘에서 출토되었으며, 이 호는 일반적인 호형토기와는 다른 세장한 동체부의 옹형으로도 볼 수 있다. 직구장동호와 외반장동호는 태토, 제작기법, 굽이 있는 저부에서는 현지적 요소가 보이나 장동화된 동체부는 영산강유역에서 보이지 않던 형태로 외래적 요소이다. 삼각형점토대옹의 등장과 더불어 변·진한의 파수부장동호의 장동화된 동체

---

203) 조선대학교박물관 2003, 『영광 마전·군동·원당·수동유적』.
204) 심봉근 1982, 「김해 지내동 옹관묘」, 『한국고고학보』12집, 한국고고학회.
안재호 1989, 「고찰」, 『늑도주거지』, 부산대학교박물관.

부의 영향을 받아 영산강유역에서 현지화된 형태로 제작하였을 가능성이 있을 것으로 본다. 영산강유역에서는 현재까지 이러한 형태의 장동호가 기원후 1세기경에 출현하기 때문에 선행하는 파수부장동호의 기능적인 부분을 체험하고 온 영산강유역 출신 사람에 의해 모방되어 현지의 군곡리식토기에 적용한 것으로 보인다. 이 같은 형태의 토기가 출토된 유적이 가장 활발한 대외교류를 진행했다는 점에서 더욱 그러하다.

반면, 유공토기는 변·진한지역에서 영산강의 토기를 모방한 것으로 볼 수 있다. 유공토기는 목포대박물관 2차 조사시 B4피트 2층(Ⅲ기층 해당) 출토품과 국립광주박물관 조사에서 출토된 것이 있다. 목포대박물관 출토품은 동체부에 장타원형의 투공을 가진 토기로 황갈색에 사립이 많이 섞인 점토질이다. 국립광주박물관 조사에서 출토된 것은 내만하는 발에 동체부 상위에 투공되었다. 이 두 점은 군곡리식토기로 투공의 형태는 말각방형계로 유사하여 시기차가 거의 없을 것으로 보여진다. 유사한 유공토기가 김해 부원동유적 B지구 Ⅴ기층에서 출토되었으며, 투공 위치는 비슷한 지점에 있고, 형태는 장타원형이며 적갈색연질타날문토기이다[205]. 군곡리출토품은 김해 부원동 연질타날문토기 계통의 유공토기보다 이른 제작기법을 보이고, 소성 전 투공된 점과 일부지역에서 한정된 공간에서 출토된다는 점에서 왜의 원창부토기(圓窓付土器)와의 공통점이 있으나 기형이나 형태에서 유사점이 없어 재지에서 발생한 것으로 보

---

205) 김해 부원동 출토품은 기면에 타날을 하였고, 저부쪽은 대칼을 이용해 깎아내기를 하였고, 투공은 장타원형으로 투공하였다. B지구의 연대가 기원후 1~2세기로 편년되는데 가장 아래층인 Ⅴ기층에서 출토되어 유적의 상한연대로 유공토기의 편년을 추정해 볼 수 있다. 해남 군곡리출토품은 군곡리식토기로 부원동출토품보다 이른 시기로 보인다. 이러한 유공토기는 일본 야요이시대 중기에 발생한 것으로 보고 있다. 이 토기가 왜와의 연관성은 현재 논하기 어렵지만, 현재까지 출토된 것들을 보면 내륙지역 출토품들은 투공이 원형을, 해안지역 출토품은 투공이 장타원형으로 뚫려 있으며, 시기적으로도 해안지역 출토품이 빠르다.

기도 하였다[206]. 실물을 실견하여 서로 모방하여 제작할 정도로 빈번한 교류가 있었던 것으로 추정된다.

왜와 관련된 유물은 패제관옥과 패천, 게오지 조개 등이 있다. 패제관옥은 해남 군곡리패총 Ⅲ·Ⅳ·Ⅴ기층에서 15점이 출토되었다. 패천은 해남 군곡리패총 Ⅳ기층에서 1점이 출토되었다. 패제관옥이나 패천의 경우는 성분분석이 이루어지지 않았지만 유구열도산 패류의 가능성이 크며, 완제품이 유통되었는지 원자재를 유통해서 현지에서 제작이 이루어졌는지는 명확하지 않다. 일부 패제관옥에서 구멍을 관통하지 못한 미완성품이 확인되는 것으로 보아서 원자재를 유통하여 현지에서 제작하였을 것으로 보인다. 게오지 조개는 국립광주박물관 조사에서 확인되었으며 사천 옹관묘 등에서 출토되었다. 유구열도산 패각의 출토는 왜가 희귀품인 유구열도의 패각제를 통해 당시 영산강유역의 관문인 군곡리집단과 긴밀한 교류관계를 이루고자 했음을 보여준다. 이것을 시작으로 남도산패문화가 영산강유역에 수용되었을 가능성이 높다. 이러한 패문화는 한반도에서는 초창기에는 일상용품으로 사용되다가 시간이 흐르면서 재지세력들의 위세품으로 바뀌었으며, 왜와는 다른 대형권패를 사용하는 문화가 존재하였다[207]. 왜는 침체되었던 영산강유역의 수장세력들이 성장해 가자 한반도 내에서 생산되지 않는 물품을 가지고 교류하였고, 현지에서는 이를 장신구 등으로 활용하여 신분을 과시하는 사치품 용도로 사용한 것으로 보인다.

영산강유역은 주변 지역과의 활발한 교류관계 속에서 정치·경제·사회적으로 많은 변화를 가져온다. 위세품의 수요가 증가되고 수장세력들은 수요충족을 위해서 광주 복룡동과 해남 흑천리 마등에 대내·외교류를 전담하는 상

---

206) 김경칠 2006, 「유공호형토기 일고」, 『백제문화』35, 공주대학교백제문화연구소.
207) 木下尙子, 2002, 「韓半島の琉球列島産貝製品-1~7世紀を對象に」, 『韓半島考古學論叢』, すずさわ書店.

인을 등장시킨다. 상인의 교역을 통해 위세품적 성격의 물품이 점차 사치품적 성격으로 바뀌어가는 모습이 장신구류인 유리의 수요가 증가하는 것에서 확인된다. 화천꾸러미는 상인에 의한 화폐경제가 도입되어가는 현상으로 이해되며, 대외교류에 적극적인 현지집단을 중심으로 확인된다. 이러한 물품들은 수로교통이 원활한 영산강상류권과 영산강 중·하류권, 해남반도권에서 주로 확인되는데, 수장세력의 우호적인 상호관계의 결과로 대내교류가 활발해지는데, 대내적 입지를 확립하기 위한 수장층간의 '전략적 선택'이라 할 수 있다. 광주 복룡동과 나주 랑동, 해남 군곡리의 수장층은 한계 위세품과 변·진한의 철기를 통해 입지를 구축해간다. 낙랑과는 위세품 중심의 물품 위주의 교류를 진행하면서 군곡리포구나 수문포구를 통해 낙랑, 변·진한, 주호(제주도), 왜와의 중계무역을 주도해 간다. 이는 중국토기모방토기, 소형토기, 복골 등 제의관련 유물의 증가를 통해 볼 때 낙랑상인이나 현지상인이 항해의 안전을 기원하는 제의행위를 하였고, 이는 빈번한 왕래가 있었음을 보여준다.

또한 변·진한지역에서는 가야연맹체가 형성되면서 교류 중심지가 김해지역으로 이동하자, 대외교류를 통해 주변의 정세를 파악한 영산강 세력은 김해와 적극적 교류를 진행한다. 이렇게 활발해진 대외교류 속에는 왕래 외에 이주하는 사례도 있었을 것이다.

이 시기는 점차 철기의 수요가 증가하는 경향이 감지된다. 변·진한과의 교류를 통해 철기 수요를 늘리면서 군사력을 확보해 영산강유역 내 주도권을 확립하고자 하는 권력지향적 모습이 확인된다. 영산강유역 내 정치체의 성장을 감지한 왜는 생산되지 않은 물품을 통해 적극적으로 교류한다.

(5) V기

유물 출토는 많지 않으나, 이전 시기 교류가 물품을 중심으로 이루어졌다면 물품과 더불어 정보나 기술 등의 교류의 범위가 확대되어 이루어진 것이 확인된다. 유리용범이나 연질토기 등으로 보아 유리제작기술, 토기제작기술 등 선진기술이 도입되는데, 지속적인 교류의 결과로 기술, 정보, 모방, 인적 등을 통한 교류가 이루어질 정도로 긴밀한 상호작용이 이루어졌다. 게다가 영산강유역 내 2세기 후반경이 되면 연질타날문토기가 확산되고, 집단묘가 조성되는 등 공통적으로 보편화된 양상들이 확인되는데, 지역 내 집단간 활발해진 교류를 통해서 가능했을 것이다.

유리는 군곡리, 수동, 신흥동, 환교 등에서 출토되었고, 영광 수동 출토 유리옥은 분석결과, 투명유리를 제외한 것은 포타슘계유리임이 밝혀졌다. 투명유리는 실리카 함량이 높고 융해온도가 상당히 높았을 것으로 밝혀졌다[208]. 해남 군곡리 출토 유리소옥은 소다계유리로 기원후 2세기 유적인 일본 야요이시대 九州 佐賀縣 二塚山(후다쓰가야마)유적에서 출토된 유리소옥과 관련이 있다[209]. 왜와는 영산강유역에서 생산된 유리가 교류되었을 것으로 보인다. 왜는 패천 등 영산강유역에서 생산되지 않은 원료나 제품 등을 통해 교류하였을 것이다.

변·진한과 철기 중심의 교류가 더욱 활발해지지만, 철기제작기술과 관련된 자료는 확인되지 않고 있다. 다량의 철기를 부장하는 사례는 드물지만, 철도자 정도를 부장하는 사례가 증가한다. 교류를 담당하는 집단에서 무기류의 유통을 통제하는 모습으로 이해되며, 대외교류를 주도한 수장세력에 의해 관할되었을 것이다. 하지만 2세기 후반경에는 1~2점의 철기를 부장하는 토광묘, 주구토광묘가 증가하고, 점차 철기 수요자가 증가하고 있음을 나타낸다. 이것은 정치체의 성장 발전에 관심을 갖는 집단들의 증가를 보여주며, 일부 집단을 제

---

208) 강경태 외 「수동유적 움무덤 유리구슬의 성분 분석」, 『영광 마전·군동·원당·수동유적』, 조선대학교박물관.
209) 이인숙 1989, 「한국 고대 유리의 분석적 연구(Ⅰ)」 『선사와 고대 34』, 한국대학박물관협회.

외하고는 소량의 철기를 상징적으로 유통시킨다.

　집단에 따라 청동기가 갖는 위세를 유지하는 사례도 확인되는데 방제경 등의 청동기는 철도자와 함께 변·진한지역에서 유입된 것으로 보인다. 함께 공반된 조문형청동기도 당시 보편적인 원시신앙의 대상인 새 숭배에 대한 확산에 따른 것으로 김해 내덕리 19호묘와 강원도 고성에서 조문이 시문된 청동기가 출토되었다. 새 관련 유물은 영광 군동 토기에 오리문양이 시문되었고, 광주 신창동에서 새모양 목기, 광주 치평동에서 새모양 토제품, 해남 군곡리에서 조형토기 등이 확인되어 새와 관련된 신앙에 대한 상호작용이 있음을 알 수 있다. 방제경은 당시 가장 유행한 변·진한과의 교류를 통해 유입되었고 조문형청동기와 함께 청동기의 종교적 상징성과 관념을 지닌 영광 수동 토광묘집단과 신앙적 측면이 교감되어 종교적 물품을 유통한 것으로 보인다. 함평 신흥동에서 출토된 동경편이나 용도미상의 청동기도 같은 맥락으로 연결할 수 있다. 또한 새로운 토기인 타날문토기가 확산되는데, 그 과정에서 현지계인 군곡리식토기와 타날문토기의 요소가 혼재된 토기가 제작된다.

　이러한 과도기적 토기의 출토지가 전남 동부지역에 집중되고, 전남 동부지역과 인접한 담양 태목리 유적과 해남 군곡리 패총 등에서 출토되었다. 또한 당시 교류의 중심지인 해남 군곡리에서 토기가마가 확인되었고, 서해안의 군산 취동리에서 같은 구조의 토기가마가 확인된 것으로 볼 때 육로와 해로를 통해 기술이 유입되었을 것이다. 영산강유역 타날문토기의 기원을 낙랑, 북부지역 등으로 보고 있으나, 화력기술이 발달한 변·진한과의 관계도 고려할 필요가 있다. 군곡리에서 외래유물 중 변·진한계 유물이 가장 많이 출토되었고, 가장 이른 시기의 타날문토기가마가 군곡리에서 확인된 것은 시사하는 바가 있다. 낙랑계토기와 함평 신흥동에서 백색토기의 출토는 새로운 도제기술에 대한 도입을 자극하였을 것이고, 군곡리식토기와 타날문토기의 요소가 혼재된 토기는 현지 도공에 의한 모방과 신기술의 도입으로 이해된다. 영광 군동 토기가마로 보아 생필품과 관련된 부분은 유통시키면서 전반적으로 동일한 문화권을 이루고자 하는 것으로 추정된다.

사진 5. 영산강유역 출토 한 대 화폐 현황

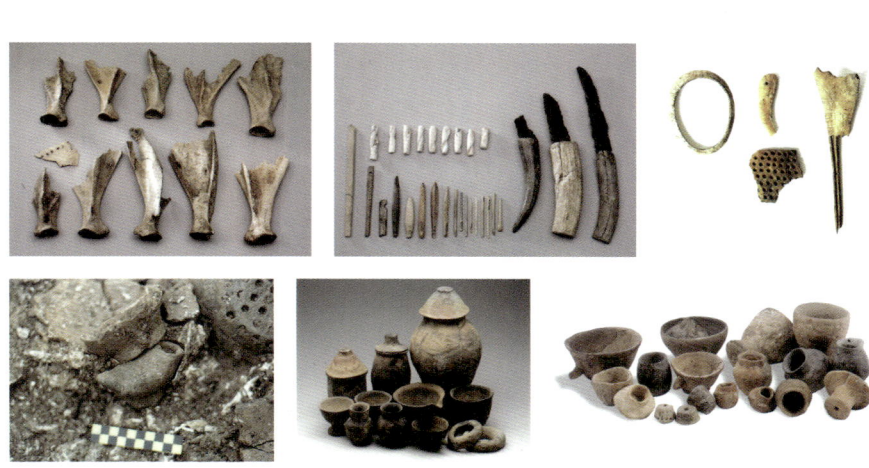

사진 6. 해남 군곡리패총 출토유물

제Ⅵ장. 철기문화의 전개양상　263

제Ⅶ장 마한사회의 형성과 변천

1. 마한사회의 형성 배경

철기문화는 우리나라의 역사적 실체인 고조선, 낙랑 및 삼한 등이 펼쳐 낸 역사적 사건과 불가분의 관계를 가지고 있다. 이 정치체들의 흥망성쇠는 한반도 남부지역의 문화변동에 직·간접적으로 많은 영향을 주었으며, 내적·외적 자극을 작동시켰다. 역사적 실체가 갖는 물질자료는 다양하지만 대표적으로 토기, 청동기, 철기 등으로 확인되며, 한반도라는 공간에서 공유하지만, 시간성은 모든 지역에서 동일하게 적용되지는 않으며, 그렇다고 큰 차이를 갖는 것도 아니다.

영산강유역에서 역사성을 논하는데 있어 '마한'은 가장 먼저 등장하는 역사적 실체이며, 고고학적으로도 마한의 실체는 분명하게 나타난다. 마한과 관련된 문헌기록은 『三國志』, 『후한서』, 『동이전』 등 중국기록과 우리나라 문헌기록은 『삼국사기』 백제본기를 비롯하여 신라본기와 고구려본기에 마한 관련 기사가 일부 나타나며, 한백겸의 『동국지리지』 등에서 확인된다. 『후한서』에는 54개국, 『삼국지』에는 마한 55개국으로 기록되었고, 『위략』이나 『진서』에서는 56개국으로 기록되었다. 이로 보아서 마한은 3세기경에 50여개 이상의 국이 존재하였고, 서남부 일대 정치체를 아우러 마한으로 통칭하였음을 알 수 있다.

마한의 형성배경과 관련된 역사적 사건은 고조선 준왕의 남천 기록과 관련하여 이해되고 있다. 고조선은 중국동북지역과 한반도 북부지역을 중심으로 한 초기국가로 초기의 고조선은 비파형동검, 미송리형토기, 팽이형토기 등 고고자료를 남기고 있으며, 후기의 고조선은 점토대토기, 세형동검, 철기 등 고고자료를 남기고 있다. 이러한 고고자료의 분포범위는 고조선문화의 확산과 관련하여 설명되어지고 있으며, 고조선의 변동과 영산강유역에서 새롭게 확인되는 고고자료의 시간적 병행관계를 검토하면 다음과 같다.

연나라의 동진정책은 고조선의 물질문화 확산에 영향을 주었고, 소왕(기원전 311~279)이 장군 진개에게 조선의 서방을 공격하게 하자 고조선 세력은 동쪽으로 이주한다[210]. 이때 중국 동북지역의 대능하-번양지구 비파형동검문화의 중원문화가 연과의 각축에서 패퇴하면서 일부는 요동지역으로 밀려났고, 일부는 서해 연안 해로를 따라 한반도 중서부지역으로 집중적으로 유입되면서 한반도 독자적인 세형동검문화를 형성한 것으로 보고 있다[211]. 이 시기 중서부지역을 이탈하여 확인되는 중국 동북지방의 물질자료들이 산발적으로 확인되는 곳들이 있는데, 영산강유역에서는 함평 상곡리 경형동기 등이 해당된다.

이후 연·초·제나라가 대립하자 백성들이 괴로워 도망하여 고조선으로 들어오자 준왕은 이들을 서쪽 지방에 살게 하였다[212]. 고조선은 유민을 대거 수용하였고 이를 계기로 철기문화를 유입한 것으로 이해되고 있다.

진나라가 중원을 통일한 기원전 221년 이후 중원식동검을 비롯한 동과, 동모, 동사 등 중원의 청동 무기류들이 들어오고, 한편으로는 중원에 철제무기가 보급됨으로써 청동무기에 대한 수요가 줄어들어서 중원의 청동기 장인집

---

210) 『삼국지』「위서」동이전.
211) 조진선 2005, 『세형동검문화의 연구』, 학연문화사.
212) 『삼국지』「위서」동이전.

단이 한반도 서해안지역으로 이주한 것으로 보기도 하였으며, 완주 상림리에서 출토된 중원식동검 26점의 제작자와 관련된 것으로 보았다[213]. 중원식동검은 황하강 중류 이남지역에서 양쯔강 이북에 위치한 오, 월, 초 등이 위치한 강남지역에서 주로 출토되며, 서주시대 오월동검에서 중원지역으로 확산되어 춘추시대 후기에 전쟁무기로 제작되고, 전국시대 만기에서 전한 초기에 중국 동북지역까지 확산되며, 재지 제작품이 아닌 것으로 보았다. 완주 상림리 동검은 전형적인 중국식동검과 형태나 무게 등에서 차이를 보이고 있어 방제품일 가능성이 높다[214]. 한반도 중남부지역에서 발견된 것들은 재지에서 제작되었을 가능성이 있고, Ⅰ유형(평양 석암리-중국제작)의 중원식동검이 조형이 되어 제작된 것으로 보았다[215]. 완주 상림리 중원식 동검은 조질품이고, 단면형태가 다양하여 현지에서 다른 장인들에 의해 제작된 것으로, 중원식동검 26점에 대한 제작주체를 중원계 이주민으로 추정할 수 있다. 함평 초포리의 중원식동검는 완주 상림리 중원식동검과의 관련성이 상정되며, 동과 등 중원계 청동 무기류의 출토도 이러한 변동과 관련될 것으로 보인다.

　진·한 교체기에는 연나라 사람인 위만이 호복차림으로 무리를 데리고 망명하자 준왕은 위만 집단을 받아들이고 박사에 임명하여 서쪽 국경지역 수비를 맡긴다. 그러나 기원전 194년 위만은 거짓책략으로 고조선의 준왕을 몰아내는 역성혁명을 일으켜 스스로 왕이 된다. 위만에게 패한 준왕은 신하와 궁인들을 거느리고 바다로 들어가 한 땅에 살면서 스스로 한왕(韓王)이라 불렀고, 그 후

---

213) 강인욱 2016, 「완주 상림리 유적으로 본 동아시아 동검문화의 교류와 전개」, 『호남고고학보』 54집, 호남고고학회.
214) 이건무 2014, 「한국 청동기문화와 중국식동검-상림리유적 출토 중국식동검을 중심으로-」, 『완주 상림리 청동검의 재조명』, 국립전주박물관·한국청동기학회 학술세미나.
215) 조진선 2014, 「초기철기시대 중원식동검의 등장 배경-편년을 중심으로-」, 『완주 상림리 청동검의 재조명』, 국립전주박물관·한국청동기학회 학술세미나.

손은 아주 멸망하였으나 준왕의 제사를 받드는 사람이 있다[216]. 수천인 이상의 무리를 이끌고 바다를 들어가 마한에 이르렀다[217]. 이 기록은 준왕의 집단이 한(韓)으로 이주하였지만, 지배세력은 정착하지 못한 것으로 해석되며, 제사를 받드는 사람은 준왕과 함께 이주한 기층민으로 이해된다. 준왕의 멸망 후 수백년 세월이 지났음에도 준왕의 제사를 지낸 사람이 있다는 것은 고조선의 기층민이 정착하여 토착화된 것으로 해석된다. 화순 대곡리나 함평 초포리유적에서 확인되는 상위급 청동기조합상은 토착집단의 문화와는 매우 이질적인 것으로 준왕의 남천과 관련한 여파로 추정된다. 준왕의 남천지역은『고려사』「지리지」와『세족신록지리지』,『신증동국여지승람』등에서 익산지역으로 기록되었으며, 익산과 전주·완주지역으로 추정되고 있다. 이 지역을 경유하여 영산강유역으로 유입된 것으로 추정된다.

    고조선의 영역을 점령한 위만은 한나라와 책봉과 입견의 약속과 더불어 철제농공구와 병기 공급을 보장하는 조약을 체결함으로써 공식적인 통로를 통해 한의 문화를 수용하고 지리적 잇점을 이용하여 주변지역과 한(漢)과의 중계무역을 독점한다. 고조선의 무역을 통한 세력 확장은 결국에는 한(漢)의 침략을 유발시키게 된다. 한무제는 위만 조선을 기원전 109년 침략하여 기원전 108년 멸망시킨다. 1년 동안의 침략과정에서 전투와 술책 등이 있었고, 조선상 역계경이 우거왕에게 항복을 간하였고, 받아들이지 않아 2,000여호를 이끌고 진국으로 갔다[218]. 기원전 109~108년을 전후하여 위만 조선의 지배층은 분열되었고, 지배층들이 자신의 세력을 이끌고 남부지역으로 이주했음을 보여준다. 그 이주지 중 한 곳이 영산강유역이 해당되며, 대규모 삼각형점토대토기문화가 확인된 광주 신창동과 해남 군곡리 등으로 추정된다.

---

216) 『삼국지』권30, 「위서」30, 동이전, 한.
217) 『후한서』, 「동이전」, 한조.
218) 『삼국지』, 「위서」, 동이전.

한반도 내에서 고조선을 중심으로 하는 패권질서는 흔들리게 되고, 신라(B.C. 57년), 고구려(B.C. 37년), 백제(B.C. 18년), 가야(A.D. 42년)의 건국으로 이어져 새로운 지배질서체제로 전환한다. 또한 한 나라는 위만조선의 영역에 정치적으로 직접 통치를 위하여 한사군을 설치하였고, 한반도 남부지역까지 경제적·문화적으로 영향력을 행사하여 한(漢)의 영향권 속에 흡수하려고 한다. 하지만 한(漢)은 북부지역 토착세력의 지속적인 저항으로 한군현은 통폐합(기원전 82년 진번·임둔군 폐지)되고, 기원전 75년(현도군 이동)에는 낙랑군만 남게 된다. 이 무렵부터 낙랑군의 기능은 정치적 기능보다는 무역적 기능이 강화된다. 한사군 설치 직후인 기원전 2세기 말경 영산강유역과 군현과의 관계를 보여주는 고고자료는 현재까지 확인되지 않았다. 하지만 기원전 1세기 중·후반경부터 낙랑계토기, 유리, 오수전 등이 유입되기 시작하는데, 낙랑군의 기능변화와 연결되는 것으로 볼 수 있다.

왕망은 신나라(8~23)를 건국하고 전매제, 화폐개혁 등 급진적인 정책을 추진하는데, 이때 제작된 왕만전 중 하나가 화천이다. 화천은 한반도 강가나 해안지역의 여러 유적에서 확인되고 있으며, 영산강유역에서는 해남 군곡리와 흑천리 마등, 나주 복암리 랑동, 광주 복룡동 등에서 출토되었으며, 인접한 탐진강유역의 장흥 평화리유적에서는 대포황천이 출토되기도 하였다. 신나라가 멸망하고 광무제는 후한(25~220)을 건국하고, 혼란스러운 정국을 다스리기 위해 징병제 폐지, 노비해방 등 내치에 중심으로 두며, 철기 생산을 민영화하는 등 생산력을 증가하는 정책은 교역활동의 활성화로 이어진다. 이 시기에 유리나 새로운 도제기술 등의 신기술이 유입된 것으로 보인다.

고고학적으로 사회적 성격에 대한 접근에서 가장 우선시 될 수 있는 것은 피장자의 신분을 암시해 주는 무덤과 차별성이 드러나는 유물이다. 물론 주거지에서도 거주자의 신분을 나타낼 만한 자료가 출토되지만, 대부분 토기나 석기 정도의 실생활과 관련된 자료가 확인되고 있어 논의를 전개하는데 한계가 있다. 역사서에 등장하는 마한은 위치는 경기 · 충청 · 전라도지방으로 비정하였으며, 마한이 삼한의 주도권을 행사한 것으로 전해진다.

> 마한이 가장 크므로 여러 나라가 함께 마한 사람을 진왕으로 삼으니, 목지국에 도읍하여 전체 삼한 땅의 왕으로 군림한다. 그 여러 나라 왕의 선대는 모두 마한 사람이다.
> 『후한서』권114, 「동이열전」, 한

> (삼한 78국 중)큰 나라는 만여 호(戶)고 작은 나라는 수천 가(家)였다. 각기 산과 바다사이에 자리하고 있는데 땅을 합하면 사방 4000여 리며, 동쪽과 서쪽이 바다와 접하니 모두 옛 진국이다. 마한이 가장 크므로 여러 나라가 함께 마한 사람을 진왕으로 삼으니, 목지국에 도읍하여 전체 삼한 땅의 왕으로 군림한다
> 『후한서』권115, 동이열전

마한은 54개의 소국으로 형성된 연맹체적 성격의 정치체로 목지국을 중심으로 결집하였던 것으로 보았다[219]. 전남지방 지석묘의 분포를 통해 마한 소국을 비정한 사례[220]는 문헌사학계에서 보는 위치 비정자와는 다르지만 지역성이 강한 고고자료로 볼 때 유력한 토착세력들이 정치체를 형성하였을 가능성을 보여준다. 영산강유역에 비정된 마한 소국은 이병도는 3개국, 천관우는 8개국 정도를 비정하였다[221]. 임영진은 3세기 이후의 주거지나 고분 자료를 통해 7개국 정도를 비정하였다[222]. 영산강유역의 마한 세력은 고고학적 증거로

---

219) 최성락 2001, 「마한론」, 『박물관연보』9집, 목포대학교박물관,
220) 이영문 2002, 『한국 지석묘 사회의 연구』, 학연문화사.
221) 이병도 1976, 『한국고대사연구』, 박영사.
　　천관우 1989, 『고조선사 · 삼한사연구』, 일조각.
222) 임영진 2015, 「고고학 자료로 본 전남지역 마한 소국의 수와 위치 시론」, 『백제학보』제9호,

보아 6세기까지 잔존하는 것으로 알려지고 있으며, 동질의 문화상을 공유하지만 지역집단별로 다른 정체성을 나타내기도 한다.

영산강유역은 지정학적으로 해양 중심적인 측면에서는 개방적 조건을 갖추었으나, 내륙 중심적 측면에서는 고립되고 폐쇄적이다. 이 같은 조건에서 북쪽에 위치한 만경강유역-금강유역-한강지역은 북쪽(내륙)으로부터의 공격에서는 방패 역할을 하였겠지만, 경로상에 있어서는 거쳐야만 하는 경유지가 되었을 것이며, 통제적 역할도 하였을 것이다. 해상루트가 완성되기 전까지는 내륙을 경유하는 경로가 주요하였을 것이며, 그 이후에는 연안을 경유하는 항로가 주요하게 이용되었을 것이다. 따라서 서북한지역과 중서부지역의 변동은 영산강유역에 정치·경제·문화적으로 많은 영향을 주었을 것이다.

2. 수장의 출현과 전문인의 등장

영산강유역에서 정치체의 형성은 토착집단들을 중심으로 새로운 집단과의 상호작용을 거듭하면서 이루어진다. 이 과정에서 소집단들은 통합되어 단위집단을 이루고, 단위집단들도 통합체를 만들어갔을 것이다. 통합과정은 혈연적 결속과 지연적 결속을 통해서 지속적으로 이루어졌고, 족장적 권위를 지닌 전통적 지도자에서 탁월한 권위를 지닌 새로운 지도자를 출현한다. 영산강유역에서 수장의 등장과정은 철기문화의 유입을 기준으로 2단계로 구분하여 살펴보았다.

1단계는 혈연적 결속단계이며, 철기문화유입 이전 시기로 Ⅲ기 이전에 해당된다. 앞에서 언급했듯이 지석묘 사회는 혈연관계를 기반으로 하는 노동력 중심의 협업체제 속에서 족장격인 우두머리가 존재하였고, 함평 초포리나 화순

백제학회.

대곡리 수장이 지닌 정치·군사·경제·종교적 측면을 총괄하는 수장의 탁월한 면모는 토착사회의 족장 모습과는 대조적이다. 탁월한 권위를 지닌 수장의 등장은 토착집단에게는 엄청난 충격이며, 동시에 위기의 상황으로 받아들였을 것이다. 이에 대한 대응책으로 토착집단들은 서로간의 혈연적 결속력을 더욱 강화하고, 수적인 우세로 질적인 열세를 극복하고자 하였을 것이다. 함평 초포리와 화순 대곡리에 등장한 수장은 결속력이 강화된 토착집단들에게 견제되어 확장성을 갖지 못한 것으로 추정된다. 초포리나 대곡리 청동기 부장묘에서 토기의 미부장은 이러한 정황을 설명해 줄 수 있는 간접적 증거로 볼 수 있다. 초포리나 대곡리 군장집단이 토착집단과의 대립으로 인해 안정적으로 정착하지 못하였기에 부장할 토기를 생산하지 못했을 가능성이 있다.

  2단계는 지연적 결속관계가 이루어지는 시기이며, 본격적으로 철기문화가 유입된 Ⅲ기부터 해당된다. 혈연관계를 바탕으로 지연적 결속관계를 확장해 간다. 삼각형점토대토기문화를 지닌 대규모 유민의 출현은 당시 토착사회의 기층문화 전반에 많은 영향을 미치며, 새로운 결속관계 형성에도 큰 영향을 끼친 것으로 추정된다. 광주 신창동집단이 영산강상류권에서 정착할 수 있었던 것은 당시 토착집단을 압도할 수 있는 선진적 문화를 기반으로 토착사회에 확장성을 확대해 갈 수 있었던 것으로 보인다. 이에 따라 족장사회의 제한된 결속관계에 있던 토착집단은 철기문화의 확산과 더불어 전통적인 결속기반이 약화되고 변화가 발생한 것으로 보인다. 변화의 속도는 동시기 변·진한지역과 같이 뚜렷하지 않은데, 제철기술의 유입유무와 관련된 것으로 보인다.

  기원전 1세기경에 나주 구기촌 10호 묘의 등장은 단수의 철검을 통해 개인의 위세를 과시하며, 출현한다. 이후 나주 구기촌 9호 묘에서는 구성원 간의 격차가 심화되고 권위가 집중되는 탁월한 수장묘가 등장하지만, 같은 시기 변·진한지역과 같이 곳곳에서 집단화되는 현상은 미미하다. 이것은 일정한 곳에 정주하여 세력을 확장시키는데 어떤 제약이 있었던 것으로 추정된다.

즉 일정한 곳(집단)을 중심으로 여러 집단이 상호작용하는 결속관계가 미약했던 것으로 볼 수 있다. 그래서 일정한 구역 내에서 장기간 정주하지 못하고 이주하면서 세력 확장을 꾀해 나갔을 것이다. 나주 월양리 등에서는 토착계(지석묘)와 외래계(토광묘계)가 결속하는 양상이 확인되는데, 두 요소가 결합되면서 지석묘가 소멸해가는 현상을 확인할 수 있다. 이것은 토착집단과 새로운 유민집단이 혈연적·지연적 결속관계를 확산해 간 것으로 보이며, 같은 묘역 내에서 다양한 무덤형태로 나타나며, 옹관묘나 토광묘, 주구토광묘 등 다양한 무덤이 확산되는 모습에서 결속관계의 확산을 추정해 볼 수 있다.

Ⅳ기경 광주 복룡동유적군을 중심으로 주거지 등이 집중되는 현상은 집단들이 중심지역을 향하여 통합되어가는 것으로 볼 수 있다. 또한 Ⅴ기경에 확인되는 토기와 주거지, 무덤 등의 물질문화에서 확인되는 공통적인 양상과 집단화는 중심체를 중심으로 흡수·통합되는 것으로 이해된다.

한편, 새로운 지배세력의 등장은 당시 사회에 대한 영도력을 갖기 위해서 제정분리를 촉진시켜간 것으로 보인다. Ⅱ기의 함평 초포리나 화순 대곡리 수장묘에서는 경제적, 군사적, 종교적 기능이 통합된 제정일치의 수장 모습이 확인된다. 그러나 Ⅲ기의 나주 구기촌 수장묘에서는 종교적 기능이 확인되지 않는데, 수장층에서 제정이 분리된 모습을 확인할 수 있다. 제정분리는 전문 종교인인 제사장을 출현시킨다. 의례 관련 유물인 복골, 새모양목기, 두형토기, 목기고배, 파문형칠기, 칸막이토기, 칸막이형목기, 악기 등은 제사장에 의해 체계화된 대규모 의례행사를 주관하였음을 보여준다. 의례용구도 Ⅱ기에 비해서 위세적 가치 보다는 종교적 의구로써의 기능을 중시하는 것으로 볼 수 있다[223]. 수장은 다변화하는 사회 속에서 영도력과 집단 간의 연대를 위해서 종교적 역할을 전

---

223) 김진영 2015, 「영산강유역 출토 흑도장경호에 대한 시론적 검토」, 『호남문화재연구』제19호, 호남문화재연구원.

문종교인인 제사장에게 위임하였을 것이다.

> 후한 세조 광무제 건무 18년(A.D. 42) 임인 3월 계락일에 그 곳 북쪽 구지에서 … 또 말하되 '황천이 나에게 명하기를 이곳에 와서 나라를 새롭게 하여 임금이 되라 하였으므로 이곳에 일부러 내려왔으니 너희들은 마땅히 산봉우리의 정상에서 흙을 파면서 노래하되 '거북아! 거북아! 머리를 내밀라. 내밀지 않으면 구어 먹으리라'하고 무도(舞蹈)하면 천왕을 맞이하여 환희용약(歡喜踊躍)할 것이리라'하였다.
> 『삼국유사』제1권, 구치가

구지가의 가사 중 끽(喫)은 점복행위에서 가장 중요한 불을 이용하여 지지는 것으로 추정된다[224]. 따라서 구지가는 귀점(龜占)에 의한 신탁으로 왕을 추대하는 점복 행위를 신화화한 것으로, 九干 중에 대표적인 인물이 점복자가 되어 대왕을 영접하는 내용을 기록한 것으로 보았다[225]. 이와 같은 수장은 제정분리의 형태를 취하면서 정치적 기반을 확립하고 통합의 기반을 다져나갔을 것이다. 이 같은 다양한 의례의 소산물들은 철기문화의 확산과 궤를 같이하며, 제사장을 통하여 신에 대한 의례행위와 의식을 거행하고, 신의 메시지를 전달받은 행위를 취함으로써 수장의 영도력에 정당성을 확보하였을 것이다. 이 과정에서 신에게 관직을 부여받았다는 의미의 슬기로운 신하 '신지'격의 수장이 등장한 것으로 추정된다.

수장사회에서 제정분리는 지도자의 지배권력을 강화시키고, 사회 전반적으로 세분화를 촉진시켜서 전문화를 진행시켜간다. 위세품을 통해 영도력을 뒷

---

224) 은화수 1999, 「한국 출토 복골에 대한 고찰」, 『호남고고학보』10, 호남고고학회.
225) 이형구 1983, 「문헌자료상으로 본 우리나라의 갑골문화」, 『동방사상논고』, 도원유승국박사 회갑기념론문간행위원회.

받침하고자 하는 지배층의 욕구는 교류를 활성화시킨다. 수장사회에서의 기능 분화는 종교적, 수공업적, 교역적, 정치적 기능 등 사회를 다양하게 분화시킨다. 여러 기능이 확인되지만, 고고학 자료를 통해 부각된 면을 통해 정리하였다.

종교적 기능에 있어서 전문인은 제사장이며, 영광 수동 토광묘의 피장자는 조문형청동기와 동경으로 제사장으로 추정된다. 종교적으로 두드러진 취락은 광주 신창동저습지와 광주 치평동유적 등이 해당된다. 광주 신창동에서는 인면문 토제구슬, 목기로 제작된 파문형칠기, 새모양목기, 북, 목기고배, 칸막이형고배, 두형토기, 복골 등이 출토되었고, 광주 치평동에서는 새모양토제품, 이형토제품, 칸막이형고배, 두형토기 등 다종의 의례용구가 출토되었다. 이 두 유적은 영산강유역 내에서 가장 많은 양의 두형토기가 출토된 곳으로 대규모 의례행사가 있었음을 짐작케 한다. 광주 신창동 Ⅰ기층에서 출토된 새모양목기는 밑면에 지름 0.9㎝ 가량인 철편이 반원상으로 박혀 있으며, 나무와 결합한 흔적이 희미하게 남아 있고[226], 솟대로 추정하였다[227]. 새모양목기는 제사장의 영역을 상징하는 유물로 볼 수 있다.

종교의식은 읍락의 기능별로 차이가 있었던 것으로 추정된다. 즉 광주 신창동이나 광주 치평동은 평야지대로 전통적으로 농업을 기반으로 한 지역으로 농경의례를 통한 집단의 공동체의식이 매우 강했을 것으로 추정된다. 또한 해남 군곡리나 나주 장동리 수문 등은 바다와 접해 있어 바다를 항해하는 선원과 선박에 대한 무사기원의 의미가 더 강했을 것으로 보인다. 복골을 이용한 점술문화는 해상교역을 통해 들어온 해양문화로 내륙수로를 따라 광주 신창동과

---

226) 국립광주박물관 1993, 『신창동 유적』.
227) 이종철 2018, 「입대목・솟대 제의의 등장과 전개에 대한 시론」, 『한국고고학보』, 106집, 한국고고학회.

나주 복암리 등에 유입되었을 것이다.

　수공업적 기능은 광주 신창동, 해남 군곡리, 나주 장동리 수문 등에서 확인된다. 광주 신창동유적에서는 악기, 바디, 신발골, 칼집, 검파두식, 수레바퀴, 목기고배, 문짝, 파문형칠기 등과 같은 무기류, 악기류, 농구류, 건축자재, 각종 칠기제품, 옷칠이 담긴 목기 등에서 목공에 장인집단의 존재를 보여준다. 이와 함께 다량의 가공부산물(도낏밥)과 나무기둥은 목제품 제작에 필요한 걸침목으로 가공 전의 원목을 수침해 놓았을 가능성이 제기되기도 하였다. 공방지로 추정되는 주공열이 조사되었고, 베틀의 부속구인 바디와 뼈바늘 등에서 선진적 직물제조기술과 지금의 자동차와 같은 수레제조기술 등도 보유했음을 보여준다. 또한 신창동의 목기 등에서 철제도구를 사용한 흔적은 철기제작기술자의 존재를 추정해 볼 수 있게끔 한다. 더구나 이전 단계에 확인된 영암 청동기 장인집단이 보유한 주조기술은 어떠한 형태로든 후손에게 전수되었을 것이다. 철기 주조기술이 청동기 장인집단의 후손에게 이입되었을 가능성도 있기 때문에 현지에서 철기가 제작되었을 가능성을 배제할 수는 없다. 광주 신창동 출토 유물들에서 확인되는 제조기술력의 모습은 당대 신창동집단이 보유한 과학기술력으로 이해해야 한다. 해남 군곡리에서는 유리용범과 토기가마 등이 확인되고, 나주 장동리 수문에서는 유리슬래그 등이 확인되며, 유리제작기술과 전문적으로 토기를 제작하는 집단이 확인된다. 또 해남 군곡리에서는 다양한 종류의 골각기가 확인되고, 개, 사슴, 멧돼지, 소의 유체가 확인되었다. 뼈바늘, 뼈작살, 멧돼지의 이빨을 이용한 아제(牙製)곡옥, 골촉 등은 현지에서 원료를 구하였거나 패제관옥과 같이 원료를 수입하여 골각기를 전문적으로 제작한 것으로 보인다. 제정분리이 분리되고 수공업분야에서 분화가 이루어지고 전문화되어가는 양상이 확인된다.

　교역적 기능에 있어 전문인은 광주 복룡동, 해남 군곡리와 흑천리 마등, 나주 장동리 수문 등에서 확인된다. 광주 복룡동과 해남 흑천리 마등에서 출토된 화천꾸러미를 통해서 상업의 주도권을 가진 상인의 존재를 알 수 있다. 광주 복룡동

상인은 광주 복룡동유적을 배후집단으로 수로교통의 잇점을 살려 중심취락으로 성장한 것으로 생각된다. 해남 흑천리 마등의 화천꾸러미도 동일한 맥락으로 이해되며, 해남 흑천리 마등 상인은 해남 백포만 일대 토호세력과 관련될 것이다.

해남 군곡리와 나주 장동리 수문 등에서는 해상전문인의 존재가 상정된다. 영산강유역은 서해와 남해와 접해 있으며, 복잡한 리아스식 해안선에 작은 많은 섬과 암초가 있어 연안에 근접하여 항해한다는 것은 현지 주민이 아니고서는 불가능에 가깝다고 할 수 있겠다[228]. 연안항로로 이동하는 외부 선박은 도선사와 같은 길잡이의 안내를 받아 난파의 위험성을 해결하려 하였고, 중간기항지적 성격을 지닌 군곡리에는 해상교역을 중계하는 해상전문인력이 성장할 수 있었을 것이다. 나주 장동리 수문유적은 영산내해로 불릴 정도이며, 해상과 내륙으로 이어지는 길목에 위치한다. 군곡리는 해상교류의 거점지로써, 수문은 수륙교통의 거점지로써의 기능을 한 포구취락으로 추정된다.

정치적 기능은 수장이나 지배세력들이 거주하는 주거지가 있는 취락으로 볼 수 있으며, 개별취락(집단)에는 모두 수장이 있었을 것이다. 현재까지 주거지를 통해서는 확인하기 어렵지만, 함평 마산리 표산유적 등에서 확인된 외곽구가 조성된 주거지가 해당될 것이며, 유물상에서는 차이가 확인되지 않는다. 따라서 무덤을 통한 접근이 용이하다. 나주 구기촌 토광묘에서는 탁월한 수장의 모습이 확인된다. 구기촌집단은 가야산 일대에서 살상력이 강한 철제무기류를 가지고 군사력을 확보해 정치적으로 우위를 점유해 나간 것으로 추정해 볼 수 있다. 강력한 군사력으로 세력을 결속시켜 해상과 내륙의 관문인 나주지역을 주도해 갔을 것으로 추정된다. 하지만, 이들 집단이 정주한 취락이 불분명하고, 묘의 수도 10기 내외로 한정되기 때문에 강력한 연맹체로 발전한 단계의 수장은 아니였고, 그 과정에 있었다고 추정된다.

---

228) 이청규 2015, 『해상활동의 고고학적 기원과 전개』, 경인문화사.

반면, 광주 복룡동일대에서는 다른 현상이 확인된다. 광주 복룡동유적을 포함하여 주변으로는 평동유적, 용곡유적, 월전동유적, 하남동유적, 화전유적 등이 반경 5㎞ 범위 내에 분포하며, 북-서-남쪽으로는 150~450m의 산이 둘러싸고, 남-동-북쪽으로는 영산강이 둘러싸고 흐르며 자연적인 구역을 이루고 있다. 『삼국사기』권37, 「잡지」6에 따르면, 무진주 3개 현 중 '복룡현(伏龍縣)'이라는 지명이 나오고, 백제 편입 이후 그 곳 추장들에게 관직을 내렸다고 전해진다. 복룡현은 복룡동일대로 추정되며, 백제가 토호세력에게 관직을 부여하여 통치한 것으로 이해되고, 복룡동유적 일대 토호세력의 위상을 암시해 준다.

한편 백포만에는 '신미국'이 해로의 중요 지점에 위치하며 영산강유역의 외항으로써 대외교류의 주역을 담당하였고, 『진서』장화조에서 '東夷馬韓新彌諸國'이 등장한다.

> 이에 잔화를 '持節 都督幽州諸軍事 嶺護烏桓校尉 安北將軍'으로 삼아 진출하였다. 신구의 세력을 무마하여 받아들이니 오랑캐와 중국이 그를 따랐다. '東夷馬韓新彌諸國'은 산에 의지하고 바다를 끼고 있었으며 유주(幽州)와의 거리가 4천여 리였는데, 역대로 來附하지 않던 20여국이 함께 사신을 파견하여 조공을 바쳐왔다. 이에 먼 오랑캐가 감복해 와서 사방 경계가 근심이 없어지고 매해 풍년이 들어 사마(士馬)가 강성해졌다.

『진서』장화열전에 나오는 장화라는 인물은 진(晉)의 명재상으로 282년 9월에 유주(하북성)도독 장화에게 '신미국(新彌國)'이 사신을 파견한 내용이다. 유주에서 4천리였다는 것으로 보아 영산강유역 고대사회를 지칭하는 것으로 보았고, 영산강유역 소국연맹체(29국)를 대표하여 '신미' 라는 이름으로 불리게

되었다는 견해가 제시되었다[229]. 이러한 기록은 마한사회의 위상을 집작케하고, 광주 복룡동과 해남 군곡리를 중심으로 하는 읍락의 모습을 상정해 볼 수 있으며, Ⅳ기에는 '국' 수준으로 성장한 것으로 추정된다.

3. 정치체의 출현과정과 소국의 형성

정치체의 형성은 사회발전과정에서 단순사회에서 복합사회로의 변화과정에서 이루어지며, 복합사회는 사회의 불평등, 전문화, 혈연을 통한 위계의 세습 등을 기준으로 한다. 청동기시대 지석묘를 통해 동원되는 인력 수, 부장품, 유물을 통해 드러나는 전문인의 출현 등을 통해 지석묘사회를 족장사회로 비정하였고[230], 유물에서는 청동기시대 전기부터 계층화가 시작되는 복합사회로의 모습이 확인되고 있으나, 이는 모든 지역에서 동일하게 확인되지는 않는다. 고고학적으로 드러난 유럽 군장사회의 특징을 살피고, 고고자료와 문헌자료를 통해 세형동검이 부장되는 시기 또는 삼한사회를 군장사회로 비정하기도 하였다[231].

정치체에 대한 정의는 자치적인 정치 단위라는 조건을 어느 정도 충족시키며, 일정한 지리적 범위 안에서 상호작용을 한 복수 단위들의 존재를 전제해야

---

229) 강봉룡 2010, 「고대 동아시아 연안항로와 영산강 · 낙동강유역의 동향」, 『도서문화』36집, 목포대학교 도서문화연구원.
    강봉룡 2018, 「문헌으로 본 영산강유역 고대사회의 흥망성쇠」, 『전남지역 고대 문화의 양상과 교류』, 전남문화재연구소 엮음.
    강봉룡 2019, 「영산강유역 마한사회의 성격과 전망-고고와 문헌의 매치를 통하여 -」, 『영산강유역 마한사회의 여명과 성장』, 전남문화재연구소 엮음.
230) 최몽룡 · 최성락 편저 1997, 『한국고대국가형성론』, 서울대학교출판부.
231) 김정배 1979, 「군장사회발전단계시론」, 『백제문화』12, 공주대학교 백제문화연구소.

할 것이다. 그리고 그 단위들은 대외적으로는 자치적이면서 내부적으로는 일정한 정치적 중심지를 가진 복합적 단위여야 한다. 다시 말해 복수의 취락으로 이루어진 단위로서 그 가운데 정치적 의미의 중심지라고 할 만한 것이 존재하는 수준이라야 비로소 정치체라 부를 수 있고 국 성립 이전 읍락들을 완전한 독립체인 정치체로 보았다[232]. 즉 읍락의 형성을 정치체의 출현으로 볼 수 있을 것이다.

고고학적으로 정치체의 형성을 살필 수 있는 자료는 한정적이며, 통상적으로 무덤의 부장품을 중요한 기준으로 사회의 계층화를 논의하고 있다. 영산강유역에서는 청동기시대 지석묘를 통해서 일정한 공간범위 내에서 여러 집단의 노동력이 협업을 요구하는 공동체사회의 모습을 확인할 수 있다. 하지만, 이들 집단 간 중심적 위치를 가진 집단간에 상호연결되는 모습은 확인하기 어렵기 때문에 본고에서 의미하는 정치체의 모습과는 차이를 보인다. 무덤의 부장품을 통해 탁월한 개인의 등장을 찾아보고 이를 대상으로 정치체의 출현과정을 추론해 보고자 한다.

탁월한 개인의 모습은 동검문화가 확산되기 시작하면서부터 확인된다. 가령 다종의 청동기 부장을 통하여 종교적, 군사적 측면 등이 강화된 권위를 갖는 것에서 철제무기와 공구를 통해 군사적, 경제적 면이 강화된 지도자의 모습을 갖는 것으로 변화하는 흐름을 감지할 수 있다. 즉, 영도력이 강화된 수장은 외교적 역량을 통하여 군사적, 경제적 측면을 강화하였고 결국 정치적 역량을 구축해 갔을 것이다. 권역별로 정치체의 형성과정을 추정해 보기 위하여 수장의 면모를 보여줄 수 있는 청동기와 철기류가 출토된 무덤을 정리하였다(표 58).

---

[232] 이희준 2000, 「대구지역 고대 정치체의 형성과 변천」, 『영남고고학』26, 영남고고학회.

〈표 58〉 영산강유역 시기별 위세품 (○:1점, ◎:2~3점, ●:4점 이상)

구분	청동기			철기		외래계	비고
	의기류	무기류	공구류	공구류	무기류		
상곡리	○	-	-	-	-	-	Ⅰ기
초포리	●	●	◎	-	-	중원식동검	Ⅱ기
대곡리	●	●	●	-	-	-	
백암리	○	◎	-	-	-	-	
장천리	-	○	-	-	-	-	
운곡동	-	○	-	○	-	-	
장년리	-	○	-	-	-	-	
구기촌 9호 묘	-	-	-	○	◎	칠기	Ⅲ
구기촌 2호 묘	-	-	-	◎	◎		
군동	-	-	-	-	○	-	Ⅳ
황산리 분토	-	-	-	-	◎	-	
흑천리 마등	-	-	-	-	-	화천, 유리	
복룡동	-	-	-	-	-	화천, 유리	
신흥동	○	-	-	○	-	유리	V
신흥동	-	-	-	●	◎	유리	
수동	◎	-	-	-	○	유리	
환교	-	-	-	-	○	유리	
기능	종교적	군사적	경제적	군사적	외교적		
	정치적 역량						

수장의 면모를 보여주는 무덤이 모든 권역 내에서 동일하게 확인되는 것은 아니며, 부장품의 질이나 양적인 면에서 현격하게 차이를 보이기도 하고, 지속성을 갖는 경우도 드물게 확인된다.

서해도서권에서는 Ⅲ기에 함평 장년리 토광에 세형동검이 매납되고, 영광 군동 주구토광묘와 함평 자풍리 주구를 통해 우월한 개인의 출현을 확인할 수 있다. 부장품에서는 수장의 묘나 유력자의 묘로 추정할만한 유물은 출토되지 않았다. 묘의 조성과 관련해 무엇보다 중요한 사실은 1인 피장자를 위한 분구 축조가 시작되었고, 주검의 공간을 별도로 분리한 주구의 구획이 확인된다

233). 묘 조성을 위한 노동력이 동원되었음을 알 수 있으나 여러 집단의 협업에 의한 많은 노동력이 동원되었다기보다 1~2개소 정도의 단위집단 노동력을 동원한 것으로 추정된다. 단위집단 내에서 주변 집단의 노동력을 동원할 정도의 지위를 가졌으나, 분구를 통해 드러날 수 있는 권위에 이르는 강고한 영도력에 이르지 못한 것으로 보인다. 영광 군동에서는 Ⅲ기에 이어 Ⅳ기에 조성된 B-3호 토광묘에서 토기류와 철검이 부장되는데, 철검은 신분을 과시하기 위한 위세적 의미를 가진 것으로 보인다. Ⅴ기의 영광 수동 토광묘에서는 방제경과 조문형청동기를 통해서 종교적 성격의 리더쉽이 강하게 확인된다. 서해도서권에서는 묘의 부장품을 통해서 정치체의 모습을 찾기 어렵지만, Ⅲ기와 Ⅳ기경부터 개인의 권위를 드러내고자 하는 정황이 확인되며, Ⅴ기까지 청동의기를 위세로 하는 제사장적 성격이 강한 수장의 모습이 확인되고 있다.

영산강중류권은 Ⅱ기에 나주 운곡동에서 세형동검편, 주조철착이 출토되었고, 철제도구를 이용해 지석묘의 상석과 채석장에 암각화를 시문하는 공동체의 협업된 모습을 확인할 수 있다. 이는 지석묘 사회에서 족장격의 리더쉽이 강조된 정치체로 이해된다. Ⅲ기가 되면 나주 운곡동에서 1.6㎞ 정도 떨어진 나주 구기촌유적에서 청동기와 단조철기를 부장한 수장묘가 확인된다. 구기촌토광묘군은 송국리형취락이 분포하는 구릉에서 확인되었다. 송국리 주거지는 모두 43기가 조사되었고 크게 3개의 군으로 나뉘며, 가운데 군집이 위치하는 지점에 토광묘군이 조성되었다. 구기촌토광묘의 분포 특징을 보면 구릉정상부에 위치한 4호묘를 중심으로 사면부로 내려가면서 동일 등고선상에 열상배치를 보인다. 부장품의 수량과 종류에 따른 빈도분포를 보면 일부 묘에 집중되고 부장품의 재질과 수량에 따라 등급이 구분된다.

---

233) 한옥민 2016, 『영산강유역 고분의 분형과 축조과정 연구』, 목포대학교대학원 박사학위논문.

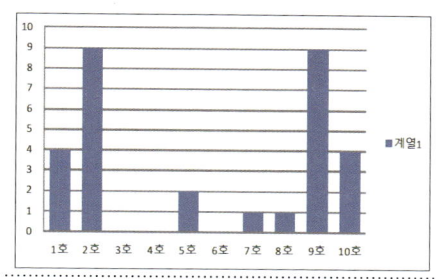

〈그림 46〉 나주 구기촌 부장품 수량 빈도분포

　나주 구기촌 토광묘는 동일집단의 구성원으로 이루어진 무덤군으로 절반의 묘가 금속기를 부장하고 2호 묘와 9호 묘는 다종의 부장품을 부장하고 있어 우세한 개인의 등장을 짐작케 한다. 묘역 내에 등급별 묘의 배치를 보면, A급 묘의 입지가 특별한 위치를 차지하거나 특정 등급이 일정범위 내에 모여 군집을 이루며 다른 등급과 구분되는 현상은 확인되지 않는다. 즉 묘의 배치로 보아 등급 간의 차별성은 나타나지 않고 혼재되지만, 구릉 하단부로 갈수록 질적, 양적으로 차이를 갖는다. 구기촌에서 가장 먼저 축조된 토광묘는 4호 묘로 D급의 위계를 보이지만, 5호 묘와 10호 묘에서는 철기 부장이 시작된다. 철제무기류 1점을 부장하는데, 피장자의 군사적 성격의 상징보다는 초기에 철기의 소유는 신분을 과시하는 위세품으로 상징적 의미를 가진 것으로 이해된다. 9호 묘의 부장품은 청동동기와 동검부속구, 칠기와 철부, 철검과 철모와 같은 무기류 중심으로 청동기와 함께 발달된 2군 철기가 확인되면서 유물의 부장양상에서 변화하는 과정을 보여주고 있다. 즉 부장유물의 구성이 변화되고, 위계성이 심화되는 양상이 확인되고, 철제무기류를 확보한 우세한 개인이 등장하는 것으로써 탁월한 수장의 출현으로 이해된다. 구기촌에서는 Ⅲ기에서 Ⅳ기에 이르기까지 수장묘가 조성되는데, 2호 묘에서 5종의 단조철기 철검, 철모, 유공철부, 판상철부, 철사와 부합석기를 부장하면서 9호보다 공구류의 부장이 더해지고 청동기의 위세보다는 다양한 철기류를 부장하여 군사력과 더불어 경제력 측면이 강화된 수장의 모습이 나타난다. 동일한 혈연집단 내에서 후대로 갈수록 개인의 권력을 강화시킴으로써 집단의 역량을 강화하여 새로운 수장집단의 출현과정을 보여주는 것으로 이해된다. 영산강유역에서 청동기유물에서 철기유물로의 변화과정을 설명해 줄 수 있는 유적이며, 청동기가 가진 이데올로기에서 철기가 가진 이데올로기로의 전환이 이루어진 것으로 볼 수 있다. 나주 구기촌은 당시 변해가는 지배 이데올로기를 수용한 정치체로 성장한 것으로 추정된다. 하지만 Ⅳ기로 넘어가면서 묘가 확인되지 않아 다른 지역으로 거주지를 이동해 갔을 가능성이 있다. 당시 수장세력의 지속기간을 보여주며, 수장세력의 확장성과 관련된 것으로 볼 수 있다.

　나주 복암리 7차 유적에서 조사된 도랑은 환호 또는 환구로 추정되고, 복골과 현무암이 혼입된 옹 등이 출토되었다. 인접한 나주 랑동유적 19호 주거지에서는 판상철부가 출토되었다. 19호 주거지는 대외적 역량을 가진 개인의 거주지로 추정되며, 화천의 유입을 주도했을 것으로 보인다. 이들 유적은 하나의 유적군으로 연속성을 가지고 세력을 확장하였고 복암리 고분군의 축조 세력은 이들의 후예로 추정된다.

　영산강하류권에서는 전 영암 용범을 통해서 Ⅱ기 모습을 추정해 볼 수 있다. 다종의 영암 용범에서는 최고 기술력을 보유한 청동기 공방이 운영되었음을 알 수 있다. 고막원천권과 지석천권의 청동기류와 같은 시기이며, 두 군장집단과의 매우 긴밀한 상호작용을 추정해 볼 수 있다. 지석천권의 화순 백암리 동과가 영암 용범에서 주조된 것으로 확인되기도 하였다. 영산강유역은 청동기 원료를 외부에 의존할 수 밖에 없는 곳으로 대외교류를 통해 수입할 수 밖에 없다. 원료의 공급이나 청동제품의 유통은 고막원천권과 지석천권의 수장세력에 의해 리더되었고, 영암의 청동기 공방은 생산에 주력하였을 것으로 추정되며, 청동기의 생산거점이자 교류거점지로서 역할을 하였을 것이다.

해남반도권은 새로운 문물의 유입이 확인되는 지역이지만, 수장의 면모를 확인할 수 있는 무덤은 아직까지 확인되지 않았다. Ⅱ기에 황산리 분토에서는 이단굴광하고 3중으로 개석을 사용한 석관묘에서 석검이 확인되어 검의 위세를 가진 개인의 모습을 확인할 수 있다. 군곡리유적에서 Ⅲ기에 유리구슬, 단조철부, 야요이계토기 등 대외교류의 흔적이 확인되지만, 동시기 유사한 성격의 늑도유적과 비교했을 때 유물 구성에서 차이를 보이고 있다. 한군현과의 적극적인 교류를 시도했던 왜가 항해의 안전을 위해 중간기항지로 경유하였고, 이 과정에서 군현의 유물이 유입된 것으로 보인다. Ⅳ기에는 복골, 중국토기모방토기, 화천 등 한계유물의 종류가 다양해지고, 변·진한, 주호(제주도)계유물이 증가한다. 해상의례유물의 출토량이 증가하는 것은 상인의 왕래를 보여주며, 군곡리세력은 지정학적 위치를 활용해 주변 정치체들과 중계무역을 통해 대·내외교류의 중심지로 성장한다. 하지만 해남반도권 내에는 정치적 역량을 가진 수장의 묘가 Ⅱ기에는 확인되지 않았지만, Ⅴ기에는 군곡리에서 5㎞ 정도 떨어진 황산리 분토유적에서 단조 무기 2종과 재지계 토기, 방추차가 부장된 3호 토광묘와 동시기 주거지 1기(50호)가 확인된다. 분토유적은 3~5세기대의 취락으로 60여기의 주거지와 매장시설이 다장인 이른 고분단계의 무덤군을 통해 정치체의 모습이 확인된다. 이것은 3호 토광묘와 52호 주거지 이후 나타나는 현상으로 이들의 정주에 의해 분토취락이 개발되기 시작하였고, 3호 피장자는 군사력을 확보한 상징적 의미를 갖는다. 이 무기류는 군곡리포구를 통해 변·진한에서 수입되었을 것이며, 3호 토광묘의 피장자는 군곡리에서 분파한 현지수장층으로 분토유적으로 이주하여 성장한 것으로 볼 수 있다. 흑천리 마등에서는 광주 복룡동과 동질의 상인의 모습이 확인된다. 이들 집단은 군곡리 집단과 연대관계를 형성하고, 교류에 참여하였을 것이다.

영산강상류권에서는 점토대토기로 대표되는 기층유민의 문화가 유입된 지역으로 새로운 문화에 기반한 기층문화가 성장해 정치체를 이루는 모습을 확인할 수 있다. Ⅲ기에는 광주 신창동에 철기문화의 거점지가 형성되고, 광주 평동에서는 토착집단 내로 새로운 기층문화가 유입되고 성장해 가는 과정이 확인된다. 광주 신창동에서는 유아를 매장한 옹관묘가 대규모로 조성되지만, 부장품에서 계층성이나 위계의 모습은 확인되지 않는다. 신창동에서는 고급 칠기제품이나 악기 등 유력집단과 관련되는 자료가 출토되었지만, 이들과 관련한 무덤은 동권역 내에서는 확인되지 않고 있다. 어째든 신창동에는 고급 기술을 지닌 장인집단들의 존재가 인정되고, 이들이 생산한 제품을 소비하는 수장층이 인근에 존재했을 가능성과 대내·외교류품으로 이용되었을 가능성이 상정된다. 영산강유역에서 가장 선진문화를 보유한 집단의 모습이 확인되고, 오수전, 한식토기, 철검과 검심 등에서는 교류를 통해 위세품을 소유한 것으로 볼 수 있다. 평동유적에서는 송국리형문화를 기반으로 한 토착집단 내에 삼각형점토대토기문화의 기층민이 수용된 후, 토착요소와 신요소가 결합하는 양상이 나타나며, 현지화되어가는 과정을 보여준다. 신창동이나 치평동에서는 대규모 의례행위와 관련된 종교용품들이 확인되는데, 종교적으로 전문화된 제사장이 의례행위 중 점복술을 이용해 집단 간 통합을 유도하면서 신으로부터 권한을 부여받은 지도자를 내세워 수장의 출현을 정당화, 명분화하려는 모습으로 추정할 수 있다. 이 과정에서 당시 지배층에게 필요했던 위세품이 유입되고, 중국, 낙랑군현, 변·진한 등과의 대외교류를 활성화시켜 지배권력을 확장하고, 해상을 통한 대내외교류를 주도하고자 광주 신창동에서 광주 복룡동 일대(평동, 복룡동)로 중심지를 이동해 간 것으로 추정된다. 신창동에서 출토된 배모양목기는 신창동세력이 해상교류의 중요성을 인식하고 있었음을 보여주는 유물이다.

    Ⅳ기에는 광주 복룡동일대에서 주거지가 급증하고 복룡동에서 비단끈으로 묶인 화천 50점과 유리옥 78점 등이 부장된 토광묘가 확인된다. 1호 묘의 피장자는 교류분야에서 특출한 개인인 상인으로 추정되며, 영산강유역 내에서 화

천이 위세품의 기능으로 작용하는 단계에 화폐를 매개로 화폐경제를 진행했을 가능성도 있다. 복룡동일대에는 상인의 대내·외교류를 후원해 줄 수 있는 역량을 가진 정치체의 존재를 상정할 수 있으며, 복룡동 출신의 상인을 통해 대외교류의 주도권을 확보하고자 한 것으로 추정된다.

고막원천권에서는 가장 이른 시기에 수장층이 출현하고, Ⅱ기에는 영산강유역을 아우르는 최고 수장의 면모가 확인된다. Ⅰ기에는 함평 상곡리에서 경형동기를 부장한 청동기묘가 등장한다. 상곡리의 경형동기는 중국 동북지방의 문화가 동일 시기에 중서부지역뿐만 아니라 한반도 곳곳에 유입된 정황을 보여줄 수 있는 자료이다. 하지만 청동기의 종류와 수량이 중서부지역과는 큰 차이를 보이고 있어 상위급 청동기 부장묘로는 볼 수 없다. 제사장적 성격을 띤 하위급 엘리트의 묘로 추정된다. 동일 구역에서 확인된 석관묘 4기와 적석목관묘 1기는 1호를 중심으로 하여 220~280m의 등간격으로 분포하면서 2개의 소군을 이루고 있어 동일하거나 직후에 조성된 것으로 추정된다. 석관묘와 적석목관묘에서는 부장품이 확인되지 않은 것에서 상곡리 집단이 이 시기에 확장성을 갖지 못한 것으로 추정해 볼 수 있다. 하지만 중서부지역의 중심정치체와의 교류는 지속한 것으로 보인다.

Ⅱ기가 되면, 함평 상곡리 인근의 함평 초포리에서 다종다량의 청동기를 부장한 수장의 묘가 등장한다. 초포리의 세형동검과 다뉴경을 비롯한 무기, 공구, 의기 등의 청동기 부장은 피장자가 군사적, 종교적, 경제적 실권을 지닌 최상위급의 우두머리인 수장의 묘임을 보여준다. 특히 다뉴경의 부장은 요동지역에 자리잡고 있었던 고조선의 중심세력이 요동반도 남단 이남 혹은 한반도지역으로 이동한 것으로 추정되는 바, 이전에 없던 서북한과 서남한지역에서 비로소 동경부장묘가 등장한 사실이 이와 관련된 것으로 추정된다[234]. 중서부

---

234) 이청규 2012, 「동북아지역에서의 다뉴경 부장묘의 전개」, 『사학지』제44집, 단국사학회.

지역을 경유한 지배층의 묘로 상곡리집단과 중서부지역 중심정치체간의 지속된 교류의 결과로 상정된다. 동시기 등장하는 지석천권의 대곡리 청동기부장묘보다 동모, 동과, 중원식동검 등에서 우월한 청동기를 보유한 정치체로 볼 수 있으며, 영산강유역 내에서 가장 핵심적인 정치체의 출현으로 이해할 수 있다.

Ⅲ~Ⅴ기에는 함평 마산리 표산유적을 통해서 짐작할 수 있으나, 이를 논하기 위해서는 면밀한 분석이 요구되며, 외곽구과 있는 주거지, 환호, 환구 등 최대규모의 취락이 형성된다. Ⅴ기에는 함평 신흥동 토광묘에서 수장의 면모를 갖춘 유물이 부장된다. Ⅳ-4호에서는 방제경의 편으로 추정되는 고리와 청동기편, 유리구슬, 토기류가 부장되고 5호 묘에서는 철제무기류를 다량 보유한 군사적 성격이 강한 피장자의 모습을 찾을 수 있다. 신흥동 묘역에서는 동일 구역 내에 옹관묘, 주구토광묘와 조성되었고, 2세기 후엽이 되면 주구토광묘가 집단화되며, 백색토기가 출토되어 漢과의 대외교류품이 확인되었다. 신흥동에서는 옹관묘계와 토광묘계 집단이 결합하는 모습이 나타나며, 주구토광묘로 보아 토광묘계가 주도해 간 것으로 보인다. 신흥동집단은 변·진한과 낙랑(또는 중국)과의 대외교류를 주도할 만큼 중심정치체으로 성장했다고 볼 수 있다.

지석천권에서는 Ⅱ기에 고막원천권과 같은 수장의 묘가 확인되고, 이후의 무덤은 현재까지 확인되지 않고 있다. 화순 대곡리와 백암리의 상위급청동기부장묘를 통해 수장의 모습이 나타난다. 대곡리의 양상은 무덤의 구조, 유물의 조합상, 토기의 부재 등에서 함평 초포리와 매우 유사하지만, 동령구의 종류가 감소한다. 대곡리에서 17㎞ 정도 떨어져 동일 계통의 무덤과 부장품이 백암리에서 확인되어 세력의 확장성이 확인된다. 한편 화순 삼천리 일대에서 조사된 유적들에서 송국리집단을 기반으로 Ⅲ~Ⅳ기에 단위집단들이 성장해간 것을 확인할 수 있다.

이상에서 보듯이 영산강유역에서는 권역마다 정치체의 출현이 규모나 시기적인 면에서 차이를 보이고 있다. 정치체의 모습이 확인되는 유적에서도 유구와 유물이 수량적으로 집중화되는 모습은 일부 권역을 제외하고 미약하게 나타난다. 고막원천권과 지석천권에서는 Ⅱ기에 군사적·종교적으로 매우 탁월한 지도자가 출현하고, 정치적 역량이 집중된 곳으로 볼 수 있지만, 동일권역 내에서 동일한 수준의 묘가 지속적으로 조성되지 않는다. 또한 영산강중류권에서는 Ⅲ기에 동일 집단 내에서 개인에게 집중되고 다음 세대로 세습되는 모습이 나타나지만, 동일권역내에서 시기적으로 연속성을 갖지 않는다. 이는 영산강유역 내에 탁월한 지도자는 출현하였지만, 주변세력에 대한 당시 수장층이 갖는 지배력이 약했음을 보여주는 것이다. 즉 중심이 되는 정치체로의 연대관계가 미약했음을 추정해 볼 수 있다. 문헌에 기록된 삼한의 국에 대한 모습에서도 이러한 상황을 확인할 수 있다.

(삼한 78국 중)큰 나라는 만여 호(戶)고 작은 나라는 수천 가(家)였다. 각기 산과 바다사이에 자리하고 있는데 땅을 합하면 사방 4000여 리며, 동쪽과 서쪽이 바다와 접하니 모두 옛 진국이다. 마한이 가장 크므로 여러 나라가 함께 마한 사람을 진왕으로 삼으니, 목지국에 도읍하여 전체 삼한 땅의 왕으로 군림한다
『후한서』, 동이열전

변진 역시 12국이다. 또 여러 작은 별읍(別邑)이 있어서 제각기 거수(渠帥)가 있다. 그 중 큰 세력을 지닌 이를 신지(臣智)라고 한다. 그 다음에는 험측(險側)이 있고, 다음에는 번예(樊穢)가 있으며, 다음에는 살해(殺奚)가 있고, 다음에는 읍차(邑借)가 있다. …대국은 4,000~5,000가(家)이고 소국은 600~700가(家)로서 모두 4,000~5,000호(戶)다.
『삼국지』, 동이전, 변진

국읍에는 주사가 있고 서로 읍락들이 섞여 있어 서로 제어하지 못한다.

『삼국지』동이전,

마한은 서쪽에 자리잡고 있다. 그 민인(民人)은 토착하여 곡식을 심고 누에치기와 뽕나무 가꿀 줄을 알며 면포를 만든다. 각기 장수(長帥)가 있어 큰 세력을 지닌 이는 스스로 신지(臣智)라 하고 그 다음은 읍차(邑借)라 한다. 산과 바다 사이에 흩어져 살며 성곽은 없었다.

『삼국지』권30,「위서」30, 동이전, 한

국은 가(家)의 규모에 따라 대국과 소국으로 구분되었고, 소국은 600호 정도의 주거지로 이루어졌다. 국읍 단위의 주거지 수로 구성된 단일취락은 찾아볼 수 없기 때문에 국은 여러 읍락과 촌으로 이루어졌다는 것을 짐작할 수 있다. 한편 문헌의 작성시점인 3세기경에도 국읍과 읍락 간에는 지배권력체제가 온전하게 작동하지 못하였고, 독립적인 측면이 강했던 것을 알 수 있다. 이는 앞서 살펴본 무덤을 통해서도 확인할 수 있었는데, 정치체는 취락간의 결속관계를 통해 형성되었고, 읍락은 중심지가 되는 취락으로 다수 촌과 연결되어 다음과 같은 취락의 분포정형을 이루었을 것이다. 하지만 단선적관계가 아니라 여러 집단이 복합적이고 중층적 관계를 형성하였을 것이다.

이 같은 읍락의 위계에 따른 취락 분포 정형을 영산강유역에서 조사된 유적과 대응하여 정리해 보고, 고고자료로 두드러진 개인이나 집단의 모습을 나타내는 곳을 중심지로 추정하고자 한다.

청동기나 철기, 칠기, 외래유물 등이 출토되어 현격한 차이를 갖는 유

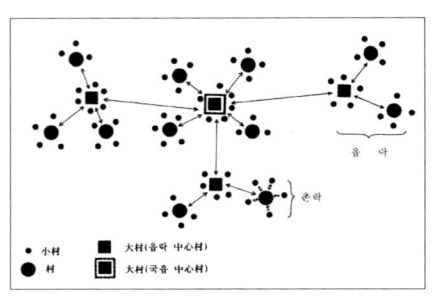

〈그림 47〉삼한소국의 취락분포 정형
(이희준 2000, 인용)

적을 중심지로 대응하여 국읍과 읍락의 구성을 추정해 보았다.

Ⅰ기~Ⅴ기 사이에서 가장 뚜렷한 위계양상을 보여주는 시기는 Ⅱ기이며, 그 이후 양상은 가시적으로 뚜렷하게 관찰되지는 않는다. Ⅰ기에는 각 유적들이 자치적인 형태로 취락을 이룬다. 예를 들면 나주 운곡동과 같이 인접한 취락과 노동력 중심의 공동협력체제적으로 상호작용을 하였다.

Ⅱ기에는 중심지를 중심으로 서로 상호작용하는 읍락의 모습이 확인된다. 함평 초포리, 화순 대곡리나 백암리, 전 영암 용범 출토지 등에 해당된다. 초포리, 대곡리, 영암 공방지가 상호작용하며, 초포리는 국읍 수준의 읍락을 형성한 것으로 보인다. 동 시기 청동기가 출토되는 염암 장천리나 나주 운곡동지석묘 등이 자치적인 단위집단으로써 영암 공방지와 상호작용한 것으로 추정된다. 함평 초포리와 화순 대곡리는 '초기의 국'의 모습을 형성하였을 것으로 추정된다.

Ⅲ기에는 광주 신창동과 해남 군곡리 등에서 읍락의 모습이 확인된다. 외래유물을 통해 대외적으로 자치적이고, 이전 시기에 확인되지 않던 전문성이 부각되는 중심지적 기능이 확인된다. 광주 신창동에서는 선진문화의 중심지적 모습이 관찰되고, 해남 군곡리에서는 해양포구의 기능이 중시되면서 두 유적이 상호작용하는데, 중국계 문물이 수장세력에게 공급되면서 연대관계를 형성해간다. 하지만 이 시기 탁월한 수장묘가 등장한 나주 구기촌을 통해 보았을 때 일정한 중심지로 여러 집단이 상호작용하는 결속관계가 형성된 것으로 보인다. 취락을 구성하는 주거지의 수나 무덤의 수로 보아서 집단의 규모는 크지 않았고, 10기 내외로 상정되며, 동일구역 내에서 수적인 확장성은 확인되지 않는다. 일정한 지리적 범위 내에서 흩어져 단위집단들을 이루어졌을 것이고, 그 범위 10~15km 정도로 추정된다.

Ⅳ기·Ⅴ기에는 광주 복룡동유적군, 해남 군곡리 등에서 국읍의 모습이 확인된다. 동일한 지리적 범위 내에서 다수 유적이 확인되었고, 읍락에서 국읍으로의 성장과정을 확인할 수 있다. 광주 복룡동 일대는 평야지대로 동쪽으로는 바

로 영산강과 접해 있고, 북-서-남쪽으로는 복룡산-병풍산-금성산이 에워싸고 있어 자연적 경계가 형성된다. 이러한 복룡동유적군의 지리적 상황에서 읍락의 범위는 자연적인 경계에 따라 차이는 있겠지만, 반경 5㎞ 정도로 추정되며, 국의 공간적 범위는 15㎞ 정도로 추정된다. 복룡동유적군은 복룡동유적을 중심으로 평동·월전동·하남동·화전·용곡유적 등이 3㎞ 이내에서 각기 단위취락을 이루고 있다. 평동유적은 청동기시대부터 지속적으로 취락이 조성되었고 토착의 송국리문화를 기반으로 철기문화가 수용된 모습이 확인된다. 또 3~4세기에도 대규모 주거군과 무덤군이 조성된 취락유적으로써 지속성과 확장성을 갖추고 있다. 복룡동유적군의 수장은 교류를 총괄하는 상인을 배출하고 여러 집단과 긴밀하게 상호작용하여 교류품을 통해 보다 광역적 연결망을 형성한다. 앞에서 언급하였지만, 군곡리의 경우는 국읍수준으로 성장한 것으로 보이며, 수문읍락 등과 해양교류의 중심적 기능을 하였다고 본다. 복룡동일대는 『삼국사기』에 언급된 복룡현을 설치한 지역으로 판단된다. Ⅴ기에는 집단들이 광역적 연결망을 이루어 물질문화가 공통적으로 통합을 이루는 것으로 보인다.

<표 59> 취락의 위계

구분	서해도서권	영산강하류권	영산강중류권	해남반도권	비고
국읍	?	?	복암리유적군	군곡리 등	Ⅳ~
읍락	수동 등	전 영암용범 장천리 등	운곡동 구기촌 수문 등	흑천리 마둥 등	Ⅱ~Ⅴ
단위 취락	자풍리, 군동, 마전 등	?	운곡동 등	황산리 분토 등	Ⅰ~Ⅴ기
구분	영산강상류권	고막원천	지석천권		비고
국읍	복룡동유적군	마산리 표산	?		Ⅳ~
읍락	신창동, 태목리 등	초포리 신흥동 등	대곡리(백암리) 등		Ⅱ~Ⅴ
단위 취락	월정리, 태목리, 용곡, 오룡동, 뚝뫼 등	고양촌 등	삼천리 황새봉 삼천리 하삼 등		Ⅰ~Ⅴ기

영산강유역에서 정치체의 등장은 지석묘단계부터이며, 공동협업체제를 중시하는 수장이 이끄는 족장사회로 비정된다. 기원전 4~3세기에는 청동기부장묘가 영산강유역에 처음으로 등장하고, 기원전 2세기에는 최상급의 청동기부장묘는 군장의 출현을 알린다. 중서부지역에서 분기된 청동기로 대표되는 '국'의 출현이며, 이는 지석묘로 대표되는 토착의 정치체를 자극하여서 성장시키는데, 지석묘로 대표되는 '국'으로의 변화를 가져온다. 고고자료에서 보이는 동시간성으로 보아서 '규모와 체제가 다른 국(國)'이 함께 공존하였고, 그 수준은 '초기 단계의 국(國)' 정도로 이해된다.

3세기경에는 마한 세력 일부가 영산강유역에 존재하였고, 『진서』 장화조에서 282년에 기록된 '신미국(新彌)'이 영산강유역을 대표하여 진(晉)과 독자적 외교를 진행하였다. 또한 369년에 『일본서기』에는 '침미다례(침미다례)'라는 이름이 등장하고, 해남지역이나 강진지역으로 비정하였다[235]. 이들 국 이름은 영산강유역 소국연맹체를 대표하는 국명으로 기록되었다고 볼 수 있으며, 영산강유역 지역사회에서 중심정치체로 이해할 수 있다.

4. 마한사회의 변천

1) 제 I 기

이 시기는 송국리문화가 토대를 이루고 있었으며, 새로운 물질문화가 유입되면서 송국리문화는 소멸기에 접어들게 된다. 한반도 중서부지역에 중국 동북지방과 관련된 세형동검문화와 점토대토기문화가 유입되는 시기와 일치하

---

235) 강봉룡 1999, 「3~5세기 영산강유역 '옹관고분사회'와 그 성격」, 『역사교육』 69, 역사교육연구회.
김영심 2013, 「문헌으로 본 침미다례의 위치」, 『백제학보』 9, 백제학회.

며, 함평 상곡리의 경형동기와 나주 운곡동의 원형점토대토기 A1식 등으로 대표되는 문화가 들어온다. 함평 상곡리의 경형동기의 유입 사례는 조문경이 중서부지역권을 벗어나 고흥 소록도, 전 성천, 전 맹산 등 서남해 도서에서 출토되는 것과 유사한 맥락으로 이해된다. 고조선의 문화와 변천을 논의하는데 있어 청동기 부장묘와 원형점토대토기가 고조선의 변동과정 속에서 정치체의 변천과 연계하며, 특히 청동기를 중심으로 논의되고 있다[236]. 동북지방 정가와자 계통의 청동기와 토기문화를 배경으로 하는 유민이 중서부지역으로 이주하는데 그 일부가 영산강유역에 들어온 것으로 이해된다.

상곡리 석관묘는 중서부지역의 청동기 부장묘와 비교해 보았을 때 청동기의 종류와 수에서 현격한 차이를 보이고 있어 상위급의 묘로는 볼 수 없으나, 종교적 의기류인 경을 부장한 측면에서는 공통적이다. 경형동기는 제작기법에서 심양 정가와자 6512호 동기와 유사하고, 보고자는 현지에서 제작되었을 가능성을 제시하였다. 경형동기는 동경류로 동경은 신분을 과시하는 위세품 혹은 종교적인 의기로 추정된다[237]. 경형동기가 내포하는 의미는 태양을 상징화하는 샤머니즘적 요소를 포함한 종교적 의기로 볼 수 있다. 동일한 기능의 경류는 익산 다송리 적석목관묘에서 출토된 대형동포가 있다. 익산 다송리에서는 조문경, 대형동포 2점, 벽옥제관옥, 무문토기편, 흑도편이 출토되었는데, 대형동포는 요령지역 청동단추가 의기화되어 태양을 형상화한 것으로 추정되고 있다[238]. 중국 동북지방의 동검문화가 중서부지역에 유입될 당시 이형동기나 경

---

236) 이청규 2005, 「청동기를 통해 본 고조선과 주변사회」, 『북방사논총』6, 동북아역사재단.
오강원 2006, 『비파형동검문화와 요령지역의 청동기문화』, 청계.
이후석 2015, 『요령식 세형동검문화와 고조선의 변천』, 숭실대학교 박사학위논문.
237) 이청규 2010, 「다뉴경 형식의 변천과 분포」, 『한국상고사학보』67호, 한국상고사학회.
238) 조진선 2009, 「다뉴경으로 본 동북아세아 청동기문화의 발전」, 『청동거울과 고대사회』, 복천박물관.

류 등 의기류가 출토되는 특징을 보이는데 함평 상곡리도 이 특징을 갖는다.

경형동기가 피장자의 상반신 쪽에 2열 2줄로 부장되어 피장자는 종교적으로 우월한 신분임을 드러내고 있다. 경형동기 부장 석관묘의 구조가 지석묘군에서 확인되는 석관형의 매장시설과 동일한 형태를 보이는 것은 토착화된 부분으로도 볼 수 있다. 하지만 장축방향이 당시의 토착무덤에서 선호하는 등고선과 평행한 방향을 선정하지 않은 점은 외래적 요소이다. 토착적 요소와 외래적 요소가 모두 확인되고 있어 상곡리의 피장자는 중서부지역을 거쳐 들어온 유민으로 외래계토착인일 가능성이 있다. 당시 중서부지역의 지배층이 군사적 권위와 종교적 권위를 동시에 지니고 있었는데, 상곡리 경형동기 부장묘의 피장자는 종교적 권위만을 갖은 위계가 낮은 제사장적 성격을 띤 구성원으로 하위급 엘리트의 묘로 중서부지역에서 이탈한 세력으로 추정된다. 상곡리묘와 대응시킬 수 있는 주거지가 확인되지 않았지만, 인근에 취락을 이루었을 것이고, 규모는 크지 않았을 것으로 추정된다.

점토대토기만을 출토하는 경우는 기층유민이 이주해 온 정황으로 추정되며, 나주 운곡동 등에서 확인되며, 나주 운곡동의 토착집단 내로 결합되는 양상을 보인다. 토착 취락 내에서 점토대토기인의 거주지로 보이는 5호 수혈은 이러한 정황을 설명해 줄 수 있다. 이 수혈은 규모가 장축길이 200㎝, 단축길이 164㎝의 타원형의 형태로 규모면에서 일반적인 주거지와 유사한 면적을 지니고 있어 유민의 주거지로 추정된다. 토착집단과 매우 우호적이고 친밀한 관계를 형성하였고, 그 배경은 원형점토대토기인이 정치적·무력적 성격을 지니지 않은 기층민이었기 때문에 토착사회에 수용될 수 있었던 것으로 보여진다. 이러한 주민의 성격은 다음 시기에 점토대토기문화가 토착문화 속에 확산될 수 있었던 주요 요인으로 작용한 것으로 볼 수 있다. 하지만 상곡리집단은 지배층으로 당시 영산강유역의 정세를 파악하여 지석묘의 밀집분포지역을 피하여 토착세력의 영향력이 약하고, 수로를 통해 접근이 용이한 고막원천권을 선택하여 정착한 것으로 보인다.

　영산강유역에서는 현재까지 자료로 보아 세형동검문화 이전의 비파형동검문화를 찾아보기 어렵고, 석검, 옥 등 위세품의 부장도 전남 동부지역에 비해 현저하게 낮다. 나주 운곡동 라-3호 지석묘에서는 비파형동검을 모방한 석검이 출토되었고, 영산강유역 내에 비파형동검문화의 영향을 보여주는 자료라고 할 수 있으나, 실물은 출토되지 않았다. 비파형동검의 실물을 실견하였지만 입수하지 못하고 모방한 근거이며, 3호 지석묘의 피장자 혹은 그 혈연집단의 선진문물에 대한 동경을 담고 있다고 볼 수 있다. 이 석검은 동검이 갖는 위세적 기능을 대신한 것으로 이해되며, 동검을 모방할 수 있었던 것은 교류를 통해서 가능했을 것이다. 청동기의 수요를 원하는 개인과 혈연집단이 있었지만 청동기를 입수할만한 교류에 대한 사회적 기반이 이루어지지 않았던 것으로도 볼 수 있다.

　물론 대규모 노동력을 동원하는 지석묘의 축조는 유력개인이나 유력집단의 존재를 보여주며, 하나의 단위집단이 아니라 여러 단위집단들의 공동협력관계를 통해 축조한 것으로 보인다. 청동기시대 주거지와 지석묘를 통해서 위세품이 전기부터 등장하여 계층화가 시작되었고, 거대묘역과 위계화된 부장품을 통해 공동협력체제적인 성격이 강한 사회로 이해되고 있다[239]. 전남지방의 지석묘 사회는 혈연을 기반으로 지석묘 축조에 대규모 인력을 동원할 수 있는 능력과 토기제작 전문인이 출현하고, 농경을 바탕으로 잉여물에 대한 재분배가 가능한 사회를 족장사회로 정의된 바 있다[240]. 하지만 고고학적으로 보아서 전 지역별로 동일하지 않고 차이가 있었으며, 영산강유역의 지석묘사회는 원거리

---

239) 지건길 1983, 「지석묘사회 복원에 관한 일고찰」, 『이화사학연구』.
　　이남석 1986, 「청동기시대 한반도사회발전단계문제-무덤 변천을 통해 본 남한사회」, 『백제문화』16, 백제문화연구소.
　　한국고고학회 편 2007, 『계층사회와 지배자 출현』, 사회평론.
240) 최몽룡 1981, 「전남지방 지석묘사회와 계급의 발생」, 『한국사연구』35.

교류에 있어서는 제한적 부분이 있었던 것으로 보인다. 발달된 농경으로 인해 더 평등하고 혈연을 기반으로 공동체적인 상호 결속하는 사회였을 것이다. 이러한 토착사회로 들어온 기층유민은 거부감 없이 융화되었고, 상곡리집단은 토착세력의 영향이 약한 고막원천권에서 기반을 다져 나갔던 것으로 보인다.

2) 제 Ⅱ기

이 시기 가장 큰 특징은 영산강유역 내 최상급 청동기묘를 통해 최초 군장사회가 형성되고, 이들 집단과 지석묘 집단의 상호관계가 확인된다. 중서부지역에서 주로 확인되었던 최상급 청동기부장묘가 화순과 함평지역에 등장하고, 청동기를 생산할 수 있는 용범이 영암지역에서 확인된다. 함평과 화순의 청동기 부장묘는 군사적 기능의 무기류, 종교적 기능의 의기류, 경제적의 기능의 공구류가 일괄로 출토됨으로써 탁원한 개인에게 권력이 집중된 우월자의 묘로 이해된다. 이것은 공동협업체제에 기반을 둔 당시 지석묘사회의 족장과는 다른 탁월한 수장이 등장한 것으로 볼 수 있다. 바로 군장사회의 모습이다. 렌프류는 고고학적으로 20개 항목을 군장사회의 특징으로 열거하였다[241]. 영산강유역에서는 모든 항목에 대응시킬 수 있는 물질자료는 확인되지 않았고, 이 항목들을 동시기 모든 지역에 적용하기에는 각 지역의 특수성을 고려하지 않은 것이기도 하다. 통상적으로 세형동검이 부장되는 시기 또는 삼한사회를 군장사회로 비정하고 있다. 탁월한 개인의 권력을 갖는 함평이나 화순의 청동기 부장묘와 영암 용범을 통해서 수장에 의해 관리되는 계급사회의 일면과 최고 기술의 전문인을 찾을 수 있다.

초포리와 대곡리의 군장집단과 전 영암 용범은 중서부지역 청동기문화의 확산

---

241) Renfew, C 1973, Monuments, mobilization and social organization in neolithic Wessex, In Renfew, C. (ed) The Explanation of Culture Change:models in prehistory, London:Duckworth

에 따른 주민 이주로 추정되며, 군장집단과 기술자집단이 세트관계를 이루어 이주한 것으로 보여진다. 중서부지역에 집중되었던 청동기문화가 영산강유역으로 들어올 수 있었던 주요 원인은 두 지역 간 교류로 볼 수 있다. 상곡리집단과 중서부지역의 중심정치체 간의 지속적인 교류의 결과로 탁월한 권위를 가진 수장세력이 영산강유역으로 이주해 들어온 것이며, 준왕의 남천과 관련된 영향으로 보인다.

> 후(侯) 준(準)이 참람되어 왕이라 일컫다가 연나라에서 망명한 위만의 공격을 받아 나라를 빼앗기자, 그 측근 신하와 궁인들을 거느리고 달아나 바다로 들어가 한 땅에 살면서 스스로 한왕(韓王)이라고 불렀다. 그 후손은 아주 멸망하였으나 지금 한인(韓人) 중에는 아직 그의 제사를 받드는 사람이 있다.
> 『삼국지』권30, 「위서」30, 동이전, 한

준왕의 남천과 관련한 고고학적 근거는 한반도 남부로 유입해 온 세형동검문화의 유물 변화로 확인되고 있다. 이 변화는 동모, 동과, 동사 등 무기류와 공구류가 나타나고, 다뉴경이 조문경에서 세문경으로 변화되며, 나팔형동기 등의 의기류가 동령구로 변화되고, 전국계철기의 유입이다. 이러한 유물구성의 변화가 보여주는 고고학적 양상과 준왕의 남천과의 관련성을 부인하기는 어렵다. 발달된 청동기와 철기 부장묘가 집중되는 익산과 전주·완주지역은 준왕의 남천지로 추정된다[242]. 하지만 영산강유역과 가장 밀접한 지역인 만경강유역에서는 준왕의 남천이 미치는 여파는 그다지 크지 않았을 것이라는 견해도 있다[243].

---

242) 전영래 1990, 「마한시대의 고고학과 문헌사학」, 『마한백제문화』12집, 원광대학교마한백제문화연구소.
최완규 2015, 「마한 성립의 고고학적 일고찰」, 『한국고대사연구』79, 한국고대사학회.
김진영 2018 「영산강유역 철기 수용과 배경」, 『호남고고학보』59, 호남고고학회
243) 한수영 2015, 『전북지방 초기철기시대 묘제의 연구』, 전북대학교대학원 박사학위논문.

영산강유역에서도 최상급의 청동기문화는 등장하지만, 전국계 철기문화가 공반된 사례는 현재까지 없다. 물론 전국계 철기문화가 유입되었을 가능성 정도만 확인되고 준왕의 남천과 직접 관련되지는 않는 것으로 보인다. 하지만 함평 초포리나 화순 대곡리에서 확인되는 청동기의 양상이 중서부지역과 관련되는 것은 분명하다.

준왕 집단의 남천은 중서부지역에서 내부에서 성장한 집단에게는 외부적 충격이었고, 두 집단이 서로 갈등하여 일부 세력 집단이 남쪽으로 이동한 것으로 보인다. 따라서 함평 초포리와 화순 대곡리집단은 중서부지역에서 상위그룹 간의 경쟁에 의해 분기된 세력으로 볼 수 있다. 중서부지역의 일파가 새로운 영역을 개척하기 위해 대적할만한 세력이 성장하지 않은 힘의 공백지역으로 이주한 것으로 추정된다. 함평 초포리와 화순 대곡리 집단과 동시간성을 갖는 전 덕산, 전 논산, 전 상주의 동령 조합 등도 같은 맥락 속에서 이해할 수 있다. 하지만 함평 초포리와 화순 대곡리집단은 기술자를 동반할 수 있을 정도의 최상위그룹에 속하였고, 청동기 부장묘와 전 영암용범은 영산강유역 내에서 3대 거점축을 이루는 모습으로 나타난다.

이것은 이전 시기의 상곡리집단과의 관계 속에서 나타난 결과로 이해된다. 〈그림 48〉에서 나타나듯이 영산강유역 내 권역별 군집 수를 보면, 고막원천권과 지석천권이 가장 낮은 밀집도를 나타내므로 지석묘 세력이 가장 약

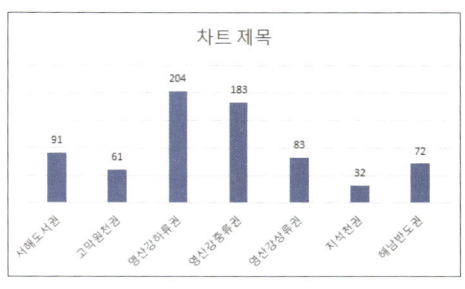

〈그림 48〉 권역별 지석묘 군집 수

한 지역으로 볼 수 있다. 즉 영산강유역 내 토착세력의 우열지역을 파악하고 있는 상곡리집단이 중서부지역 중심정치체와의 긴밀한 상호작용을 통해 핵심 세력이 이주해 올 수 있는 정보를 교류한 것으로 볼 수 있다. 그리하여 일정한

거리(50㎞-35㎞-47㎞)를 두고 고막원천권-영산강하류권-지석천권(-고막원천권)에 전략적으로 군장사회의 정치체가 3대 거점축을 이루며 이주한 것으로 추정된다. 이로 인해 영산강유역에는 최초의 거점지가 형성되며, 대내외적으로 청동기문화를 파급시키고자 한 것으로 보인다.

세 거점지는 수로를 통해 서로 연결되며, 토착세력의 영향력이 약한 권역에는 정치적 중심지를 이루고, 해상교통이 용이한 영암에는 청동기 공방을 배치하여 청동기 생산거점지를 조성하여 정치적·경제적으로 토착사회를 리드해 가고자 한 것으로 볼 수 있다. 고막원천권에서는 함평 초포리의 청동기 부장묘와 함평 상곡리 석관묘가 3㎞ 정도 떨어져 서로 조망이 가능한 지점에 위치하며, 동일문화의 흐름을 이어간 것으로 보인다. 함평 초포리에서는 중원식동검, 동모를 비롯해 군사적 측면에서 강한 실력자의 모습이 확인되며, 동령구의 부장도 월등하다. 초포리집단은 중국계유물이나 청동기의 종류와 수량으로 보아 대곡리 집단보다 월등한 군장의 모습이 확인된다. 초포리 청동기 부장묘는 상곡리집단을 계승했을 가능성이 있으며, 청동기의 부장상으로 보아서 3대 거점지를 총괄하는 리더십은 함평 초포리 집단에 의해 발휘되었을 것으로 추정해 본다.

토착문화와 신문화의 결합관계가 나타나는데, 이전 시기보다 긴밀해진 양상으로 확인된다. 이전 시기에 기층유민이 이주하였던 영산강중류권의 나주 운곡동 송국리형주거지에서는 원형점토대토기가 출토되었고, 의례행위의가 이루어진 폐기장과 저습지에서 원형점토대토기, 흑도장경호 등 신요소들이 출토되었다. 토착주거지에서 외래유물의 출토는 토착집단과 외래집단의 결합에 의한 것이며, 토착계 남성과 유민계 여성의 혼인관계로 추정된다.

물론 고고학적으로 혼인관계에 대한 접근은 어렵지만, 동일한 무덤군 내에서 병존하는 다양한 무덤형식은 여러 종족이나 집단 간의 혼인의 결과로 볼 수 있을 것이다. 늦은 시기로 갈수록 다양해지는 무덤의 형태는 각기 다른 문화를 지닌 집단 간의 결합을 나타낼 수 있으며, 나주 월양리 지석묘군에서 나타나는 여러 계통의 무덤형식은 다른 매장문화를 가진 집단과 토착집단 간의 혼인관계를 추정해 볼 수 있다. 나주 월양리에서는 토착계 지석묘를 중심으로 석관묘계, 토광묘계 집단과의 결속관계가 확인된다. 지석묘에서 유사한 사례가 확인되는 경우는 광주 매월동, 나주 운곡동 등이 있다. 또한 송국리취락 내에서 원형점토대토기가 출토된 수혈이 확인된 광주 수문, 나주 운곡동, 광주 신촌 등이 있으며, 이러한 결속양상은 다음 시기까지도 이어지고 있다. 이것은 혈연적 결속관계를 형성하는 모습으로 이해된다. 군사력이 없는 기층민의 이주는 두 문화의 대립을 해소시키고, 신문화가 가진 기층문화를 파급시키는데 큰 역할을 한 것으로 추정된다.

송국리형주거지와 지석묘의 토착문화에서 원형점토대토기와 세형동검 등 신요소가 출토되는 것은 당시 사회가 송국리문화를 토대로 하는 족장사회였다고 볼 수 있다. 그렇다면 청동기 부장묘의 수장과 토착집단의 수장과의 관계는 어떠했을지 궁금증이 생긴다. 이는 지석묘에 부장된 청동기를 통해 접근할 수 있다. 지금까지 확인된 바에 의하면 지석묘에서 확인되는 청동기는 동검 1점 정도로 한정되어 있다. 군장의 관할 아래에 운영되는 청동기공방은 군장에 의해 토착집단에게 공급해 주는 청동기의 보급량을 철저하게 제한하였거나, 지석묘집단이 검류 부장의 전통을 잇고, 위세를 드러낼 수 있는 정도의 동검만을 원했을 수도 있다. 한편 지석묘에서 동검 1점의 부장은 두 세력의 요구가 절충된 것으로도 이해된다.

이같이 동검을 부장한 지석묘 집단이 많지 않은 것은 현재까지 미조사 되었거나 두 세력 간 이해관계가 절충되지 않은 상황을 보여줄 수 있다. 현재 동검이 출토되는 지석묘는 군장세력과 호혜적 관계를 형성했던 것으로 추정되며, 일부 지석묘 집단에서만 확인되고 있어서 전체적으로 군장권력의 영도력에 토착집단은 거부감을 가졌던 것으로 추정된다. 동검을 소유한 토착집단의 족장도 검이 갖는 정도의 권위만을 원하였고, 지석묘 집단들이 상대적으로 크게 두드러지는 위세나 권력을 가진 실력자의 등장을 인정하지 않는 상황을 반영하는 것으로 이해된다[244]. 이러한 양상은 토착집단이 지석묘를 기반으로 한 족장사회의 전통을 유지하고자 하는 이데올로기를 보여주는 것이다. 이러한 토착집단의 이데올로기는 최고의 청동기 생산기술력을 보유한 군장세력의 확장성을 저해하는 요인으로 작용하였을 것이다. 근거는 청동기 부장묘의 수가 설명을 대신 해주고 있다. 그래서 동시기 만경강유역의 청동기 부장묘처럼 집단화되지 못하였던 것으로 추정된다. 토착집단의 세력이 가장 약한 권역인 지석천권에서는 백암리 청동기 부장묘를 통해서 그나마 확장성을 찾아볼 수 있다.

이 시기에 가장 주목되는 것은 전 영암 용범으로 통해서 드러나는 청동기공방의 존재이다. 영산강유역에서 확인되는 다뉴경은 가장 정밀하고 발달된 기술을 요구하는 C식 다뉴경이다. 여기에는 원료 취득에서 합금과 주조는 물론이거니와 문양시문과정에서 고도의 기술과 능력을 필요로 하며, 단순 모방으로 불가능하기 때문에 엄격한 장인 도제 시스템에 의해서 장기간 지속적이고도 조직적으로 전수되지 않으면 안 되는 노하우인 것이다[245]. 영산강유역에서는 최고단계에 이르는 청동기 제조기술의 전문장인이 존재하였고, 중서부지역의 세형동검문화가 확산되는 과정에서 군장집단과 세트관계를 이루어 이주한 것으로 볼 수 있다. 청동기제작지가 군장집단과 인접하지 않고 영산강하류권을 선택한 배경은 교류적 측면과 왜까지 세력범위를 확장하고자 했던 것으로 추정된다.

청동기는 구주지역의 청동기에 대한 납동위원소 분석결과 야요이전기에서 후기까지 지속적으로 한국산 재료가 원료로 사용되었고, 중국 북부산 재료가

---

244) 이청규 2016, 「청동기 보급의 주체와 지석묘 축조 집단」, 『백산학보』제106호, 백산학회.
245) 이청규 2010, 「다뉴경 형식의 변천과 분포」, 『한국상고사학보』제67호, 한국상고사학회.

사용되었음이 확인되었다[246]. 전 영암 용범 중 하나는 다뉴경 C식의 틀로 추정된다. C식은 B식의 단위문양의 전통을 승계 발전한 것으로 B식과 C식 다뉴경은 중서부지역에 집중분포하여 매우 친밀한 관계가 상정된다. 그러나 세문경은 동일한 문양구성을 가진 예는 한 점도 확인되지 않았지만, 유사한 문양패턴을 공유하고 있다. 문양 중에서 가장 고도의 기술을 요구하는 문양은 동심원문일 것이고, 서남부지역에서 주로 출토된다. 지역별로 보면 만경강유역과의 가장 긴밀한 관계를 상정할 수 있다. 동심원문이 시문된 사례는 화순 대곡리 1경과 전 논산, 완주 신풍 가-35호·나-1호·나-21호 등 만경강유역권에서 집중되고, 일본 열도에서도 4점이 확인되었다. 다뉴경이 이전 단계의 문양 전통을 계승하고 문양의 공통성이 강하기 때문에 동일한 문화집단에 의해 확산된 것으로 볼 수 있으며, 공간적 범위는 왜까지 포함된다. 전 영암 용범이 C식에 해당되는 점, 대곡리 1경이 문양시문에서 가장 고도의 기술을 요하는 점에서 청동기 최고의 제조기술을 보유한 청동기 공방을 영산강하류권에서 운영하였고, 생산과 유통의 거점지로서 역할을 하였을 것이다. 왜로의 세형동검문화의 파급은 해로를 통할 수밖에 없는 바, 영산강유역 제조 거점지인 영암을 통해서 이루어졌을 가능성이 높다.

 청동기 공방을 운영하기 위해서는 기술자와 더불어 원료 공급망이 완비되어야만 제품을 생산해 낼 수 있다. 함평 월산리 동검의 분석에서 경상북도 북부 및 남부지역인 태백산 분지 영역(Zone Ⅱ)에서 채굴된 원료로 추정되며, 구주지역의 청동기는 지속적으로 한국산 재료가 원료로 사용되었다. 논산 원북리 동검과 전 전남 동검 등에서는 월산리 동검과 유사한 원료를 사용한 것이 확인되었다. 이것은 원료 구입지와 완제품의 유통범위를 알려주며, 한반도를 벗어

---

246) 노제현 2007, 『납동위원소비 분석법을 통해서 본 일본 중부큐수와 한국 청동기 문화의 비교연구』, 한양대학교대학원 석사학위논문.

난 지역까지 교류 범위가 형성된 것을 보여준다. 하지만 발달된 청동기와 함께 확인되는 철기의 출토가 현저하게 낮은 것으로 볼 때 주석은 서북한지역과의 교류보다는 중서부지역을 경유하여 유입했을 가능성이 높다.

한편 원료의 수급은 기술자집단과 군장세력이 동일지역에서 확인되지 않는 점에서 볼 때 기술자의 영역으로 이해되며, 제련 등의 공정을 볼 때 해로를 통해 노석상태로 수급하였을 것으로 보인다. 이 과정은 군장의 관리 아래 이루어졌고, 대내외적으로 집단 간 연결망을 연결해 주는 매개체가 되었을 것이다. 영암에서 발전한 다뉴경 등의 청동기는 한반도를 벗어나 완제품이 왜까지 유통되고, 이후 기술정보까지를 보급시킨 것으로 보인다. 함평 초포리와 화순 대곡리의 군장은 청동기가 갖는 위세와 선진문물을 통해서 정치적 중심지를 이루어 적극적으로 토착집단과 연대하는 단위체를 형성하고자 하였을 것이다. 그러나 토착집단은 동검을 통해서 개인의 위세 정도만을 강조하는 수동적인 변화만을 보일 뿐, 다종의 청동기가 갖는 권위나 그 속에 내포된 이념과 메카니즘을 수용하지 않는 보수성을 확인할 수 있다.

토착집단은 생산력증대와 관련된 부분에서는 적극적으로 수용하는 모습을 확인할 수 있다. 즉 전국계철기의 사용이며, 나주 운곡동유적에서는 직·간접적인 자료가 집중된다. 철기의 출토 수량은 주조철착 1점에 불과하지만, 채석장이나 상석에는 철제 도구를 이용하여 세선문암각화를 시문하는 등 지석묘 사회의 협업활동에 적극적으로 사용하였다. 영산강유역에 유입된 전국계 철기는 위세적 기능을 갖기보다는 실용구로써 생산력 증대에 사용된 것으로 보인다. 나주 운곡동집단은 군장세력과 우호적 관계를 통해서 철제공구류를 만경강유역에서 수급한 것으로 추정된다.

원형점토대토기는 세형동검문화보다는 이른 시기에 출현하며, 개별적 소단위의 형태로 확인된다. 원형점토대토기와 동검문화가 함께 공반하는 사례가 확인되지 않기 때문에 유입주체가 달랐던 것으로 이해된다. 즉 영산강유역 원형점토대토기의 분포가 점상의 산발적 분포를 보이고, 중서부지역에서 확인되는 원형점토대토기만으로 이루어진 고지성취락이 확인되지 않는 것은 가족단위 정도의 소수 인원으로 구성된 원형점토대토기인들의 이주로 상정된다. 광주 신창동 Ⅰ기층에서는 만경강유역에서 현지화된 원형점토대토기가 유입된 정황이 확인된다.

광주 신창동 Ⅰ기층에서 출토된 원형점토대토기는 원형점토대와 삼각형점토대의 과도기적 형식인 신창동식토기a식이 대부분인데, 만경강유역의 완주 신풍이나 갈동에서 출토되는 한수영 분류 B식과 C식과 유사한다. 이 형식은 만경강유역에서 기원전 3세기 후반경~기원전 2세기경으로 편년된다. 이 시기에 만경강유역에서는 서북한지역과 가장 긴밀한 교류를 진행하였기 때문에 서북한지역의 물질문화의 변화를 먼저 접하였을 것이다. 만경강유역의 원형점토대토기인들 일부가 광주 신창동으로 이주하였고, 소규모 단위집단을 이루며, Ⅰ기층을 형성한 것으로 보인다. 어째든 원형점토대토기의 출토상황으로 보아서 원형점토대토기인들은 작은 가족단위의 구성원으로 이루어졌기 때문에 당시 토착집단과의 대립없이 영산강유역에 정착할 수 있었던 것으로 보인다.

삼각형점토대토기문화는 철기문화의 요소로 한반도 남부지역에 출현하게 된 계기를 위만 조선의 패망으로 이해하는 것이 일반적이다. 영산강유역에서는 철기유물 자체는 드물게 확인되나, 광주 신창동과 해남 군곡리의 삼각형점토대토기문화를 통해서 철기문화의 대규모 유입이 뚜렷하게 관찰되며, 유민의 대이주로 상정할 수 있다. 유민의 정착과정은 광주 신창동과 해남 군곡리를 통해서 살펴볼 수 있다.

광주 신창동에는 이미 만경강유역에서 현지화된 소수의 원형점토대토기인들이 정착하고 있었고, 기원전 2세기 후반경 대규모 삼각형점토대토기인들이 들어오면서 원형점토대토기인과 함께 철기문화를 정착시켜간다. 그 산물이 Ⅱ기층이며, 신창동식토기로 대표된다. Ⅱ기층에서는 신창동식토기 a식, b식, c

식이 확인되고, 새로운 묘제인 합구식옹관묘군이 조성된다. 신창동 합구식옹관묘는 대규모 집단묘를 이루는데, 당시에 볼 수 없는 외래적 묘제의 모습이고, 영산강유역과 긴밀한 상호작용을 한 만경강유역에서는 확인되지 않는다. 만경강유역에서는 익산 어양리유적나 전주 동산동유적 등에서 사치식합구옹관과 횡치식합구옹관이 조사되었고, 현지에서 청동기시대 중기부터 발생하였을 가능성을 제시하였다[247]. 만경강유역은 서북한지역과의 긴밀한 상호작용을 한 곳이기 때문에 다양한 요소들이 들어와 현지화되었을 가능성은 충분하다. 하지만 영산강유역에서는 이 같은 사례는 확인되지 않는다.

이 시기를 즈음하여 영산강상류권에는 새로운 무덤이 등장하는데 합구식옹관묘이다. 무문토기끼리 결합된 1형식이 먼저 등장했을 가능성이 있으며, 옹관묘는 무문토기만을 사용한 1형식이 사용하였지만 토착계 무덤에서는 찾아볼 수 없는 매장방식이다. 삼각형점토대토기와 파수부호를 결합한 명사리식옹관과 동일한 매장방식이다. 명사리식옹관의 삼각형점토대토기는 점토대접합지점에 지두흔이 없는 Ba식으로 추정되고, 동체부가 곡선적이며 세장한 느낌을 준다. 신창동유적에서 출토된 신창동식토기의 동일 기종에서도 이러한 패턴이 확인된다. 일상용기를 사용한 옹관묘에서 원형점토대토기의 사용은 없고 무문토기와 신창동식토기를 사용한 것으로 볼 때 시기 차는 크지 않을 것으로 보인다. 서북한지역의 옹관묘문화가 유입된 것으로 볼 수 있다.

3) 제Ⅲ기

위만 조선의 멸망은 영산강유역을 비롯한 남부지역에 변화의 계기가 되었다. 서남부지역과 동남부지역의 문화상을 새롭게 전환시켰을 뿐 아니라, 새로운 이데올로기와 메커니즘을 갖는 정치체의 출현을 가져온다. 위만조선의 멸

---

247) 한수영 2015, 『전북지역 초기철기시대 분묘 연구』, 전북대학교대학원 박사학위논문.

망과 더불어 내부적 동요가 일어나 만경강의 제철기술을 지닌 주력 집단이 한 군현의 통제를 벗어나 지리적으로 좀 더 먼 곳을 선택하여 영남지방으로 이동한 것으로 추정하였다[248]. 하지만 『삼국지』에서는 위만조선 멸망 이전에 이미 지배층이 이끈 집단의 대규모 이주가 확인된다.

> 일찍이 우거가 격파되기 전에 조선상 역계경이 우거에게 간하였으나 받아들여지지 않자 동쪽 진국으로 갔다. 그때 백성으로서 따라가 그 곳에 산 사람이 2,000여 호나 됐다.
> 『삼국지』권30, 「위서」30, 동이전, 한

기록에 의하면 역계경세력이 진·변한지역으로 이주해 갔고, 그 시기는 위만 조선이 멸망하기 이전이다. 지배층이 이끈 이주양상은 영산강유역에서는 확인되지 않고, 이전 시기에 확인되던 청동기의 양상도 확인되지 않는 등 고고학적 양상이 불분명하게 확인된다. 토기나 주거지, 무덤 등에서 토착계 요소와 신요소가 혼재되어 나타나고, 더구나 무덤과 토기에서는 변·진한지역과 분명한 차이를 보이고 있다. 위만조선의 지배세력과 제철기술자집단이 변·진한지역으로 이주해 간 것으로 목관묘, 철기, 와질토기 등으로 확인되며, 지배층의 이주로 설명할 수 있다. 반면 영산강유역에서 확인되는 특징은 대규모 삼각형점토대토기문화이며, 이것은 기층민의 대규모 이주로 상정해 볼 수 있다.

삼각형점토대토기문화의 분포는 광주 신창동과 해남 군곡리에 대규모로 집중되지만, 곳곳에서 산발적으로도 확인되고 있다. 그 분포양상은 거점을 이룬 형태와 토착집단 내로 들어간 형태, 소규모 단위집단을 이루는 형태로 나누어진다.

---

248) 최성락 2017, 「호남지역 철기문화의 형성과 변천」, 『도서문화』제49집, 목포대학교 도서문화연구원.

거점을 이루는 형태는 광주 신창동과 해남 군곡리 등에서 확인된다. 해남 군곡리에서는 토기가 집중되고 현지화되는 현상이 확인되는 반면에 광주 신창동에서는 다양한 종류의 유물들이 출토되었다. 광주 신창동에서는 다량의 목검, 검파두식, 활 등의 다종의 무기류가 상당수 확인되었다. 세형동검이나 철검을 모방한 목검을 위장검으로 보고 계급에 따라 착용한 것으로 보는 견해가 있다[249]. 목검의 형태가 철검의 형태와 동일한 것은 철제무기류를 소지하지 못하는 상황에서 긴급하게 무기가 필요한 전투를 준비해야 하는 정황으로 이해할 수 있다. 목검 등에서는 이주 초기 토착집단과의 국지적 전투를 추정해 볼 수 있다. 베틀, 악기, 수레바퀴 등 고급목제품을 제조하는 목공예기술의 전문장인들의 존재가 상정되며, 선진기술과 선진문물을 통해 토착집단과 상호작용하면서 선진문화를 빠르게 확산시킨다. 신창동집단은 고급목제품 등을 다른 집단과의 교류품으로 사용했을 가능성이 있다.

한반도 남부지역에서 가장 이른 칠흔은 아산 남성리석관묘에서 옻칠을 했던 편이 확인되었고[250], 기원전 3세기경에 칠기법이 한반도 남부지역에 유입되었음을 알 수 있다. 만경강유역의 완주 신풍 가-35호·54호 토광묘에서도 원판형의 칠기흔이 확인되고, 완주 갈동 3호 토광묘에서도 칠기흔이 확인된다. 따라서 칠기법은 청동기문화의 유입과 함께 파급된 것으로 추정된다. 광주 신창동에서 칠기법은 천, 수레바퀴, 토기, 목기 등 다양한 제품에 사용되고, 악기, 검파 등 고급목제품을 생산·유통하였다. 신창동의 칠기와 다호리의 칠기가 낙랑칠기와 기법에서 차이가 있는 것으로 볼 때 한반도 내에서 현지화된 기법을 계승했을 가능성이 있다.

광주 신창동유적 일대는 여러 차례에 걸쳐 발굴조사를 진행하였지만, 대응

---

249) 국립중앙박물관 2008, 『갈대밭 속의 나라 다호리』.
250) 한병삼·이건무 1977, 『남성리 석관묘』, 국립중앙박물관.

되는 주거지는 AⅡa식와 BⅡa식과 BⅡb식과 C식 등이 조사되었다. 신창동 저습지의 유물들과 대응되는 주거지로 신창동 저습지 일대에 10기 미만의 주거지로 구성된 취락들이 분포한다. 해남 군곡리에서도 대응되는 주거지는 AⅡa식 1가 확인되어 신창동과 동일한 주거양식을 보이며, 군곡리주거지는 바닥에 불다짐을 하였다. AⅡa식주거지 등이 유민의 주거구조로 보이며 출토유물은 토기나 석기 정도이다. 대규모로 집단화된 취락은 확인되지 않으며, 소규모 취락이 인접하여 분포하는 양상을 보인다.

토착집단 내로 들어간 형태는 광주 평동, 광주 수문, 함평 소명동, 담양 태목리 등에서 확인되며, 평동유적이 대표적이다. 송국리형주거지에서 신창동식토기가 확인되며, 유민들이 토착사회 내로 결합된 모습으로 혼인관계를 상정해 볼 수 있다. 광주 평동유적을 보면 이 당시 토착집단의 규모는 그다지 않은 일반적으로 확인되는 규모의 취락이었던 것으로 보인다. 전형적인 송국리형주거지의 요소를 가진 AⅠa식, AⅠb식, BⅠa식, BⅠb식의 주거지에서 삼각형점토대토기문화를 갖는 주거지의 수는 15기 정도로 적극적으로 두 문화가 결합하는 양상을 보인다. 한편 송국리형주거지의 요소가 사라지는 과도기 형식인 AⅠc식과 송국리형주거지의 요소가 소멸된 형식의 주거지 수가 증가하고, 신창동식토기를 출토하는 수혈들도 30여기 정도가 확인된다.

또 일부 수혈에서는 시루, 볏짚 돗자리가 출토되어 주거용으로 추정되며, AⅡa식 주거지로 유민의 주거지로 볼 수 있다. 유민의 문화가 점차 토착문화에 수용·확산되는 모습으로 볼 수 있을 것이다. 물론 주거지와 수혈이 모두 동시기에 조성되지는 않고, 다음 시기까지 이어진다. 서로 간 중첩되는 유구들의 수도 많기 때문에 동일 범위 내에서 시기적으로 공간을 달리하면 연속적으로 취락을 유지해 것으로 보인다. 주거지는 집중되는 분포를 보이지 않으나, 수혈은 크게 2개의 군집으로 분포하는 밀집도를 나타내고 있다. 토착집단 내에 이주한 유민이 점차 확장성을 가지고 평동유적 내에서 일정거리를 두고 마을을 이루며 정주한 모습으로 추정해 볼 수 있다. 평동유적은 송국리문화를 바탕으로 철기문화를 생활 속에 수용한 대표적 사례라 할 수 있다.

　소규모 단위집단을 이루는 경우는 광주 뚝뫼유적 등과 같이 주거지 1기 정도가 확인되는 경우이다. 뚝뫼 주거지는 AⅡa식으로 신창동이나 군곡리와 같은 구조이다. 같은 시기에 조성된 토광묘, 옹관묘 등의 새로운 묘제가 산발적으로 분포하는 양상과도 동일하며, 소수의 주민이 분산되어 취락을 형성한 것으로 추정된다.

　토기는 저부에서 물레축흔이 확인되는 사례가 증가하고, 소성도가 높아지며, 시루, 옹, 파수부 등 기종이 다양해지면서 현지화된 삼각형점토대토기문화가 성행하는데, 군곡리식토기로 볼 수 있다. 이 같은 현지화되는 모습이 해남 군곡리에서 확인된다. 군곡리에서 출토된 신창동식토기는 신창동의 것에 비해 직선적이고 태토의 혼입제는 석립만 사용하고, 점토대의 퇴화과정에서 나타나는 지두흔 등과 같은 현지화된 요소가 두드러진다. 따라서 군곡리에서 출토된 신창동식토기는 신창동보다 늦지만, 시간차는 없을 것으로 보인다. 저장용 대호를 비롯한 호류 등에서는 여전히 송국리식외반구연호의 전통을 계승하고 있다. 시루의 출현은 끓이는 식문화에 찌는 식문화가 추가되면서 조리법이 다양화 되었고, 농경 생산물의 증대를 보여준다.

　토기가마는 신창동 가마나 자풍리 가마와 같이 원형의 수혈을 굴착한 덮개형 개방요를 사용하여 무문토기의 소성법과는 크게 차이는 없지만, 태토 수비기술이 발전하고, 소성도가 높아진 토기를 소성할 수 있었던 것으로 보인다. 광주 신창동에서는 운모, 석영 등의 혼입제를 사용하여 영산강유역 내 다른 지역 토기와 차이를 나타내는데, 사천 늑도 토기에서는 이외에도 혼입제로 패각을 사용하기도 하였다. 무문토기와 소성도에서 큰 차이를 보이지 않는 토기들도 상당량 확인되고 있어 서로 다른 토기 생산기술이 공존하고 있었던 것으로 보여진다. 인접한 섬진강유역인 곡성 대평리에서는 공기와의 접촉을 차단하는 초기형 밀폐요가 등장한다.

　무덤은 여전히 지석묘가 조성되고 있지만, 지석묘의 특징은 사라지고 상징성만이 존재한다. 같은 무덤군 내에서 다양한 형식이 확인되는 것은 새로운 묘제 즉 새로운 집단과 결속하는 모습이며, 혼인관계에 의한 결속으로 추정된다. 보수성이 강한 묘제의 결합과 지석묘가 소멸해가는 양상은 토착세력이 능동적으로 변화되어가는 모습을 보여준다. 광주 신창동에서 옹관묘 54기가 같은 구역 내에 집단묘가 조성되고, 운남동, 수문, 평동유적 등 광주지역을 중심으로 옹관묘의 조성이 증가하는데, 이 단계에는 광주지역을 중심으로 옹관묘계의 확장성이 컸던 것으로 보여지며, 기층 유민은 옹관묘를 선호했던 것으로 추정된다. 서해도서권에서는 주구토광묘가 새롭게 등장하는데 유물상에서는 유민의 토기문화와 동일하다. 다양한 무덤들이 곳곳에서 확인되는 것은 그만큼 이 시기에 새로운 단위집단들이 영산강유역에 등장하고, 다양한 묘제의 형태는 단위집단의 정체성을 보여주는 것으로 이해할 수 있다.

　이렇듯 물질문화는 토착적 요소와 신요소가 결합되어가면서 현지화의 과정으로 이해된다. 불확실한 양상으로 나타나는데, 당시 토착문화와 신문화를 공유하고 새로운 변화에 적응하고자 하는 모습이며, 바탕이 서로 다른 문화가 경계선상에 있고, 그 어느 쪽에도 온전히 속하지 못하는 경계적 현상이라 할 수 있다. 이러한 경계적 양상들은 물질문화 뿐 아니라 이데올로기 등에서도 관찰되는데 무덤에서 수장의 모습을 확인하기 어렵다는 것이다. 특히 이전 시기의 동경이나 동령이 갖는 종교적 권위는 붕괴되어 갔지만, 여전히 잔존하고 있는 족장사회의 전통은 군장사회의 확장성을 저해한다.

　선진물질문화는 생활의 편리성과 용이성 때문에 토착사회 전반에 수용되어 큰 갈등없이 받아들여지지만, 두 문화에 내포된 신념, 관념 등의 이데올로기는 충돌하는 것으로 보인다. 선진적 철기문화를 리드하는 군장의 묘들이 변·진한지역과 같이 확인되지 않는다. 물론 군장묘의 미확인에는 미조사의 가능성도 있지만 현재의 자료에서는 지배권력의 메커니즘을 리드하는 탁월한 군장은 드물다. 그 주된 요인은 여전히 잔존하고 있는 족장사회의 전통 때문에 군장층은 침체로 이어진다. 위만 조선의 지배층이 변·진한지역으로 이주해 가는데는 여러 이유가 있었겠지만, 철광석 산지가 없는데다 지석묘사회의 전통이 강한 지역을 회피했을 가능성도 있다.

초창기 유민을 이끌만한 강력한 군장의 부재는 변·진한지역과 같은 고고학적 양상을 영산강유역에서 남기지 못하는 결과를 주고 있다. 유민사회 속에서 수장의 출현은 쉽지 않았을 것이다. 토착집단과의 갈등만이 아니라 유민사회 내부 갈등 또한 있었겠지만 이를 고고학적으로 증명하기는 어렵다. 하지만 여러 곳에서 확인되는 의례관련 유물은 다변화하는 사회의 통합을 이끌고 영도권을 잡기 위해 대규모 집단의례행사를 주관하여 집단 간 통합을 시도하고 전통적 이데올로기를 전환시키려 한 것으로 추정된다. 이 이데올로기는 지석묘가 내포한 족장사회의 관념과 다종의 청동기에 내포된 종교적, 군사적 권위를 갖는 초기 군장사회의 관념 등을 포함한다. 광주 신창동과 치평동 등에서 확인되는 다양한 의례용품들은 전문 제사장에 의해 주도된 대규모 의례행사를 추정해 볼 수 있게 한다. 제사장을 통해 신으로부터 권한을 부여받은 지도자(신지격)를 내세워 전통적 이데올로기를 붕괴시키고, 권력의 정당성을 확보하고자 노력했을 것이다. 이것은 전통적 관념을 가진 족장의 리더십을 붕괴시키는 요인으로 작용하게 되었을 것이다.

이 시점에서 주목되는 유적은 역시 철제무기류를 다량 부장한 나주 구기촌 토광묘군이다. 청동기가 주는 위세와 철제무기류가 주는 군사력을 갖고 등장한 세력으로 토기는 삼각형점토대토기문화를 갖는다. 유구나 유물 상에서 변·진한지역의 다호리유적과 유사한 부분들이 확인되지만, 만경강유역의 토광묘와도 유사성이 확인된다. 이 시기에 만경강유역의 토광묘집단이 사라져가는데 그 일부가 이주해 온 것이다.

이와 같이 위만 조선의 멸망은 외부·내부적 상황을 변화시키고 대외교류의 상황도 변화된다. 즉 서북한지역과 가장 긴밀히 교류하던 중서부지역을 통해서 선진문물을 유입하던 영산강유역에도 당시 패권국의 멸망은 내적 성장을 주춤하게 만들었고, 서북한지역과 영산강유역의 교류를 축소하게 만든다. 반면 변·진한지역은 물질문화가 급변한다. 영산강유역에서도 기원전 1세기 중·후반경이 되면 오수전, 철경부동촉, 낙랑계토기, 유리 등 한계유물이 확인된다. 변·진한도 마찬가지지만, 왜와 같이 한경이나 거마구 등 한계유물은 드물게 확인되는데, 위세품적인 상위 수준의 물자 유통은 한반도 남부지역에서는 그다지 확인되지 않는다. 영산강유역과 변·진한은 왜와 비교했을 때 낙랑과의 교류는 상대적으로 활발하지 않았다고 할 수 있다.

당시 낙랑군과의 관계는 대내적 입지 확립에 중요하게 작동되고, 수장세력 성장과 맞물리는 것으로 이해되고 있다. 왜의 경우는 영산강유역을 통해 선진문물을 유입하였으나, 영산강유역에 수장세력이 침체되자 낙랑과 직접 교류를 시도한 것으로 보인다. 반면 변·진한지역은 철기 제작 집단이 있어 철을 매개체로 낙랑군과 교류하고 영산강유역은 동북아시아의 해상교류 속에서 중간기항지로 기능을 하게 된다.

해상을 통한 한 군현, 변·진한, 왜와의 교류 과정 중 남해안의 복잡한 해안선과 암초, 조류 등은 해상교류를 방해하는 주요 요인이었고, 한 번의 항해만으로 목적지에 도달하기는 불가능했을 것이다. 이러한 해상조건은 항해의 안전과 식료품(식수)의 공급 등을 위해서 영산강유역 일원에 기항할 수 밖에 없었을 것이고, 그 곳이 해남 군곡리 등이다. 해남 군곡리가 중간기항지로 부각되면서 현지의 수장세력은 군곡리를 국제해상교류의 거점지로 성장시켜간다. 군곡리 포구를 통해 들어온 교류품은 내륙지역의 중심지인 광주 신창동유적으로 공급된 것으로 보인다. 물품의 이동은 육로와 수로를 통해 이루어졌을 것인데, 해상교통이 발달하면서 해상에서 내륙으로 들어가는 관문인 나주 장동리 수문유적이 수륙교통의 거점지로 부상하고, 나주의 수장세력이 성장할 수 있는 계기를 마련한 것으로 추정된다. 또한 활발해지는 해상교류는 항해사나 도선사와 같은 해상전문인, 상인, 제사장, 수공업 등 새로운 전문인의 등장을 가져온다.

이에 현지의 수장세력은 대외적 관계를 이용해 대내적 입지를 확립해 가며 새로운 활로를 모색한다. 또한 한반도 남부지역과의 직접적으로 교류하여 경제적 이득을 추구하고자 하는 상인과 침체된 권위를 살릴 수 있는 위세품이 필요했던 수장층을 통해 낙랑과 변·진한과 영산강유역 간의 교류가 시작되는 것으로 이해된다. 광주 신창동에서 확인된 한식토기와 야요이계토기는 교류을 담당한 외래인의 일시적 거주의 흔적이다. 내륙지역의 신창동집단과의 직접 교류한 것으로 신창동집단의 우월적 지위를 보여준다.

해상항로상 기항지로 추정되는 유적에서 출토되는 복골은 중국이나 왜를 대상으로 활발하게 활동하던 원거리 항해집단들의 의례행위의 결과로 볼 수 있다. 내륙지역인 신창동과 복암리 등에서도 출토되어 해신제사에만 국한되지 않고 당시 정치적·사회적으로 복골 등을 이용한 점법을 다양하게 사용하였고, 점술문화는 당시 집단 간의 상호작용에 이용되어 다변화하는 사회의 통합을 위한 사회적 기반을 마련해 준다.

변·진한의 군장세력과 동일한 무덤양식을 갖는 토광묘(목관묘)계 집단은 대내·외교류를 통해서 주도권을 확장해간다. 나주 구기촌 토광묘 등에서 확인되듯이 변·진한과 공통된 유물들이 확인되고, 변·진한의 지배층이 영산강유역의 지배층에게 철기를 유통해 줌으로써 새로운 지배체제를 확립하는데 협력을 해준 것으로 추정된다. 일부 군장세력들은 낙랑과 변·진한과의 교류를 통해 권위와 권력을 집중시키고, 새로운 지배체제를 이루기 위해 교류를 진행한다. 이 같은 현상은 보성 우산리 현촌유적 등에서도 확인된다. 철기제조기술을 지닌 변·진한과의 보다 활발한 관계를 형성한 것으로 추정되며 국의 성장 기반을 마련해 간다.

4) 제Ⅳ기

이 시기는 이전 시기에 비해서 대내・외교류가 전성기를 이룬다. 수장사회는 교류를 통하여 기반을 마련하고 새로운 체제로의 개편을 시작한다. 중국에서는 신나라의 건국・멸망과 더불어 후한이 건국되어 중국 내부의 여러 다양한 정책들이 시행되던 시기로 관영의 생산체제가 민영체제로 전환되면서 낙랑을 중심으로 한반도 남부와의 중계무역을 활발하게 진행해 간다. 중국-한 군현-한반도 남해안(군곡리(수문), 제주도, 늑도・김해)-왜 간의 해상교류가 활발해지면서 현지수장층은 영산강유역을 국제교류의 중심지로 성장시키고, 군곡리는 영산강유역을 대표하는 '관문사회'로의 기능을 한다.

내륙지역의 광주 신창동세력은 대외교류를 통해 주도권을 확보하고자 수로교통이 용이한 광주 복룡동유적군으로 이동하여 새로운 중심지를 이루는 결속력을 보이며, 강력한 정치체를 형성해 간다. 복룡동유적군은 주거지, 수혈 등에서 수적으로 증가하고, 이것은 인구가 집중되는 것과 상통한다. 광주 복룡동세력은 해남 군곡리와 긴밀한 상호작용을 통해서 지리적 잇점을 살려 해상교류의 기항지적 성격의 군곡리를 국제포구로 성장시킨다. 이와 더불어 영산강유역 내 집단 간 교류를 활성화시키고자 해양과 내륙을 잇는 내륙의 관문지역인 나주 장동리 수문에는 내륙포구를 조성한다. 군곡리 포구와 수문 포구는 낙랑, 변・진한, 제주도, 왜를 대상으로 일종의 중계무역을 했을 것이다.

수장사회는 개편하고 지배력을 확보하기 위해 위세품을 통해 영산강유역 내 수장층 간 연결망을 형성하여 결속관계를 이루고자 한다. 즉 정치체들이 연맹체로 발전해 가는 단계로 볼 수 있다. 수장층은 낙랑군현에서는 위세품 중심의 물품 위주로 교류하고, 변・진한과는 철기를 매개로 한 교류를 진행한 것으로 보인다. 왜는 해상교류에서 영산강유역을 기항하지 않을 수 없는 입장에서 새롭게 개편된 수장세력에게 한반도에서 생산되지 않는 유구산열도의 패각제품 등을 통해 교류를 재개한 것으로 추정된다. 낙랑의 위세품은 수장층의 권위를 높여주고, 변·진한의 철기를 통해서는 수장층의 군사력을 확보해 영도력을 공고히 해 주었을 것이다. 왜의 패각제는 현지에서 장신구 등으로 활용하여 신분을 과시하는 사치품 용도로 사용한 것으로 보인다. 이 시기에 남도산패문화가 왜와의 교류를 통해서 해남반도에 수용되었을 가능성이 높으며, 이후 해남반도권의 현지수장층이 왜의 패각 등을 받아들여 독자적인 위세품으로 부장했을 것으로 추측할 수 있다.

철기류의 수입은 한정되었고, 수장층은 한정된 철제무기류를 제한적으로 각 지역에 보급한 것으로 추정되는데, 고막원천권과 영산강중류권을 제외하고는 철검 1점 정도만 확인되고 있다. 당시 교류의 거점지인 군곡리에서 7㎞ 정도 떨어진 황산리 분토 토광묘에서 철검, 철모만 확인되고 있어 수장층에 의해 군사력의 확장이 통제되었을 가능성이 있다. 즉 철검이 갖는 군사력을 상징하는 정도만을 인정해 줌으로써 결속을 유도해 간 것으로 추정된다. 한편으로는 철기를 부장한 묘가 단독으로 확인되고, 철검 1점 정도만 확인되고 있기 때문에 개인적 관계 속에서 획득했을 가능성도 있다.

수장층은 대내·외교류를 전략적으로 활용하면서 사회적 분화를 촉진시켜 상인을 등장시킨다. 상인에 의해 주도되는 교류는 위세품 수입을 증가시키고 한 대 화폐의 보급을 확산시킨다. 화폐는 전국시대부터 거래수단으로 사용하여 상품경제가 발달하였으며, 신나라 때는 화폐를 대량으로 주조 유통하여 주변 국가에도 이를 사용하기를 강요하였다 한다[251]. 한대화폐 출토량 증가는 낙랑과의 교류가 확대된 것을 반영하지만, 영산강유역에서는 거래의 수단으로 사용되었다기보다

---

251) 이청규·강창화 1994, 「제주도 출토 한 대 화폐유물의 한 예」, 『한국상고사학보』 제17호, 한국상고사학회.

위세품의 성격이 강한 것으로 보인다. 하지만 광주 복룡동 토광묘와 해남 흑천리 마등의 화천꾸러미는 1~2점으로 출토되는 화천과는 차이를 보이는데, 중국과의 거래에서는 화폐를 수단으로 교류한 현지의 상인일 가능성이 높다고 생각된다. 영산강유역 내에서 막강한 경제적 영향력을 지닌 인물로 보인다.

수장층의 관할 아래 광주 복룡동과 해남 흑천리 마등의 상인은 대내·외교류를 총괄하면서 수출입과 더불어 인적자원 등을 교류시켰을 것이고, 주변국의 정세변화에 대처할 수 있는 정보 등을 제공하였을 것이다. 이 시기 변·진한지역에서는 가야연맹체가 형성되면서 늑도유적이 쇠퇴하게 된다. 대외교류를 통해 주변 정세를 파악한 군곡리집단은 김해세력과 적극적인 교류관계를 이루어가고, 주호계와도 활발하게 교류한다. 활발해진 대외교류는 빈번한 인적 왕래를 유발하고 주민의 이주도 이루어졌을 것이다. 토광묘를 중심으로 철기, 유리 등과 같은 위세품 부장이 점차 증가하는데, 토광묘계 세력이 교류의 주도권을 확보한 것으로 볼 수 있다.

토착사회는 외부적 요인으로 선진문물과 문화를 직·간접적으로 접함으로써 교류를 통해 내부적으로 수장의 권력을 개편하여서 자발적이고 능동적으로 변화해 간다. 교류를 통해 잔존하던 족장사회와 청동기문화의 전통을 소멸시키고 새로운 이데올로기로 전환해 가면서 새로운 지배권력의 메커니즘을 공유해 간 것으로 보인다. 교류를 통한 위세품의 공급은 집단 간, 더 넓게는 지역 간 연결망을 긴밀하게 하고 정치적·경제적·사회적으로 많은 변화를 가져오게 한다. 영산강유역의 현지세력들은 서로간의 상호작용을 통하여 성장해 가고 새로운 지배질서를 추축해가지만, 정치체의 성장속도는 권역별로 차이를 보인다.

5) 제Ⅴ기

지석묘로 드러나는 족장사회의 전통은 소멸되었고 청동기문화의 전통은 일부 지역에 여전히 잔존하고 있지만 새로운 이데올로기를 수용하고 있는 모습이다. 즉 Ⅲ기 이후 철기문화요소들이 유입되고, 다변화되는 과정에 속에서 드러났던 전환기의 모습을 보였던 영산강유역의 물질문화는 공통적으로 보편화된 양상으로 나타나기 시작한다. 즉 영산강유역의 마한문화가 형성된 것으로 볼 수 있다. 이것은 정치체들간의 연대관계가 형성된 것으로 연맹체로 발전하여 나타난 모습으로 이해된다. 발달된 물질문화로 보편화된 양상에서 내적 성장 동력을 갖춘 것으로 볼 수 있다.

한과 관련된 유물은 거의 확인되지 않으며, 철기와 유리를 부장한 토광묘들이 증가한다. 유리용범이나 유리슬래그, 등요식 토기가마 등에서 선진기술이 도입이 확인되며, 인적 왕래 또는 이주를 통하여 기술, 정보, 모방 등의 형태로 활발한 교류로 추정된다. 물품 중심의 교류에서 벗어나 보다 긴밀해진 상호작용을 통해 정보나 기술, 인적 등의 광범위한 교류가 이루어지는 것을 확인할 수 있다.

이러한 선진기술의 도입에 따른 기술혁신은 생활방식의 변화로 나타난다. 토기에서는 연질타날문토기의 확산을 가져오고, 주거지는 BⅡb식주거지로 나타난다. 연질타날문토기의 확산과 BⅡb식 주거지의 상관관계는 밝혀진 바 없지만, 영산강유역 내에서는 토기문화와 주거문화에서 공통적 양상을 보이고, 새로운 취락 수가 증가되고, 더불어 주거지의 수도 증가한다. 무덤에서는 주구토광묘의 집단화 현상이 시작된다. 이전 시기까지 나타났던 혼재된 요소들이 동일한 요소로 정착되어 동일한 문화권을 이루어가고, 이것은 곧 영산강유역의 현지 수장세력의 영도력이 확장되었음을 나타내는 것이다.

유리제작기술의 도입은 수요가 늘어가는 유리 등의 사치품을 직접 제작하고, 수출품으로 사용한 것으로 보인다. 군곡리의 유리소옥은 소다계유리로 기원후 2세기 유적인 구주 사가현 후다쓰가야마(九州 佐賀縣 二塚山)유적에서 출토된 유리소옥과 관련이 있는 것으로 밝혀졌다[252]. 군곡리의 유리용범에서 생

---

252) 이인숙 1989, 「한국 고대 유리의 분석적 연구(Ⅰ)」, 『선사와 고대』34호, 한국대학박물관협회.

산된 제품이 왜 등과 교류되었을 것으로 보이며, 왜는 패천 등 영산강유역에서 생산되지 않은 원료나 제품 등을 통해서 교류하였을 것이다.

고막원천권의 함평 신흥동에서 출토된 백색토기는 낙랑군현을 넘어 중국 본토와의 직접 교류 가능성을 보여주는 유물로 대외교류 역량이 한층 진전되었음을 짐작해 볼 수 있다. 변·진한과는 철기를 매개로 한 교류가 활발해지지만, 철기제작기술과 관련된 자료는 확인되지 않고 있다. 철광석 산지 중심의 제철기술의 발달과 관련된 것인지, 군사력을 확장할 수 있는 기술적 부분을 변·진한지역과 공유하지 않는 것인지는 알 수 없다. 무덤에 다량의 철기를 부장하는 사례는 드물지만, 철도자나 검 정도를 단수 부장하는 사례는 증가하고, 모를 추가하여 복수 부장사례도 있다. 철소재로 사용한 판상철부가 늘어나고 무기류가 증가한 것으로 보아 단야기술 정도는 도입되었을 가능성이 있지만, 여전히 완제품 중심의 철기가 유통된 것으로 보인다. 또한 군곡리식토기와 타날문연질토기의 요소가 혼재된 토기와 군곡리 토기가마와 영광 군동 토기가마 구조로 볼 때 새로운 도제 기술이 도입되었고, 변·진한에서 뛰어난 화력기술을 도입되었을 가능성도 있다.

서해도서권의 영광 수동토광묘에서는 방제경 2점과 조문청동기, 유리구슬, 군곡리식토기, 철도자를 부장하고 있어 여전히 종교적 기능의 청동기의 위세가 남아 있는 수장의 모습이 확인되지만, 철도자 정도를 소유한 모습도 확인된다. 이런 양상은 지역별, 집단별로 차이가 있었던 것으로 추정되며, 일부 철제 무기의 공급이 제한되는 모습으로도 이해된다. 하지만 영광 수동에서 이른 시기의 토기가마가 확인되고 있어 일상 생활 전반에서는 동일한 문화권을 형성하려는 이데올로기의 지배방식이 엿보인다. 이것은 주거구조의 보편화, 주구토광묘의 집단화 현상 등을 통해서도 나타난다. 2세기 후반경이 되면 영산강유역은 토기, 주거지, 무덤 등에서 나타나는 '공통적 보편성'으로 볼 때 정치체간 연맹관계가 형성되었고, 새로운 사회체제로 전환되었음을 추정해 볼 수 있다.

이 관계는 강력한 연맹체 단계가 아닌 발전해가는 과정으로 보이야 하며, 이 과정에서 새로운 정치체들이 출현하고 성장해 갔을 것이다. 이 정치에는 소국 수준으로 이후 3세기대 유적이 급격히 증가하는 양상에서 정치체가 성장하고, '영산강유역 마한사회'가 정립되었다고 보아도 무방할 것이다.

사진 7. 나주 구기촌 토광묘 및 유물출토 현황

제Ⅷ장 결론

영산강유역은 동북아시아와 동남아시아의 경계에 위치하고, 대륙과 해양을 연결하는 위치에 자리한다. 이러한 영산강유역의 지정학적 위치는 전통을 고수하려는 보수성과 고정되지 않고 시간의 흐름에 따라 변화되는 변동성, 지역에 맞게 전승되고 발전해 나가는 축적성을 바탕으로 내·외부 자극에 의해 새로운 문화를 수용함으로써 내재적 발전과정을 이루면서 '영산강유역 마한문화'를 형성하였다.

　이 글은 영산강유역에서 조사된 유적과 유물을 대상하여 자연적 경계인 산계와 수계를 중심으로 7개 권역으로 설정하였다. 송국리 사회에 새로운 문화요소가 유입되어 문화의 본질적인 변화가 발생하여 지역화가 성립되어가는 기원전 4·3세기~기원후 2세기까지의 물질문화 양상과 사회의 변천과정에 대해 살펴보고자 하였다. 영산강유역의 복잡다기한 고고학적 양상은 토착문화를 계승시키는 과정에서 나타나는 현상으로 보았다. 무문토기문화에서의 계승성을 찾고자 송국리형주거지와 외반구연호를 검토하였다. 신기술의 도입양상을 살펴보고 외래유물을 통하여 다른 지역 정치체와의 교류양상을 살펴보았다. 새로운 문화요소의 유입과 당시의 역사적 사건과의 관련성을 살펴서 마한 형성의 역사적 배경에 대한 실체적 사실에 접근해 보고자 하였다. 무덤의 부장품을 통해서는 현지세력들이 혈연적·지연적 결속관계를 통한 수장의 출현모습과 전문인(집단)의 등장에 따른 사회분화를 살펴보았다.

영산강유역의 시기구분과 편년은 표지유물과 공반유물, 교차연대를 중심으로 5기로 구분하였고, 마한사회의 변천에 대해서 시기별로 살펴보았다.

제Ⅰ기는 새로운 물질문화의 유입기이며, 송국리문화가 기반을 이루고 있었다. 함평 상곡리 석관묘의 경형동기와 나주 운곡동의 원형점토대토기 A1식 등이 대표적이다. 청동기와 원형점토대토기는 분포를 달리하여 확인되고 있다. 경형동기는 중국 동북지방과 관련되며, 족장사회와는 다른 권위의 종교적 권위를 가진 하위 엘리트가 고막원천권에 등장한다. 원형점토대토기는 점상의 산발적 분포로 나타나며, 기층문화로 대표되고 토착집단 내에 수용되는 형태로 확인된다. 연나라의 동방진출과 관련하여 중서부지역에 새로운 문화가 유입되는 시기에 그 일부가 유입되었을 것으로 추정된다. 연대는 기원전 4·3세기로 설정된다.

제Ⅱ기는 최상급 청동기묘를 통해서 최초 군장사회가 형성되고, 이들 군장집단과 지석묘 집단 간의 상호작용이 확인된다. 초포리와 대곡리에 최상급의 청동기류를 부장한 적석목관묘와 전 영암 용범이 있으며, 준왕의 남천과 관련되어 유입되었을 것으로 판단된다. 고막원천권(초포리)-영산강하류권(영암)-지석천권(대곡리)으로 연결되는 청동기문화의 3대 거점지를 형성하며, 영산강유역에 새롭게 청동기 문화의 중심지를 이루고자 한다. 최상위급 청동기부장묘를 통한 남한 최고 수장의 등장은 준왕의 고조선이 멸망한 후 지배층의 새로운 거점 확보와 관련한 것으로 이해하였다. 함평 초포리와 화순 대곡리는 새로운 정치·문화의 중심지 기능을 하며, 영산강하류권에는 청동기제작 거점지를 형성하여 경제의 중심지 기능을 수행하고, 영산강유역 내에 최초로 정치·경제·문화의 거점지역이 형성된다. '초기 단계의 소국'의 관계망을 형성한 것이다.

이 3대 거점지를 중심으로 군장세력은 삼각축을 이루어 영산강유역을 군장사회로의 진입을 유도한다. 이러한 외적 자극요인에 따라 토착집단이 군장집단과의 상호작용을 통해서 선진문물을 수용하는 모습이 지석묘 등에서 나타난다. 한편으로는 군장사회의 영도력을 거부하고 족장사회의 전통을 강하게 유지하는 모습도 확인되고 있다. 새로운 지배권력의 출현은 토착집단에게는 충격과 자극으로 작용하였을 가능성이 있고, 1군의 철기를 수용하여 토착집단 간의 결속을 강화시키는 변화를 가져왔고 전통적 족장사회를 존속시키는 요인으로 작용하게 된다. 청동기공방이 위치한 영암에서는 당대 최고의 금속술을 통해 대외교류의 거점지 역할을 수행하였다. 군장집단은 만경강유역을 비롯한 여러 지역과의 긴밀한 관계를 통해 군장사회를 유지하고, 선진문물의 도입을 갈망하는 왜는 적극적인 교류를 진행한다. 연대는 기원전 2세기로 설정된다.

제Ⅲ기는 철기유물의 출토는 소량이지만, 본격적인 철기문화의 유입이 삼각형점토대토기문화에서 확인된다. 위만조선의 멸망과 관련되며, 이 시기를 전후하여 대규모 기층유민이 이주해 들어온다. 고조선의 멸망에 따른 유민 이동은 남부지역에 동일한 문화권을 이루게 한다. 대규모 기층유민의 이주는 새로운 문화를 저변에 확산시키고, 토착문화와 큰 갈등없이 결합되면서 물질문화가 혼재되는 양상을 보인다. 일부 유민집단은 토착집단 내로 수용되고, 일부는 소규모 단위집단을 형성하며, 광주 신창동이나 해남 군곡리 등과 같은 새로운 거점유적을 형성하기도 한다. 신창동과 군곡리 유민집단에서는 철기제작기술이나 철기(무기류) 소유로 드러나는 군장의 리더십은 확인되지 않는다. 선진물질문화는 생활 전반에 수용되어 토착사회 내에 새로운 패러다임을 보급시키지만, 두 문화에 내포된 신념, 관념 등의 이데올로기는 서로 충돌하며, 수장사회를 침체시킨다. 이러한 정황은 수장의 지위를 보여주는 자료의 부재로 설명하였다. 하지만 일상생활과 관련된 물질문화는 지속적인 확산성을 통하여 전파되고 내적 성장의 기반을 이룬다. 한편 나주 구기촌에서는 변·진한계의 철기를 보유한 탁월한 수장집단이 등장한다.

영산강유역 수장사회의 침체는 선진문물을 갈망하는 왜가 직접 낙랑군현을 왕래하게 하였고, 한 군현과 변·진한지역, 왜와의 해상교류 속에서 영산강유역은 중간기항지 역할을 한다. 이 과정에서 당시 수장층에게 필요했던 권위와 영도력을 높이는 위세품들과 점복술문화 등이 유입된다. 특히 낙랑군의 기능이 상업적으로 개편되는 시기를 분기점으로 하여 영산강유역은 해양거점지로 급부상한다. 활발해져가는 해상교류는 현지수장세력들을 연대하게 하고, 지역사회 내 새로운 성장의 기반을 마련하게 한다. 수장층은 대내·외교류를 전략적으로 활용하면서 해상전문인, 상인 등의 전문인을 출현시켜 동북아시아 해상교류에 있어서 지정학적 위치를 활용하여 중계무역의 주도권을 확보하고자 한 것으로 판단된다. 연대는 기원전 1세기로 설정된다.

제Ⅳ기는 대내·외교류의 전성기를 이루는 시기로 수장사회가 새롭게 개편된다. 중국-한 군현-한반도 서해·남해안(영산강유역-주호-변·진한(김해))-왜 간의 해상교류가 더욱 활발해진다. 현지세력은 지리적 잇점을 살려 해상교류의 기항지적 성격의 국제포구를 나주 장동리 수문과 해남 군곡리 등에 조성하여 영산강유역의 관문사회 기능을 하게 한다. 이와 더불어 수장층은 지배권력의 확보를 위해 변·진한지역에서는 철기를 매개체로 교류하고, 낙랑군현에서는 위세품 중심의 물품을 수입하며 영산강유역 내 지역집단 간 교류를 활성화시켜 간다. 하지만 낙랑군현을 통한 한문물의 수입은 왜·변·진한보다는 적극적이지 않은 양상으로 확인된다. 영산강중류권과 고막원천권은 군사력 확보를 통해 영도력을 성장시켜가고, 영산강상류권과 영산강중류권, 해남반도권은 대외교류를 통해 경제적 영도력을 성장시켜간다. 광주 복룡동과 해남 흑천리 마등의 상인은 수장층의 영도력 아래에서 교류를 총괄하면서 군곡리세력, 수문 세력 등과 더불어 물품의 수출입과 인적자원 주변국의 정세변화에 대처할 수 있는 정보 등을 획득하였을 것이다. 토착사회는 직·간접적으로 선진문물과 문화를 접하게 됨으로써 침체되었던 수장사회는 자발적이고 능동적으로 변화되어

간다. 수장세력은 교류를 통해 잔존하던 족장사회나 청동기문화의 전통을 소멸시키고 새로운 이데올로기와 메커니즘을 확립해가면서 새로운 지배질서를 이루는 연대 관계망 속의 중추적 관계를 최대화한다. 이러한 변화는 고고학적 양상으로 보아 토광묘계 집단이 리드해 간다. 연대는 1세기로 설정된다.

제Ⅴ기는 다양하고 복잡한 양상의 물질문화가 '공통적 보편성'을 나타내며, '영산강유역의 마한사회'가 성립된 시기로 볼 수 있다. 지리적 잇점을 활용한 대외교류와 내재적 변화를 기반으로 성장한 결과이다. 더 나아가 대내·외교류거점지인 해남 군곡리와 나주 장동리 수문 등에서는 물품뿐만 아니라 유리와 토기 등의 선진기술과 정보 등을 도입하고, 영산강유역 내의 지역사회 내로 확산되어간다. 이를 통하여 수장세력은 내부 성장 동력을 가속화시키고, 2세기 후반경에는 물질문화에서 공통적 보편성의 모습으로 확인된다. 그 양상은 연질타날문토기와 BⅡb식 주거지(마한계 주거지), 주구토광묘 등을 통해서 확인되며, 집단화·집중화되는 현상에서 영산강유역을 이끄는 중심 정치체가 출현했음을 보여준다. 즉 고고학적으로 정치체간의 결속력이 강화된 연맹체가 형성되었고, '소국단계의 국'이 출현한 것으로 볼 수 있다. 무덤자료로 보아 토광묘계 세력 아래 옹관묘계 세력이 결합한 것으로 보인다. 일부 집단에서는 청동기의 종교적 권위가 이어지는 전통사회의 모습이 여전히 확인되기도 한다. 연대는 2세기로 설정된다.

필자는 영산강유역에서 마한사회 형성과 발전과정을 토착집단들이 내·외적 자극에 대한 능동적·수동적 대응에 따른 '내재적 발전'에 의한 결과로 이해하고자 하였다. 글을 전개하는 과정에서 마한사회가 성립되어가는 동안 고고학 자료의 복잡다기한 양상에서 더 이상 자료의 부족에 따른 '공백기'라는 틀에 가둘 수 없음을 새삼 확인하였고, 경질무문토기 단순기에 대한 인식도 재고해야함을 확인하였다. 전환기적 시대라는 부분을 고려한다면, 물질문화에서 확인되는 불확실성을 다변화하는 과정으로 이해할 수 있을 것이다. 당시의 토착세력들은 새로운 물질문화와 이데올로기의 자극 속에서 토착문화를 바탕으로 수용하였고, 수장사회는 침체되기도 하지만 기층문화는 능동적 변화를 통해 새로운 지역문화인 '영산강유역 마한문화'를 형성한다. 분석대상이 영산강유역의 자료만을 중심으로 다루어졌기 때문에 다른 지역과의 비교 검토가 충분히 이루어지지 못한 점과 논리적 비약에 따른 잘못된 해석은 추후 자료의 보완이 이루어지면 수정·보완하고자 한다.

참고문헌

〈단행본〉

국립문화재연구소 2003, 『한국고고학사전』, 학연문화사.
국립문화재연구소 2004, 『한국고고학전문사전-청동기시대편』.
국립중앙박물관·국립광주박물관 1992, 『한국의 청동기문화』.
국립중앙박물관 2008, 『갈대밭 속의 나라 다호리』.
광주시립박물관 2002, 『광주의 길과 풍물』.
김경칠 2008, 『호남지방 원삼국시대 대외교류에 대한 연구』, 학연문화사.
김부식 지음 고전연구실 옮김 2000, 『삼국사기』, 신서원.
김원룡 1973, 『한국고고학개설』, 일지사.
단국대학교동양학연구원 엮음 2015, 『고조선과 위만조선의 연구쟁점과 대외교류』.
두산동아 2003, 『동아 새국어 사전』 제5판; 민중서림, 2010, 『엣센스 국어사전』 제6판.
미야자토 오사무 2010, 『한반도 청동기의 기원과 전개』, 서경문화사.
박계홍 1992, 『증보 한국민속학개론』, 형설출판사.
박선미 2009, 『고조선과 동북아의 고대 화폐』, 학연문화사.
박순발 2001, 『한성백제의 탄생』, 서경문화사.
서의식·강봉룡 2008, 『뿌리 깊은 한국사 샘이 깊은 이야기』, 솔.
윤명철 2003, 『한국 해양사』, 학연문화사.
이병도 1976, 『한국고대사연구』, 박영사.
이성주 2007, 『청동기·철기시대 사회변동론』, 학연문화사.
이인숙 1993, 『한국의 고대유리』, 창문.
이영문 2002, 『한국 지석묘 사회 연구』, 학연문화사.
이범기 2016, 『영산강유역 고분 철기 연구』, 학연문화사.
이병도 1976, 『한국고대사연구』, 박영사.
이청규 2015, 『해상활동의 고고학적 기원과 전개』, 경인문화사.
이청규 2015, 『다뉴경과 고조선』, 단국대학교출판부.
이현혜 1984, 『삼한사회형성과정연구』, 일조각.

조진선 2005, 『세형동검문화의 연구』, 학연문화사.

진 수 『삼국지』 「위서」 동이전

천관우 1989 『고조선사·삼한사연구』, 일조각.

최몽룡·최성락 편저 1997, 『한국고대국가형성론』, 서울대학교출판부.

최성락 1993, 『한국 원삼국문화의 연구』, 학연문화사.

최종규 1995, 『삼한고고학연구』, 서경문화사.

학연문화사 2015, 『금호강유역 초기사회의 형성』.

한국고고학회 2007, 『계층 사회와 지배자의 출현』, 사회평론.

한국학중앙연구원 『한국민족문화대백과사전』.

〈논문〉

강봉룡 2000, 「영산강유역 고대사회 성격론 -그간의 논의를 중심으로-」, 『영산강유역 고대사회의 새로운 조명』3, 전라남도.

강승학 2002, 『한반도 무문굽다리토기 연구-형식분류를 통한 편년 및 성격 추론』, 한양대학교대학원석사학위논문.

강인욱 2015, 「완주 상림리유적으로 본 동아시아 동검문화의 교류와 전개」, 『호남고고학보』54, 호남고고학회.

高倉洋影 1989, 「王莽錢の流入と流通」, 『九州歷史資料館研究論集』14 (九州歷史資料館).

권오영 2014, 「고대 한반도에 들어온 유리의 고고, 역사학적 배경」, 『한국상고사학보』85, 한국상고사학회.

권욱택 2013, 『한반도·중국 동북지역 출토 진·한대 화폐의 전개와 용도』, 영남대학교대학원 석사학위논문.

김경수 2001, 『영산강 유역의 경관변화 연구』, 전남대학교대학원박사학위논문.

김경칠 2006, 「유공호형토기 일고」, 『백제문화』35, 공주대학교백제문화연구소.

김규정 2007, 「무문토기 옹관묘 검토」, 『선사와 고대』25, 한국고대사.

김규호 2001, 『한국에서 출토된 고대유리의 고고화학적 연구』, 중앙대학교대학원 박사학위논문.

김나영 2007, 『영남지역 삼한시대 주거지의 변천과 지역성』, 부산대학교대학원 석사학위논문.

김낙중 2007, 「영산강유역 옹관고분의 발생과 그 배경」, 『제1회 고대 옹관 연구 학술대회-영산강유역 대형옹관 연구성과와 과제』, 국립나주문화재연소.

김상민 2013, 「한반도 남부지역 철기문화의 유입과 전개과정-연계·한식 철기의 유입연대를 중심으로」, 『고고학지』19.

김상민 2013, 「마한권역 철기문화의 출현과 성장배경」, 『호남문화재연구』제15호, 호남문화재연구원.

김승옥 2000, 「호남지방 마한 주거지의 편년」, 『호남고고학보』11, 호남고고학회.

김승옥 2009, 「분구묘의 인식과 시공간적 전개과정」, 『한국 매장문화재 조사 연구 방법론』5, 국립문화재연구소.

김양옥 1976, 「韓半島 鐵器時代土器의 硏究」, 『백산학보』20, 백산학회.

김양옥 1994, 『한국 철기시대 토기 연구』, 숙명여자대학교대학원 박사학위논문.

김영희 2004, 『호남지방 주구토광묘의 전개양상에 대한 고찰』, 목포대학교대학원 석사학위논문.

김은정 2017, 「마한 주거 구조의 지역성」, 『중앙고고연구』24호, 중앙문화재연구원

김원룡 1961, 「십이대영자의 청동단검묘-한국청동기문화의 기원문제-」, 『역사학보』16, 역사학회.

김원룡 1978, 「조선시대의 동」, 『세림한국학논총』1집.

김장석 2009, 「호서와 서부호남지역 초기철기 원삼국시대 편년에 대하여」, 호남고고학보』33집, 호남고고학회.

김장석·김준규 2016, 「방사성탄소연대로 본 원삼국시대-삼국시대 토기편년」, 『한국고고학보』100집, 한국고고학회.

김장석 2020, 「호남지역 원삼국시대 편년과 지역성」, 『호남고고학보』66집, 호남고고학회.

김정배 1979, 「군장사회발전단계시론」, 『백제문화』12, 백제문화연구소.

김진영 2010, 「청동기시대 탐진강유역의 문화교류 양상과 교통로」, 『지방사와 지방문화』제18-2호, 역사문화학회.

김진영 2014, 「여수반도 지석묘의 성격」, 『전남문화재』제14집, 전남문화재연구소.

김진영 2015, 「영산강유역 출토 흑도장경호에 대한 시론적 검토」, 『호남문화재연구』제

19호, 호남문화재연구원.

김진영 2015, 「해남 군곡리패총 편년 검토」, 『전남문화재』, 전남문화예술재단전남문화재연구소.

김진영 2018, 「영산강유역 철기 수용과 배경」, 『호남고고학보』 제59집.

김진영 2018, 「서남해안 철기문화 유입과 마한 정치체의 출현과정」, 『전남지역 고대문화의 양상과 교류』, 학연문화사.

김진영 2020, 「영산강유역 마한사회의 형성과 성립」, 『영산강유역 마한사회의 여명과 성장』, 학연문화사.

김훈희 2016, 『호남지역 점토대토기시기 분묘 연구』, 목포대학교대학원 석사학위논문.

노제현 2007, 『납동위원소비 분석법을 통해서 본 일본 중부큐슈와 한국 청동기 문화의 비교연구』, 한양대학교대학원 석사학위논문.

노혁진 1987, 「흑도」, 『한국사론』17, 국사편찬위원회.

박광순 1998, 「영산강 뱃길 복원의 의의와 기본구조」, 『영산강 뱃길 복원과 개발 방향』, 나주시·목포해양대학교 해양산업연구소.

박순발 1993, 「우리나라 초기철기문화의 전개과정에 대한 약간의 고찰」, 『고고미술사론』3, 충북대학교 고고미술사학과.

박순발 2005, 「토기상으로 본 호남지역 원삼국시대 토기 편년」, 『호남고고학보』21집, 호남고고학회.

박승규 2000, 「대구·경북지방의 목관묘 자료소개」, 『고고학으로 본 변·진한과 왜』, 영남고고학회·구주고고학회 제4회 합동고고학대회.

박진일 2001, 「원형점토대토기 문화 연구」, 『호남고고학보』12, 호남고고학회.

박진일 2006, 「서울·경기지방 점토대토기문화 시론」, 『고고학』5-1호, 서울경기고고학회.

박진일 2013, 『한반도 점토대토기문화 연구』, 부산대학교대학원 박사학위논문.

박학수·유혜선 「국보 제141호 다뉴세문경의 미세조직과 원료」, 『한국기독교박물관 소장 국보 제141호 다뉴세문경 종합조사연구』, 숭실대학교 한국기독교박물관.

서길덕 2007, 「원형점토띠토기의 변천과정 연구」, 『선사와 고대』25, 한국고대학회.

서현주 2000, 「호남지역 원삼국시대 패총의 현황과 형성배경」, 『호남고고학보』11집, 호남고고학회, 96쪽.

서현주 2006, 『영산강유역 삼국시대 토기 연구』, 학연문화사.
성낙준 1983, 「영산강유역의 옹관묘 연구」, 『백제문화』제15집, 공주사범대학백제문화연구소.
송계현 1995, 「낙동강하류역의 고대 철생산」, 『가야제국의 철』, 신서원.
신경숙 2002, 『호남지역 점토대토기 연구』, 목포대학교대학원 석사학위논문.
신경철 1980, 「웅천문화기 기원전상한설 재고」, 『부대사학』, 부산대학교사학회.
신경철 1995, 「삼한·삼국시대의 동래」, 『동래군지』, 동래군지편찬위원회.
신동조 2007, 『영남지방 원삼국시대 철부와 철모의 분포정형 연구』, 경북대학교대학원 석사학위논문.
심봉근 1982, 「김해 지내동 옹관묘」, 『한국고고학보』12집, 한국고고학회.
안재호 1989, 「고찰」, 『늑도주거지』, 부산대학교박물관.
안재호 1994, 「삼한시대 후기 와질토기의 편년」, 『영남고고학』14, 영남고고학회.
예지은 2011, 『한반도 출토 미생계토기의 연구』, 영남대학교대학원 석사학위논문.
오강원 2006, 『비파형동검문화와 요령지역의 청동기문화』, 청계.
오동선 2003, 「호남지역 옹관묘의 변천」, 『호남고고학보』30, 호남고고학회.
윤무병 1966, 「한국 청동단검의 형식분류」, 『진단학보』29·30합, 진단학회.
윤무병 1974, 「한국 청동단검의 형식분류」, 『진단학보』29·30합집, 진단학회.
은화수 1999, 「한국 출토 복골에 대한 고찰」, 『호남고고학보』10집, 호남고고학회.
은화수 1999, 『한국 출토 복골에 대한 연구』, 전북대학교대학원석사학위논문.
이건무 1984, 「전 논산출토 원형유문청동기」, 『윤무병박사 회갑기념논총』.
이건무 1992, 「한국 청동의기의 연구 -이형동기를 중심으로-」, 『한국고고학보』28, 한국고고학회.
이건무 1992, 「한국의 청동기문화」, 『한국의 청동기문화』, 국립광주박물관.
이건무 1994, 「한국식동검문화의 성격-성립배경에 대하여-」, 『동아시아의 청동기문화』, 문화재연구소.
이건무 2003, 『한국식동검문화의 연구』, 고려대학교대학원 박사학위논문.
이기백 1973, 「한국사의 시대구분 문제」, 『한국사시대구분론』(한국경제사학회편), 을유문화사.
이나영 2014, 「완주 상림리 동검의 특징」, 『완주 상림리 청동검의 재조명』, 국립전주박물관·한국청동기학회.

이남규 1982, 「남한 초기철기문화의 일고찰」, 『한국고고학보』13, 한국고고학회.

이남규 2002, 「한반도 초기철기문화의 유입 양상-낙랑 설치이전을 중심으로」, 『한국상고사학보』36, 한국상고사학회.

이남규 2005, 「한반도 서부지역 원삼국시대 철기문화-지역성과 전개양상의 특성」, 『원삼국시대 문화의 지역성과 변동』제29회 한국고고학전국대회발표요지, 한국고고학회.

이남석 1986, 「청동기시대 한반도사회발전단계문제-무덤 변천을 통해 본 남한 사회」, 『백제문화』16, 백제문화연구소.

이동희 2003, 「호남지방 점토대토기문화기의 묘제와 지역성」, 『고문화』제60집.

이동희 2010, 「"호서와 서부호남지역 초기철기-원삼국시대 편년"에 대한 반론」, 『호남고고학보』35집, 호남고고학회.

이동희 2016, 「호남지방 초기철기시대-원삼국시대 공백기 시론」, 『문화사학』35집, 문화사학회.

이범기 2006, 「고고학자료를 통해 본 고대 남해안지방 대외교류」, 『지방사와 지방문화』9권2호, 역사문화학회.

이범기 2009, 「전남지방 출토 토제용범에 대한 검토」, 『연구논문집』제9호, 호남문화재연구원.

이범기 2017, 「영산강유역 마한 초현기의 철기문화」, 『영산강유역 마한제국과 낙랑·대방·왜』, 학연문화사.

이성재 2007, 『중국동북지역 점토대토기문화의 전개과정 연구』, 숭실대학교대학원 석사학위논문.

이성주 1998, 『동아시아의 철기문화』, 국립문화재연구소.

이숙임 2003, 『강원지역 점토대토기문화 연구』, 한림대학교대학원석사학위논문.

이양수 2010, 『한반도 삼한 삼국시대 동경의 고고학적 연구』, 부산대학교대학원 박사학위논문.

이영문 1991, 「한반도 출토 비파형동검 형식분류 시론」, 『박물관기요』7, 단국대학교박물관.

이용희 2008, 「다호리 유적 출토 칠기유물의 칠기법 특징 연구」, 『다호리유적발굴 성과와 과제』, 국립중앙박물관.

이인숙 1989,「한국 고대 유리의 분석적 연구(Ⅰ)」,『선사와 고대』34, 한국대학박물관협회.

이재현 2003,『변·진한사회의 고고학적 연구』, 부산대학교대학원박사학위논문.

이재현 2004,「영남지역 출토 삼한시기 방제경의 문양과 의미」,『한국고고학보』53, 한국고고학회.

이정은 2011,『영남 도해안지역 점토대토기문화의 변천』, 경북대학교대학원석사학위논문.

이정호 1997,「전남지역의 옹관묘-대형옹관고분 변천과 그 의미에 대한 시론-」,『호남고고학보』6.

이종선 1990,「세형동검문화의 지역적 특성」,『한국상고사학보』3, 한국상고사학회.

이종철 2015,『송국리형문화의 취락체제와 발전』, 전북대학교대학원 박사학위논문.

이종철 2016,「입대목과 솟대 제의의 등장과 전개」,『마한의 소도와 의례공간』, 제28회 백제학회 정기학술회의 발표요지, 백제학회.

이주헌 1994,「삼한의 목관묘에 대하여」,『고문화』44, 한국대학교박물관협회.

이창희 2010,「점토대토기의 실연대-한국식동검문화의 성립과 철기의 출현연대-」,『문화재』43, 국립문화재연구소.

이창희 2014,「군곡리패총의 연대와 경질무문토기-타날문토기 소고」,『영남고고학보』68, 영남고고학회.

이청규 1982,「세형동검의 형식분류 및 그 변천에 대하여」,『한국고고학보』13, 한국고고학회.

이청규 1993,「청동기를 통해 본 고조선」,『국사관논총』42, 국사편찬위원회.

이청규 1997,「영남지방 청동기문화의 전개」,『영남고고학보』21집, 영남고고학회.

이청규 2000,「'국'의 형성과 다뉴경부장묘」,『선사와 고대』14, 한국고대학회.

이청규 2000,「요령 본계현 상보촌 출토 동검과 토기에 대하여」,『역사고고학지』16, 동아대학교박물관.

이청규 2002,「세형동검기의 영남지역 묘제」,『세형동검문화의 제문제』영남고고학회·구주고고학회 제5회합동고고학회.

이청규 2002,「기원 전후 慶州와 周邊과의 交流-토기와 청동기를 중심으로-」,『國家 形

成期 慶州와 周邊地域』(한국상고사학회연구총서 4), 韓國上古史學會編,
이청규 2003, 「한중교류에 대한 고고학적 접근」, 『한국고대사연구』32, 서경문화사.
이청규 2005, 「청동기를 통해 본 고조선과 주변사회」, 『북방사논총』6, 동북아역사재단.
이청규 2007, 「선사에서 역사로의 전환-원삼국시대 개념의 문제-」, 『한국고대사연구』 46, 한국고대사학회.
이청규 2010, 「다뉴경 형식의 변천과 분포」, 『한국상고사학보』67, 한국상고사학회.
이청규 2013, 「남한의 초기 철기문화에 대한 몇 가지 논의」, 『사학지』46.
이청규 2015, 「요동·서북한의 초기철기문화와 위만조선」, 『고조선과 위만조선의 연구쟁점과 대외교류』, 학연문화사.
이청규 2016, 「남한 청동기집단의 철기의 수용」, 『원사시대 사회문화 변동의 본질』, 제44회 한국상고사학회 학술발표대회, 한국상고사학회.
이청규 2016, 「청동기 보급의 주체와 지석묘 축조 집단」, 『백산학보』제106호, 백산학회.
이현혜 1993, 「원삼국시대론의 검토」, 『한국고대사논총』5.
이형구 1983, 「문헌자료상으로 본 우리나라의 갑골문화」, 『동방사상논고』, 도원유승국박사회갑기념론문간행위원회.
이화종 2004, 『중부지방 점토대토기문화 연구』, 한양대학교대학원석사학위논문
이후석 2015, 『요령식 세형동검문화와 고조선의 변천』, 숭실대학교 박사학위논문.
이홍종 1991, 「중도식토기의 성립과정」, 『한국상고사학보』6, 한국상고사학회.
이희준 2000, 「대구지역 고대 정치체의 형성과 변천」, 『영남고고학』26, 영남고고학회.
이희준 2004, 「초기철기시대·원삼국시대 재론」, 『한국고고학보』52, 한국고고학회.
이희준 2011, 「경주 황성동유적으로 본 서기전 1세기~서기 3세기 사로국」, 『신라문화』, 제38집, 동국대학교 신라문화연구소.
임병태 1987, 「영암출토 청동기용범에 대하여」, 『삼불김원룡교수정년퇴임기념논총Ⅰ-고고학편-』, 일지사.
임설희 2009, 『한국 점토대토기의 변천과정 연구』, 전남대학교대학원 석사학위논문.
임영진 2001, 「1~3세기 호남지역 고분의 다양성」, 『동아시아 1~3세기의 주거와 고분』, 국립문화재연구소.
임영진 2015, 「한·중·일의 분구묘의 비교 검토」, 『마한 분구묘의 기원과 발전』, 마한연구원.

임영진 2015, 「고고학 자료로 본 전남지역 마한 소국의 수와 위치 시론」, 『백제학보』제9호.

임효택 2000, 「김해 양동리 제427호 토광목관묘 고찰」, 『김해양동리고분문화』, 동의대학교박물관.

지건길 1983, 「지석묘사회 복원에 관한 일고찰」, 『이화사학연구』.

전일용 2006, 『충남지역의 원형점토띠토기 출토 생활유적 연구』, 한남대학교대학원석사학위논문.

정 민 2008, 「영남지방 목관묘의 구조와 특징」, 『영남문화재연구』21, (재)영남문화재연구원.

정인성 1998, 「낙동강유역권의 세형동검문화」, 『영남고고학보』22, 영남고고학회.

정인성 2013, 「위만조선의 철기문화」, 『백산학보』96호, 백산학회.

정인성 2014, 「낙랑군의 토기문화」, 『낙랑고고학개론』, 진인진.

정징원 1989, 「초기철기시대와 원삼국시대」, 『한국상고사』(한국상고사학회편), 민음사.

정찬영 1962, 「좁은 놋단검(세형동검)의 형태와 그 변천」, 『문화유산』62-3, 과학원출판사.

조진선 2001, 「세형동검의 형식변천과 의미」, 『한국고고학보』45, 한국고고학회

조진선 2007, 「전영암용법의 연대와 출토지」, 『호남고고학보』25, 호남고고학회.

조진선 2009, 「한국식동과의 등장배경과 신장두 30호묘」, 『호남고고학보』32, 호남고고학회.

조진선 2009, 「다뉴경으로 본 동북아세아 청동기문화의 발전」, 『청동거울과 고대사회』, 복천박물관.

조진선 2014, 「초기철기시대 중원식동검의 등장 배경-편년을 중심으로 -」, 『완주 상림리 청동검의 재조명』, 국립전주박물관·한국 청동기학회.

조진선 2020, 「보성 우산리 현촌유적의 청동기와 철기」, 『2017~2019 호남고고학 성과전 -울림 풀림 알림-』, 국립나주박물관.

조현종·은하수 2005, 「화순 백암리유적 조사보고」, 『고고학지』제14집.

최몽룡 1975, 「전남지방에서 새로이 발견된 선사유적-영산강유역의 고고학적 조사연구(5)-」, 『호남문화연구』7, 전남대학교 호남문화연구소.

최몽룡 1981, 「전남지방 지석묘사회와 계급의 발생」, 『한국사연구』35.

최몽룡 1989, 「역사고고학연구의 방향」, 『한국상고사』(한국상고학회편), 민음사.

최몽룡 1990, 「전남지방 삼국시대 전기의 고고학 연구현황」, 『한국고고학보』 24, 한국고고학회.

최몽룡 1992, 「한국 철기시대의 시대구분」, 『국사관논총』50,

최미라 2014, 『초기철기시대 청동유물의 제작기법 및 산지 추정』, 공주대학교 대학원 석사학위논문.

최성락 1995, 「한국고고학에 있어서 시대구분론」, 『아세아고문화 -석계 황용훈교수 정년기념 논총』, 학연문화사.

최성락 2000, 「호남지역의 철기시대 -연구현황과 과제-」, 『호남고고학보』 11집, 호남고고학회.

최성락 2001, 「마한론」, 『박물관연보』9, 목포대학교박물관.

최성락 2002, 「철기시대 토기의 실체와 연구방향」, 『지방사와 지방문화』5-2, 역사문화학회.

최성락 2002, 「삼국의 성립과 발전기의 영산강유역」, 『한국상고사학회』37, 한국상고사학회.

최성락 2004, 「고고학에서 본 고대 동아세아의 해상교류」, 『해양사를 통해서 본 동북아세아의 갈등과 화해』, 국립목포대학교 도서문화연구소.

최성락 2009, 「호남지방 마한의 성장과 대외교류」, 『마한, 숨쉬는 기록』, 국립전주박물관.

최성락 2013, 「호남지역 초기철기시대와 원삼국시대 연구현황과 전망」, 『호남고고학보』45.

최성락 2013, 「고대 영산강유역의 해양활동」, 『한국해양사』I (선사·고대), 한국해양재단

최성락 2013, 「경질무문토기의 개념과 성격」, 『박물관연보』21, 목포대학교박물관.

최성락 2017, 「호남지역 철기문화의 형성과 변천」, 『도서문화』제49집, 목포대학교 도서문화연구원.

최성락·김건수 2002, 「철기시대 패총의 형성배경」, 『호남고고학보』15집, 호남고고학회.

최성락·강귀형 2020, 「'방사성탄소연대로 본 원삼국시대-삼국시대 토기편년'에 대한

반론」, 『호남고고학보』61집, 호남고고학회.

최완규 2000, 「호남지역의 마한분묘 유형과 전개」, 『호남고고학보』11호, 호남고고학회.

최정아 2011, 『서울 및 경기도지역 삼각형점토대토기에 대하여』, 서울대학교대학원 석사학위논문.

최 주 1992, 「한국의 세형동검 및 동령의 금속학적 고찰과 납 동위원소비법에 의한 원 교산지추정」, 『선사와 고대』3, 한국고대학회.

최주·안재호·김수철 1995, 「경주시 황남동 출토 구리 제련 도가니에 대하여」, 한국전통과학기술학회 추계 학술대회』, 국립중앙과학관·한국전통과학기술학회.

최종규 1991, 「무덤으로 본 삼한사회의 구조 및 특징」, 『한국고대사논총』2, 한국고대사연구소.

하진영 2015, 『호남지역 경질무문토기의 편년과 성격』, 전북대학교대학원 석사학위논문.

한병삼 1968, 「개천 용흥리출토 청동검과 공반유물-세형동검의 기원과 관련된 일고찰」, 『고고학』1.

한상인 1981, 『점토대토기문화성격의 일고찰』, 서울대학교대학원석사학위논문.

한수영 2004, 「청동촉 소고」, 『연구논문집』4, (재)호남문화재연구원.

한수영 2013, 「간두령 소고」, 『호남문화재연구』제15호, (재)호남문화재연구원.

한수영 2015, 『전북지방 초기철기시대 묘제의 연구』, 전북대학교대학원 박사학위논문.

한수영 2017, 「완주 신풍유적을 중심으로 본 초기철기문화의 전개양상」, 『호남고고학보』56, 호남고고학회.

한영희 1983, 「철기시대-주거생활-」, 『한국사론』13,

한옥민 2001, 「전남지방 토광묘 성격에 대한 고찰」, 『호남고고학보』13, 호남고고학회.

황외식 2008, 『점토대토기시기의 취락유형 연구』, 경남대학교대학원 석사학위논문.

황재훈 2010, 「호서-호남지역 송국리식 토기의 시·공간성」, 『한국고고학보』77집, 한국고고학회.

武末純一 2016, 「原の辻の對外交涉」, 『늑도와 하루노쓰지를 통해 본 동아시아 교류의 양상』, 국립진주박물관.

〈보고서〉

국립광주박물관 1988, 『함평 초포리유적』.
국립광주박물관 1990, 『주암댐 수몰지역 승주 대곡리 집자리』.
국립광주박물관 1993, 『신창동 유적-제1차 발굴조사 개보-』.
국립광주박물관 1996, 『광주 운남동유적』.
국립광주박물관 1997, 『광주 신창동 저습지 유적Ⅰ』.
국립광주박물관 2001, 『광주 신창동 저습지 유적Ⅰ』.
국립광주박물관 2001, 『광주 신창동 저습지 유적Ⅱ』.
국립광주박물관 2001, 『광주 신창동 저습지 유적Ⅲ』.
국립광주박물관 2002, 『광주 신창동 저습지 유적Ⅳ』.
국립광주박물관 2003, 『광주 신창동 저습지 유적Ⅴ』.
국립광주박물관 2004, 『광주 신창동 분묘 유적』.
국립광주박물관 2007, 『광주 신창동 유적』.
국립광주박물관 2010, 『나주 장동리 수문패총』.
국립광주박물관 2011, 『광주 신창동 저습지 유적Ⅵ』.
국립광주박물관 2013, 『화순 대곡리 유적』.
국립중앙박물관 2008, 『갈대밭 속의 나라 다호리』.
김원룡 1964, 『신창리옹관묘지』, 서울대학교 고고인류학총간1.
김원룡 1967, 『풍납리포함층조사보고』, 서울대학교박물관.
동북아지석묘연구소 2013, 『여수 웅천동-웅서·웅동·모전·송현유적』.
동북아지석묘연구소 2013, 『영암 엄길리 서엄길 지석묘군』.
동북아지석묘연구소 2018, 『광주 복룡동·월전동 하선 유적』.
동서종합문화재연구원 2016, 『함평 자풍리 신풍유적』.
대한문화재연구원 2013, 『함평 신흥동유적』.
대한문화재연구원 2016, 『광주 신창동유적Ⅰ』.
마한문화연구원 2001, 『구례 봉북리유적』.
마한문화연구원 2008, 『나주 운곡동유적Ⅰ』.
마한문화연구원 2008, 『곡성 오지리유적』,.

마한문화연구원 2009, 『나주 운곡동유적』Ⅱ.
마한문화연구원 2010, 『순천 덕암동유적Ⅱ』.
마한문화연구원 2011, 『나주 운곡동유적Ⅳ』.
마한문화연구원 2013, 『보성 덕림리 송림유적』.
마한문화연구원 2014, 『나주 신도리 도민동Ⅰ·신평유적』.
마한문화연구원 2014, 『나주 월양리유적』.
목포대학교박물관 1984, 『영암 장천리·청룡리지석묘군』.
목포대학교박물관 1987, 『해남 군곡리패총』.
목포대학교박물관 1988, 『해남 군곡리패총Ⅱ』.
목포대학교박물관 1989, 『해남 군곡리패총Ⅲ』.
목포대학교박물관 1995, 『광주 오룡동유적』.
목포대학교박물관 1996, 『광주 일곡동유적』.
목포대학교박물관 1997, 『무안 양장리유적』.
목포대학교박물관 1999, 『무안 인평 고분군』.
목포대학교박물관 2000, 『무안 양장리유적Ⅱ』.
목포대학교박물관 2000, 『영암 학정리·함평 용산리유적』.
목포대학교박물관 2001, 『영광 군동유적』.
목포대학교박물관 2001, 『함평 순촌 월야유적』.
목포대학교박물관 2001, 『성남·국산유적』.
목포대학교박물관 2001, 『함평 장년리 당하산유적』.
목포대학교박물관 2003, 『함평 중랑유적Ⅰ』, 목포대학교박물관.
부산대학교박물관 2004, 『늑도 패총과 분묘군』.
순천대학교박물관 2003, 『보성 조성리 유적』.
영해문화유산연구원 2012, 『곡성 대평리 유적』.
영해문화유산연구원 2014, 『함평 동함평 일반산업단지 조성부지내 유적 3차 부분완
　　　료 보고서』.
울산문화재연구원 2009, 『울산 중산동 약수유적Ⅱ』.
조선대학교박물관 1995, 『광주 산월·뚝뫼·포산유적』.
조선대학교박물관 2003, 『영광 마전·군동·원당·수동유적』.

전남대학교박물관 1997, 『광주 치평동 유적』.
전남대학교박물관 2003, 『함평 소명 주거지』.
전남대학교박물관 1998, 『보성 금평패총』.
전남대학교박물관 1999, 『광주 풍암동·금호동유적』.
전남대학교박물관 2002, 『광주 매월동 동산 지석묘군』.
전남대학교박물관 2003, 『보성 송곡리 지석묘군』.
전남문화재연구원 2006, 『나주 랑동유적』.
전남문화재연구원 2007, 『해남 황산리 분토유적Ⅱ』.
전남문화재연구원 2012, 『나주 도민동·상야유적』.
전남문화재연구원 2016, 『나주 구기촌·덕곡유적』.
전남문화재연구원 2010, 『광양 도월리유적Ⅰ』.
전남문화재연구원 2010, 『광양 도월리유적Ⅱ』.
전남문화재연구원 2011, 『순천 좌야·송산유적』.
전남문화재연구원 2012, 『나주 도민동·상야유적』.
전남문화재연구원 2016, 『나주 구기촌·덕곡유적』.
전라문화유산연구원 2012, 『전주 덕동유적』.
전북문화재연구원 2013, 『전주 원장동유적』.
호남문화재연구원 2003, 『함평 창서유적』.
호남문화재연구원 2005, 『완주 갈동유적』.
호남문화재연구원 2005, 『함평 고양촌유적』.
호남문화재연구원 2005, 『함평 고양촌유적』.
호남문화재연구원 2007, 『광주 동림동유적Ⅰ』.
호남문화재연구원 2007, 『광주 동림동유적Ⅱ』.
호남문화재연구원 2007, 『함평 반암유적』.
호남문화재연구원 2007, 『함평 송산유적』.
호남문화재연구원 2008, 『광주 기곡·관등유적』.
호남문화재연구원 2008, 『광주 산정동유적』.
호남문화재연구원 2008, 『광주 성덕유적』.
호남문화재연구원 2008, 『광주 수문유적』.

호남문화재연구원 2008, 『광주 하남동유적Ⅱ』.
호남문화재연구원 2008, 『광주 하남동유적Ⅲ』.
호남문화재연구원 2008, 『광주 수문유적』.
호남문화재연구원 2009, 『김제 산치리·양청리·나제리유적』.
호남문화재연구원 2009, 『완주 갈동유적Ⅱ』.
호남문화재연구원 2009, 『광주 용강·용곡·금곡유적』.
호남문화재연구원 2010, 『담양 태목리유적Ⅰ』.
호남문화재연구원 2010, 『담양 태목리유적Ⅱ』.
호남문화재연구원 2010, 『장성 환교유적Ⅰ』.
호남문화재연구원 2011, 『광주 신촌유적』.
호남문화재연구원 2011, 『광주 화전유적』.
호남문화재연구원 2012, 『광주 평동유적』.
호남문화재연구원 2012, 『광주 평동유적Ⅱ』.
호남문화재연구원 2002, 『익산 간촌리 유적』.
호남문화재연구원 2013, 『장성 장산리Ⅰ유적』.
호남문화재연구원 2014, 『김제 부거리·하정리유적』.
호남문화재연구원 2014, 『완주 갈산리유적』.
호남문화재연구원 2014, 『완주 신풍유적』.
호남문화재연구원 2016, 『장성 월정리유적Ⅰ·Ⅱ』.
한국문화재재단 2016, 『소규모 국비지원 발굴조사 약식보고서-함평 상곡리 114-4번지 유적』.
한병삼·이건무 1977, 『남성리 석관묘』, 국립중앙박물관.

〈국외〉

Renfew, C 1973, Monuments, mobilization and social organization in neolithic Wessex, In Renfew, C. (ed) The Explanation of Culture Change : models in prehistory, London:Duckworth.
中國社會科學院考古硏究所 외 1980, 『滿城漢墓發掘報告』, 中國田野考古報告集 考古

專刊 丁種第20號, 文物出版社.

鏡味明克 1992, 「地名のなりたちから地域性をさぐる」, 『景觀から地域像をよる』, 愛知大學綜合鄕土硏究所.

元繼甫 1992, 「土墩墓與吳越文化」, 『東南文化』1992-6, 南京博物院.

佐野元 1993, 「中國 春秋戰國時代の農具鐵器化の諸問題」, 『潮見浩先生退官記念論文集』.

胡繼根 2011, 「前·後漢, 六朝 土墩墓의 成因과 特徵-절강성에서 발견된 한·육조 토돈묘를 중심으로-」, 『호남문화재연구』제10호, 호남문화재연구원.

西谷正 2014, 『古代日本と朝鮮半島の交流史』, 同 社.

村上恭通 1998, 『倭人と鐵の考古學』, 靑木書店.

片岡宏三 1999, 『彌生時代 渡來人と土器·靑銅器』, 雄山閣.

_____ 2006, 「彌生時代 陶來人から倭人社會へ」, 雄山閣.

木下尙子 2002, 「韓半島の琉球列島産貝製品 -1~7世紀を對象に」, 『韓半島考古學論叢』, すずさわ書店.

武末純一 2004, 「第2章 彌生時代の年代」, 『考古學と曆年代』西主壽勝·河野一隆 編著, ミネルヴァ書房.

_____ 2009, 「三韓と倭の交流-海村の視点から-」, 『國立歷史民俗博物館研究報告』第151集.

小田富士雄 1983, 「朝鮮の初期冶鐵研究とその成果-日韓冶鐵技術研究の基礎的作業として-」, 『日本製鐵史論集 -たたら研究會創立25周年記念-』, たたら研究會編.

都出比呂志 1994, 「古代文明と初期國家」, 『古代史復元 -古墳時代の王と民衆』, 講談社.

淸水康二·三船溫尙 2004, 「鏡范研究の現狀と課題」, 『鏡范研究』1, 奈良縣立彊原考古學研究所.

田中琢·佐原眞 2005, 『日本考古學事典』, 三星堂.

색 인

ㄱ

갈등 24, 25, 301, 313, 314, 327

거점지 244, 279, 286, 288, 302, 305, 315, 316, 318, 326~329

경계적 양상 313

경형동기 80, 81, 84, 133, 141, 145, 147, 164~166, 245, 268, 289, 296, 297, 326

계기적 변화 111, 115, 116, 161, 206

고조선 13, 15~17, 26, 32, 130, 162, 164, 245, 267~272, 289, 296, 326, 327

공통적 보편성 321, 329

관문사회 317, 328

광주 복룡동 18, 46, 76, 89, 91, 92, 118, 157, 197~200, 205, 255~257, 259, 260, 263, 271, 275, 278~281, 287, 288, 293, 317, 319, 328

광주 신창동 저습지 111, 112, 118, 119, 121, 123, 127~129, 156, 170, 183, 185, 190, 232, 252, 253

광주 평동 45, 46, 56~58, 61, 62, 64~69, 71, 72, 76, 77, 89, 94, 95, 97, 118, 121, 122, 124, 126, 127, 166, 167, 169, 170, 178, 180, 182, 187~189, 192, 194, 197, 199, 204, 206~208, 214, 215, 220, 223, 225~227, 235, 237, 249, 288, 311

교류 12, 16, 18, 19, 23, 25~27, 32, 73, 74, 147, 162, 240, 244~246, 249, 250, 252, 254~262, 269, 277, 279~281, 286~290, 294, 298~301, 304, 306, 307, 310, 315~321, 325, 327~329

교차연대 23, 91, 107, 326

국제포구 26, 255, 317, 328

국읍 291~294

군곡리식토기 18, 19, 31, 41, 45, 47, 48, 61, 62, 64~74, 76~78, 87~89, 91, 92, 96, 97, 99, 103, 111, 114, 117, 122, 124~126, 128, 135, 144, 157, 180, 182, 186, 191, 192, 197~202, 206~208, 210, 211, 220~222, 226~228, 230, 232, 258, 262, 263, 312, 321

군사력 260, 279, 286, 287, 303, 314, 318, 321, 328

군장사회 281, 299, 302, 313, 314, 326, 327

기술자 238, 244, 248, 249, 278, 300, 301, 305, 306, 309

기층문화 274, 287, 288, 303, 326

기항지 25, 26, 254, 255, 279, 287, 315~317, 328

김해 129, 140, 141, 145, 152, 206, 239, 243, 244, 253, 256~258, 260, 262, 317, 319, 328

ㄴ

나주 구기촌 18, 32, 43, 44, 89, 90, 92, 118, 121, 122, 124, 146, 147, 149~154, 156, 157, 185, 186, 188, 190, 195, 199, 200, 232, 252, 253, 257, 274, 275, 279, 284~286, 293, 314, 316, 322, 327

나주 복암리 43, 44, 157, 184, 197, 199, 205, 242, 251, 252, 271, 278, 286

나주 운곡동 43, 44, 59, 61, 62, 65, 67, 70, 76~78, 84~86, 113, 118, 119, 121, 122, 124, 126~128, 132, 146~148, 157, 164, 166~170, 172, 173, 176, 177, 212, 215, 220, 284, 293, 296~298, 302, 303, 306, 326

나주 장동리 수문 73, 74, 198, 251, 255, 256, 277~279, 315, 317, 328, 329

낙랑군 16, 22, 26, 134, 183, 185, 190, 250, 251, 254, 271, 288, 315, 317, 321, 328

내륙포구 255, 317

내재적 발전 27, 33, 219, 325, 329

늑도 25, 64, 71, 96, 98, 116, 124, 128, 129, 140, 182, 184, 185, 187, 197, 228, 241, 243, 253, 254, 257, 287, 312, 317, 319

ㄷ

다변화 275, 314, 316, 320, 330

단조철기 17, 188, 198, 200, 215, 244, 284, 285

동경 32, 88, 130, 137, 140, 141, 157, 164, 207, 208, 238, 239, 241, 245, 262, 277, 289, 296, 298, 313

동북아시아 73, 315, 325, 328

ㅁ

만경강유역 11, 23, 24, 30, 129, 147, 162, 172, 173, 180, 190, 242, 249, 273, 300, 304~308, 310, 314, 327

메커니즘 33, 308, 314, 319, 329

명사리식토기 13, 14, 97~99, 110

모방 21, 86, 124, 140, 182, 188, 197, 252, 255, 257~262, 287, 298, 304, 310, 320

무기류 130, 148, 171, 188, 200, 206~208, 253, 261, 268, 269, 278, 279, 283, 285, 287, 290, 299, 300, 310, 314, 318, 321, 327

무문토기 11, 14, 18, 21~23, 32, 48, 54, 57~60, 62, 64~66, 70, 71, 76, 78, 84, 88, 89, 91, 93~96, 98, 99, 102, 108~110, 114, 119, 122, 124, 163, 166, 167, 169~171, 174~176, 180, 182, 187, 189, 191, 192, 197, 199, 201, 202, 219, 220, 222, 230~232, 296, 308, 312, 325, 329

물레 95, 99, 117, 230~232, 237, 312

ㅂ

방제경 21, 88, 92, 133, 137, 140, 141, 144, 157, 197, 198, 206~209, 257, 262, 284, 290, 321

백색토기(백색옹) 103, 207~209, 262, 290, 321

변이성 73, 128, 171, 206

변·진한계 245, 250, 255, 262, 327

복골 25, 26, 73, 74, 184, 185, 197, 198, 201, 202, 250, 251, 255, 260, 275~277, 286, 287, 316

복잡다기 12, 33, 325, 329

분화 277, 278, 318, 325

ㅅ

사천 늑도유적 64, 71, 96, 98, 182, 228

산발적 119, 170, 180, 187, 189, 199, 268, 307, 309, 312, 326

삼각형점토대토기문화 24, 32, 69, 70, 72, 73, 77,

97~99, 112, 114, 124, 129, 170, 171, 174, 180, 190, 219, 230, 232, 270, 274, 288, 307, 309, 311, 312, 314, 327

삼국사기 267, 280, 294

삼국지 251, 267, 268, 270, 291, 292, 300, 309

상인 13, 25, 31, 108, 120, 123, 136, 251, 252, 255, 256, 260, 262, 278, 279, 287~289, 294, 316, 318, 319, 328

상호작용 26, 110, 253, 254, 261, 262, 273, 275, 281, 286, 293, 294, 301, 308, 310, 316, 317, 319, 320, 326, 327

서북한지역 13, 16, 25, 32, 98, 110, 140, 185, 242, 246~248, 249, 250, 252, 253, 273, 306~308, 315

서해 11, 13, 18, 30, 37~43, 60, 70, 73, 74, 95, 165, 187, 223, 246, 250, 254, 262, 268, 269, 279, 283, 284, 294, 313, 321, 328

세죽리-연화보유형 147, 253

세형동검 14, 15, 20~22, 29, 42, 44, 56, 77, 78, 83, 88, 107, 120, 122, 130~137, 143, 147, 157, 161, 164, 165, 169~174, 185, 186, 188, 238, 239, 247, 248, 268, 281, 283, 284, 289, 295, 296, 298~300, 303~306, 310

소국 27, 33, 272, 280, 281, 292, 295, 322, 326, 329

송국리형주거지 11, 22, 32, 40, 45, 47, 48, 60~62, 64~66, 68~70, 73, 83, 93, 116, 119, 124, 165, 166, 169, 172, 173, 187, 199, 208, 215, 219~223, 227~229, 233, 302, 303, 311, 325

수장 15, 140, 254, 256, 259~261, 273~277, 279, 282~291, 293~295, 299, 300, 303, 313~321, 325~330

신기술 230, 233, 237, 238, 243, 262, 271, 325

신미국 280, 295

신창동식토기 20, 22, 24, 31, 45, 48, 54, 61, 64~74, 76, 78, 80, 84, 85, 88, 89, 91, 92, 95~99, 103, 111, 112, 114~120, 122~124, 126, 128, 141, 157, 167, 170~172, 174, 180~182, 185~189, 191, 192, 197~202, 206, 208, 215, 220, 226~228, 230, 232, 237, 307, 308, 311, 312

실용구 156, 306

ㅇ

야요이계 23, 26, 122, 175, 182, 183, 191, 249, 253, 254, 257, 287, 316

역사적 사건 12, 32, 111, 267, 325

연질타날문토기 19, 30, 64~66, 69, 70, 72, 73, 77, 96, 97, 103, 119, 202, 206~210, 221, 258, 261, 320, 329

연결망(네트워크) 138, 294, 306, 317

연대 275, 287, 291, 293, 306, 320, 328, 329

영광 군동 18, 19, 21, 40, 41, 54, 64, 67, 88, 90, 91, 95, 97, 99, 101, 102, 104, 113, 118, 121, 122, 124, 149, 153, 154, 157, 169, 174, 179, 181, 189, 196, 197, 199, 200, 202, 204, 207, 211, 213, 231, 257, 262, 263, 283, 284, 321

영광 수동 40, 88, 92, 140, 141, 144, 146, 198, 206~208, 213, 257, 261, 262, 277, 284, 321

영남지역 14, 117, 125, 128~130, 133, 140, 141,

149~152, 154, 156, 186, 242, 244, 253, 256

영도력   275, 276, 282, 284, 303, 318, 320, 327, 328

영산강유역 마한문화   33, 161, 330, 325

영산강유역 마한사회   27, 33, 322

영암 용범   32, 43, 132, 135~138, 146, 172, 175, 177, 238, 286, 293, 299, 304, 305, 326

오수전   26, 184, 198, 250, 251, 271, 288, 315

옹관묘   11, 17~19, 23, 31, 40~48, 53, 56, 71, 72, 87, 92, 93, 95~99, 101, 103, 147, 156, 157, 172~175, 180, 181, 185~187, 189, 191~193, 195, 196, 199~202, 204, 205, 208, 209, 213~215, 233, 257, 259, 275, 288, 290, 308, 312, 313, 329

왜계   245, 246, 250, 253, 255

외래계   19, 24, 47, 74, 76, 180, 182, 197, 206, 207, 275, 283, 297

외반구연호   169, 180, 181, 186, 230, 232~234, 236, 237, 312, 325

원형점토대토기   13, 14, 20~22, 29, 31, 40, 43~45, 47, 48, 54, 62, 68~70, 72, 73, 76~78, 80, 81, 84, 88, 89, 91, 98, 103, 108~114, 116, 118~120, 122, 124~129, 147, 164~166, 169~171, 173, 174, 182, 227, 253, 296, 297, 302, 303, 306~308, 326

위만   16, 17, 24, 26, 32, 162, 250, 254, 269, 270, 307~309, 314, 315, 327

위세품   25, 86, 137, 138, 244, 245, 250, 252, 255, 259, 260, 276, 283, 285, 288, 289, 296, 298, 315~319, 328

유리   17, 24, 26, 73, 74, 88, 89, 92, 138, 141, 144,
157, 182~184, 191, 197, 198, 200~202, 206~209, 215, 237, 243, 250, 252, 255, 256, 260, 261, 271, 278, 283, 287, 288, 290, 315, 319~321, 329

유민   26, 254, 268, 274, 275, 287, 296, 297, 299, 302, 307, 311, 313, 314, 327

유통   32, 42, 138, 173, 240, 242, 244, 246~250, 252~255, 257, 259, 261~263, 286, 305, 306, 310, 315, 316, 318, 321

읍락   277, 281, 282, 291~294

이데올로기   33, 286, 304, 313, 314, 319, 321, 327, 329, 330

이주   26, 230, 240, 244, 253, 254, 260, 268~270, 275, 287, 296, 297, 300~304, 307, 309~311, 314, 319, 320, 327

일상용기   14, 22, 96~99, 206, 230, 308

ㅈ

적석목관묘   11, 17, 21, 31, 43, 47, 48, 53, 82~86, 96, 107, 132, 133, 138, 142, 143, 164, 169~177, 188, 215, 256, 289, 296, 326

전문인   273, 277~279, 281, 298, 299, 316, 325, 328

전승   219, 221, 228, 229, 325

전통   33, 98, 190, 220, 221, 229, 230, 232, 233, 273, 274, 277, 303~305, 312~314, 319, 325, 327, 329

점토대토기   11, 13, 14, 17, 18, 20~26, 29, 31, 32, 40, 43~45, 47, 48, 54, 61, 62, 67~70, 72, 73, 76~82, 84, 88, 89, 91, 92, 97~99, 103, 107~114,

116~120, 122, 124~129, 147, 163~165, 167, 169~171, 173~175, 180, 182, 190, 219~221, 227, 230, 232, 233, 236, 240, 246, 253, 268, 271, 274, 287, 288, 296, 297, 302, 303, 306~309, 311, 312, 314, 326, 327

정주 274, 275, 279, 287, 312

정치체 22, 26, 27, 33, 74, 138, 147, 162, 245, 254, 260, 261, 267, 272, 273, 281, 282, 284, 286, 287, 289~292, 295, 296, 300~302, 308, 317, 319~322, 325, 329

제정분리 275, 276, 278

조문청동기 141, 144, 145, 209, 321

족장사회 274, 281, 295, 298, 303, 304, 313, 314, 319, 326, 327, 329

종교적 15, 137, 138, 257, 262, 274, 275, 277, 282~284, 288, 289, 291, 296, 297, 299, 313, 314, 321, 326, 329

주구토광묘 18~20, 31, 40, 41, 53, 87, 90, 101~104, 121, 122, 124, 181, 187, 189, 192, 196, 207~209, 214, 215, 261, 275, 283, 290, 313, 320, 321, 329

주조철기 16, 17, 186, 198, 240~242

주호계 245, 319

준왕 17, 26, 32, 162, 267~270, 301

중국계 164, 197, 245, 250, 293, 302

중서부지역 13, 15, 21, 111, 114, 125, 136, 140, 141, 164, 169, 174, 232, 248, 249, 268, 273, 289, 290, 295~297, 299~301, 304~307, 315, 326

중심정치체 289, 290, 295, 300, 301

중원식동검 47, 83, 130, 133, 134, 164, 165, 171, 172, 245, 246, 268, 269, 283, 290, 302

지석묘 11, 18, 21, 22, 27, 31, 40, 42~48, 53, 60, 76~81, 84~86, 92, 93, 98, 112, 118, 119, 121, 122, 124, 126, 128, 129, 132, 147, 157, 165, 166, 169, 170, 172, 173, 175, 177, 178, 180, 181, 187~189, 192, 193, 199, 201, 203, 215, 249, 272, 273, 275, 281, 282, 284, 293, 295, 297~299, 301, 303, 304, 306, 313, 314, 319, 326, 327

지역사회 32, 295, 328, 329

지역화 31, 325

지연적 결속관계 274, 275, 325

ㅊ

철기문화 12, 13, 16~20, 23~29, 74, 92, 110, 131, 147, 161~163, 180, 183, 185, 217, 219, 229, 241, 251, 252, 267, 268, 273, 274, 276, 288, 294, 301, 307, 309, 312, 313, 320, 327

철기시대 12, 17, 19, 20, 23, 25, 28~30, 98, 109, 110, 120, 123, 165, 222, 246, 247, 269, 300, 308

철착 16, 44, 78, 147, 148, 172, 173, 175, 186, 249, 284, 306

청동기 11~16, 18~20, 22, 23, 25, 27, 29, 31, 32, 42, 44, 48, 53, 54, 60, 68, 77, 78, 83, 87, 88, 92, 93, 98, 102, 104, 107, 110, 130, 131, 133, 137, 141~147, 157, 161~166, 169~175, 180, 181, 185, 186, 188, 189, 191, 198, 199, 201, 206~209, 215, 232, 237, 238, 240~242, 245~250, 253, 256, 257, 262, 267, 269, 270, 274, 277, 278, 281~287, 289,

290, 293~296, 298~306, 308~310, 314, 319~321, 326, 327, 329

초기 단계의 국 293, 295

칠기 89, 147, 157, 185, 186, 190, 191, 237, 250, 252, 253, 275, 277, 278, 283, 285, 288, 292, 310

ㅌ

타원형구덩이 62~66, 71, 72, 187, 208, 220, 221, 227~229

타원형수혈 54~56, 58~60, 66~68, 72, 199, 208, 229

토광묘 11, 17~21, 26, 31, 32, 40~48, 53, 81, 85, 87, 89~93, 95, 101~104, 113, 118~122, 124, 132, 140, 141, 143, 144, 147~154, 157, 169~171, 173~175, 177~179, 181, 185~192, 194~201, 204~209, 213~215, 232, 253, 256, 257, 262, 275, 277, 279, 283~285, 287, 289, 290, 303, 310, 312~316, 318~322, 329

토착문화 11, 12, 25, 29, 32, 60, 86, 161, 169, 172~174, 219, 230, 246, 297, 302, 303, 311, 313, 325, 327, 330

ㅍ

패제 198, 259, 278

패총 11, 18~20, 23, 25, 26, 31, 41~44, 53, 73~75, 107, 108, 111, 115~119, 129, 145, 148, 168, 169, 182, 186, 197~199, 202, 206, 207, 212, 215, 230, 231, 233, 251~257, 259, 262, 263

ㅎ

한문물 149, 250, 254, 328

한사군 271

한식토기 182, 183, 191, 250, 251, 288, 316

함평 마산리 표산 40, 61, 66~68, 77, 80, 81, 87, 88, 101, 103, 113, 118, 122, 132, 135, 147, 148, 169, 173, 174, 181, 185, 196, 205, 214, 279, 290

함평 상곡리 47, 80~82, 84, 86, 133, 141, 145, 146, 164, 168, 173, 245, 268, 289, 296, 297, 302, 326

해남 군곡리 11, 18, 19, 23, 25~27, 31, 41, 53, 54, 61, 64, 67, 71, 73~75, 79, 92, 107~109, 111, 113, 115~119, 121, 122, 124, 126~129, 149, 153, 154, 156, 168~170, 179, 181, 182, 184~186, 193, 197~199, 203, 206~208, 212, 213, 227, 231, 233~237, 241, 243, 251~263, 271, 277~279, 281, 293, 307, 309~312, 315, 317, 327~329

해남반도 26, 30, 38, 41, 42, 60, 246, 260, 287, 294, 318, 328

해상교류 25, 26, 73, 254, 255, 279, 288, 315~317, 328

해양유적 39, 74, 254

현지화 31, 109, 111, 114, 117, 124, 129, 181, 182, 189, 258, 288, 307, 308, 310, 312, 313

혈연적 결속관계 303

화천 18, 23, 25, 26, 73, 89, 91, 92, 197~201, 205, 236, 255, 260, 271, 278, 279, 283, 286~289, 319